山西古建筑地图(上)

中国古代建筑知识普及与传承系列丛书·中国古建筑地图
HISTORICAL ARCHITECTURAL MAP OF SHANXI (VOL. 1)

姜铮　徐扬　刘畅　编著

清华大学出版社
北京

版权所有，侵权必究。举报：010-62782989，beiqinquan@tup.tsinghua.edu.cn。

图书在版编目（CIP）数据

山西古建筑地图. 上 / 姜铮，徐扬，刘畅编著. — 北京：清华大学出版社，2018（2024.10重印）
（中国古代建筑知识普及与传承系列丛书. 中国古建筑地图）
ISBN 978-7-302-50363-7

Ⅰ. ①山… Ⅱ. ①姜… ②徐… ③刘… Ⅲ. ①古建筑–介绍–山西 Ⅳ. ①K928.712.5

中国版本图书馆 CIP 数据核字（2018）第 118069 号

责任编辑：冯　乐
封面设计：谢晓翠
版式设计：彩奇风
责任校对：王荣静
责任印制：杨　艳

出版发行：清华大学出版社
　　网　　址：https://www.tup.com.cn，https://www.wqxuetang.com
　　地　　址：北京清华大学学研大厦 A 座　　邮　编：100084
　　社 总 机：010-83470000　　邮　购：010-62786544
　　投稿与读者服务：010-62776969，c-service@tup.tsinghua.edu.cn
　　质量反馈：010-62772015，zhiliang@tup.tsinghua.edu.cn

印 装 者：小森印刷（北京）有限公司
经　　销：全国新华书店
开　　本：180mm×260mm　　印　张：23.5　　字　数：791 千字
版　　次：2018 年 8 月第 1 版　　印　次：2024 年 10 月第 7 次印刷
定　　价：159.00 元

产品编号：077717-02

献给关注中国古代建筑文化的人们

策　划：华润雪花啤酒（中国）有限公司
　　　　清华大学建筑学院
统　筹：王　群　朱文一
主　持：王贵祥　曾申平
执　行：清华大学建筑学院
资　助：华润雪花啤酒（中国）有限公司

参　赞：廖慧农　李　菁　马冬梅　张　弦
　　　　刘　敏　毕朝娇　张　巍　韩晓菲
　　　　刘　旭　张宜坤

总序一

2008年年初，我们总算和清华大学完成了谈判，召开了一个小小的新闻发布会。面对一脸茫然的记者和不着边际的提问，我心里想，和清华大学的这项合作，真是很有必要。

在"大国""崛起"甚嚣尘上的背后，中国人不乏智慧、不乏决心、不乏激情，甚至不乏财力。但关键的是，我们缺少一点"独立性"，不论是我们的"产品"，还是我们的"思想"。没有"独立性"，就不会有"独特性"；没有"独特性"，连"识别"都无法建立。

我们最独特的东西，就是自己的文化了。学术界有一句话："建筑是一个民族文化的结晶。"梁思成先生说得稍客气一些："雄峙已数百年的古建筑，充沛艺术趣味的街市，为一民族文化之显著表现者。"当然我是在"断章取义"，把逗号改成了句号。这句话的结尾是："亦常在'改善'的旗帜之下完全牺牲。"

我们的初衷，是想为中国古建筑知识的普及做一点事情。通过专家给大众写书的方式，使中国古建筑知识得以普及和传承。当我们开始行动时，由我们自己的无知产生了两个惊奇：一是在这片天地里，有这么多的前辈和新秀在努力并富有成果地工作着；二是这个领域的研究经费是如此的窘迫，令我们瞠目结舌。

希望"中国古代建筑知识普及与传承系列丛书"的出版，能为中国古建筑知识的普及贡献一点力量；能让从事中国古建筑研究的前辈、新秀们的研究成果得到更多的宣扬；能为读者了解和认识中国古建筑提供一点工具；能为我们的"独立性"添砖加瓦。

王群
时任华润雪花啤酒（中国）有限公司总经理
2009年1月1日于北京

总序二

2008年的一天,王贵祥教授告知有一项大合作正在谈判之中。华润雪花啤酒(中国)有限公司准备资助清华大学开展中国建筑研究与普及。资助总经费达1000万元之巨!这对于像中国传统建筑研究这样的纯理论领域而言,无异于天文数字。身为院长的我不敢怠慢,随即跟着王教授奔赴雪花总部,在公司的大会议室见到了王群总经理。他留给我的印象是慈眉善目,始终面带微笑。

从知道这项合作那天起,我就一直在琢磨一个问题:中国传统建筑还能与源自西方的啤酒产生关联?王总的微笑似乎给出了答案:建筑与啤酒之间似乎并无关联,但在雪花与清华联手之后,情况将会发生改变,中国传统建筑研究领域将会带有雪花啤酒深深的印记。

其后不久,签约仪式在清华大学隆重举行,我有机会再次见到王总。有一个场景令我记忆至今,王总在象征合作的揭幕牌上按下印章后,发现印上的墨色较浅,当即遗憾地一声叹息。我刹那间感悟到王总的性格。这是一位做事一丝不苟、追求完美的人。

对自己有严格要求的人,代表的是一个锐意进取的企业。这样一个企业,必然对合作者有同样严格的要求。而他的合作者也是这样的一个集体。清华大学建筑学院建筑历史与文物保护研究所,这个不大的集体,其背后的积累却可以一直追溯到80年前,在爱国志士朱启钤先生资助下创办的"中国营造学社"。60年前,梁思成先生把这份事业带到清华,第一次系统地写出了中国人自己的建筑史。而今天,在王贵祥教授和他的年长或年轻的同事们,以及整个建筑史界的同人们的辛勤耕耘下,中国传统建筑研究领域硕果累累。又一股强大的力量!强强联合一定能出精品!

王群总经理与王贵祥教授,企业家与建筑家十指紧扣,成就了一次企业与文化的成功联姻,一次企业与教育的无间合作。今天这次联手,一定能开创中国传统建筑研究与普及的新局面!

朱文一
时任清华大学建筑学院院长
2009年1月22日凌晨于清华园

总序三

  清华大学建筑学院与华润雪花啤酒（中国）有限公司在中国古代建筑普及与传承方面的合作，已经进入了第二个阶段。在第一个阶段的合作中，在华润雪花的大力支持下，清华大学建筑学院建筑历史与文物保护研究所的教师与研究生，投入了极大的努力，先后完成了《北京古建筑五书》（2009 年）、《中国民居五书》（2010 年）、《中国古建筑装饰五书》（2011 年）、《中国古都五书》（2012 年）和《中国园林五书》（2013 年）等，共 5 个系列，25 部中国古代建筑普及性读物。这其实只是有关中国古代建筑知识普及与传承工作的开始，按照这样一种模式，很可能还会有《中国古代宫殿建筑五书》《中国古代佛教建筑五书》《中国古代军事防卫建筑五书》，如此等等，因为延续了 5000 年之久的中国古代建筑，是一个十分庞大复杂的体系。关于古代建筑的知识，类似普及性读物的写作与出版，还可以继续许多年。然而，这又是一个几乎难以完成的目标，因为，随着研究的深入，相关的知识，还会处在一个不断增加的过程之中。正是在这样一种成功与困惑的两难之中，清华大学建筑学院与华润雪花啤酒（中国）有限公司，开启了双方合作进行中国古代建筑普及与传承出版工作的第二阶段。

  第二阶段的工作应该如何开展，究竟怎样才能既最有效，又最全面地向社会普及中国古代建筑的基本知识。华润雪花针对这个问题，做了大量的市场调查与分析，在充分的市场第一手数据的支持下，华润雪花的决策者们提出了一个全新的思路，即为全国范围，包括港、澳、台地区的古代建筑遗存，做一个全面而系统的梳理，完成一套以各省、自治区及港澳台为单位的中国古建筑地图集。把我们的老祖宗留给我们的那些古建筑家底，做一个系统的梳理，并以简单、明快、便捷的语言与图形模式，做出既具学术性，又通俗易懂的说明。这其实既是一套科普性读物，同时也是一套实用性的工具书。

  这确实是一个有魄力的决定，同时也是一个庞大、复杂的系统工程。为了完成这样一套具有全面覆盖性的中国古建筑通俗性、工具性读物，不仅需要有能够覆盖全国尚存古代建筑的详细资料与相应建筑史知识体系，而且要对这些建筑所在的准确位置，保存状况，交通信息，联系信息等读者可能需要的资料，一一搜集、梳理，并以一种适当的方式在书中表达出来，以方便读者学习或前往参观、考察。

既然是一本古建筑地图集,就不仅要有翔实而准确的古代建筑知识,以及这些古代建筑遗存的相关信息,还要有直观、明了的地图表达模式。这同样是一个十分复杂的工程。我们地图集的作者们,不仅要仔细斟酌每一座古建筑的历史、艺术诸方面的价值,要认真整理、提炼与这座古建筑相关的种种信息,而且,还有搜集并提供与这些建筑直接相关的图片资料,此外,更重要的,是要将每一座古建筑的空间定位,准确地表达在一张清晰而简练的地图上。

这就需要我们这些参与写作的古建筑专家们,不仅要仔细而缜密地以一种恰当方式,来描绘每一个省、自治区、市、县的地图,而且,要在这些地图上,将这些古建筑准确地标识出来。这样一个烦琐而细密的工作,其中包含了多少具体而微的繁杂文字、图形与数据性工作,又有多少细致而准确的科学定位工作,是可以想见的。这对于那些本来主要是从事古代建筑历史研究与保护的古建筑学者们来说,是一个不小的挑战。

困难是现实的,工作内容是庞杂而繁细的,但既然社会有这样一个需求,既然华润雪花啤酒(中国)有限公司的领导们,从民族文化与大众需求的角度,向我们提出了这个要求,我们的老师和博士、硕士研究生们,就必须迎难而上,必须实实在在,一丝不苟地为读者们打造出一套合格的中国古代建筑地图集,这不仅是华润雪花啤酒(中国)有限公司对中国古代建筑研究与教学多方位支持的一个回报,更是向社会大众普及中华民族传统建筑文化的责任所在。

这是一个需要连续五年的漫长工作周期,每一年都需要完成5部,覆盖五个省、市、自治区或地区的重要古代建筑地图集。随着每年5本地图集的问世,一套简略、快速而概要地学习与了解中国古代建筑历史知识的丛书,就会展现在我们读者们的面前,希望我们的读者,无论是为了学习古代建筑知识,抑或是为了休闲旅游的实用功能,都能够喜欢这套丛书,很好地利用这套丛书,同时,在阅读与使用中,如果发现我们的丛书中,还有哪些不尽如人意之处,也希望有识方家与广大读者不吝赐教,及时给我们提出来,我们将认真对待每一位读者的意见和建议,不仅要在后续的地图集编写工作中,汲取大家的意见,而且还会在今后可能的再版中加以修正与完善。

王贵祥
于清华大学建筑学院

作者简介

姜铮
Jiang Zheng

山东济南人,现为清华大学建筑学院在读博士生,2016年至2017年赴日本东京大学联合培养,研究方向为中国古代建筑史、中国古代木构建筑技术。在学期间曾多次参与重要早期木构建筑的测绘修缮、勘察研究以及报告书写作,发表论文十余篇。自2010年开始对山西各地特别是晋东南地区进行系统的建筑考察,对山西宋金元时期的建筑发展状况有较深入理解。

徐扬
Xu Yang

古建筑爱好者,前建筑师,2012年于清华大学建筑学院获得建筑学学士学位,后从事建筑设计。在对中国古代物质文化强烈好奇心的驱使下,2017年于清华大学建筑学院获得工学硕士学位,研究方向为建筑历史与理论研究及文物保护技术。现于美国温特图尔博物馆与特拉华大学学习艺术品保护。

刘畅
Liu Chang

1968年出生,1987年毕业于清华大学建筑系,后在故宫博物院服务六年。2002年在清华大学建筑学院获得工学博士学位,并自此留校任教至今。发表《慎修思永》《北京紫禁城》《乾隆遗珍》《山西平遥镇国寺万佛殿天王殿精细测绘报告》《雕虫故事》等著作多部,学术论文八十篇。

引言

一、"地上文物看山西，山西文物看南部"

山西是古代历史文化极为灿烂的地区，也是今天中国举足轻重的文物大省，俗语用"地上文物看山西"来形容山西地面文物——特别是早期建筑的丰富与精彩。可以毫无夸大地说，山西已然成为今天中国古代建筑历史研究的最为重要的一块根据地。据相关统计，留存于山西地区的文物建筑总数量为全国范围内文物建筑总数量的75%以上，其中又有相当的比例系历史价值特别突出的早期重点文物建筑。可以说，不论是就数量而言还是就质量而言，山西地区的古建筑资源均在全国范围内占据统治性的主体地位。学界对于中国古代北方建筑历史发展状况的理解，很大程度上是以对山西地方建筑的了解为基础的。

而在整个山西范围内，山西南部地区则又是"核心中的核心"。"山西南部"的地理概念在早期历史当中并不十分明确，由于太岳山的阻隔，人们通常更倾向于将"晋南"与"晋东南"视为两个相对独立的区域。直至元代整个山西地区方才有晋宁路（大致相当于当今行政区划下晋城、长治、临汾、运城四市所辖之范围）与冀宁路（太原及以北区域）的划分，可以视为"山西南部"地理概念建立的开端。在这一地理范围之内，文物建筑分布高度集中，传统的土壤又极其深厚，二者连理共生、浑然一体，成为今天中国版图上一幅高度完整的历史文化景观，因此也成了古代建筑考察、游览难得的理想目的地。

二、文化地理视野下的山西南部

任何建筑形式的产生，从根本上讲都是对其所处自然与历史环境的反馈。因此在对建筑本体的关注和了解之外，对于一方水土的深入了解，很大程度上也就成为打开建筑历史之门的另一种正确方式。山西特殊的地理环境在历史上曾对其社会发展变迁产生不可忽视的影响。这些影响的汇集，最终形成了文化与地理之间方方面面的有机关联，这种集合关系也即所谓"晋系风土"之概念，而建筑活动自然也包含在其中。虽然在这样一本游记式的小书当中我们无法将对每一座古老建筑的理解都上升到如此高度，但文化地理的角度去审视、理解早期建筑，却着实是我们想要明确传达给读者的一条线索。

在此宏观背景之下，晋南与晋东南实可作为山西大文化圈当中的两条极具特色的支脉。对于山西南部地区文化地理特色的理解，或可从以下几个方面略作概括：

- "山河表里"

山西省境内高山耸立、大河奔流，黄河在左、太行在右，太岳山南北绵延横亘其间，中国古人将这种极具气魄的地貌称为"襟山带河""山河表里"。如此自然环境虽然不像平原地区那样拥有更加广袤的可耕种土地，但却也集齐了足以创造一个伟大文明的全部客观条件。

山西自古被称为"三晋大地"，这一称谓的由来主要是对"战国时期韩赵魏三家分晋"这一有代表性的历史片段的概括。但对于本区域内的地理环境而言，这一称谓同样可以看作是一种具有现实意义的描述：山河的间隔，使山西境内的广大土地被划分为若干相对独立的盆地，盆地与盆地、盆地与外界之间的关系既相对封闭，同时又保持着有限的通路。在此客观的环境条件之下，整个山西又进一步形成了以若干城市为核心向外辐射的次级文化圈，并且在各个相对集中的地理范围之内，包容了极为丰富的文化多样性。

- **"屏东控西，地属中州"**

山西南部地区自古以来被划归于广义上的中原地区，特定的地理位置使其必然成为"关中"与"山东诸国"两方文化的辐射交汇之处。在中国北方地区的历史上曾数次出现东西分裂对峙之局面，而每当这种情形出现则山西必成为东西两个世界的分水岭。不论是强秦与六国、北周与北齐抑或是大唐王朝的中央与藩镇，两方向势力的拉锯与进退，使山西不断沦为刀兵之地，同时也使山西极易成为各方文化交融的前沿，对于华夏文明大一统的进程而言，山西这个内陆省份显然承担了不可忽视的重要角色。

值得说明的是，自秦王朝统一中国以来，山西几乎从未具有过超出本地区范围以外的经济文化影响力，但又始终以一种独特的姿态与华夏文明中心地保持紧密联系。正如汉唐时期的汾阴、蒲、绛（今运城）之于长安，北朝时期的上党（今长治）之于邺城，宋金时期的泽州（今晋城）之于洛阳、汴京，都是这种关联的体现。总而言之，这种关联使山西南部地区在中国历史上长期保持北方较发达地区的地位，从未被古代中国几个超级都会的光辉完全淹没。山西南部地区在历史的不同时期均体现出接收官方文化影响的一面，但同时又相对清晰地保持了自身特色的传承。在此基调之下的建筑文化同样无时无刻不体现出本土传统与外来影响的抵抗与交融。

同样也是这种进退的关联与向背的关系，使晋南与晋东南成了庙堂之外的后花园。长安失意之后的关中士人总将河东作为心心向往之区，或许只有故乡的土地才可以为他们提供一个安稳的退居之地；而自魏晋竹林七贤以来，南太行的山水亦成为士人夫阶层归隐临泉、笑傲栖居的热门目的地。

三、历史上的山西南部

与山川风物相对应者无疑是山西厚重的历史。山西南部地区的古代历史可谓灿然，不论是政权交替、兵戈交锋，抑或是歌舞升平、人文发展，乃至于天灾乍起、盛衰无常，这一切都给该地区的历史文化以极其深厚的积累。也只有这样的文化土壤方能孕育出文物大千之英华。相较于人类历史文化的无限丰富，建筑也只是满树繁花当中的一朵。古代建筑作为历史的载体，反映的是古代人现实生活与风俗信仰的一个侧面。只有通过历史的视角去欣赏建筑，方能从更高的角度去理解建筑。历史的沧桑、东方建筑体系特有的形式美感，以及历史建筑背后深刻多元的文化内涵，拼合成为山西地区早期建筑欣赏价值的完整拼图。对于晋南与晋东南的历史，以下也不过是最简单的概括：

- **圣王故里**

史载尧帝都于平阳、舜帝都于蒲坂，晋南是上古先王的主要活动区域，因而毫无疑问山西是华夏文明真正意义上的发祥地之一。西周成王封其弟叔虞于陶唐之地，始有历代晋侯之传承。自此，位于黄河与汾河之间晋地则作为一个确切的地理概念开始出现在中国历史之中。需要说明的是，叔虞当年就封于陶唐故地，实际当以平阳（今临汾地区）为核心，该地区在其后近三千年的历史长河中始终是山西最重要的文化中心之一。而对于上古先王的崇仰之情，也成为晋南与晋东南地方信仰当中十分重要的组成部分。

- **刀兵旧地**

古代山西作为中国北方政治、军事势力交锋的前沿，也是中国历史上战争最为集中的发生地之一：六国曾合纵以抗强秦，以赵、魏、韩自北往南形成了对关中秦国势力的屏障，今天的晋东南高平地区，即震烁历史的秦赵长平之战的发生地；北朝之分裂，以黄河为界划分东西，山河之间成为斛律光、宇文泰等历史人物风云际会的舞台；唐代安史之乱后，河东地区再次成为王室抗拒山东诸侯的堡垒，郭子仪、李抱珍等人成为李唐王朝最后的支柱；有趣的是，河东山川地势的走向似乎决定了该地区可以帮山东诸国屏蔽了秦人的强弓硬弩，可以帮助李唐王朝阻挡东方军事集团的压力，却唯独不能抵挡北方铁骑的突入，辽、金、蒙古人的马队一旦踏进雁门关，便可沿大河河谷南下，一路如风卷残云般直入平原去了。

战争给河东历史留下的不仅仅是创伤，同时也有重建、复兴的机会，更激发了一种全民性的对于战争英雄人物的崇拜，山西各地均存在为数较多的以著名武将为祭祀对象的庙宇，如汉之李陵、关羽，西魏之斛律光，唐之郭子仪，宋之杨继业、狄青，等等，亦是当地文化的一大特色。

- "河东望族"

以蒲州、绛州为核心的河中地区（今运城），历史上曾经与关中地区同为中国北方豪强望族的聚集地，也是北方地区重要的人才渊薮。历史上河东衣冠人物不绝如缕，从政治明星到人文领袖，从庙堂之上的宰相到地方的军政要员，这些世家子弟不但在关中政权中扮演极为重要的角色，同时也是地方社会发展的支柱力量。

唐代河东望族中最为著名者当属裴氏（裴秀、裴松之、裴行俭等）、薛氏（薛绍、薛仁贵等）、柳氏（柳元景、柳世隆、柳宗元等）家族，此三家与关中的韦、杜、杨姓家族在当时并称六大姓。据毛汉光先生统计，北朝时期，薛氏五品以上人数达47人，而此时的河东闻喜裴氏为46人，河东解县柳氏20人，足可见其政治势力与历史地位。

宋代，河东地区继续为汴京输送着政治人才，而其一时之人望则要首归于涑水司马家（夏县司马光家族）。

北宋的沦陷与金人的南下，曾一时间造成北方地区的混乱，而正在此时相对安稳的泽潞地区却获得了难得的发展机会，一向不温不火的晋东南地区在金代一跃成为人文社会发展的繁荣地区，曾出现所谓"陵川七状元"这样的盛事。而高平李氏家族中更出现了以李晏（金代翰林学士、礼部尚书）为首的头面人物。

河东士人的身世沉浮，不但与中国历代的政治舞台密切联系，同时也与故乡的山川风物息息相关，成为山西南部地区早期建设活动的重要历史背景的一部分。

- 佛风与道法

从东汉时起，像教流布于东土，山西亦从不同方向开始接受佛法的润泽。北朝以来，关中、邺城和五台山成为对山西南部地区影响最为深远的三个佛教中心，宗教力量成为文化传播的重要载体。在受到佛教文化熏陶的同时，晋南与晋东南境域之内的道路也逐渐发展成为信众往来朝圣的重要通道，特别是宋代的晋东南地区，因为连接汴京与太原，并能一路向北通抵五台，故而行旅往来更为密集，官道上的驿站与行脚递铺大多成为后来集镇发展的原点。

佛教信仰为山西南部地区的庙宇建设提供了源源不竭的动力，庙宇的香火传承亦成为文物建筑保留至今的根本物质保证。就此而言，今日山西的文物建筑资源能够冠绝海内，与佛教的深入人心显然密不可分。

相较于佛教的平稳传播，道教在山西的发展则多少带有一些偶然因素，但在当时却同样带动了大规模的建设活动。山西南部地区最为集中的道教建筑，其一是在临汾市浮山县境内、以老子信仰为依托的宫观遗存；其二则是以元代官式建筑与壁画艺术闻名海内的永乐宫建筑群。此外，明代以后因皇家推崇而得以繁盛的东岳大帝信仰与玄帝—真武信仰，亦可算是道教流布的一分子。

● 敬信鬼神

相比于佛教与道教这样的国家性信仰，晋南与晋东南的地方信仰同样是异常繁盛，并展现出极为绚烂的地方文化特色。其中最有代表性者如晋东南地区的二仙信仰、三峻信仰、崔府君信仰以及晋南地区的水神、龙王信仰等。对地方神的信仰，往往来自民众对于基本物质条件的诉求，地方神的神通也大凡是助雨抗旱、保境安民、消灾祛病等，因此在民间往往具有极其强大的生命力。

此外，金元以来，杂剧的发展以及与赛社、祭祀活动相应的演剧活动的兴盛，成为晋南与晋东南地方文化中的又一朵奇花。元代平阳地区成为北方戏曲创作的中心，一大批散曲、杂剧作家的涌现，成为当地社会富庶、文化繁荣的一个注脚。而与演剧相关的建筑形式（从晋南地区一直延续到晋东南地区的大量戏台建筑），以及相关艺术创作的出现（如以寺庙当中以戏曲为题材的壁画、墓葬当中以戏曲为题材的雕饰等）则是这一盛景在建筑上的反映。

四、当代社会环境下的文物建筑

奔走山西看建筑，还有一个不得不说的议题：毋庸置疑，山西作为中国文物建筑保存最为集中的地区，同时也是文物保护工作最具争议的地区，有关文物建筑修缮、保管、利用等方面皆有很多不尽如人意之处。

门可罗雀者、大门紧闭者、自生自灭者、屡遭偷盗者，文物的现状，从一定程度上也是当今乡村社会现状的一种写照。诸多问题一方面来自于地方文物部门所见到的利益与所背负的压力之间的不协调关系；另一方面则是这个时代群体性迷茫的体现。行走在乡村之间，每当见到那些残破的环境、衰落的集镇、无法恢复的传统生活方式以及迫切渴望走出去的年轻人，你便再无法去讨论文物的尊严问题。对于这些问题，我们很难有答案，但或许看到问题正是解决问题的第一步。

目录 | Contents

凡例	XIV
山西省（南部）分片索引	XV

1 长治市   001

长治古建筑分布图   002

1.1 城区及近郊区   004
1 潞安府城隍庙 2 上党门和潞安府城衙 3 崇教寺 4 炎帝庙 5 观音堂

1.2 长治县   008
1 古佛堂 2 玉皇观 3 丈八寺塔 4 正觉寺 5 炎帝庙

1.3 壶关   013
1 三嵕庙 2 天仙庙 3 真泽二仙宫

1.4 黎城   017
1 长宁大庙 2 天齐王庙

1.5 潞城   018
1 龙王庙 2 文庙·李庄 3 武庙·李庄 4 原起寺

1.6 平顺   023
1 淳化寺 2 大禹庙·北社 3 大禹庙·西青北 4 大云院 5 佛头寺 6 回龙寺 7 金灯寺石窟 8 九天圣母庙 9 龙门寺 10 龙门寺·早期单体建筑 11 龙王庙·王曲 12 明惠大师塔 13 三嵕庙 14 圣母庙 15 天台庵 16 夏禹神祠

1.7 沁县   041
1 大云院 2 洪教院 3 南涅水石刻 4 普照寺大殿

1.8 沁源   045
1 圣寿寺

1.9 屯留   046
1 宝峰寺 2 石室蓬莱宫 3 仙济桥 4 先师和尚舍利塔

1.10 武乡   050
1 大云寺 2 洪济院 3 洪济院·单体建筑 4 会仙观 5 会仙观·单体建筑 6 真如寺 7 应感庙

1.11 襄垣   060
1 灵泽王庙 2 文庙 3 五龙庙 4 永惠桥 5 昭泽王庙·郭庄 6 昭泽王庙·襄垣县城 7 周成王庙

1.12 长子   066
1 碧云寺 2 成汤庙 3 崇庆寺 4 崔府君庙 5 二仙庙 6 法兴寺 7 伏羲庙 8 护国灵贶王庙 9 三教堂 10 三嵕庙·崇瓦张 11 三嵕庙·大中汉 12 三嵕庙·王郭 13 汤王庙·鲍庄 14 汤王庙·南鲍 15 汤王庙·前万户 16 天王庙 17 文庙 18 协天寺 19 尧王庙 20 玉皇庙·布村 21 紫微庙

2 晋城市   093

晋城古建筑分布图   094

2.1 城区及近郊区   096
1 景德桥和景忠桥 2 玉皇庙·西街

2.2 高平   097
1 崇明寺 2 崇明寺·中佛殿 3 定林寺 4 二郎庙 5 二仙宫·中坪 6 二仙庙·西李门 7 古中庙 8 姬氏民居 9 济渎庙 10 嘉祥寺 11 金峰寺 12 开化寺 13 开化寺·大雄宝殿 14 清化寺 15 清梦观 16 三嵕庙·三王村 17 铁佛寺 18 万寿宫 19 仙翁庙 20 羊头山石窟 21 游仙寺 22 游仙寺·毗卢殿 23 玉皇庙 24 玉虚观 25 资圣寺 26 资圣寺·毗卢殿

2.3 陵川   128
1 白玉宫 2 北吉祥寺 3 崇安寺 4 崔府君庙 5 东岳庙 6 二仙庙·南神头 7 二仙庙·西溪 8 二仙庙·西溪·中殿 9 二仙庙·西溪·后殿 10 二仙庙·西溪·插花楼 11 二仙庙·小会岭 12 龙岩寺 13 南吉祥寺 14 南庙宫 15 三教堂 16 三圣瑞现塔 17 文庙 18 南召 18 玉皇庙·北马 19 玉皇庙·石掌

2.4 沁水   150
1 窦庄古建筑群 2 郭壁村古建筑群 3 柳氏民居 4 石塔·玉溪 5 湘峪古堡

2.5 阳城 155
1 砥洎城 2 东岳庙·润城 3 东岳庙·屯城 4 郭峪村古建筑群 5 海会寺 6 皇城相府 7 开福寺 8 寿圣寺及琉璃塔 9 汤帝庙 10 文庙

2.6 泽州 166
1 碧落寺 2 成汤庙·双河底 3 崇寿寺 4 川底佛堂 5 崔府君庙·水东 6 岱庙·坛岭头 7 岱庙·冶底 8 东岳庙·高都 9 东岳庙·史村 10 东岳庙·尹西 11 东岳庙·周村 12 东岳庙·周村·单体建筑 13 二仙庙·南村 14 关帝庙·府城 15 济渎庙·西顿 16 景德寺·高都 17 青莲寺 18 青莲寺·卜院释迦殿 19 青莲寺·下院 20 三教堂 21 汤帝庙·大阳 22 汤帝庙·坪上 23 土地庙 24 天井关 25 玉皇庙·北义城 26 玉皇庙·府城 27 玉皇庙·高都 28 玉皇庙·薛庄

3 临汾市 199

临汾古建筑分布图 200

3.1 尧都区 202
1 碧岩寺 2 东岳庙 3 后土庙·戏台 4 后土庙·圣母殿 5 牛王庙 6 铁佛寺 7 尧陵 8 尧庙

3.2 安泽县 209
1 麻衣寺砖塔 2 郎寨砖塔

3.3 汾西县 211
1 师家沟古建筑群 2 真武祠

3.4 浮山县 213
1 老君洞 2 清微观

3.5 古县 215
1 关帝庙

3.6 洪洞县 216
1 碧霞圣母宫 2 关帝庙 3 广胜寺 4 广胜寺·上寺 5 广胜寺·下寺·水神庙 6 华严寺 7 监狱 8 净石宫 9 商山庙 10 泰云寺 11 玉皇庙

3.7 霍州市 229
1 鼓楼 2 观音庙 3 娲皇庙 4 州署大堂 5 祝圣寺

3.8 蒲县 234
1 东岳庙

3.9 曲沃县 236
1 大悲院 2 龙泉寺 3 三清庙献殿 4 四牌楼 5 薛家大院

3.10 隰县 242
1 鼓楼 2 千佛庵

3.11 乡宁县 244
1 寿圣寺

3.12 襄汾县 245
1 丁村民居 2 汾城古建筑群 3 关帝庙 4 灵光寺塔 5 普净寺 6 文庙

3.13 翼城县 251
1 东岳庙 2 关帝庙·樊店 3 乔泽庙·戏台 4 石木四牌坊 5 四圣宫

3.14 永和县 256
1 永和文庙

4 运城市 259

运城古建筑分布图 260

4.1 盐湖区 262
1 池神庙·禁墙 2 泛舟禅师塔 3 关帝庙·常平 4 关帝庙·解州 5 关帝庙·解州·单体建筑 6 关帝庙献殿·赛里 7 关王庙·运城 8 三官庙戏台 9 舜帝陵庙 10 太平兴国寺塔 11 泰山庙

4.2 河津市 273
1 关帝庙·戏台·樊村 2 后土庙·古垛村 3 台头庙 4 玄帝庙 5 镇风塔

4.3 稷山县 278
1 北阳城砖塔 2 法王庙 3 稷王庙 4 青龙寺 5 青龙寺·大雄宝殿 6 砖雕墓葬·马村段氏家族

4.4 绛县 285
1 长春观 2 功德碑楼 3 节孝牌坊 4 景云宫玉皇殿 5 太阴寺 6 泰山庙·南柳 7 泰山庙戏台·董封 8 文庙

4.5 临猗县 293
1 妙道寺双塔 2 圣庵寺塔 3 县衙 4 永兴寺塔

4.6 芮城县 297
1 城隍庙·芮城 2 广仁王庙 3 后土庙·朱吕 4 清凉寺 5 寿圣塔 6 永乐宫 7 永乐宫·龙虎殿 8 永乐宫·无极殿 9 永乐宫·纯阳殿 10 永乐宫·重阳殿

4.7 万荣县 307
1 八龙寺塔 2 东岳庙 3 东岳庙·飞云楼 4 旱泉塔 5 后土庙 6 后土庙·秋风楼 7 稷王庙 8 稷王山塔 9 李家大院 10 寿圣寺塔 11 文庙 12 薛瑄家庙

4.8 闻喜县 319
1 保宁寺塔 2 后稷庙 3 仇氏石牌坊及碑亭

4.9 夏县 322
1 司马光墓 2 圣母庙 3 泰山庙 4 文庙

4.10 新绛县 326
1 白台寺 2 福胜寺 3 关帝庙·龙香 4 关帝庙·泉掌 5 稷王庙·北池 6 稷王庙·苏阳 7 稷益庙 8 绛守居园池 9 绛州三楼 10 净梵寺大殿 11 龙兴寺 12 三官庙 13 寿圣寺大殿 14 文庙 15 玉皇庙 16 州衙署大堂

4.11 永济市 344
1 普救寺塔 2 栖岩寺塔群 3 万固寺

4.12 垣曲县 346
1 二郎庙 2 泰山庙 3 永兴寺 4 玉皇庙

参考文献 350

图片来源 353

结语 356

凡例
How To Use This Book

- 编号 国家级文保单位
- 编号 省级文保单位
- 编号 其他建筑

1.1.1 潞安府城隍庙①	
Temple of City God in Lu'an Prefecture	
名称与别名	潞安府城隍庙，长治城隍庙
地　　址	长治市大北街庙道巷
看　　点	布局，木结构
推荐级别	★★★★
级　　别	全国重点文物保护单位
类　　型	庙宇·木结构
年　　代	元—清
交　　通	市中心，公交

- 古建筑编号及名称
- 英译名
- 地址
- 看点
- 作者推荐指数
- 文物级别
- 类型
- 对于多次重修或改建的古建筑，指现存部分的年代范围
- 交通
- 古建筑图片

图 1.1.1.1 ── 图片编号

山西省（南部）分片索引
Map Index of Shanxi (South)

- ① 长治市 /001
- ② 晋城市 /093
- ③ 临汾市 /199
- ④ 运城市 /259

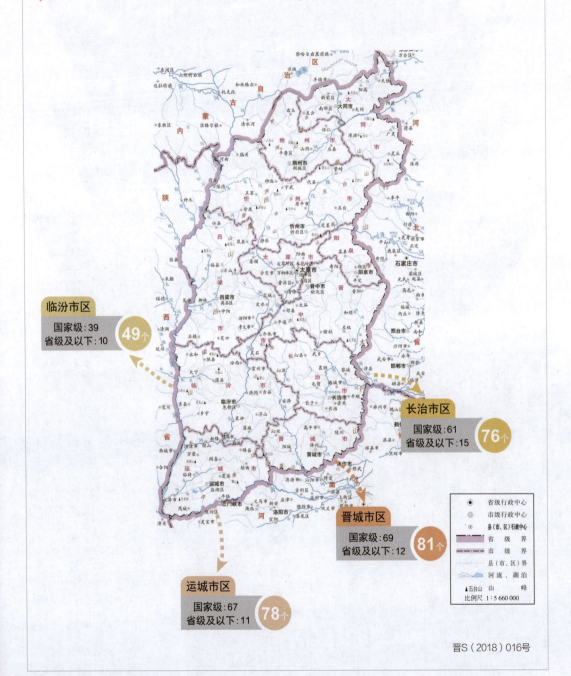

晋S（2018）016号

1 长治市
CHANGZHI

长治古建筑分布图
Historical Architectural Map of Changzhi

- ① 潞安府城隍庙
- ② 上党门和潞安府城衙
- ③ 崇教寺
- ④ 炎帝庙
- ⑤ 观音堂
- ⑥ 古佛堂
- ⑦ 玉皇观
- ⑧ 丈八寺塔
- ⑨ 正觉寺
- ⑩ 炎帝庙
- ⑪ 三嵕庙
- ⑫ 天仙庙
- ⑬ 真泽二仙宫
- ⑭ 长宁大庙
- ⑮ 天齐王庙
- ⑯ 龙王庙
- ⑰ 文庙·李庄
- ⑱ 武庙·李庄
- ⑲ 原起寺
- ⑳ 淳化寺
- ㉑ 大禹庙·北社
- ㉒ 大禹庙·西青北
- ㉓ 大云院
- ㉔ 佛头寺
- ㉕ 回龙寺
- ㉖ 金灯寺石窟
- ㉗ 九天圣母庙
- ㉘ 龙门寺
- ㉙ 龙门寺·早期单体建筑
- ㉚ 龙王庙·王曲
- ㉛ 明惠大师塔
- ㉜ 三嵕庙
- ㉝ 圣母庙
- ㉞ 天台庵
- ㉟ 夏禹神祠
- ㊱ 大云院
- ㊲ 洪教院
- ㊳ 南涅水石刻
- ㊴ 普照寺大殿
- ㊵ 圣寿寺
- ㊶ 宝峰寺
- ㊷ 石室蓬莱宫
- ㊸ 仙济桥
- ㊹ 先师和尚舍利塔
- ㊺ 大云寺
- ㊻ 洪济院
- ㊼ 洪济院·单体建筑
- ㊽ 会仙观
- ㊾ 会仙观·单体建筑
- ㊿ 真如寺
- 51 应感庙
- 52 灵泽王庙
- 53 文庙
- 54 五龙庙
- 55 永惠桥
- 56 昭泽王庙·郭庄
- 57 昭泽王庙·襄垣县城
- 58 周成王庙
- 59 碧云寺
- 60 成汤庙
- 61 崇庆寺
- 62 崔府君庙
- 63 二仙庙
- 64 法兴寺
- 65 伏羲庙
- 66 护国灵贶王庙
- 67 三教堂
- 68 三嵕庙·崇瓦张
- 69 三嵕庙·大中汉
- 70 三嵕庙·王郭
- 71 汤王庙·鲍庄
- 72 汤王庙·南鲍
- 73 汤王庙·前万户
- 74 天王寺
- 75 文庙
- 76 协天寺
- 77 尧王庙
- 78 玉皇庙·布村
- 79 紫微庙

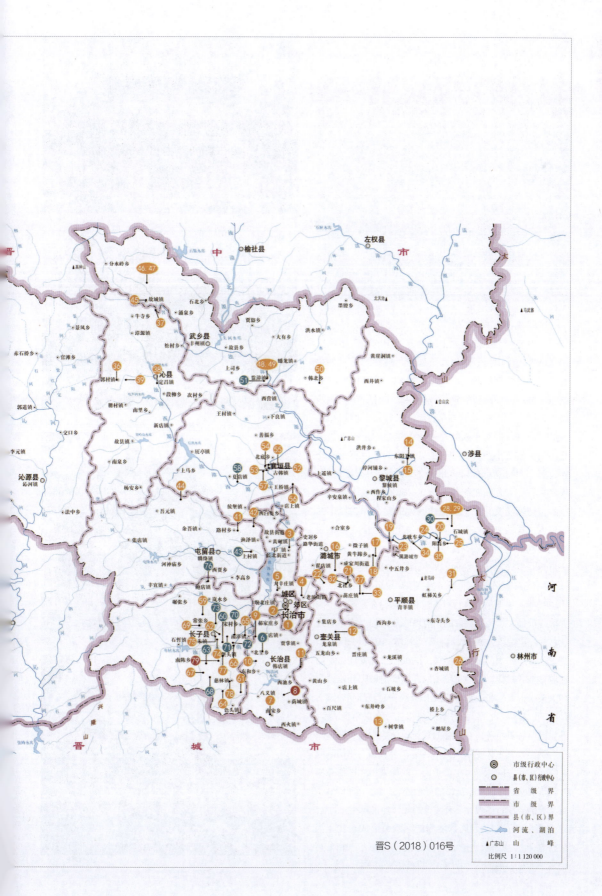

1.1 城区及近郊区

1.1.1 潞安府城隍庙 ①
Temple of City God in Lu'an Prefecture

名称与别名	潞安府城隍庙，长治城隍庙
地　　址	长治市大北街庙道巷
看　　点	布局，木结构
推荐级别	★★★★
级　　别	全国重点文物保护单位
类　　型	庙宇·木结构
年　　代	元—清
交　　通	市中心，公交

城隍是汉族民间文化信仰中最为普及的神祇之一，与山神、土地并列为中国地方神中的代表角色。相比山神之于山川、土地之于郊野，城隍则是专门掌管中国古代城市的神祇。城隍的神职，一方面要护卫城池，另一方面则要负责一城黎黍之生计、担当惩恶扬善之职责，恰相当于冥界的地方父母官。城隍在仙界虽是小官，但对于人间百姓而言担当却是很大，因此民间大多要推举曾有功于地方民众的名臣英雄来充当，诸如苏州祀春申君、杭州祀文天祥、上海祀秦裕伯、济南祀铁铉、郑州祀纪信，等等，从而形成了颇为深厚的"城隍庙文化"。而更加有趣的是，作为城市的守护者与执法者，城隍的等级地位也会因所在城市规模的不同而有所区别。潞安府作为上党首府，其城隍庙自然非别处可比，场面和威风都要大出许多。

潞安府城隍庙，据记载创建于元至元二十二年（1285 年），明清代进行过重建和维修，在全国范围内亦属规模最大、保存最好的州府城隍庙之一。庙宇之现状包括三重院落，中轴线上布置有牌坊、山门（图 1.1.1.1 潞安府城隍庙山门）、玄鉴楼（图 1.1.1.2 潞安府城隍庙玄鉴楼）、戏楼、献亭（图 1.1.1.3 潞安府城隍庙献殿与中大殿）、中大殿和后寝宫（图 1.1.1.4 潞安府城隍庙寝殿），两侧辅以耳殿、配殿、廊房等，形制完备，布局精当适宜，几重院落各具特色。在现存的建筑单体当中以大殿价值最为突出，其主体仍系元代木结构，余者则为明清陆续修完。正殿三间六椽、单檐悬山；前檐采用六铺作斗栱并昂形耍头，形成单杪三昂的复杂外观；殿内空间敞阔、梁架简洁、用材硕大，具有浓重的元代建筑风格。

庙内的安静总和庙外热闹的啤酒节形成对比，当时住在不远的如家快捷酒店的时候也会被人声和车声惊扰。生活往往就是如此，老的总是安静的。

图 1.1.1.1

图 1.1.1.2

图 1.1.1.3

图 1.1.1.4

1.1.2 上党门和潞安府城衙②

Shangdang Gate and City Government of Lu'an Prefecture

名称与别名	上党门,潞安府衙
地　　址	长治市府西街北
看　　点	谯楼建筑,衙署遗迹
推荐级别	★★★
级　　别	全国重点文物保护单位
类　　型	衙署建筑·木结构
年　　代	元—民国
交　　通	市中心,公交

上党门在长治市内西南、西大街北端的高台之上,府前街之北才是潞安府衙,自古为上党首府治所所在,也是今长治市区内的著名古迹。现存的上党门还带着钟鼓二楼,而府衙建筑则所剩无几,仅存府二堂、办公院、西花园等建筑。

上党门和钟鼓二楼平行排列,原本是潞安府的谯楼。于是台基高峙、形象威严,成了臣民景仰的场所(图1.1.2.1上党门全景)。今日上党门之地势仍高出四周甚多,登门南望,可见古城景色历历在目、天地浮云变换古今,极目亦远、怀古亦深。

原来的府前街,有一些民国宅院和更早的文笔助讼的小买卖(图1.1.2.2上党门南望);而高地之上,原来的府衙则因院落宽广曾经辟为公交站场。时至今日衙门之内庭堂庄严(图1.1.2.3上党门内景)、花木扶疏、公堂错落、景致葱茏的景象便只余些许片段了,就连花园中的碑记,也曾经倒在邻居长治二中的厕所。

"客不修店,官不修府"。大隋开皇年间开始在今址之上营建官衙,据此推算,州署故地沿用至今已逾一千四百年。史载唐明皇李隆基登皇位前曾以临淄王身份任潞州别驾四年,其间延请名士、结交豪杰,为开元之治积蓄力量、奠定坚实基础,而这潞州治所内的方寸之土,便可能正是明皇当年纵酒放歌之地,想来也足可以使少年的热血升腾一番了。李隆基的府邸成为地方治所后,潞州衙署命运多舛。元泰定二年(1325年)毁于兵火,泰定三年之后重建。今日所存之状貌则大抵为明代奠定,其中明洪武三年(1370年)重建上党门门庭,洪武三十一年(1398年)增建右侧钟楼,成化七年(1471年)增建左侧鼓楼,形成一门二楼的宏伟形象,明嘉靖八年(1529年)二月始升潞州为潞安府。历代对上党门建筑迭修不止、保存至今,成为上党的象征与标志性建筑。

图 1.1.2.1

图 1.1.2.2

图 1.1.2.3

1.1.3 崇教寺③

Chongjiao Temple

名称与别名	崇教寺，灈山朝漳禅院
地　　址	长治市郊区马厂镇故驿村
看　　点	寺院残存布局，后殿木结构
推荐级别	★★
级　　别	全国重点文物保护单位
类　　型	寺院，木结构
年　　代	金—清
交　　通	近郊区，自驾

田野中的崇教寺，红彤彤的、黄灿灿的墙面，让拜访古建筑的人们感到不安（图1.1.3.1崇教寺全景）。要知道，自从新中国成立，寺院当过糖厂、兵工厂、养猪场，曾经为了生存的需要忘记了灵魂的世界。不知今天的僧人是否如他们祖辈般俭让，是否如村中的耆老般追忆，好在寺院的古碑记录下了宋太平兴国九年（984年）、明嘉靖二十七年（1548年）、万历四十七年（1619年）、清乾隆三年（1738年）的往事。

原来的两进院落今天只剩下了后一半。中轴线上还有原来的中殿和后殿，两翼配殿、厢房、耳房维持了院子的样貌。

中殿在今天被唤作南殿，根据碑文记载，是一座三间规模、悬山顶的明代建筑（图1.1.3.2崇教寺南殿）。屋内平身科后尾插入垂柱，或是地域性的传统。

大殿无疑是这一群组中最重要的建筑。大殿规模也是三间，反而是硬山顶，将部分斗栱包入墙内，部分耍头前端卷成大象的鼻子，显然是后代改造的结果。斗栱只设于前檐柱头，五铺作双下昂，重栱计心造，耍头作昂形，并在平柱上出斜栱。专家判断大殿的原始模板成于金代（图1.1.3.3崇教寺正殿）。

图1.1.3.2

图1.1.3.1

图1.1.3.3

1.1.4 炎帝庙④

Yandi Temple

名称与别名	炎帝庙
地　　址	长治市郊区老顶山镇关村
看　　点	彩画，壁画，琉璃
推荐级别	★★★
级　　别	全国重点文物保护单位
类　　型	庙宇·木结构
年　　代	元—清
交　　通	近郊区，自驾

庙本来就是乡民修造的，历代也是他们来维护。当代乡民再次自发修庙的时候，我为什么担心呢？其实不是今不如昔的偏见，而是知道今天信仰的力量来得太切实际，对于报应的因果怕得太过侥幸。乡民如是，匠人也如是。所以总觉得近年来炎帝庙的维修多留一些光绪二十年（1894年）大修以及之前的样子才好（图1.1.4.1关村炎帝庙全景）。

碑刻中说清光绪二十年的大修历时三年，"丹楹刻桷，画栋雕梁，修理圣像"，可见彩画是重点。大殿栱眼上保留有六块沥粉贴金盘龙彩画（图1.1.4.2炎帝庙正殿斗栱及彩画），内柱上近代抹灰之下也分明有盘龙彩画痕迹。还有大殿壁面，尚有约80平方米，一旦清除白灰层，那将是一幅什么样的场面！再有就是大殿的正脊、鸱吻琉璃件，龙凤牡丹色泽鲜明、造型灵动，更有明嘉靖三十八年（1559年）的题记，颇为难得（图1.1.4.3 炎帝庙正殿外观）。

回过头来看庙宇的格局，今天只剩下了原来的后一半，中轴线上只有香亭和后殿；专家认定大殿木结构是元代的，斗栱用四铺作，补间用的是真昂，屋架是六架椽屋前后乳栿劄牵用四柱（图1.1.4.4 炎帝庙构架）。

图1.1.4.1

图1.1.4.3

图1.1.4.2

图1.1.4.4

1.1.5 观音堂⑤

Guanyin Hall

名称与别名	观音堂
地　　址	长治市西北郊梁家庄
看　　点	悬塑
推 荐 级 别	★★★
级　　别	全国重点文物保护单位
类　　型	宗教建筑·木结构
年　　代	明—清
交　　通	近郊区，自驾

晋东南地区的观音信仰非常普遍，观音堂的规模从一间小殿到一座大院都有。由于梁家庄原来就在古官道上，这里的观音堂得以兴旺，得以与小桥流水为伴，得以填充了精美的泥塑作品（图1.1.5.1 观音堂外观）。

天王殿是观音堂的前殿，两侧有钟鼓楼，后殿为观音殿。观音殿是一座明代万历十年（1582年）所创建的建筑；"观音堂"匾额即为明万历十一年（1583年）

图1.1.5.1

图1.1.5.2

兵部侍郎郜钦所题。殿宇面阔三间进深两间，悬山屋顶；其上琉璃瓦兽件色彩绚丽，纹饰丰富，或为明代作品（图1.1.5.2 观音堂正殿）。

不过，最为价值不凡的，是其殿内——墙面、屋架、门窗之上都是描金彩绘的泥塑，据说多达五百余尊，几不可透风。细察之，则佛、道、儒三教与民间信仰汇集于此。塑像本身之外，瑞兽禽鸟、宝盖璎珞、建筑语言等陪衬也极尽丰富，令人屏息（图1.1.5.3 观音堂正殿彩塑）。

图1.1.5.3

1.2 长治县

1.2.1 古佛堂⑥
Gufo Hall

名称与别名	东呈古佛堂
地　　址	长治市长治县韩店镇东呈村
看　　点	后殿斗栱屋架，配殿斗栱
推 荐 级 别	★★
级　　别	市级文物保护单位
类　　型	寺院，木结构
年　　代	元—清
交　　通	乡村，自驾

原来的东呈村古佛堂有三进院落，中轴线上从戏台开始，有前殿、中殿、后殿，但是今天就只剩下了中殿、后殿和后院倒塌殆尽的配殿了。作过粮库，当过盐库，建筑病变或因此而生，能够保存至今实属不易。漫步其中，寺院现在的古意（或者应该说是废墟一样的状况）具有独特的感染力（图1.2.1.1 东呈古佛堂外部环境）；希望保护工程之后能够多少保留一些沧桑感。

中殿又称释迦殿，题记记载，曾于明嘉靖三年（1524年）重建。专家认为主体结构还保持有元末明初的特征（图1.2.1.2 东呈古佛堂中殿）。殿宇面阔五间，六架椽屋四椽栿对乳栿用三柱，单檐悬山顶；斗栱双杪五铺作重栱计心造；前檐八棱石柱上浮雕花卉；墙体土坯包砖，槛墙上青砖平而薄、制作精细，砌法和砖规格常见于宋金建筑；栱眼壁隐约保存飘逸抽象

图1.2.1.1

图1.2.1.2

图 1.2.1.3

图 1.2.1.4

的龙纹（图 1.2.1.3 东呈古佛堂栱眼彩画）。

题记说明后殿于清嘉庆元年（1796 年）也经历了维修，但现存建筑并非采用常见的清代做法，而显得相当古远，或可追溯到元代之前。大殿面阔五间，六架椽屋乳栿对四椽栿用三柱，单檐悬山顶；前檐斗栱采用单杪双下昂六铺作（图 1.2.1.4 东呈古佛堂后殿斗栱），重栱计心造，后檐改用单杪四铺作；其他历史信息或不突出，或难以辨认，等待深入细致的研究工作。

1.2.2 玉皇观⑦
Yuhuang Taoist Temple

名称与别名	长治玉皇观
地　　址	长治市长治县南宋乡南宋村
看　　点	琉璃瓦件，斗栱
推荐级别	★★★
级　　别	全国重点文物保护单位
类　　型	庙宇，木结构
年　　代	元—清
交　　通	乡村，自驾

玉皇观创建年代已不可考，相传始建于宋代，据大殿正脊大吻、正门门扇题记，金末元初进行过大修，明万历四十二年（1614 年）重修，明崇祯十六年（1643 年）金妆神像一堂，清乾隆三十八年（1773 年）亦重修，之后屡有修葺。可以走旧时村子的老路去拜访玉皇观，老路上车辙印很深，穿过一座城门楼式的关帝庙，就能看到玉皇观坐落在村中的一块高地上，高耸的楼阁正是五凤楼（图 1.2.2.1 五凤楼外观）。

五凤楼即为山门，始建于元代，楼广深三间，平面近正方形，五重檐，均由斗栱承托，据传分别代表玉帝的五个女儿。楼下前檐有廊柱一排，明间东侧柱面镌刻"大明万历肆拾壹年五月日新添石柱贰根"。各层斗栱繁简相间，层次有致，二层及顶层檐下斗栱最为精美（图 1.2.2.2 五凤楼斗栱），楼阁虽五重檐，但实为两层，三层斗栱外以垂柱承上层平坐，与室内相通。楼内有两"木"令人叹为观止，一为荆木大梁，

图 1.2.2.1

图 1.2.2.2

图 1.2.2.3

图 1.2.2.4

前后贯通；另一木为桑木独梯，刻制踏阶，可攀踏至楼上，奇险陡峻。而四根圆形通天木柱直达屋顶，顶部斗八藻井（图 1.2.2.3 五凤楼藻井），先由斗栱承托内跳由正方形梁枋过渡为八边形，上层小尺度斗栱叠涩覆顶，与下层梁枋以垂柱相连，与最上屋面结构保持一定空间，木作构件十分精致。楼顶琉璃脊兽完好无损，吞口、行龙、飞凤、人物、花卉等形象生动，均出自明万历四十二年（1614 年）匠师韩进才、韩建才、裴永安之手。五凤楼二楼额枋背后和底层大版门背后均有清乾隆、嘉庆年间重修的题记与刻记，都是对五凤楼营建历史的珍贵史料记录。

由五凤楼进入庙内，可见献亭。献亭风格粗犷敦实，四根粗壮的雕龙石柱承托大内额，额上每面紧密排列五朵六铺作斗栱，同样繁简交错，繁密精致的檐下结构与石柱大额构成的下架结构形成了鲜明的对比，虚实相间，甚是震撼。而内部斗八藻井更与五凤楼如出一辙，不同之处在于直接承托了屋面结构，从形式来看很有可能是同一工匠的手笔，虽然繁密精致，但是由于用材尺度较明清为大，又显简洁质朴。

东西配殿均为三间悬山顶，用抹角石柱，用材较大，形式舒朗，结构简单。在其中央，则是位于月台上的凌霄宝殿，五开间悬山殿，可目光只能集中在十一朵层层出跳排列紧密的"十三踩"斗栱之上——均为单杪五昂的形式，正中三间补间斗栱还用斜栱（图 1.2.2.4 玉皇观正殿）。"十三踩"为清式斗栱形式叫法，实为内外各出六跳，如果按照宋式则应称为九铺作，只此一点足以令人大饱眼福，如此形式的斗栱在全国都很罕见。殿内屋架结构还保留着宋金时期的特征，简洁明确，未用粗壮的大梁栿而注意加工了截面形状，梁栿与枋额等构件尺度相去不远，联系十分紧密，浑然一体。

我们可以发现，繁密的斗栱形式出现在了玉皇观主要的三座建筑中，出跳增多而出跳距离减小，斗栱排列紧密，形象上呈现繁复而精致的做法。斗栱在结构方面的作用已经减退，更多是作为形式上的考虑而存在，可相比之后的明清建筑，其用材又大，不比明清建筑的繁缛琐碎和小巧秀丽，兼备质朴有力的形象，成为元代建筑向明清建筑过渡的重要实例和典型的代表作。

1.2.3 丈八寺塔⑧
Zhangba Temple Pagoda

名称与别名	丈八寺塔
地　　址	长治市长治县荫城镇桑梓村
看　　点	唐砖，唐痕迹
推 荐 级 别	★★
级　　别	省级文物保护单位
类　　型	塔，砖石结构
年　　代	唐
交　　通	乡村，自驾

丈八寺塔，顾名思义原建于丈八寺内。丈八寺本是古寺，据说唐代已有之，且颇具规模。然而时过境迁，香花火烛早随唐风宋雨而去，寺院亦已无处觅残踪，现如今丈八寺塔所在的院落，为当地村委会的办公地点（图 1.2.3.1 丈八寺塔外部环境）。

塔高约 18 米，平面方形，其第一层塔身较高，上部则为多层檐口，系比较典型的唐代密檐塔样式（图 1.2.3.2 丈八寺塔外观）。据说原为十一级，后因塔顶逐渐残破，剩余八级。塔身比例原本应十分优美，首层峭拔，其上则如绽放的层层莲花；各层檐口的叠涩，形成一种令人兴奋的节奏感；而上下的渐次收分，则造就了塔身不可名状的曼妙曲线。只可惜现状受到后世人为修改较多，

图 1.2.3.1

出于加固需要而将第一层塔身加粗,有损于唐塔神韵。

前些年,村人以此塔为村中一制高点,又将塔顶改造,架上了无比张扬的宣传喇叭。"古为今用"虽使千年古物得以保全而不至于完全毁弃,但如此令人哭笑不得的变化却也实实在在地显示了文物处境之尴尬。好在最近听说了此塔要被维修的消息,但愿其能体面地再多立上几百年。

图 1.2.3.2

1.2.4 正觉寺⑨

Zhengjue Temple

名称与别名	长治正觉寺,大寺
地　　址	长治市长治县司马乡看寺村
看　　点	后殿斗栱屋架,配殿斗栱
推荐级别	★★★★
级　　别	全国重点文物保护单位
类　　型	寺院,木结构
年　　代	金、元一明
交　　通	乡村,自驾

正觉寺,俗称大寺,将整座村子用来看寺才不过分。寺院始建于唐大和年间,宋熙宁三年(1070年)僧贞玘重建,元至顺三年(1332年)僧道喜重修,明清两代均有重建、增建与修葺。寺内现存明天启三年(1623年)乡社约法护寺碑一通,是寺院修建史的佐证。

正觉寺原有殿宇、廊庑、僧舍70余间,现今仅存两进院落(图1.2.4.1 正觉寺前殿及院落)。在仅存的中殿、后殿和前院东西配殿中,后殿最为古老,为金代原构,中殿为明代重建,前院东西配殿则是元代修建。

中殿面阔五间,进深六架椽,单檐悬山顶,呈现出较为典型的明代建筑特征。中殿与后殿的规模、样式相似,但将二者细细对比,则能发现不少早期建筑的特征。譬如屋顶的举折与殿身的比例等(图1.2.4.2 正觉寺后殿)。

图 1.2.4.1

图 1.2.4.2

后殿也用悬山（图 1.2.4.3 正觉寺后殿悬山出际），前檐斗栱用材较大，五铺作单杪单下昂，下昂与昂形耍头上彻至梁栿下（图 1.2.4.4 正觉寺后殿斗栱），补间铺作为隐刻形式。立柱均为抹角石柱，为确保安全后代修缮又加不少细柱承托梁栿。四椽栿虽用原木，但略微加工将侧面取平，这也是比较讲究的做法（图 1.2.4.5 正觉寺后殿梁架）。比此更加粗放的是，出于地方物料的盈亏，不再对于梁栿进行深度的加工而直接采用原木，这种形态在山西金元建筑中很常见。

前院小巧的东西配殿又显现出了与中殿和后殿不同的特征——丝毫不失丰满。配殿明间柱头斗栱出两跳，华栱作假昂形，并用斜栱层叠，宛如盛开的花朵（图 1.2.4.6 正觉寺配殿斗栱），而斗栱则由大檐额承托。配殿砖墙较厚但高度只及大额，显露的檐下部分显得更加轻巧而具有层次。内部梁架用材粗大，形态各异而未经雕琢，这或许便是元人的豪气吧。

在同一院中各个时期的建筑并存，互相对比着慢慢欣赏，的确是体会和感悟古代建筑的好去处。

图 1.2.4.3

图 1.2.4.5

图 1.2.4.4

图 1.2.4.6

1.2.5 炎帝庙⑩

Yandi Temple

名称与别名	北和炎帝庙
地　　址	长治市长治县北呈乡北和村
看　　点	单体木构
推荐级别	★
级　　别	全国重点文物保护单位
类　　型	庙宇，木结构
年　　代	元—清
交　　通	乡村，自驾

这里的炎帝庙就像住在北和村的隐士，绝没有在前面开辟广场迎接大队游客的愿望（图 1.2.5.1 北和炎帝庙外部环境）。

庙宇只一进，坐北朝南。中轴线上从南至北有倒座房、献亭、正殿；倒座明间门一座，戏台仅余遗址，正殿两侧为东西耳殿，院子两边有东西配殿、厢房。庙中的碑刻讲述了明清两代多次的修葺，而最近的也在一百八十年前，那是清道光十五年（1835 年）和道光二十六年（1846 年）。

正殿是真正的隐士，几乎完全被掩盖在后代砌筑的砖墙内（图 1.2.5.2 北和炎帝庙正殿）；却也压抑不住伸展的愿望，把花瓣一般斗栱探出砖墙（图 1.2.5.3

北和炎帝庙正殿斗栱）。殿是面阔三间进深三间的，乳栿对四椽栿用三柱（图 1.2.5.4 北和炎帝庙梁架）。大致是道光时期的修缮将原来的悬山顶改为硬山顶。

花瓣一样的斗栱是柱头上的双昂带斜栱的五铺作。专家认为，此建筑带有强烈的元代特征。

图 1.2.5.1

图 1.2.5.3

图 1.2.5.2

图 1.2.5.4

1.3 壶关

1.3.1 三嵕庙⑪

Sanzong Temple

名称与别名	壶关三嵕庙，灵贶王庙
地　　址	长治市壶关县黄山乡南阳护村北
看　　点	木结构，石柱题记
推荐级别	★★★
级　　别	全国重点文物保护单位
类　　型	庙宇，木结构
年　　代	金—清
交　　通	乡村，自驾

图 1.3.1.1

壶关的三嵕庙距县城约十公里。所谓三嵕庙，是专门祭祀后羿的庙宇，因传说后羿射九乌（射日）于三嵕山而得名。宋代崇宁年间朝廷曾颁赐后羿灵贶王封号，至明代开国后，明太祖朱元璋认为前代封号大多渎礼不经，故而废黜地方神祠之封号甚多。明代之后灵贶王庙之名渐次不用，多改以"三嵕"为号（图 1.3.1.1 三嵕庙外部全景）。

壶关三嵕庙为现存历史较为悠久的后羿庙之一，根据明万历二年（1574年）重修碑记中的内容，该庙"创建于大定己未，重修于正德庚午，既成于嘉靖改元"，现存正殿虽经明清多次重修，仍保留有比较明显的金代样式特征。

庙宇坐北向南，原为两进院落，现状中轴线上仍

图 1.3.1.2

图 1.3.1.3

图 1.3.1.4

保留有过殿、香亭、正殿等主要建筑（图 1.3.1.2 三崚庙院落），此外另有廊庑、配殿并钟鼓二楼分置两侧，除正殿外均属明清遗存。正殿前有卷棚式献亭，左右各有耳殿相衬，整组建筑虽非同时期完成，却难得外观主次分明、协调统一。大殿主体广深各三间，单檐悬山顶，以前檐两架橡空间做敞廊，与献亭空间相贯通；屋面平缓、出檐深远；斗栱仅施于柱头，外观五铺作单杪单昂、规整考究（图 1.3.1.3 三崚庙正殿斗栱）；前檐八条立柱为砂岩雕凿而成，其上榜题有捐施人姓名（图 1.3.1.4 三崚庙正殿石柱捐施题记），屋架材木不精，可知当年物料并不十分充足，却仍叠梁多层、不惜工本，足可见乡民诚朴敬神之心。

1.3.2 天仙庙⑫
Tianxian Temple

名称与别名	庄头天仙庙
地　　址	长治市壶关县晋庄镇庄头村
看　　点	院落布局，正殿木结构
推荐级别	★★★★
级　　别	全国重点文物保护单位
类　　型	庙宇，木结构
年　　代	元—清
交　　通	乡村，自驾

喜欢天仙庙钟鼓楼轻盈地立在高地上的样子；搞不懂原来狭长院落中曾经的建筑的模样（图 1.3.2.1 天仙庙外部全景）。

经历了学校占用，天仙庙院中仅余山门、钟鼓楼、正殿和东西厢房，可惜正殿的本来面目也已完全藏在白粉砖墙的后面（图 1.3.2.2 天仙庙正殿）。庙内碑文记载，正殿创建于北宋建隆元年（960 年）创建，尔后明崇祯二年（1629 年）重修；清康熙十年（1671 年）重修"曾经的过厅"；乾隆三十二年（1767 年）和嘉庆十五年（1810 年）两次重修山门。

遮挡之后，是正殿的五铺作斗栱（图 1.3.2.3 天仙庙正殿斗栱），安心地坐在前檐的大檐额上。这里还采用了移柱造（图 1.3.2.4 天仙庙正殿梁架），加大了明间开间。专家判断大殿为元代作品。

图 1.3.2.1

图 1.3.2.2

图 1.3.2.3

图 1.3.2.4

1.3.3 真泽二仙宫⑬

Zhenze Erxian Taoist Temple

名称与别名	真泽二仙宫，二仙祖宫
地　　址	长治市壶关县树掌镇神郊村
看　　点	选址，院落布局，早期木结构，碑刻
推荐级别	★★★★
级　　别	全国重点文物保护单位
类　　型	庙宇，木结构
年　　代	元—清
交　　通	乡村，自驾

图 1.3.3.1

图 1.3.3.2

图 1.3.3.3

公路上，远远的，神郊真泽二仙宫气势不凡（图 1.3.3.1 真泽二仙宫外部全景）。二仙作为土生土长的地方信仰对象，在整个晋东南地区具有极其深厚的历史渊源与文化影响力，宋金时期，二仙庙宇曾星罗棋布于上党的山水沟壑之间。而壶关紫团山附近又因传说为二仙飞升之地，故而更增加了一重"民间圣地"的意味。这处位于神郊村的真泽二仙宫，历史上曾是本区规模最大、香火最盛的二仙祠庙，当地百姓至今仍会颇为自豪地将其称为"二仙祖宫"。

二仙传说早可追溯至唐代。相传乐氏二女自幼聪颖异常，在家常遭继母杨氏虐待，却能忍辱侍亲，最终在一场感天动地的哭泣之后于紫团山上飞升成仙。乐氏二仙在得道之后时常显应，因此在民间得到了极为隆重的尊崇。相传唐末"黄巢之乱"波及整个上党，唯有该地因其护佑免遭战火屠烧。宋徽宗崇宁年间，西夏大军侵扰中原，当朝廷大军出征路过紫团山时，二仙化身农妇沿途送饭相助，因此又得朝廷大为褒赏，敕封道号冲惠冲淑，并敕立宫庙许民间祭祀，这正是神郊二仙祖宫最初之由来。

神郊真泽二仙宫选址极佳，北依郊顶、南面翠微峰、西望紫团山、下临神郊河，堪称山清水秀。庙基高爽、视野开阔，使拜谒者确能有上登清宫之感想。历史上的二仙祖宫规模宏大、布局严谨，绝非他处所能比拟，只可惜宋金交际为兵燹所毁伤，加之金代以来陵川西溪二仙宫逐渐步入其全盛时期，最终导致了祖宫香火旁落。

现存的二仙祖宫建筑群为元代以来竭力恢复的结果，历经元明清历代修补与扩建，终成今日之状貌，虽无法再现有宋一朝之盛况，却仍难掩其非凡气势。现今山门前立有高大木质牌坊（图 1.3.3.2 真泽二仙宫牌坊），斗栱密布、翼角飞张，山门采用"重楼双阙"格局，规模宏大，颇有先声夺人之势。进入庙门但见庙庭轩敞，当央大殿端坐正中（图 1.3.3.3 真泽二仙宫正殿），为五开间单檐歇山顶建筑，其规模至今仍为各处二仙庙宇之最。只可惜此殿修造时代较晚，又经后世装点缀饰甚多，故而显得煊赫有余而古朴庄重不足。

现如今庙庭内仍留存古物甚多，尤其以大量碑碣最值得重视，记载了宋代以来二仙祖宫所受的敕封，以及创建、修缮诸事宜，是研究二仙信仰早期发展与历史流变的极为重要的文献资料。

1.4 黎城

1.4.1 长宁大庙 ⑭
Changning Taoist Temple

名称与别名	长宁大庙
地 址	长治市黎城县东阳关镇长宁村
看 点	布局，大殿结构
推荐级别	★★
级 别	全国重点文物保护单位
类 型	庙宇，木结构
年 代	元—清
交 通	乡村，自驾

《黎城县志》和《东阳关镇志》都提到了长宁大庙。或许是借了旧称"壶口关"的东阳关的声望，本身尺度不彰的庙宇得到了"大庙"的美称。村落的巷道中，一下子能看二层楼阁式的山门（图1.4.1.1 长宁大庙山门）。

门内，大庙无非一进院子，南北长27米，东西宽22.8米。中轴线上依次为山门兼倒座戏台、献殿、连廊、大殿，两侧为东西楼、东西厢房、东西耳房。

献殿并无墙体，颇显轻盈；屋架二架梁、四架梁叠垒，山面加中柱（图1.4.1.2 长宁大庙献殿）；檐下施三踩单昂斗栱。专家定为明代风格。略不解其意。

大殿被认为是元代的建筑（图1.4.1.3 长宁大庙正殿）。殿堂面阔五间，六架椽屋，悬山顶。前檐铺作六朵，均为五铺作双下昂重栱计心造；屋内梁架为彻上明造，乳栿对四椽栿，用三柱，后于四椽栿下附加支撑；屋面布瓦，琉璃正脊。大殿东西墙体内嵌壁碑四通，分别成于元至正间（1347年、1356年）、清康熙间（1668年、1670年）。

好奇当年作为学校使用之时校舍的分配，是否厢房作教室、大殿作礼堂、献殿作讲台、院落作操场；更好奇当年学生如何描述那段嬉戏在古庙中的时光。

图1.4.1.1

图1.4.1.2

图1.4.1.3

1.4.2 天齐王庙⑮
Tianqiwang Taoist Temple

名称与别名	辛村天齐王庙，东岳庙
地　　址	长治市黎城县东阳关镇辛村
看　　点	布局，大殿结构
推荐级别	★★
级　　别	全国重点文物保护单位
类　　型	庙宇，木结构
年　　代	元—清
交　　通	乡村，自驾

这里的天齐王庙又称东岳庙（图 1.4.2.1 天齐王庙外立面）。这座村边庙宇的正面很像一副笑脸，严肃的是"双眸"之间"赏善罚恶"的砖额。

庙宇不大，院只一进；山门和戏台合二为一，对着大殿；倒座的屋舍、两翼的廊房、耳房无非都是大殿的陪衬（图 1.4.2.2 天齐王庙院落与倒座戏台）。

大殿悬山顶，面阔五间（图 1.4.2.3 天齐王庙正殿）；进深六架椽屋乳栿对四椽栿用三柱，后期于四椽栿下补充支撑；檐下柱头施单杪单下昂五铺作斗栱；立柱侧脚、柱头卷杀显著。参考庙内保存的元后至正元年（1341 年）、明嘉靖四年（1525 年）碑碣，专家判定，大殿木结构为元代遗存。

图 1.4.2.2

图 1.4.2.1

图 1.4.2.3

1.5 潞城

1.5.1 龙王庙⑯
Temple of Dragon King

名称与别名	东邑龙王庙
地　　址	长治市潞城市东邑乡东邑村
看　　点	木结构
推荐级别	★★
级　　别	全国重点文物保护单位
类　　型	庙宇，木结构
年　　代	金？
交　　通	乡村，自驾

东邑龙王庙，我们去过一次，当时还是凌乱的工地。脚手架林立的样子不宜观瞻，反而是攀爬探究的好机会。可惜彩画遗留痕迹少、后期更改复杂，收获十分有限。

此庙坐北朝南，两进院落，尚保存有山门、戏台、正殿及耳殿、厢房等建筑（图 1.5.1.1、图 1.5.1.2 东邑龙王庙院落）。正殿面阔三间，进深六椽，悬山顶；斗栱部分，用单杪单下昂五铺作，重栱计心造，耍头昂形，且搭配斜栱（图 1.5.1.3 东邑龙王庙正殿斗栱）；正脊琉璃屋脊上龙凤搭配，辅饰牡丹，有"嘉庆元年（1796 年）五月立"题记录。只是正殿创建时间的记载不详，加之历史上多次重修，故而断代并不十分肯定。根据殿内梁架、斗栱保留的做法细节，专家判断此殿为金代建筑。

一定要说一下，山西有戏台的地方就一定有山西师范大学戏曲研究所同仁们的身影，我们也正是根据他们的论文和著作按图索骥的。

图1.5.1.2

图1.5.1.1

图1-5-1-3

1.5.2 文庙·李庄⑰
Temple of Confucius in Lizhuang

名称与别名	李庄文庙
地　　址	长治市潞城市黄牛蹄乡李庄村
看　　点	选址，布局；大殿木结构
推荐级别	★★★
级　　别	全国重点文物保护单位
类　　型	礼制建筑，木结构
年　　代	元—清
交　　通	乡村，自驾

李庄的文庙骄傲地占据了村中高地（图1.5.2.1 李庄文庙外部全景）。高地空间受到局限，因此文庙只有一进院落，中轴线上是山门和大成殿，省去了棂星门、泮池之类更隆重的配置。

山门台基前又有十二级台阶。门座面阔三间，进深用七架梁，单檐悬山顶；现状立面是改造的结果；前后檐用双昂五踩斗栱，平身科后尾插入垂柱。

大成殿始建于金代，元至治元年（1321年）重修。殿宇面阔三间，进深六椽檐用二柱，单檐歇山顶（图1.5.2.2 李庄文庙正殿）。檐下斗栱仅用于柱头，四铺作，昂形耍头，出斜栱（图1.5.2.3 李庄文庙正殿斗栱）；屋内六椽栿上前后用乳栿，正中用平梁，立侏儒柱、合㭼、丁华抹颏栱承脊槫，施叉手；大木彩画纹样丰富，色彩尚存，有大量贴金痕迹；屋顶琉璃瓦件灿然可观。

身在孔庙不能不说碑记（图1.5.2.4 李庄文庙石赑屃）。已知的重要碑刻有写明"金大安三年（1121年）李庄新作夫子庙"的《初建至圣文宣王庙年记》、金兴定五年（1221年）潞州县令史良辰所立修缮碑记、元中统四年（1263年）立、记录了元至元二年（1265年）的《李庄重修孔子礼殿碑记》、嘉庆二十五年（1820年）重修庙记、无纪年的《皇元主者施行碑》等。

图 1.5.2.1

图 1.5.2.3

图 1.5.2.2

图 1.5.2.4

1.5.3 武庙·李庄⑱

Guandi Temple in Lizhuang

名称与别名	李庄武庙
地　　址	长治市潞城市黄牛蹄乡李庄村
看　　点	选址，布局；大殿木结构
推荐级别	★★★
级　　别	全国重点文物保护单位
类　　型	庙宇，木结构
年　　代	明一清
交　　通	乡村，自驾

　　李庄武庙，就是关帝庙，与李庄文庙仅相距两百米。李庄村同时保留了文庙、武庙，这种格局在乡村祭祀中非常罕见，两庙分别创建于金代、元代，且较为完整地保存了原有形制格局，因而倍显珍贵。

　　与文庙一样，武庙的庙址选择同样高爽（图 1.5.3.1 李庄武庙外部全景），而武庙坐东朝西，布局显得灵活且贴近生活，不似文庙般一丝不苟。现存中轴线建筑为山门（倒座戏台）、鼓楼、香亭、大殿，占地面积约 1254 平方米。始建年代无考。据庙内光绪二十八年（1902 年）重修碑记，拆修大殿时见"元至大二年（1309 年）修造"题记。当是元至大年间庙已有之。清道光和光绪年间曾有修葺和增建，现存鼓楼为明代遗构，余皆清代遗物。

　　武庙于庭中立鼓楼（图 1.5.3.2 李庄武庙鼓楼），是较为少见的建筑格局。所谓鼓楼，实则为一座十字歇山屋顶的小殿，由于十字脊屋顶所独具的装饰性，故而很容易成为院落中的视觉中心，当地人形象地将这种屋顶造型称为"四山八走水"。

　　此外，武庙整体的艺术风格更以装饰见长，香亭和大殿的斗栱、眉额、柱础等皆满布雕饰，形象繁复、华丽异常，代表了当地明清建筑的风俗民情、审美意趣以及砖木雕刻的工艺水平（图 1.5.3.3、图 1.5.3.4 李庄文庙的雕刻装饰）。

图 1.5.3.1

图 1.5.3.3

图 1.5.3.2

图 1.5.3.4

1.5.4 原起寺⑲

Yuanqi Temple

名称与别名	原起寺
地　　址	长治市潞城市黄牛蹄乡新安村
看　　点	寺庙选址与格局、宋代木构架、宋代砖塔
推荐级别	★★★★
级　　别	全国重点文物保护单位
类　　型	寺院，木结构，砖石结构
年　　代	宋
交　　通	乡村，自驾

浊漳河自黎城县北来，至平顺县境内改流向正东，蜿蜒穿过太行山腹地，形成幽深的河谷地带。河岸两侧皆山势回环、峭壁高耸，自然景观十分壮美。就在这30多公里的河谷中间，相隔不远竟集中分布着八处国家级文物保护单位，其中包含十座元代以前的早期木构架，堪称蔚为大观。其中既有像王曲天台庵、实惠大云院这样声名显赫的唐末五代遗构，又有如龙门寺一般建制完整、古迹众多的文物重镇，其他山地庙宇虽然大多形制简朴，却仍不乏看点，实在是古建筑考察不可不经之地。

浊漳河谷的文化地位是一个需要说明的问题。浊漳河出太行山不远便是邺城，邺城作为魏晋、北朝时期的重要都城，同时也是早期佛教传播的中心城市之一。在邺城文化光辉的辐射下，浊漳河谷地区成为中国古代文化精英的重要归隐地之一，并且很早即有僧团组织在此开展寺院营造活动，为浊漳河谷地区积蓄了深厚的文化土壤，留下了异常丰富的文物资源。

原起寺位于潞城与平顺县境交接处，行政区划上属潞城管辖，但从地缘关系上讲，实际与平顺县境内的浊漳河谷更具整体性。寺在浊漳河西岸的一处突兀的小山顶上（图1.5.4.1 原起寺远望）。漳河北来至此转向正东，小山便刚刚好扼在河湾外侧的险要之处。如此山凝水驻之处常被人称为"地结"，于此建寺立塔似乎颇有些镇水理气的风水讲究。寺前有路有桥供人渡河，再往东行便是太行山的层峦叠嶂，丹崖清流

图 1.5.4.1

之间是浊漳河谷的精华所在，而以原起寺作为这条神奇河谷的标志那真是再合适不过。

原起寺的创建相传始自唐天宝六年（747年），现如今存世一殿一塔，皆为宋代遗物。佛殿为三间四椽、单檐歇山顶，构架朴拙、斗栱简洁，规模虽然不大但形制奇古，很多做法可能系更早于宋代之遗制（图 1.5.4.2 原起寺正殿）。殿西侧一塔称"青龙宝塔"，平面八角形，高七级 17 米（图 1.5.4.3 原起寺青龙宝塔）。塔身层层出檐所占比例较大，斗栱玲珑复杂、极具装饰性。塔顶相轮宝刹高耸，八角各安铁人牵铁索扶刹，"崖上起台、台上建寺、寺内举塔"，高塔凌空形象分外鲜明（图 1.5.4.4 原起寺外观）。

图 1.5.4.2

图 1.5.4.3

1.6 平顺

1.6.1 淳化寺[20]
Chunhua Temple

名称与别名	阳高淳化寺，龙门寺下寺
地 址	长治市平顺县阳高乡阳高村
看 点	早期木结构，经幢
推荐级别	★★★
级 别	全国重点文物保护单位
类 型	寺院，木结构
年 代	金
交 通	乡村，自驾

图 1.6.1.2

图 1.6.1.3

淳化寺位于平顺县城东北 50 千米的阳高村，长林公路自村前通过，系由长治方向去往龙门寺的必经之路。历史上曾作为龙门寺下院，两者之间具有深厚的历史渊源。浊漳河谷地的风光既壮美又独特，南北两面群山叠嶂，中间黄土被河水深切形成峡谷；村落大多依山傍崖，屋舍绵延有如飘荡在黄土与碧波之间的云朵。古寺飞檐缀于其间，相比于平原上的庙宇往往更有诗情画意。

淳化寺早年的寺院格局具已荒废，仅余留下中殿一座、经幢两通，杂处于民屋之间，供往来的游人略作凭吊（图 1.6.1.1 淳化寺外部环境）。小殿三间六椽、单檐歇山，规模十分小巧，但小巧的尺度反而使出檐显得异常灵动，翼角的飞张之态显示出与自身体量并不相称的劲健感（图 1.6.1.2 淳化寺侧立面）。殿内构架用料宽绰且极为规整严谨，前后檐柱头之间飞架两道扁作的六椽通栿，并不再施内柱，令人印象十分深刻。与相隔不远的原起寺、佛头寺等乡村佛堂相比显得颇为特殊，这应当与其作为龙门寺下院，财力物力相对充足的历史条件有关（图 1.6.1.3 淳化寺梁架）；相比于外观的劲健舒张与梁架的法度精严，斗栱却在用材尺度与构造方式等方面均缺乏亮点，并不能给人留下多少深刻的印象，或许正从一定程度上验证了"宋金之后斗栱趋于简化"的说法；殿后墙内有嵌壁石一通，上镌李晏游龙门所作诗句，与龙门寺大雄宝殿后檐石柱上的题记相映成趣（图 1.6.1.4 淳化寺李晏题诗）。

图 1.6.1.1

图 1.6.1.4

1.6.2 大禹庙·北社㉑

Dayu Temple in Beishe

名称与别名	北社大禹庙
地　　址	长治市平顺县北社乡北社村
看　　点	早期木结构，木构件彩画
推荐级别	★★
级　　别	全国重点文物保护单位
类　　型	庙宇，木结构
年　　代	元—清
交　　通	乡村，自驾

北社村原名为三池里，位于太行山谷地中间的一块黄土台坪上，三面环山、西临黄土冲沟，环境当中透着太行山区特有的高亢与直率。山区历来多为干旱所苦，而北社村似乎却独得眷顾，据康熙《平顺县志·卷二·山川》条目记载：大禹泉在三池南里，俗传大禹治水经此，见里人缺水，相地穿井得泉，里人感沐至今，立庙祀之。由此方可知村、庙之由来。

大禹庙位于村西北（图1.6.2.1 北社大禹庙外部环境），现存一进院布局，坐北朝南，中轴线上自南依次分布有山门（上为倒座戏楼）、献殿、正殿，东西两侧有夹楼、廊屋以及耳殿相为配伍（图1.6.2.2 北社大禹庙院落）。由于碑碣散佚，庙宇的创建年代已无考，仅由样式认定现有正殿为元代建筑。正殿面阔三间，进深六椽，单檐悬山顶，上着朴素的青灰筒板瓦屋面。由于献殿遮挡，故而并不能看到完整立面。正殿之斗栱、梁架做法均不考究，带有乡间庙宇的质朴与自由气质。但值得一提的是，大禹庙正殿的斗栱与梁架上均保留有较为完整的彩画。彩画色彩艳丽、纹样流畅，仍有早期风韵，且可以与九天圣母庙加以比较（图1.6.2.3 北社大禹庙梁架彩画）。

村中各种信仰并置，大约是尽了村民的一应需求，是缩微版的城市治所的建制；至于更为正规的宗教信仰，更像统辖了周边村落的另一种存在，更多地照看精神生活。

图1.6.2.2

图1.6.2.1

图1.6.2.3

1.6.3 大禹庙·西青北㉒

Dayu Temple in Xiqingbei

名称与别名	西青北大禹庙
地　　址	长治市平顺县北社乡西青北村
看　　点	院落格局，早期木结构
推荐级别	★
级　　别	全国重点文物保护单位
类　　型	寺庙，木构架
年　　代	明—清
交　　通	乡村，自驾

西青北大禹庙坐落于西青北村中，距北社大禹庙不远，是一处保存完整的明代建筑实例，据庙内碑文和题记载，明崇祯四年（1631年）创修戏楼，清雍正八年(1730年)、嘉庆十六年（1811年）、道光二十年（1848年）、民国二十一年（1932年）均有重修。2013年被列为第七批全国重点文物保护单位。

小庙周围与青山为伴、环境爽朗，庙墙上红艳艳的粉刷提示着其祭祀建筑的身份（图1.6.3.1西青北大禹庙外部环境）。院子坐北朝南，一座高大的门楼坐落在轴线最前端，似乎在努力地为小庙宣扬着声势，门楼背面为倒座戏台，赶上村里的庙会时仍然会有热闹的演剧。进得庙门，眼前便是一座献殿，与正殿共同坐落在大约一米高的石砌台阶之上。庙内空间不大，被献殿的宽度塞得满满当当了，倒显得很有些气势（图1.6.3.2西青北大禹庙院落）。

正殿躲在献殿后面，面宽三间，进深四椽，五檩构架前带敞廊，门窗装修均保存完好。单檐硬山顶，灰筒板瓦屋面，柱头科五踩单翘单昂（图1.6.3.3西青北大禹庙正殿斗栱），平身科每间一攒，出斜栱。既然戏楼成于明代，专家把大殿的建造年代定于明代显得更加可信——毕竟其结构做法比院中其他建筑更加古老，对建筑装饰和造型效果存在不同的理解——诸如单翘单昂五踩斗栱平身科每间出斜栱的样式。

图1.6.3.1

图1.6.3.2

图1.6.3.3

图 1.6.4.1

1.6.4 大云院㉓

Dayun Yard

名称与别名	平顺大云院，仙岩禅院
地　　址	长治市平顺县实会村
看　　点	建筑单体，壁画
推荐级别	★★★★★
级　　别	全国重点文物保护单位
类　　型	寺院，木结构
年　　代	五代—清
交　　通	乡村，自驾

行驶在浊漳河沿岸，群山怀抱，芳林初盛，水声潺潺，本身便是一件惬意又享受的事情。在一块极其粗糙的石碑指引下，拐入小路进龙耳山，其九条支脉环抱一座浑圆的山丘，宛若明珠，大云院便坐落于此，当地人称其为"九龙戏珠大云院"。置身其中，周围峰峦叠嶂，感觉大云院更像是在摇篮中沉睡了千年的宝贝（图 1.6.4.1 大云院鸟瞰图）。

龙耳山又名双峰山，自古以来便是当地一大观，院中的石碑、经幢多处提及大云院周围自然景观。经学者考证，大云院原名仙岩禅院，幽州僧人奉景祖师于五代后晋高祖天福三年（938 年）建草庵作为临时住所，天福五年（940 年）三月动工修建佛殿和方丈室，后晋高祖开运三年（946 年）奉景开始在方丈室讲经，至此寺院建筑应大部建成，规制基本完备。北宋初年更名为大云院，明清两代又屡有修葺。另由文献可知，奉景禅师精通天文，注重风水，因此能为此寺选择如此基址，景色优美，又曾经山洪而屹立至今。

大云院现存之大殿面阔三间，进深六椽，歇山屋顶，阑额上施宽普拍枋，柱头铺作和补间铺作均为双杪偷心造，形制古朴（图 1.6.4.2 大云院斗栱）。殿身木构上未发现题记，学者依据宋碑及建筑结构特征将

图 1.6.4.2

图 1.6.4.3

其定为五代遗构，这也是我国少数几座五代遗构之一（图1.6.4.3大云院弥陀殿外观）。殿内东西壁均有壁画，经学者研究分析其风格特征应为五代遗作（图1.6.4.4大云院五代壁画）。尽管色彩已经暗淡许多，但线条依然清晰可见，笔法熟练，人物形象丰满而飘逸，展现了当时画匠精湛的画工。另据几十年前的黑白照片所示，大殿外木构件、栱眼壁等构件上均有彩画，而在修缮之后已经荡然无存。在欣赏、惊叹古代匠师留下的杰作同时，我们需要尽力保存每一丝历史的痕迹，而且有理由相信，这些承载着大量历史信息的痕迹，终有一天会串联起完整的历史故事。

此外，另一处五代遗构是显德元年（954年）所建七宝塔（图1.6.4.5大云院七宝塔），位于寺外西南十几米处，八角形平面，高约6米，由双层基座、塔身、塔刹共三部分组成，雕饰精美。此外还在寺内发现过一个刻有后周广顺二年（952年）年号的石雕八角形香炉座，应同为建寺初期的遗物。

图 1.6.4.4

图 1.6.4.5

1.6.5 佛头寺㉔
Fotou Temple

名称与别名	平顺佛头寺
地　　址	长治市平顺县阳高乡车当村
看　　点	木结构，壁画
推荐级别	★★★
级　　别	全国重点文物保护单位
类　　型	寺院，木结构
年　　代	金
交　　通	平顺县城东北，自驾

车当村依山而建，佛头寺就在鳞次栉比的民居之中的一块小空地上，地势较高，可以俯瞰整个村落（图1.6.5.1佛头寺环境）。文物管理员是一位热情的大妈，接到电话以后立刻赶来，这里也是探访途中为数不多的能提供旅游门票的国保单位。

佛头寺因为背后山势如佛头而得名，创建始末均不详，目前仅存一座佛殿。佛殿规模不大，面阔三开间，进深四开间，四架椽（图1.6.5.2佛头寺正殿外观）。"四架椽"即前后檐屋面由四段椽子所承托，这也意味着荷载向下传递到五根槫上，因此前后坡屋面每面只有两折以呈现古建筑特有的屋顶形象。像佛头寺、天台庵这样的四架椽屋，在屋架结构设计上既要注意屋顶

图 1.6.5.1

图 1.6.5.2

坡度的控制，又要合理承担荷载，对于工匠来说，可调整的余地变小，挑战就更大。天台庵的工匠在处理这个矛盾时是将屋面坡度放缓，使得形象上较为特殊，但因此内部结构保持明晰而简洁。否则，若要保持习惯的屋顶举折坡度，便会像佛头寺一般，内部的屋架结构有很多局部的调整，看起来比较复杂，有些地方甚至会有牵强拼凑之感。除屋架的结构外，五铺作斗栱两跳华栱均做琴面昂形，下昂较为平缓（图 1.6.5.3、图 1.6.5.4 佛头寺正殿斗栱），当心间补间斗栱出斜栱，装饰效果突出。

大殿室内墙上画有壁画，展示佛教护法天神二十四诸天，形象生动，层次分明，据学者研究为典型元代壁画（图 1.6.5.5 佛头寺壁画）。

图 1.6.5.3

图 1.6.5.4

图 1.6.5.5

1.6.6 回龙寺㉕

Huilong Temple

名称与别名	回龙寺
地　　址	长治市平顺县阳高乡侯壁村
看　　点	早期木构架
推荐级别	★★★
级　　别	全国重点文物保护单位
类　　型	寺院，木结构
年　　代	宋，金
交　　通	乡村，自驾

图 1.6.6.1

回龙寺是侯壁村中的小寺，侯壁村在浊漳河的左岸，浊漳河是联系山西、河南两地的"滏口陉"之路径所因。或许是昨天的动荡，驱赶着乡民定居繁衍于此；时至今日，则是交通闭塞保全了河谷中众多古迹。古迹密集了，相似性也一定多了起来。逐个考察下来，略显重复的记录表背后可能是揭示古人行踪和意匠的规律。

所谓的回龙寺实际仅存佛殿一座（图 1.6.6.1 修缮前的回龙寺外观），仅就其规模与形制而言，大抵不过是一座不起眼村佛堂而已，原状已十分残破，岌岌可危。但机缘巧合，这座熬过八九百年历史的古老建筑在 2003 年被测绘实习的北京大学文博学院师生们意外发现。之后迅速地入选为国家级重点文物保护单位，并得到修缮。

图 1.6.6.2

回龙寺创建的历史不详，据廊墙上嵌置的大清光绪二年 (1876 年) 重修碑记所述，当时即有"回龙古寺莫知年，木落墙崩庙颓然……"之说，可见其由来之渺茫。感谢北京大学的同事，十多年来的奔波走访，已经呈现给公众不少当地各个历史时期的特征做法。他们将此称为"形制"；通俗地讲就是在历史和地理背景下建筑细节的样式的异同。"形制"之中，斗栱的地位最重要，具体要看斗栱分布、构件尺度和样式；与之相关的还有斗栱之下普拍枋、阑额、立柱的样式，屋架选型。

回龙寺正殿面阔三间，单檐悬山。现状砖砌围墙皆为新建，铺地洒扫整洁。佛殿间架齐整、屋面平缓，檐下仅舒朗地使用了四朵柱头铺作，间架逻辑显得十分清晰（图 1.6.6.2 回龙寺正殿外观）。回龙寺正殿斗栱的形制特殊，特别是所谓下昂的做法似乎是介于昂、栱、踏头等几类构件之间，显得既古老又奇特，是这处早期建筑最大的看点（图 1.6.6.3 回龙寺正殿斗栱）。最终，从形制特征的角度认定，这座小建筑的建成年

图 1.6.6.3

代大致为 12 世纪的上半叶，即中国历史上的宋金时期。

此外，殿内山墙壁上绘有清代壁画，计 50 余平方米。

1.6.7 金灯寺石窟㉖

Caves of Jindeng Temple

名称与别名	金灯寺石窟，宝岩寺
地　　址	长治市平顺县林虑山巅
看　　点	石窟寺格局，明代造像
推荐级别	★★★
级　　别	全国重点文物保护单位
类　　型	石窟，古建筑
年　　代	明
交　　通	山野，自驾

图 1.6.7.1

　　金灯寺位于平顺县城东北65公里处的林虑山巅。林虑山为晋豫两省的界山，也是南太行风光最为秀美的地段之一。寺院北依寒岩，南临空谷，因海拔较高，全年有三个季节在云雾之中，即便是平常事物，在此环境中亦显得十分梦幻。寺初名为宝岩寺，后因传说萤光飞入寺中，夜明如昼，故改称今名。寺院内的建筑空间极为有限，形成由东而西七个院落串联的狭长格局，各院均有窟龛、殿堂，自成一体。由于地处偏僻、物料极为有限，故而寺院内的建筑大多简陋随意，主要建筑有山门、钟鼓楼、大佛殿、关帝殿、聚仙楼、地藏阁等，基本是在明清时期补修完成的（图 1.6.7.1 金灯寺院落格局）。

　　金灯寺内以窟龛作为主要的供佛场所，现存大小洞窟 25 个，均开凿于山巅崖畔自然形成的石凹内。随同窟龛一起的尚有为数较多的发愿碑文题记留存，据这些题记的内容来看，寺内石窟以明嘉靖、万历年间开凿居多，发愿捐施者，大多是山下河南林州境内百姓。窟龛的开凿形式完备，就山崖凿成窟檐，大多具有柱额、斗栱、券门、棂窗等建筑形象（图 1.6.7.2 金灯寺石窟外观）。窟内的造像内容丰富，形体秀美，装饰富丽，上承唐宋温润平实之风气，又独具明代俊俏娴静的特色（图 1.6.7.3 金灯寺造像），具有很高的文物和艺术价值，被誉为中国石窟艺术的尾声。

图 1.6.7.2

　　窟龛之中以水陆殿石窟规模最大，保存也最完好（图 1.6.7.4 金灯寺水陆殿）。窟内面积约 125 平方米，正面为三佛并坐，四壁浮雕水陆法会之场景。殿内因石隙涌泉淹没地面而形成方形池沼，池水长年清泠见底、不涸不溢，后人为方便游赏，又在方沼之上铺叠田字石堤桥，堪称寺内最奇之景。高山之巅能有如此清泉原本就十分难得，更何况灵源又常与佛殿相依存，故而更显灵奇。

图 1.6.7.3

寺院背面山坡上有僧人墓塔林，内有石质墓塔几十座，也算得上是国内规模较大的一处塔林（图1.6.7.5 金灯寺墓塔林）。

图1.6.7.4

图1.6.7.5

1.6.8 九天圣母庙㉗
Jiutian Shengmu Temple

名称与别名	平顺九天圣母庙
地　　址	长治市平顺县北社乡东河村
看　　点	寺院布局，木结构，碑刻
推荐级别	★★★★★
级　　别	全国重点文物保护单位
类　　型	庙宇，木结构
年　　代	宋一明清
交　　通	乡村，自驾

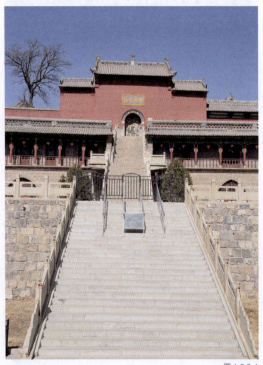

图1.6.8.1

沿着弯弯曲曲的公路驶向长治，穿行于山间，转过一个弯来，坐落在一座小山顶的九天圣母庙便赫然出现在视线中（图1.6.8.1 九天圣母庙外部全景）。这样的遇见着实令人怦然心动，赞叹还要甚于庙宇的正面。新建的大台阶和几处平台，为超然世外的古建筑平添几分雄壮的气势。拾级而上，进入戏台倒座的山门，圣母庙的内部便呈现在眼前。

院落空间并不宽敞，由于建筑的遮挡，光线并不强烈，但是层次却很丰富（图1.6.8.2 九天圣母庙院落）。轴线上的山门、献亭和大殿衔接紧密，将整个院落一分为二，左边是侧殿，右边则是建于清代的二层梳妆楼，在上边可以俯瞰整个院落。献亭中立柱、石碑林立，仿佛一条通廊，直接指向大殿（图1.6.8.3 九天圣母庙献殿下的空间）。大殿被献亭遮挡，不可见其全貌，先抑后扬，直到其檐下，见到雄健的斗栱。殿内光线较差，空间高大，营造了独特的空间氛围。几年前在此测绘调查之时，正赶上乡民来祭拜，只听得大妈用方言婉转地吟唱，伴随着金属敲击乐器的铿锵的节奏点，在院落中娓娓传开，空灵感人。

九天圣母庙的建筑，以大殿最为重要，根据文献、形制等研究，现存结构不早于北宋末年，很多设计手法跟宋末金初的做法都有交叉重叠。柱头五铺作斗栱用了插昂，当心间补间斗栱则用真昂，并用了圆形栌斗，结构作用式微，却起到了很好的装饰效果（图1.6.8.4 九天圣母庙正殿斗栱）。整座大殿用材较大，规整匀称，构件上刷满白灰，但是隐隐能看到压盖的彩画。在前檐东次间的内栱眼壁上的彩画形式为铺地卷成，图案对称，叶片肥厚饱满，中心为莲荷花，具有早期建筑彩画特征。另外值得一提的是，献亭的屋顶为五脊四阿庑殿顶，工艺略显笨拙，但在晋东南地区是很罕见的实例。

图 1.6.8.3

图 1.6.8.2

图 1.6.8.4

1.6.9 龙门寺㉘

Longmen Temple

名称与别名	龙门寺
地　　址	长治市平顺县石城乡源头村
看　　点	布局，木结构
推荐级别	★★★★
级　　别	全国重点文物保护单位
类　　型	寺院，木结构
年　　代	五代—清
交　　通	乡村，自驾

龙门寺距离平顺县城约65公里，为鸡鸣三省之地，道途险远游人罕至。但"非常之观"必因其险远方能绝尘，千年古刹与空濛山水交相映衬、超然入画，足以美到地老天荒，再若能于三四月间到访，那山寺桃花的美艳更要惊煞世人（图1.6.9.1 龙门寺外部环境）。

车在浊漳河谷间穿行良久，至石城镇前复转向北行，延着干涸的河床上溯，但见两侧群峰连绵，渐行

渐成回还之势，直至有两山左右对峙、峭壁耸峙、中豁入门，此处即是所谓的龙门。于此弃车步行，不久即见路转溪头，石径蜿蜒引客，再远处，山寺便坐落于山间一块相对开阔的台地之上（图1.6.9.2 龙门寺外观）。

龙门古寺历史极其悠久，相传为僧人法聪于北齐天宝年间所创建，五代、宋、金、元、明代有创建，历史上一直是赫赫有名的一方大寺，史载全盛时期曾有殿堂僧舍连延百余间，聚僧众三百余人，田产广布，就连远在一山之外的阳高村淳化寺当时亦附庸作为龙门下院。

值得一提的是，龙门寺隐居深山却仍能成为一方名山大刹，显然与邺城的影响密不可分。魏晋以来，邺城前后被后赵、冉魏、前燕、东魏、北齐延用为都城，既是重要的政治中心，同时也是当时北方地区最大的佛教中心城市之一。石城龙门位于漳河上游，与邺城的直线距离并不远，当然也就处在邺城文化影响力的辐射范围之内了。

龙门寺不仅所处自然景观奇绝，更有为数众多的文物资源留存至今，世人常喻之为"八宝龙门寺"。其中最为重要者当推元代以前的四座早期木构建筑，

分别为西配殿（号称为五代）、大雄宝殿（北宋）、山门殿（金代）以及燃灯佛殿（元代）。寺院格局自由，院落虽然局促，却因地势的高下变化而形成错落丰富的视觉效果，这正是山地寺院建筑群的典型特色所在。

此外另有各色碑刻、题记不胜计数，所载内容大凡历史沿革、法脉传承、山川胜迹、净田四至、名人过往等，无所不包，为后人详细了解其历史渊源提供了极为珍贵的文献资料。

图 1.6.9.1

图 1.6.9.2

1.6.10 龙门寺·早期单体建筑㉙
Longmen Temple (Early Individual Building)

名称与别名	龙门寺早期单体建筑
地　　址	长治市平顺县石城乡源头村
看　　点	木结构
推荐级别	★★★★★
级　　别	全国重点文物保护单位
类　　型	寺院，木结构
年　　代	五代—金
交　　通	乡村，自驾

先说山门。

蜿蜒的石板路尽头即为龙门寺山门殿，就建筑样式进行判断，龙门寺山门当建于金代，可算是留存至今年代较早的门殿建筑，且具有较为典型的时代与地域特征（图 1.6.10.1 龙门寺山门外观）。

建筑坐落于高大的台基之上，单檐悬山顶，面阔三间，进深四架椽，规模虽不大却也工整大方不失章法；殿内用两根内柱将梁跨均分为二，呈门殿建筑中十分常见的分心槽构架样式（图 1.6.10.2 龙门寺山

图 1.6.10.1

图 1.6.10.2

门梁架）。梁枋交接简单直率，与门殿身份相符；檐下用五铺作斗栱，其中柱头铺作外观为双下昂重栱计心，双下昂皆为假昂嘴，当心间用补间铺作一朵，于正出华栱两侧又各出两路45°斜栱。总体而言，该建筑的斗栱设计在构造简化之余却又处处体现出对外观装饰性的重视，从而形成了典型而又强烈的金代风格（图1.6.10.3 龙门寺山门斗栱）；柱头铺作于耍头之上另施衬枋头，二者一并出头，形成与明清挑尖梁头相近似的外观形象，从一定程度上体现了宋代以后中国传统木构架的变化方向。

再说大雄宝殿。

大雄宝殿位于寺院轴线之上，与山门殿相对，其所处位置系充分利用了院内的自然高差形成台基，与狭小的院落相比，台基颇显高耸，彰显出寺中正殿应有的气势；该殿创建于北宋绍圣五年（1098年），是一座洋溢着典型宋代特色的精美木构（图1.6.10.4 龙门寺大雄宝殿）。

大雄宝殿面阔、进深各三间，平面近乎正方形，单檐歇山顶。由于山地空间有限，这座正殿的规模算不得敞阔。但殿身构架简洁工整，条理井然，显示出宋代建筑技术所特有的成熟气质。更加可贵的是，整组梁架体现出极其难得的样式纯度（图1.6.10.5 龙门

图1.6.10.5

图1.6.10.6

寺大雄宝殿梁架），虽经历代改易却仍不失宋构之典型特征。檐下五铺作单杪单下昂斗栱（图1.6.10.6 龙门寺大雄宝殿斗栱，图1.6.10.7 龙门寺大雄宝殿斗栱三维激光扫描图像），布局疏朗，仅用在柱头位置。相比于自身之规模，该殿所用斗栱的出檐比例颇大，尽显鸟革翚飞、轻盈舒张之美态。斗栱中的各类构件用材适中、比例匀称、加工细致，在健硕之余又能清晰反映出宋代以来趋于工细平和的建筑审美倾向。

殿内外集中了多样的建筑装饰艺术：殿顶为筒板瓦屋面、脊饰皆为黄绿色琉璃，其中尤以正脊与两端鸱吻最为精美，系为成化年间之原物。脊条上的跑龙于云中隐现，两端吻兽怒眼圆睁，上下翻腾之势皆极

图1.6.10.3

图1.6.10.4

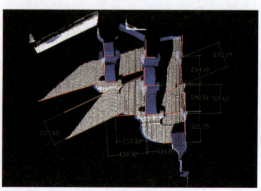

图1.6.10.7

具动感；殿内四壁保留的佛教壁画或为明代原作，笔法也有可观。

另外值得一提的是，前檐四根檐柱及后檐二角柱均为抹角石柱，柱上刻有题记多则，除创修时的捐施记录外，尚有金代宰相李晏游赏龙门寺时的题记，对于研究李晏生平及宋金时期的龙门寺发展状况均有其价值（图1.6.10.8 龙门寺大雄宝殿李晏题留）。

还有重要的西配殿。

仅从规模形制来看，西配殿恐怕只能算是一座"不起眼的小建筑"（图1.6.10.9 龙门寺西配殿），但若有人告诉你，这座只有三间四椽以及几朵简单斗栱的小殿，却是中国现存最为古寿的木构建筑之一，已然存立于此超过一千年历史，你大概就不会再因为"小"或者"简单"而对其盲目轻视了吧。据留存在寺内的两件重要文物——五代后唐长兴元年（930年）造像碑与后汉乾祐三年（950年）《佛顶尊胜陀罗尼经》幢上面的文字记载，西配殿建立于五代后唐年间，虽然在具体年号上还存在"同光三年（925年）"或者"清泰五年（935年）"这样不同的说法，但这已然足以让其在中国古代最长寿木构的榜单上高居前五了。

仅据碑文、县志等间接资料断代并非没有争议，特别是作为主殿的大雄宝殿尚且在宋代被重建的情况下，地位相对更低的西配殿是如何苦熬过漫漫的一千年，最终却能不失其原初面貌呢？但毫无疑问的是，从建筑样式发展史的角度看，这的确是一座面貌奇古的珍贵遗存，不论斗栱、柱额抑或梁架，在种种细节当中无不散发出比宋代正殿更加古朴的气息（图1.6.10.10 龙门寺西配殿梁架）。

在此，我们的确很难对一座高古建筑的年代做出更加确切的判断。往事毕竟已逾千年，缈远如同空谷中的风声，似在耳边最终却不可把握。故事有断篇、结论有不确定性，这些其实恰恰都是历史的客观属性，在似有似无间的上下求索有时也恰恰是历史学家的趣味所在。而对于更多的普通游客而言，历史的确需要真实，但同样也需要传奇。我们也很愿意相信这座貌似平凡的建筑是一段传奇，因为当你面对这样一种穿越，除了对岁月的仁慈常存感激之外，心下再已无言。

1.6.10.8

图 1.6.10.9

图 1.6.10.10

1.6.11 龙王庙·王曲㉚

Temple of Dragon King in Wangqu

名称与别名	王曲龙王庙
地　　址	长治市平顺县北耽车乡王曲村
看　　点	早期木结构，斗栱
推荐级别	★★
级　　别	市级文物保护单位
类　　型	庙宇，木结构
年　　代	元一清
交　　通	乡村，自驾

王曲村东、西、北三面环山，南临浊漳河。是河谷也存在水资源的问题？还是龙王庙已经是更大地区内村庄庙宇的基本配置之一？历史学者会给出答案的。我们更加好奇的是这里的早期建筑能够归入怎样

的圈子，或者它和几十步之遥的大名鼎鼎的天台庵之间是否存在联系。

王曲龙王庙一进院落，自原戏楼至东西厢房、耳房，周围一周的建筑都早已为实用功能而改造，剩下的真古董只有献殿及其身后默默隐藏着的大殿（图1.6.11.1 王曲龙王庙献殿与正殿）。

专家判断献殿是清代建筑。于是，这座硬山卷棚顶的三间建筑便难以与唐末五代的天台庵建立联系。于是，我们的关注重点便是可能建于元代的大殿。最为吸引人的不是乳栿对四椽栿的屋架，不是当地常见的自然材的使用，而是大殿补间铺作的斜栱（图1.6.11.2 王曲龙王庙正殿斗栱）。这绝不是常见的斜栱，而是把斜向的交叉安置在了外跳交互斗上，类似后来的如意斗栱；再有就是室内部分斜栱没有出现，倒是把耍头后尾制作成挑斡，一直到下平槫。

特异做法也罢，常规做法也罢，调查得多了，便会慢慢有新的理解。期待着。

图 1.6.11.1

图 1.6.11.2

1.6.12 明惠大师塔㉛

Pagoda of Master Minghui

名称与别名	明惠大师塔
地　　址	长治市平顺县虹梯关乡虹霓村
看　　点	唐塔造型，装饰纹样
推荐级别	★★★
级　　别	全国重点文物保护单位
类　　型	砖石塔
年　　代	五代后唐
交　　通	乡村，自驾

明惠大师塔所在的虹霓村山水雄奇，是太行山水中负有盛名的一处所在：村四面为崇山所环绕，而东面俯临深谷，一股流泉如抛珠泻玉般跌入谷底。田舍人家皆枕泉高踞，乡民往来其间如在云雷之上。游人至此，如行于荆浩、关仝的画境当中。

明惠大师塔自被发现之初，即在建筑界享有盛名，故而虽在险途却仍不乏参观者。塔之创建年代可能在于晚唐至五代之间，通常认为其装饰风格反映出晚唐特色（图1.6.12.1 明惠大师塔外观）。塔身通体为石质，平面正方形，外观单檐四注式，其台基庄重稳定，出檐舒缓，塔刹高耸峭拔，各部比例匀称，轮廓端庄，极尽美态，国内现存古塔难有出其右者。

除比例外，明惠大师塔之美还在于周身遍布之雕饰：须弥座内以壸门与矮柱束腰，门内雕饰走兽奔狮，

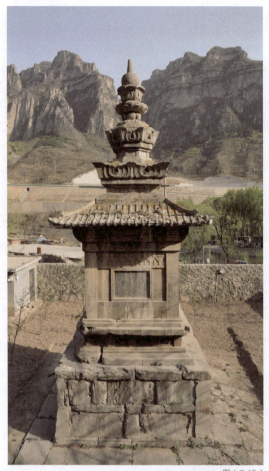

图 1.6.12.1

图 1.6.12.2

图 1.6.12.3

形貌生动（图 1.6.12.2 明惠大师塔塔身细部装饰）；塔身模仿木构建筑形象，在写意的柱额之内雕饰券门、棂窗以及精细的垂落装饰（图 1.6.12.3 明惠大师塔塔身细部装饰）；塔刹造型为几重山花蕉叶、仰覆莲并宝珠，其莲瓣肥厚、蕉叶漫卷自由，富有鲜明的唐代特色（图 1.6.12.4 明惠大师塔塔刹）；早年塔身正面左右尚有石雕武士像一对，同样精美异常，惜为贼盗所窃取，至今仍未能追回，令人叹惋。

塔身背面嵌有五代后唐长兴三年（929 年）碑铭一通，记载下了明惠大师的事迹及塔之由来：明惠大师于唐乾符四年（877 年）驻锡住持本地的海慧院，一天有人报告说："保广要杀大师。"师云："吾久于生死心不怖焉，若被所诛，偿宿债矣。"是年正月十三日，大师果然被杀。后由弟子崇职等捧舍利，奉潞州节度使之命建塔葬之。时至今日寺院早已荒废而古塔却得独完，向人们传达着明惠大师安禅乐道、无惧生死的达观大义。今日村中百姓质朴，大多知晓大师事迹，并以长居于塔侧为乐。

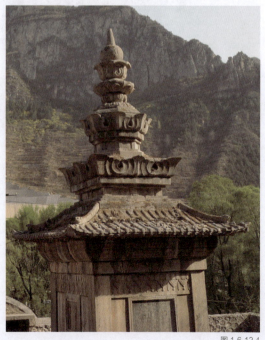

图 1.6.12.4

1.6.13 三嵕庙㉜

Sanzong Temple

名称与别名	北社三嵕庙
地　　址	长治市平顺县北社乡北社村
看　　点	院落格局，早期木结构
推荐级别	★
级　　别	全国重点文物保护单位
类　　型	寺庙，木结构
年　　代	元，明
交　　通	乡村，自驾

北社村的广场或者一直就在村边这个地方，由大禹庙和三嵕庙共享；从田野的角度来看，两座庙也便标志着回村游子心中家。三嵕庙一进院布局，中轴线上自南依次分布有戏楼、献殿、正殿。两侧则为挟屋、廊房与东西耳殿（图 1.6.13.1 北社三嵕庙外部环境）。

三嵕庙创建年代不详，20 世纪 80 年代有专家定其正殿为元代建筑，2004 年公布省保时也公布为元代，但在第三次文物普查时，多数专家倾向于明代。关于其断代问题，是一个值得研究的课题。正殿面阔三间、进深四椽、单檐悬山顶，檐下施以五铺作斗栱，逐间用补间一朵。柱头与补间铺作外观皆为单杪单昂。梁架为四架椽屋三椽栿对前搭牵用三柱，前檐柱侧角显著。平梁上用蜀柱、大斗、大叉手共承脊槫，蜀柱根部用雕花合楂加以稳固（图 1.6.13.2 北社三嵕庙正殿梁架）。

除正殿外，献殿与戏台之缔构尚较为客观（图 1.6.12.3 北社三嵕庙戏台），戏楼的样式在平顺当地极其常见——背面当作大门的一侧采用硬山顶，在面向大殿为众人观览的一面则做成歇山顶——虽不一定是成规，但反映主人和大众的心理引发的对匠作做法的需求。其余则皆为清小式建筑。除建筑木结构外，三嵕庙内保存有精美的木雕、砖雕、石雕构件，寓意丰富，做工精致传神，具有较高的艺术价值。

图 1.6.13.1

图 1.6.13.2

图 1.6.13.3

1.6.14 圣母庙 ㉝

Shengmu Temple

名称与别名	北甘泉圣母庙
地　　址	平顺县苗庄镇北甘泉村
看　　点	早期木构架
推荐级别	★
级　　别	全国重点文物保护单位
类　　型	寺庙，木结构
年　　代	元?
交　　通	乡村，自驾

北甘泉圣母庙位于北甘泉村西北，坐北朝南，一进院布局，东西宽 23.5 米，南北长 44.7 米，占地面积 1050 平方米，庙内现存一进院布局，坐北朝南，中轴线自南依次有戏楼、献殿、正殿，两侧有挟屋、东西廊房、东西配房、东耳殿（图 1.6.14.1 北甘泉圣母庙外部全景）。

正殿是圣母庙内最具历史价值的建筑，创建年代不详，仅从主要技术样式来看，现存结构仍保留有较多元代甚至更早时期之特征。该殿面阔三间，进深六椽，平面近方形，单檐悬山顶，筒板瓦屋面。檐下无补间铺作，柱头斗栱系五铺作单杪单昂，其耍头外端亦为昂嘴样式，后尾挑至下平槫，华栱两侧又各出

图 1.6.14.1

图 1.6.14.2

45°斜栱（昂嘴下垂、斜栱"文革"期间被锯），形成颇具装饰性的样貌（图 1.6.14.2 北甘泉圣母庙正殿斗栱）。梁架六椽屋四椽栿对前乳栿用三柱。四椽栿、前乳栿上用驼峰、栌斗承劄牵，梁架间用八角形蜀柱、栌斗隔承，平梁上用蜀柱、大叉手承脊槫，蜀柱底部用合楷稳固。梁栿断面呈圆形，自然弯材稍加砍斫即用（图 1.6.14.3 北甘泉圣母庙正殿梁架）。

新中国成立后，该庙曾作为县粮食库房、食品加工厂占用，至20世纪七八十年代，又被转用作酒厂库房，拆除了正殿门窗装修，并在献殿前檐加砌墙体，对殿宇原本之立面造成了极大的改变（图 1.6.14.4 北甘泉圣母庙现状立面）。也要感谢酒神暗暗相助，圣母庙才能保存下来。好在动荡结束得及时，人们还没有忘记庙宇的名称。

图 1.6.14.3

图 1.6.14.4

1.6.15 天台庵㉞

Tiantai Temple

名称与别名	平顺天台庵
地　　址	长治市平顺县北耽车乡王曲村
看　　点	早期木构架
推荐级别	★★★★
级　　别	全国重点文物保护单位
类　　型	寺院，木结构
年　　代	五代
交　　通	乡村，自驾

图 1.6.15.1

天台庵寺院目前仅存一座大殿，周边除一块字迹已然漫灭的石碑外，别无他物（图 1.6.15.1 天台庵外观）。早些年间这里还发生过石狮被盗的案件，令人心痛。殿宇规模不大，面阔三开间，进深四架椽，平面基本呈正方形。殿内本无柱，考虑到结构安全问题于后代修缮时加几根小柱以承托大梁（图 1.6.15.2 天台庵梁架）。木结构简单明晰，由于歇山面直接承托于大梁且仅有四架椽，使其屋顶舒缓而极具特色（图 1.6.15.3 天台庵斗栱）。

图 1.6.15.2

天台庵一直以来被学界认为是我国仅存四座唐代木建筑遗构之一，虽历经修缮，但形制古朴，早期木构特征明显。在 2014 年大修的时候，工作人员在梁架上发现了五代时期后唐长兴年号的题记，为其建造年代提供了佐证。这样一来，四座唐代木构建筑就可能变为三座，不免有些遗憾。然而对于建筑史学而言，明确的题记等信息能提供直接的研究证据，不论对于建筑物本身，抑或同时代的类似建筑，乃至对于整个中国建筑史的意义，远远大于一座名义上的唐代建筑。

图 1.6.15.3

1.6.16 夏禹神祠㉟

Xiayu Shrine

名称与别名	禹王庙
地　　址	长治市平顺县阳高乡候壁村
看　　点	早期木构架，石雕须弥座月台
推荐级别	★★★
级　　别	全国重点文物保护单位
类　　型	寺庙，木结构
年　　代	元—清
交　　通	乡村，自驾

候壁村，一个壁字，写照了绝非坦途的地形，讲述了当年防御战乱的功能，也道出了保留至今的原因。四面环峙的高山宽容地容纳着浊漳河的清流蜿蜒，河两岸滩涂宽缓、黄土深厚，候壁村的选址恰好就在于这样一处河畔的黄土高地之上（图 1.6.16.1 夏禹神祠外部环境）。候壁村的村名来历当地村民已莫能知其详。曾有人附会说此处乃战国蔺相如出使秦国后，设计使完璧归赵，命赵人迎候和氏璧归来之地，久而久之讹传为"候壁"，这种传说虽然真实性不足，但的确十分有趣，从中间接可见候壁村既古老又神奇的历史。

候壁村中保留有两处早期木构建筑，夏禹神祠是其一，位于黄土小山之巅、村子的最高处，当地人亦有直呼其为禹王庙。神祠现存之庙貌尚属完整，坐北朝南，仅一进院落。中轴线前端为山门（上有倒座戏台），迎面即为大殿，左右各有配殿几间（图1.6.16.2 夏禹神祠院落）。正殿通常认为系元代遗构，明清代有整修。建筑面阔三间、前檐辟廊、单檐悬山顶，原本形貌古朴、斗栱简洁，却因后世的屡屡修改而增添了不少俗艳的装饰成分，显得混杂而又奇特（图1.6.16.3 夏禹神祠正殿斗栱）。

要说祠中最为可观之处，或尚不在于大殿本身，而在于殿前美轮美奂的"凸"字形大月台。月台高一米余，前凸部分约占院落宽度的三分之一，为须弥座，三个壁面皆饰以繁复的花卉并莲瓣、壸门等，且因浮雕程度较深而颇显精美（图1.6.16.4 夏禹神祠正殿月台）。从样式风格来看，月台连同整座大殿的台基部分可能仍基本保持着原初的状貌，值得格外珍视。

此外祠内尚保留有明代嵌壁石一方，清代嵌壁石两方，明万历年间制石供桌三张，皆存于大殿内。

图1.6.16.1

图1.6.16.3

图1.6.16.2

图1.6.16.4

1.7 沁县

1.7.1 大云院㊱

Dayun Yard

名称与别名	郭村大云院
地　　址	长治市沁县郭村
看　　点	早期木构架
推荐级别	★★★
级　　别	全国重点文物保护单位
类　　型	寺院，木结构
年　　代	宋金
交　　通	乡村，自驾

郭村大云院在县城西大约13公里，与邻村的重要早期木构建筑普照寺大殿仅几里之遥。庙貌极为简陋，草木藤架之间散落着一山门、一正殿、一甬道、两三通石碑，仅此而已。其中一碑立于金代，记载了寺庙的大致由来。此庙建设始于宋代，创建之初即极为粗陋，属于典型的"野庙丛祠"。直到金崇庆元年（1212年），有村民张舜卿率众发愿、募化资财、捐于官府，从而为寺院请到"大云禅院"的名号，方使寺院获得合法身份。每每读此碑文总会禁不住感慨，村民虽然贫苦却是大善至诚，庙貌虽简却令人并不敢有丝毫轻蔑之心。

大云院正殿（图1.7.1.1 沁县大云院正殿）面阔三间、进深六架椽，平面略呈正方形，屋面平缓、出檐舒展，斗栱构造简洁、排布稀疏，整座建筑形制虽然简单，

图 1.7.1.1

却绝不失端庄古朴之气息，仰观凝视之间，仍可感受到唐风宋韵的扑面而来。进得殿内，但见梁栿简洁规整、榑枋纵横有序（图 1.7.1.2 沁县大云院正殿内景），四根高起的内柱作前后对称布置，构架形制虽不似殿宇外貌一般高古，但也绝非明清晚近之手笔。

今天推开版门，殿内无佛像布置，村民的日常祭拜不过是对着墙上的几纸印刷品。可叹千年一瞬、陋室依然，但就算香资如此微薄，小庙却仍顽强地存在着。地面正中摆放着一只粗瓷小香炉，里边似乎永远缭绕着一撮细若游丝的烟火。

图 1.7.1.2

1.7.2 洪教院㊲

Hongjiao Yard

名称与别名	洪教院
地 址	长治市沁县牛寺乡南涅水村
看 点	早期木构架
推 荐 级 别	★★★
级 别	全国重点文物保护单位
类 型	寺院，木结构
年 代	金—清
交 通	乡村，自驾

图 1.7.2.1

凋敝的状况掩盖不住深厚的历史。1956 年著名的南涅水石刻就是在洪教院北侧的荒丘之下发现的。除了祈祷人们的尊重和呵护。我们唯一的能力只有再讲讲故事，期待不冷漠的聆听。

沁县郭村的大云院、开村的普照寺和这里的洪教院（图 1.7.2.1 南涅水洪教院牌匾），在历史上的各种故事肯定要比今天所了解的多。不仅是北魏永平元年（508 年）石刻的古远积淀，不仅是庙内《洪教院记》所说"洪教乃沁洲天宁万寿之法属"的往事，也不仅

是元代时普照寺与洪教院的上下院的关系，我们想知道古代匠作的"领地"和奔波的足迹；而这里的种种细节，在旁人眼里，只不过是难以深切琢磨的"器"，追求"道"的文人怎会记载呢？所以，我们这些"好器之徒"只有匠人般地奔波、记录、解读、猜想，或许有朝一日能够连缀成真正的故事。

比起大云院和普照寺，洪教院的现存规模已算不小，保留下来天王殿、二佛殿、伽蓝殿、关帝殿、大雄宝殿五座建筑。虽然一些专家推测寺院原来的规模

更加宏大，但是考虑到天王殿的结构使用中柱，可能到了明朝这里已经当作正门（图1.7.2.2 洪教院天王殿）；二佛殿（图1.7.2.3 洪教院二佛殿）脊檩上有"大清乾隆三十三年（1768年）重建"的题记，说明最近的来历，而地上覆盆柱础则暗示着它的郡望；伽蓝殿、关帝殿规模虽都只有一间，但木作和彩画都是绝好的研究对象；大雄宝殿被认为是金代遗构，斗栱颇壮硕，彩画颇晚近（图1.7.2.4 洪教院正殿）。

图1.7.2.2

图1.7.2.3

图1.7.2.4

1.7.3 南涅水石刻 ㊳
Stone Sculptures in Nannieshui

名称与别名	南涅水石刻
地　　址	长治市沁县二郎山石刻博物馆
看　　点	北朝造像，建筑造型
推荐级别	★★★★
级　　别	全国重点文物保护单位
类　　型	石刻
年　　代	北魏—宋
交　　通	乡村，自驾

沁县东北约30公里，有村名南涅水，因地处在涅水河南岸的湾地而得名。南涅水历史极为悠久，自东汉时起此地即已有涅氏县的设置，故可号称千年古邑。这里不仅是上党地区政治、经济、文化繁荣之处所，同时也是佛教文化传播甚为活跃的地区，著名的南涅水石刻即是其灿烂历史的重要见证。

南涅水佛教石刻系1959年于南涅水村佛寺遗址中发掘出土的窖藏石刻造像，总共计1126件。据碑文记载，这批石刻造像的雕镌年代上至北魏永平元年

（508年）、下至北宋天圣九年（1031年），乃是六个朝代不断积累下来的民间艺术珍品。造像内容多样，既有如"二佛并坐""西方三圣""半跏思维"等标准造像形式，又有表现佛教故事瞬间的戏剧性场面，展现出古代民间工匠丰富的艺术创造力（图1.7.3.1、图1.7.3.2 南涅水石刻具体内容）。与此同时，造像在艺术与工艺方面亦体现出极为高超的水准，足以在佛教艺术史上写下浓重的一笔。

南涅水石刻最具代表性的形式系以方形石块为依托、四面开龛造像。造像石块每五块至七块为一组，

图1.7.3.1

可以上下叠垒成为多层塔状（图 1.7.3.3 南涅水造像塔外观）。纵观整个佛教艺术史，这种承载与表达的方式亦颇为罕见，而其形式产生的原因也成为历史学家们追问不得的千古谜团。

现今，南涅水石刻作为重要的文物与艺术品，被安置于沁县县城南一里多的二郎山石刻博物馆，平日开放可供参观。作为古人留给今人的珍贵遗产，南涅水佛教石刻的艺术价值值得被更加深入地挖掘与认知。

图 1.7.3.2

图 1.7.3.3

1.7.4 普照寺大殿㊴
Main Hall of Puzhao Temple

名称与别名	开村普照寺
地　　址	长治市沁县郭村
看　　点	早期木结构
推荐级别	★★★
级　　别	全国重点文物保护单位
类　　型	寺院，木结构
年　　代	金
交　　通	乡村，自驾

图 1.7.4.1

普照寺大殿所在的开村，距郭村大云院约五里路程。据载，普照寺历史上曾是上党地区著名的大寺院，建筑恢宏可观，可惜后来建筑多毁于抗战时期的日军轰炸，仅有一座中殿幸存至今，也即所见之普照寺大殿（图 1.7.4.1 普照寺大殿外观）。

普照寺寺院格局早已失去，现如今大殿四下空旷，显得孤寂异常，所幸开村小学校与大殿仅一墙之隔，古庙与琅琅书声作伴、相得益彰，增添了不少暖人的情怀；每到课间时分，便有村童往来飞奔，欢声笑语逾墙而来，使人忘忧。

普照寺大殿为三开间六架椽屋、单檐歇山顶建筑。其平面略呈方形、规模适度，平面之上的梁架工整、形制简洁。该建筑通常认为系创建于金代，虽然世道纷繁难免受到后世修缮改易的扰动，但不可否认其形神之间仍保留了不少早期做法的遗风。大殿檐下采用五铺作斗栱，形制上较有可观（图 1.7.4.2 普照寺大殿斗栱）：前檐当心间补间施以斜栱，其间为三联交隐令栱，装饰效果颇为抢眼；外观单杪单昂，其昂嘴系装饰性假昂，而在里跳另外附加一根挑斡构件，构造上却已并不像更早期做法那般诚实；而转角栌斗内侧另外添附一枚附角斗，斗内出华栱与转角铺作交结成为一体，使整个角部显得颇为厚重，同时亦增加了构造的复杂程度，系本区域内较为少见的处理手法（图1.7.4.3普照寺大殿斗栱）。

图1.7.4.2

图1.7.4.3

1.8 沁源

1.8.1 圣寿寺⑩
Shengshou Temple

名称与别名	圣寿寺，铁瓦寺，先师禅院
地址	长治市沁源县灵空山镇灵空山
看点	峦桥，净身窑
推荐级别	★★
级别	全国重点文物保护单位
类型	寺院，木结构
年代	明—清
交通	郊野，自驾

灵空山，三峰矗立，空谷回响，松林森然，云霭之间，颇合王诜笔意，是让灵魂空净的地方；远远望去，山腰上的圣寿寺依崖因山铺陈开来，古木奇石相互掩映，怎是仙境二字能够描绘的（图1.8.1.1圣寿寺外部环境）？

遗憾的是今人或者只是学得古人营造之道的皮毛，走近寺庙，深深感到今天的圣寿寺辜负了大自然的美意。

原本寺院沿着山体横向伸展形成五座院落，中间主院设大殿和配楼，其余院落中则有南海大士、关帝庙、喜雨亭、藏经楼、先师殿、僧舍客房等，错落有致。然而好的布局全然为草率的近代建设和装饰所掩盖，忘却了丛林的本意，反而打扮得像做法的大仙（图1.8.1.2圣寿寺全景）。张灯结彩的气氛中，无论

图1.8.1.1

图 1.8.1.2

图 1.8.1.3

讲述什么唐末太子李侃出家、圆寂,宋太宗御笔赐额的往事,导游嘴里的语句也化作喋喋不休的祝祷经文。

选择自己漫步,能够撞见明代的峦桥和清代的仙桥。一木构一石筑,躲在林木之间,寻得几十年的清净。尤其是峦桥下部的木梁叠垒的做法,还是古朴的味道(图 1.8.1.3 圣寿寺峦桥)。当然还有躲藏在浓妆艳抹的高阁之中的净身窑(图 1.8.1.4 圣寿寺净身窑),千年以来模糊了雕刻,却洗涤了访客的心。为什么本来狭小私密的灵魂的避难所,今天要套上不合尺码的简易面具?好了,不再多言。

图 1.8.1.4

1.9 屯留

1.9.1 宝峰寺㊶
Baofeng Temple

名称与别名	乡姬宝峰寺
地　　址	长治市屯留县路村乡姬村
看　　点	早期木构架、壁画
推荐级别	★★★
级　　别	全国重点文物保护单位
类　　型	寺院,木结构
年　　代	元—清
交　　通	乡村,自驾

图 1.9.1.1

宝峰寺始建年代无考。寺内现存的主要建筑为中轴线依次排布的戏台、水陆殿与五方佛殿。2006 年,寺院被公布为第六批全国重点文物保护单位。据《屯留县志》载,寺院始建于元至元十六年(1279 年),明成化、清乾隆年间修葺,与庙内建筑上所存题记全然相符。今寺内的水陆殿通常被认定为明代建筑,而后殿五方佛殿则可追溯至更早的元代(图 1.9.1.1 宝峰寺水陆殿)。

水陆殿与五方佛殿的命名显然与殿内祭祀的内容有关,只可惜年深日久、像教颓然,水陆殿内早已不见了庄严煊赫的水陆法会,五方诸佛亦早已化去不知所踪,空留下两栋冷清的建筑物,听凭不期而至的游人感怀其间。

五方佛殿作为庙内主殿,形制上亦最为可观(图 1.9.1.2 宝峰寺五方佛殿)。大殿面阔五间,进深

图1.9.1.2

六架椽,单檐悬山顶,檐下斗栱五铺作斗栱,外观作双下昂(图1.9.1.3 五方佛殿斗栱)。殿内梁额用材粗拙、构架豪放,因大内额的使用而省下两根内柱,系比较典型的北方减柱厅堂做法,以上做法也就是通常所说的"较为显著的元代特征"(图1.9.1.4 五方佛殿梁架)。殿内后壁的五个开间之内原本正是安放五方诸佛的处所,可惜现状空空、令人怅然。所幸当年佛像的泥塑背光至今仍比较完整地保留在墙面上,令人联想起佛陀虽蝉蜕鸿冥却仍留影于世。佛教自西域传来东土,两千年间不曾磨灭,物化佛像的缺位尚能以想象加以弥补,只愿人们心中的佛像不要就此缺位。

图1.9.1.3

图1.9.1.4

1.9.2 石室蓬莱宫 ㊷

Penglai Taoist Temple in Shishi

名称与别名	石室蓬莱宫,玉皇庙
地 址	长治市屯留县路村乡石室村
看 点	寺院布局,正殿木构架
推荐级别	★★
级 别	全国重点文物保护单位
类 型	庙宇,木结构
年 代	元—清
交 通	乡村,自驾

未到蓬莱宫,先听说正殿梁架有北魏登国元年(386年)创建题记,相信那只是重修者的大胆追溯,相信正殿清乾隆三十三年(1763年)重修题记、戏楼清咸丰九年(1859年)重修题记、院内明清碑刻等信息更是直接的研究资料。

石室村蓬莱宫最为独特之处在于布局。

远看上去,蓬莱宫也是一座以戏楼为大门的标准小庙(图1.9.2.1 蓬莱宫山门)。此宫得名于戏台上"蓬莱仙宫"匾额;戏楼前檐硬山,院内歇山;戏楼两侧是耳楼,院子两侧是廊房;进入院中则面对一排正房(图1.9.2.2 蓬莱宫院落与正殿)。特殊的是,北边正房一排三座,居中一座并不突出,实为正殿的献殿,在此之后才是此宫主角,且再无朵殿的护卫。这种把正殿孤单地至于院落之后的做法类似南宋皇陵的"龟头屋",不过我们还无法断定这里的做法是原始设计还是历史改造的结果。

正殿面阔三间,悬山顶,结构、装修并无奇异,保存大量彩画痕迹,且东西两山残存明代壁画。

图 1.9.2.1

图 1.9.2.2

1.9.3 仙济桥㊸

Xianji Bridge

名称与别名	仙济桥,积石双桥之西桥
地　　址	长治市屯留县上村镇
看　　点	砖石做法,雕刻造型
推荐级别	★★
级　　别	未列入文物保护单位
类　　型	桥梁,砖石结构
年　　代	金
交　　通	乡村,自驾

干涸了积石河,留下了积石桥。积石桥有一对,西边的叫仙济桥,古朴得令人屏息(图 1.9.3.1 仙济桥外观),安静得无人察觉。一侧是高速公路,另一侧是国道。现代的步伐不再用脚步度量,只有上村与小河北村之间的交通还依靠古桥之便;旧时"上村镇在县东北二十里,至潞泌冲衢,三、六、九日集",这可是襄垣经屯留往长治县的交通要道。

桥面长 38 米,宽 6.45 米,是一座实肩式单孔石拱桥。普通的样式中,砌筑拱券的方式则颇为古老。条石是沿着河流方向一条条垒砌的,横向分隔清晰,并无错综咬接的处理(图 1.9.3.2 仙济桥砌筑方式)。券顶拱心石蚣蝮造型简练(图 1.9.3.3 仙济桥拱心石),

图 1.9.3.1

图 1.9.3.2

图 1.9.3.3

1.9.3.4

桥上栏板望柱雕刻朴素，栏板上对牛对狮纹样古拙（图 1.9.3.4 仙济桥栏板望柱）。

只是风霜早已摧得古桥歪闪，桥栏已不再为人凭靠。或许把它修复一新？或许留住这一份沧桑？

1.9.4 先师和尚舍利塔㊹
Master Monk's Sarira Pagoda

名称与别名	先师和尚塔，莲花宝塔
地　　址	长治市屯留三嵕山北峰金禅寺
看　　点	砖石做法，建筑造型
推荐级别	★★★
级　　别	全国重点文物保护单位
类　　型	塔，砖石结构
年　　代	宋
交　　通	宋

图 1.9.4.1

先师和尚塔当地人俗称为莲花宝塔，位于屯留县城西北 25 公里的三嵕山北峰顶金禅寺内（图 1.9.4.1 先师和尚塔外观）。三嵕山系上党之名山，相传为后羿射日所在地，而先师和尚塔与山同具声名，"宝塔凌云"古时即为三嵕山八景之一。此塔创建年代十分久远，据说塔内有墨书铭文，记载先师和尚塔重修于北宋乾德四年（966 年），时人已见此塔残破，称为古塔，可知该塔的始创年代虽不详，但至迟亦应不晚于北宋初年。

塔以先师和尚命名，原本或为瘗埋高僧舍利之墓塔，然就形制来看，此塔仍符合唐代方形密檐塔之主要特征。塔平面方形、塔檐九级，残高约 11 米（现如今塔刹已毁）。塔身通体由条砖垒砌，砖色斑驳陆离，或不乏后世修换。塔室中空，底层南面辟有方门一道，门两侧各开方形直棂假窗，其余各面雕饰菱形格和直棂假窗（图 1.9.4.2 先师和尚塔装饰细部）。二层以上无门无窗，且高度逐级减低，通体轮廓向内显著收分，形成圆滑曲线，富于唐塔之独特美感。塔之基座早毁，现状为近年加固而成。

图 1.9.4.2

1.10 武乡

1.10.1 大云寺㊺

Dayun Temple

名称与别名	武乡大云寺
地　　址	长治市武乡县故城镇
看　　点	布局，正殿斗栱，屋架
推 荐 级 别	★★★★
级　　别	全国重点文物保护单位
类　　型	寺院，木结构
年　　代	元—清
交　　通	乡村，自驾

武乡大云寺是一座规模可观的庙宇。说起寺院之名，唐代以后天下寺院以"大云"为额者遍及各地，位于邻近且著名者即有如平顺实会大云院、沁县郭村大云院等。大云之名概肇始自武周时期，只因《大云经》当中有"净光天女听讲大涅槃经"，以及"弥勒下世为女王"之类的记载，可以为武周革命制造极为有利的政治声势。故而女皇帝武则天不但指使面首人物伪造经疏、极力附会，并且以政治手腕大力推行了《大云经》与弥勒信仰的传播，一时间使各地的"大云寺""大云院"亦如雨后春笋一般出现。

武乡大云寺现状为两进院落，保存有戏楼、钟鼓楼及南殿、正殿、角殿、配殿等主要建筑，以正殿最为可观。正殿为一古朴端庄的悬山顶建筑，官方公布的建造年代为金代（图 1.10.1.1 大云寺正殿外观）。面阔五间，进深八椽，规模雄大，是晋东南地方建

图 1.10.1.1

筑中极少的能达到八架椽规模的案例。这座宏伟的木构建筑物虽然体量巨大却丝毫不显笨重，檐口的生起与脊线的轻微弯曲使建筑形象显得极富张力，而檐下的五铺作斗栱又为建筑本身增加了恰到好处的样式细节，韵味悠远，颇禁细看（图1.10.1.2大云寺正殿斗栱）。相比于外观的工整与端庄，大殿的内部空间却是另一番审美趣味。推开版门，但见殿内空间极为阔达，上部巨梁横陈、下部仅使用四根粗壮的柱子即支撑起屋架的全部荷载，系中国北方宋金时期十分典型的减柱造做法，体现了当时民间大木作技术的旺盛活力与创新精神。

正殿两侧各有一座角殿，仅一开间，样式上有模仿正殿的显著倾向，或为同期实物遗存（图1.10.1.3大云寺正殿与角殿）。大殿的雄壮与角殿的小巧相映成趣，配伍十分和谐，可以在寺庙建筑配置与院落格局方面给研究者提供素材。

图1.10.1.2

图1.10.1.3

1.10.2 洪济院㊻

Hongji Yard

名称与别名	武乡洪济院
地址	长治市武乡县东良乡东良候村
看点	附属文物千佛塔，南殿和正殿木结构
推荐级别	★★★★
级别	全国重点文物保护单位
类型	寺院，木结构
年代	北朝—清
交通	乡村，自驾

图1.10.2.1

武乡洪济院和东良候小学作邻居，或是"相看两不厌"的。这座武乡县境内的大规模的早期寺院建筑群坐北朝南、占地广阔、黄土漫地、素面朝天，显得十分"原生态"（图1.10.2.1武乡洪济院外部环境）。现如今院落围墙虽已不存，但基本格局尚在，大致可以看出寺内原分为主院与西偏院两路，主院轴线上有戏楼、南殿、正殿等主要建筑；偏院则有关公殿等作为陪衬，此外，寺之内尚有千佛古塔一座，从塔体及造像风格判断当属北朝遗物（图1.10.2.2武乡洪济院千佛塔）。

洪济院内现存建筑大多建成年代较为晚近，唯南殿（图1.10.2.3武乡洪济院南殿）与正殿（图1.10.2.4

图1.10.2.2

武乡洪济院正殿）样式古老、价值突出。两殿的创建年代今已无从考证，但有关研究者据形制判断，其始创年代或不晚于金代，虽然元、明、清历代屡有修缮，一定程度上改变了建筑之原貌，但两殿不论从总体风貌还是具体做法方面，均仍能体现出一定的早期特色。

由于寺庙整体布局相对完整，建筑单体的历史价值较为突出，武乡洪济院于 2002 年被公布为第五批全国重点文物保护单位。

图 1.10.2.3

图 1.10.2.4

1.10.3 洪济院·单体建筑㊼

Hongji Yard (Individual Building)

名称与别名	武乡洪济院单体建筑
地　　址	长治市武乡县东良乡东良候村
看　　点	早期木构架，壁画
推荐级别	★★★★
级　　别	全国重点文物保护单位
类　　型	寺院，木结构
年　　代	金—清
交　　通	乡村，自驾

先说南殿。

南殿坐落于高约 1.5 米的台基之上，面貌虽然破旧但仍有不凡气势。建筑现状以北面为正立面，与正殿遥相对应，面宽三间、进深二间、单檐悬山顶。所谓"现状"显然是相对于其原状而言的，毫无疑问，该殿宇的面貌历史上曾经历过较大的改易。经过仔细观察与逻辑分析可知，该建筑早期应为歇山顶，之后

图 1.10.3.1

由于特定的原因而拆毁转角及两山，改为悬山屋面，现如今两山面仍保存有普拍枋构件以及残留的柱头铺作，即是明确证据（图 1.10.3.1 南殿山面细节）。

进入殿内驻足，可见主要的柱梁构架仍相当规整，富于早期特色，两内柱头采用讹角栌斗，俨然是一座金代建筑的名片（图 1.10.3.2 南殿内柱头铺作）。元明以降，历代为了加固、扶持原有构架，在主要梁枋之间增添了为数不少附加构件（图 1.10.3.3 南殿梁架），可知早期建筑保存不易。然而历久年深之后，后代附加之构件亦随建筑整体之形变而逐渐屈曲，同原有构架融为一体，成为其修造历史的一部分。梁架现状被施以红、白、黑彩画，形制虽不甚高贵却同样具有感染力。

再说正殿。

正殿为寺院主殿，与南殿遥遥相对。建筑面阔五间，进深三间六椽，单檐悬山顶，立面明间辟版门，两次间设直棂窗。正殿门窗均系老旧之物，保持着古朴的形貌，门砧石上有浮雕小兽，因年代久远已漫漶不清。正殿檐下采用五铺作斗栱，外观单杪单昂，仅使用在柱头位置（图 1.10.3.4 正殿斗栱）。斗栱形制简单规整，无甚花哨之处，与殿宇本身古拙朴素的面貌倒也十分相称。

殿内梁架彻上露明，梁、串、额枋纵横交错。其基本构架形制采用"六架椽屋前后劄牵用四柱"，由四椽栿支撑起主要空间，同时后内柱缝使用大额，减去了两根内柱。梁栿似乎材质不佳，但加工尚属到位，端头构造细节交代清楚，并不似晚近替换之物（图 1.10.3.5 正殿梁架）。

此外，正殿和南殿内存有明清绘制的连环画式壁画 90 余幅，是民间宗教艺术的结晶。

图 1.10.3.3

图 1.10.3.4

图 1.10.3.2

图 1.10.3.5

1.10.4 会仙观 ㊽

Huixian Taoist Temple

名称与别名	武乡会仙观
地　　址	长治市武乡县监漳镇监漳村
看　　点	院落格局，早期木构架
推荐级别	★★★★
级　　别	全国重点文物保护单位
类　　型	庙宇，木结构
年　　代	金—清
交　　通	乡村，自驾

长治浊漳河北有一自西向东的支流，名为监漳河，监漳河北有一山，名为五龙山（或监漳山），古代山南水北为阳，而这会仙观便依山傍水地建在这五龙山阳。如今，一条地方公路沿河绵延，正巧经过会仙观前，我们驱车前往，自然比较顺利。

会仙观相传因南宋昔羽道士贾志韬在此会仙而得名。想来始建年代应晚于此。不过无论观内碑刻，还是方志文献，相关记述不多，均难以确认具体的始建年代。仅从主体建筑形制来说，可以判断最早的后殿当为金代遗构，想来与那会仙之时相差不甚，也许这会仙观便是金代始建。

如今的会仙观经过修缮，三进院落结构清晰完整（图 1.10.4.1 会仙观全景）。中轴线自南向北分别为戏楼、关帝殿、玉皇殿与三清殿；两侧也有厢房。整个院落随着山阳的地势呈阶梯状攀升，是较为典型的古代寺观选址建造方式（图 1.10.4.2 会仙观总体格局）。从毗邻道路的戏楼东侧观门进入，便能够看到戏楼和与之相对的关帝殿（图 1.10.4.3 会仙观入口关帝殿）。据考证，这两座建筑均为明代所建，在斗栱上均能够见到有趣的装饰性拟物雕刻。戏楼三间硬山顶，二层为戏台，这戏台所对院落空间，从前应是附近村民集会的场所之一；关帝殿同样为三开间，悬山顶，六架椽，随着山势建于升起的高台之上，两侧还附有钟鼓楼做耳房。关帝殿之后，便是会仙观的主体院落，正殿玉皇殿当为元代所建，三清殿为金代遗构，两侧厢房、耳房则较为晚近。

图 1.10.4.2

图 1.10.4.1

图 1.10.4.3

1.10.5 会仙观·单体建筑㊾

Huixian Taoist Temple (Individual Building)

名称与别名	武乡会仙观单体建筑
地　　址	长治市武乡县监漳镇监漳村
看　　点	前殿后殿构架
推 荐 级 别	★★★★
级　　别	全国重点文物保护单位
类　　型	庙宇，木结构
年　　代	金—清
交　　通	自驾

图 1.10.5.1

会仙观内的玉皇殿和三清殿是形制颇为古老的单体木结构。

玉皇殿规模不大，三开间，四架椽，单檐歇山顶（图 1.10.5.1 玉皇殿外观）。前后檐由四柱承托，而东西两山由于墙体包裹，很难直接判断两山斗栱下方是否由立柱承托，还是完全由相对粗大、截面近圆形的普拍枋直接承托。两山与前后檐普拍枋在转角交会，并设计出头，可以明显看出，除普拍枋截面的不同设计外，前后檐使用了阑额，而东西山则并未使用，这样的设计实为独特。外檐斗栱为五铺作，二跳华栱与要头外侧均做成昂的形式，檐部柱头斗栱使用斜栱，并进行斜切，因而散斗也做成菱形斗，整体造型繁复

图 1.10.5.2

（图 1.10.5.2 玉皇殿斗栱）。殿中，可见斗栱里跳则用素方进行连接。由于进深不大，屋架结构较为简单。室内并未立柱，四椽栿两端直接伸入前后檐斗栱之中，其上由蜀柱和斗栱承托平梁与平槫；平梁上也用蜀柱叉手和斗栱承托脊槫。歇山的构架也使用了最简单的设计，在丁栿与角斗栱里转相交位置上直接设蜀柱，承托相对粗壮的枋来替代槫承托椽子，枋与平槫连接。笔者认为，这样特殊的山面设计似乎意味着山墙内并未立柱，因而将横向构件整体升级。一来将普拍枋设计得更接近四椽栿，二来将原本承托山面的槫设计得更接近平梁，这样增加山面横向构件的承载力，直接承托山面的屋架。屋架用材表面处理简单，可见原木形态。其上有彩绘，看来较为晚近，似乎一些局部保留有早期图案。

三清殿是会仙观的后殿，也是观内年代最久，规模最大的建筑（图 1.10.5.3 三清殿外观）。据研究当为金代建造。大殿的平面可以看作是一个三开间的悬山建筑三面围廊而成，并且前廊屋顶与主体建筑一体设计，因而整个三清殿的南半部分为五开间歇山形态，北半部分为三开间悬山形态（图 1.10.5.4 三清殿屋顶）。又因为三清殿南北的地势高差较为明显，所以北边虽然没有围廊，屋檐至地面距离也并不显得过高，这或许是对于这样屋面设计的一种解释吧。在这样的屋架设计基础上，三清殿也进行了一些变形。如果将南半部分当作一个歇山建筑来看，中间三间的四根金柱则进行了后移，这样便造就了更加宽阔的前廊空间，这一点与山西晋祠的圣母殿有着些许类似之处。围廊的前檐与东西两侧用了不同的横向构件，两侧为常见的阑额普拍枋构造，而前檐普拍枋变为极为粗大的通长大额，阑额也变为替木，与明清建筑在形态上有些类似。细看廊内屋架，乳栿上似乎分别通过驼峰和蜀柱承托了两根距离很近的平槫，这又平添了建筑围廊身世的疑惑，不知这样的造型究竟是原始设计，还是后代修缮改造所为。大殿斗栱为五铺作，二跳华栱与耍头外侧做成昂形，并且在前檐当心间两侧斗栱中使用了斜栱，造型繁复（图 1.10.5.5 三清殿斗栱）。斗栱上残留有彩画的痕迹，似是早期彩画遗存。柱础为覆盆状，雕刻精美（图 1.10.5.6 三清殿柱础）。

图 1.10.5.3

图 1.10.5.5

图 1.10.5.4

图 1.10.5.6

1.10.6 真如寺⑤₀

Zhenru Temple

名称与别名	真如寺
地　　址	长治市武乡县韩北乡土河村
看　　点	古松，断碑，残垣；正殿结构
推荐级别	★★★
级　　别	全国重点文物保护单位
类　　型	寺院，木结构
年　　代	元—清
交　　通	乡村，自驾

武乡真如寺的老松、断碑、残垣经常会在怅然的时候"诗意"地跳入眼帘；但是怅然的心情有增无减（图1.10.6.1真如寺全景）。

真如寺现存建筑仅有一院，旁门恐怕也不是原来的入口。院中的设置也不完整，剩下了正殿、南殿、西廊房。即便如此，南殿和正殿保留下来也已经是价值斐然的了。

南殿面阔五间，为三间带周围一圈廊子的结构；斗栱单下昂四铺作；梁架中彩绘清晰可见（图1.10.6.2真如寺南殿）。正殿最为古老，建于元至治三年（1323年）。正殿的悬山屋顶有些令人费解，未采用更加尊崇的样式（图1.10.6.3真如寺正殿）；平面立柱疏朗，采用减柱、移柱手法，后金柱位置大胆地使用大内额承托屋架荷载，扩大室内空间（图1.10.6.4真如寺正殿梁架）；梁枋用材粗犷硕大；前檐双下昂五铺作斗栱仅在柱头布置，抛弃烦琐趣味的同时给人以力量感。

图1.10.6.2

图1.10.6.1

图 1.10.6.3

图 1.10.6.4

1.10.7 应感庙(51)

Yinggan Temple

名称与别名	武乡应感庙
地　　址	长治市武乡县监漳镇监漳村
看　　点	宋代木构
推荐级别	★★★
级　　别	市级文物保护单位
类　　型	庙宇，木结构
年　　代	北宋
交　　通	乡村，自驾

监漳河缓缓流经武乡县境内，北岸的会仙观于2001年便被评为了第五批国家级文保单位，享受了“黄马褂加身”的待遇；然而就在河对岸不远处，另外一座同样珍贵的古建筑却由于种种原因，至今仍只是市级文保单位，这便是应感庙。

从会仙观步行出发，沿监漳河上溯，便可远远望见对岸山腰矗立着一座与黄土同色的古建筑，这便是应感庙（图 1.10.7.1 应感庙外部环境）。走过一条石桥，气喘吁吁地沿土坡上行，便能到达庙门。原来在河沿看到的，便是应感庙的戏楼，与之相对的，还存有一座正殿，这两座建筑便是唯二遗存了。笔者一行到访之时，此处正进行着修缮工程。脚手架，忙碌的工人，衬托的是建筑接近倾颓的现状。

图 1.10.7.1

图 1.10.7.2

应感庙大殿据断代为宋金遗构,五开间,六架椽屋,四椽栿前对乳栿用三柱,悬山屋面(图 1.10.7.2 应感庙正殿外观)。柱头斗栱为四铺作,唯一一跳也是用了插昂,耍头为上卷造型,乳栿出头做成蚂蚱头造型;补间铺作没有使用下昂,耍头为蚂蚱头造型。外跳横栱斜切,上存有彩绘痕迹(图 1.10.7.3 应感庙正殿斗栱)。前檐柱为石柱,室内为木柱。四椽栿中段还有近期砌筑砖柱进行承托,可以想见不久之前该建筑的颓败景象,却只有不专业的人员进行抢救。室内金柱间还保留了一些墙体,似乎意味着原本该建筑当有前廊。室内屋架使用托脚叉手,梁栿用材硕大,这都是年代久远的特点(图 1.10.7.4 应感庙正殿梁架)。屋架也有大量彩画保留,夯土墙上也有些壁画,总体看来,具备一定艺术水准。庙内石碑由于修缮工程,暂置于室内一角(图 1.10.7.5 宣和赐额碑)。

监漳河水缓缓流淌,共同滋润了两岸的村民,然而这样一座宋金遗构,不仅难以上保,还年久失修。一下子感慨起命运的无常。

图 1.10.7.3

图 1.10.7.4

图 1.10.7.5

1.11 襄垣

1.11.1 灵泽王庙 ㊗

Lingzewang Temple

名称与别名	太平灵泽王庙
地　　址	长治市襄垣县夏店镇太平村东北
看　　点	院落格局，廊柱金代题记
推荐级别	★★★
级　　别	全国重点文物保护单位
类　　型	庙宇，木结构
年　　代	金—清
交　　通	乡村，自驾

灵泽王庙与村子靠得很近，坐落在一片宁静的绿杨树荫之后，游人至此多有怡然亲切之感。

关于"灵泽王"系何方神圣，历来说法不一。普通的说法认为，"灵泽王"仅是对掌管雨水的地方龙神的代称；而另一种说法则比较有趣，称"灵泽王"为兴唐大将李靖（世称李卫公）死后之封号，襄垣、潞城附近的李姓人家，大多自称是李靖后裔，因此周边的灵泽王庙与李卫公庙实是一系，为李氏的祖宗家庙。现如今庙内已无像设，所祀者亦无从考证。

太平村灵泽王庙历史悠久，传袭至今庙貌仍较为完整。庙坐北朝南，现存大殿、朵殿、耳楼、东西配殿、廊房以及山门、戏楼、钟鼓楼等。建筑大多晚近，唯正殿乃金代创建，经历代修补维系至今。正殿三间四椽、悬山屋顶，规模虽不大，但样貌却十分俊秀（图1.11.1.1 灵泽王庙正殿外观）。正殿与两座朵殿共同建造在高约一米的砖石台基之上，在左右衬托之下颇显挺拔之姿。殿前设一敞廊，廊柱为方形石柱，四角均用细腻的线脚抹棱，柱上端然刻着金代大安二年（1210年）的捐施铭文，至今仍清晰可辨。而铭文榜题上下用荷叶、莲花做出小巧装饰，是那个时代所特有，透露出一种说不出的风雅（图1.11.1.2 灵泽王庙石柱题记）。前檐柱头斗栱形象突出，系在五铺作双昂之基础上里外各出斜栱，甚为华美（图1.11.1.3 灵泽王庙正殿斗栱）。

此外，太平村南不远另有一座南牙村周成王庙，建筑虽残破严重却亦是古庙，与灵泽王庙多有几分相似，值得移步一观。

图1.11.1.2

图1.11.1.1

图1.11.1.3

1.11.2 文庙 ㊳

Temple of Confucius

名称与别名	襄垣文庙
地　　址	长治市襄垣县新建街第二中学
看　　点	早期木构架，斗栱
推荐级别	★★★★
级　　别	全国重点文物保护单位
类　　型	礼制建筑，木结构
年　　代	金
交　　通	县城，自驾／公交

　　文庙和县学是古代县城中的教育中心，从前的学子们便是从这里开始他们的科举之路。经现代化演变，一些县城新学校的校址也会选在原来的文庙县学之处，因而有许多现存的文庙建筑便保留在了如今的中学之内，襄垣文庙便是其中一例。

　　与校方沟通后，我们得以穿过重重教学楼的教学区，看到这座位于操场边上的金代遗存古建筑（图 1.11.2.1 文庙大成殿正立面）。文庙规模较大，面阔五间，进深六架，悬山屋面（图 1.11.2.2 文庙大成殿侧立面）。由于仍会在学校内进行使用，因而必定经过不断修缮，现状保持良好，木构上的彩绘仍较为清晰。由于庙门无法打开，我们没办法进入室内参观梁架；由于围墙所限，我们也无法看到后檐状况。但是前檐的斗栱便能够将我们吸引住。斗栱采用了六铺作单杪双下昂，规格较高，使得整个建筑屋面硕大，出檐深远，我们也得以在檐下躲避烈日灼烧。斗栱耍头做成了昂形，与两条下昂的斜度大致呈自下而上的递减趋势（图 1.11.2.3 大成殿斗栱外观）。而且从山面似乎能够看出，第三跳下昂和耍头后侧均穿过乳栿，与其上蜀柱进行交接。斗栱为重栱计心造，横栱进行了斜切，并且通过素方连接。

　　历经数百年，襄垣文庙一直滋养着这片土地的教育事业；然而随着它年龄渐长，难免有些懈怠。这不，操场另一侧出现了几个学生，他们搬着椅子，争先恐后地翻出学校围墙，去响应外面世界的召唤。

图 1.11.2.1

图 1.11.2.2

图 1.11.2.3

1.11.3 五龙庙㊴

Wulong Temple

名称与别名	五龙庙
地　　址	长治市襄垣县城北关
看　　点	大殿斗栱
推荐级别	★★★
级　　别	全国重点文物保护单位
类　　型	庙宇，木结构
年　　代	元—清
交　　通	县城，自驾／公交

图 1.11.3.2

襄垣县城的护城甘水河已经加上了石栏杆，五龙庙还在等待保护工作者的到来。这样的做法值得肯定——石栏杆做得不好还可以拆了重来，保护修缮一旦出现问题，历史信息也往往随之而去了（图 1.11.3.1 五龙庙外部环境）。

五龙庙规模不大，但是大殿却非常宏伟（图 1.11.3.2 五龙庙正殿）。小院山门东偏，一旁的中路是原来的戏台——或者是紧邻甘水河已不适合做大型过道戏台的缘故，或者是水患之后的结果；大殿居北，西侧辅有厢房，东边已经是近年的新砖房了。

大殿的斗栱像是完全伸展开来的花朵，托着巨大的悬山屋顶。要知道，这可是三下昂的六铺作啊（图 1.11.3.3 五龙庙正殿斗栱）。算上县城中心文庙的六铺作，本来在北方地区非常少见的此类斗栱在襄垣便有两例。柱头上斗栱后尾托着乳栿，补间则插着垂柱；殿内四椽栿规格偏小显得瘦弱，在后檐另加了支撑（图 1.11.3.4 五龙庙正殿梁架）。此外，大殿内还保留着替下的屋脊琉璃瓦件，以及元代以来的数块碑记。

图 1.11.3.1

图 1.11.3.3

图 1.11.3.4

1.11.4 永惠桥(55)

Yonghui Bridge

名称与别名	永惠桥
地　　址	长治市襄垣县城北关
看　　点	历史维修的痕迹，追溯最老的石头
推荐级别	★★
级　　别	全国重点文物保护单位
类　　型	桥梁
年　　代	金—清
交　　通	县城，自驾 / 公交

襄垣县北门过河出城只能走永惠桥（图 1.11.4.1 永惠桥全景）。一走就走了将近九百年。

这是一座青石砌筑的单孔拱桥。桥面长 33.6 米，宽 8.34 米，净跨度达到 20 米，券口距河底 15 米。券石每层六至七块，每块高度在 45 厘米至 65 厘米之间。作为重要的交通设施，永惠桥始建的时间可以追溯到金天会九年（1131 年），明成化七年（1471 年）、万历十九年（1591 年）以及清代曾有多次维修。也正是由于历次维修，桥面望柱栏板形态各异（图 1.11.4.2 永惠桥栏板望柱），望柱头雕刻石人、石马、石狮等形象，栏板则有花卉、人物、瑞兽等图案；南北桥墩底层分别镶嵌着石虎首一件；券脸隐刻线脚，其内雕刻卷草，拱心石雕刻回首蛟龙一条（图 1.11.4.3 永惠桥拱心石）。

研究古桥历史，目前仅有东立面南端券石上的明万历的《重修桥记》、桥北端城墙遗址旁的清嘉庆二十四年（1819 年）的《善桥碑记》，相信已经有很多史料已然湮没无闻了。

图 1.11.4.1

图 1.11.4.2

图 1.11.4.3

1.11.5 昭泽王庙 · 郭庄(56)

Zhaozewang Temple in Guozhuang

名称与别名	郭庄昭泽王庙
地　　址	长治市襄垣县王桥镇郭庄村
看　　点	早期木构架，斗栱
推荐级别	★★
级　　别	全国重点文物保护单位
类　　型	庙宇，木结构
年　　代	金—清
交　　通	乡村，自驾

郭庄昭泽王庙位于襄垣县城东南方 10 公里外。昭泽王信仰为襄垣地区所独有。传说唐代襄垣附近有一焦姓道士成仙，擅行云雨，每逢亢旱之灾，总能拯救百姓于水火，故而在民间威信很高，被称为“焦龙神”。历代对“焦龙神”上封号颇多，北宋宣和年封其为“昭泽公”，金代更晋爵为“王”，乃有今日之名。

郭庄昭泽王庙因为离村庄较远，故而显得颇为荒僻，修缮前一直是残垣欲倒、蓬蒿满地的状态。院落坐北朝南，庙内保留有正殿一座，耳殿（图 1.11.5.1 昭泽王庙院落格局）、配殿廊房等若干，作轴线对称布置。其中大部分的建筑年代晚近，唯正殿前檐石柱上刻有“金大定廿七年”（1187 年）之修造题记，

图 1.11.5.1

决定了其作为文物建筑的"身价"(图 1.11.5.2 昭泽王庙正殿题记)。大殿三间四椽、悬山屋顶,构架形制皆极为简率,柱、梁加工更是粗忽异常,唯从斗栱、驼峰等少数构件当中可以嗅到早期建筑的气息(图 1.11.5.3 昭泽王庙梁架)。

昭泽王庙近代曾被用作小学校舍,其间庭院里种满万寿菊,直至近年文物修缮工程开始之前,每逢夏秋之交,仍可见到黄花遍地的盛况。倒是文物修缮工程完成后,院落里青砖铺地、修葺一新,黄花与蓬蒿一并不知何处去了,反而叫人有点怅然若失。

图 1.11.5.2

图 1.11.5.3

1.11.6 昭泽王庙 · 襄垣县城㊼
Zhaozewang Temple in Xiangyuan County

名称与别名	襄垣昭泽王庙
地　　址	长治市襄垣县城南街
看　　点	大殿斗栱
推荐级别	★★★
级　　别	全国重点文物保护单位
类　　型	庙宇,木结构
年　　代	金—清
交　　通	县城,自驾 / 公交

图 1.11.6.1

虽然只是顺路看了一眼，虽然襄垣昭泽王庙在县城众多古代遗迹中间并不醒目，但是还是想在这里讲述我们的看法——遗产是当地人自己的，曾经的忽视是罪过也是机会，是谨慎理性对待遗产的机会，把更多的真实留给子孙的机会。

此庙自有曾经的辉煌。乾隆版《襄垣县志》说昭泽王是襄垣本地人，有抗患御灾之奇能，五代后唐天福间（936—943年）邑人立庙祀之。庙中万历时期的《敕封昭泽龙王形贾录金妆圣像彩书正殿记》又说，到了明嘉靖十年（1531年）"正殿五楹历岁颇久渐以栋挠"，于是修理正殿，万历二十六年三月（1598年），"大殿并卷棚成"；数年后，"庙颓圮无以栖神"，万历三十二年再修，终得"正殿五楹，视旧高五尺许，易暗门板窗以槅扇，后壁开门与寝宫通，卷棚旧三楹，今易五楹，视旧亦高五尺许。左右殿各三楹，今易五楹，视旧高三尺许，乐亭台榭隆起，下开砖券正门，周围易新墙垣，内凿井一函，近庙居民汲取称便……藻有丹碧……"。

至于后来把庙宇用作粮站，真是饥肠辘辘时代的好写真；硕果仅存的献殿和大殿，也便肩负起记录民族苦难的重担（图1.11.6.1襄垣昭泽王庙外观）。

大殿面阔五间，进深六椽，单檐悬山顶；柱头有卷杀，上设阑额、普拍枋；屋架乳栿对四椽栿用三柱，后添辅助支撑（图1.11.6.2襄垣昭泽王庙梁架）；斗栱仅设于前檐柱头，双下昂五铺作，明间左右缝上耍头作昂形，上彻屋内（图1.11.6.3襄垣昭泽王庙斗栱）；栱眼处保留蓝色琉璃装饰。对照史料记载和众多修改痕迹，大致可以判定一些做法可以追溯至明代大修之前。

至于献殿，相信在万历二十六年（1598年）之后还有很多修缮之举。无论早晚，毕竟是数百年的遗产，是襄垣人自己的。研究工作一定要走在工程之前。切切。

图1.11.6.2

图1.11.6.3

1.11.7 周成王庙 ⑤⑧

Zhouchengwang Temple

名称与别名	周成王庙，龙王庙，雨神庙
地　　址	长治市襄垣县夏店镇南牙村
看　　点	院落格局布局，大殿斗栱
推荐级别	★★★
级　　别	市级文物保护单位
类　　型	庙宇，木结构
年　　代	金一清
交　　通	乡村，自驾

从太平村旁的灵泽王庙到南牙村的周成王庙相去不远，庙宇保存状况是国保单位和市级保护单位的落差。然而，现状虽残，周成王庙历史价值、历史信息并未受到近年简单粗暴修缮的影响，依然相当深厚。庙内元至大元年（1308年）《重修周成王庙记》说成王庙早在金明昌（1190—1195年）间建成，元大德六年（1302年）间"即固基已重新（修）之"。因此，今天研究者需要确认大德之后的历次修缮痕迹，还要

图1.11.7.1

寻找金代的原始痕迹。

周成王庙一进院落，由南向北依次为山门兼倒座戏台、周成王殿，两翼有东西马棚、东西厢房、东西耳房，庙貌凋敝（图 1.11.7.1 周成王庙外部环境）。好古者首先会追溯金代的做法。据现有的观察，大殿面宽三间，四架椽屋，悬山顶；前檐石柱侧脚、收分显著；柱上施阑额、普拍枋，外侧阑额并不延伸柱外，而石柱上卯口说明曾经做装饰性的假出头（图 1.11.7.2 周成王庙梁架细部）；柱头上施双下昂五铺作，明间东西缝上斗栱在头跳上出斜栱，是少见的做法（图 1.11.7.3 周成王庙斗栱）。其实屋顶残存琉璃构件、殿内屋架彩画、残垣构造等也都是研究的好课题。

图 1.11.7.2

图 1.11.7.3

1.12 长子

1.12.1 碧云寺(59)

Biyun Temple

名称与别名	碧云寺，三教堂
地　　址	长治市长子县丹朱镇小张村
看　　点	早期构架形制，斗栱形制，正殿顶棚壁画
推荐级别	★★★
级　　别	全国重点文物保护单位
类　　型	木结构
年　　代	五代？北宋？
交　　通	乡村，自驾

碧云寺分上、中、下三进院。据说从远处看整个庙宇呈繁体的“云”字，兼有院内古槐粗壮碧绿，故曰“碧云寺”。

对于偏好古建筑的访者，正殿地藏菩萨、老子、孔子像、十八罗汉像、传说中的和尚真身像、顶棚彩绘均不是重点，重点是三开间正殿（图 1.12.1.1 碧云寺正殿外观）。此一木结构，单檐歇山式屋顶，开间较大，出檐深远，檐下斗栱疏朗，规制严谨，角柱生起，檐角翘起缓和。

关于此建筑断代众说纷纭。有学者根据其正殿转

图 1.12.1.1

图 1.12.1.2

角铺作由昂之上再施由昂的“重由昂”做法，判断是晋东南宋代早期（图 1.12.1.2 碧云寺正殿斗栱）；也有学者认为宋代说证据不足：柱头不施普拍枋、阑额

不出头和斜搭在撩风槫与下平槫结点上的大角梁，仍保存了唐代的手法；其"枋栱式"扶壁栱与原起寺大雄宝殿同制（图1.12.1.3 碧云寺正殿斗栱）；其梁栿与铺作"搭交式"结构和"平行辐射复合法"铺钉角椽，都是出自镇国寺万佛殿的做法；其昂尾越过梁头压在草袱牵之下，也只能在唐构佛光寺东大殿和蓟县独乐寺观音阁等辽构中找到同例（图1.12.1.4 碧云寺正殿梁架）；其以完整的十字出跳斗栱隔架的方式，

惟蓟县独乐寺山门等辽构惯用；其华头子先型和"栱昂并出一跳"手法，也惟能与大云院弥陀殿相对照。凡举8类，都在当地宋构中罕见。在排除了唐、宋之后，其风格类型排列在五代序列较为妥当。那么正殿所表现出的"棱尖式"批竹昂等宋代典型式样和形制又作何解释呢？其实"棱尖式"装饰手法，在正定文庙大成殿已经成熟；"重由昂""斜面令栱"和昂型耍头，视为自正殿始见新制也未尝不可。

图 1.12.1.3

图 1.12.1.4

1.12.2 成汤庙⑩

Chengtang Temple

名称与别名	西上坊成汤庙
地　　址	长治市长子县丹朱镇西上坊村
看　　点	早期木结构
推荐级别	★★★★
级　　别	市级文物保护单位
类　　型	庙宇，木结构
年　　代	金
交　　通	乡村，自驾

我们前后去过两次西上坊成汤庙，见证了它从破败到重生的过程。第一次是在2011年，当时的成汤庙位于西上坊村外的荒地上，处于极其破败的状态，令人不忍直视。仅存歇山大殿一座，被荒草包围，损毁严重，根据题记和柱上石刻可知成汤庙建于金代皇统元年（1141年）（图1.12.2.1 西上坊成汤庙题记）。从外观上看建筑檐部大面积坍塌，瓦件残缺，椽子散架掉落，屋架变形倾斜，由于屋顶坍塌，构件没有遮蔽，长期的风吹日晒雨淋导致了严重的朽坏，各斗栱均有不同程度的损毁。单从外观上看就已经是十足的危房，不怀着无所畏惧的心情可能都不敢进殿。当心间版门尚存，两次间直棂窗已毁，西侧檐部外侧被一片砖墙支撑。殿内瓦

图 1.12.2.1

片散落，梁架腐朽，根据内部墙体、隔断、梁架等的排布方式来看，似乎原来乳栿位置是外廊空间，后又砌墙封闭（图1.12.2.2 西上坊成汤庙梁架）。

图 1.12.2.3

图 1.12.2.2

图 1.12.2.4

第二次是在2014年，听闻大殿修葺完毕又去拜访，再次见到，果然有焕然一新的感觉，墙被退到了金柱上，歇山顶重获生机，其上瓦件似乎还把原来的旧瓦重新利用。

大殿为单檐歇山顶，面阔五间，进深八架椽，檐柱为八楞抹角石柱，收分明显，前檐明间左侧的石柱上依稀可辨有皇统元年的题刻。其上仅有柱头铺作、转角铺作，并无补间铺作，斗栱尺度约占柱高的三分之一，均是五铺作重栱计心造：建筑正面柱头铺作的双下昂为华栱做昂形，耍头也做昂形；转角铺作单杪单下昂，昂形耍头（图 1.12.2.3 西上坊成汤庙斗栱）；

其余各面斗栱均为单杪单下昂，耍头为蚂蚱头，其中两侧为假昂，后檐下昂直抵梁下（图1.12.2.4 西上坊成汤庙斗栱）；斗栱之上有替木承托橑檐槫。山面屋檐脊槫处有斗栱形构件支撑。

殿内柱头为圆形栌斗，栌斗上有替木承托梁架，梁架为粗加工原木，曲度很大。构架形式为乳栿对六椽栿用三柱，六椽栿在次间中平槫位置设两根内柱。

大殿前东侧立有金正隆元年（1156年）《成汤庙记碑》，记载大殿兴工于"皇统元年七月十九日"，落成于天德二年（1150年），并对成汤庙当时的规模有详细的描述。

1.12.3 崇庆寺 ⑥¹
Chongqing Temple

名称与别名	长子崇庆寺后寺
地　　址	长治市长子县色头镇琚村
看　　点	宋代千佛殿，宋代彩塑
推荐级别	★★★★★
级　　别	全国重点文物保护单位
类　　型	寺院，木结构
年　　代	北宋
交　　通	乡村，自驾

崇庆寺位于山西省长子县色头镇琚村东南紫云山腰（图1.12.3.1崇庆寺外部环境），坐北朝南，负阴抱阳，东北西三面环山，南临浊漳河支流陶清河。崇庆寺有前后两组建筑，最为精彩的当然在后面。

后寺为一进院落，寺内碑文记载"追北宋大中祥符九年而寺始建，千佛殿居其北，卧佛殿居其东，大士殿居其西，天王殿居其南，东南立门，门之东建关帝殿，西北建十帝殿并鬼王殿，西南又立给孤独长者殿，东北一院为禅社"。现除鬼王殿不存外，其余诸殿形制、院落布局如碑中所述。

现存建筑中，除正殿千佛殿为宋代，天王殿、地藏殿为明代之外，其余均为清代建筑。千佛殿是寺内主殿（图1.12.3.2 崇庆寺千佛殿），为宋大中祥符九年（1016年）兴建，原构依旧，殿内塑像亦是同时塑造。面宽三间，进深三间，六架椽屋，歇山顶，平面呈正方形。当心间设版门，次间安破子棂窗，四周檐柱向内倾斜，形成侧脚，角柱增高，略有生起。檐下柱头间阑额、普拍枋俱全，柱上仅施柱头斗栱，无补间铺作，简洁疏朗，古朴大方。斗栱栱头卷瓣显著，斗䫜较深，

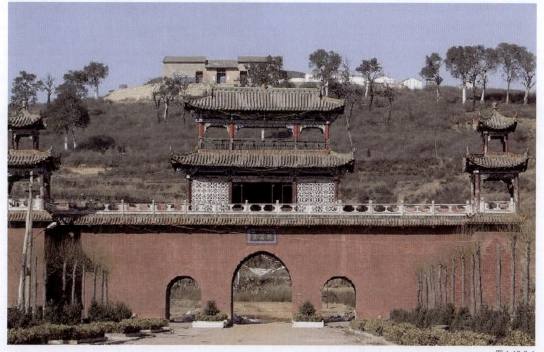

图1.12.3.1

图 1.12.3.2

图 1.12.3.3

制作手法尚袭唐代遗风。千佛殿梁架为彻上露明造，六架椽屋，四椽栿对后乳栿用三柱，梁架绝大多数构件为宋代原构，结构合理（图 1.12.3.3 千佛殿梁架）。千佛殿梁架，既无虚设构件，亦无重复配置，技巧娴熟，手法洗练，负重均衡适度，结构合理有力，是我国宋代殿宇中具有代表性的遗作。

崇庆寺中彩塑亦十分生动别致，能体现宋代宗教的发展流变。以大士殿宋塑中三大士像为例，观音、文殊、普贤三位一体同乘瑞兽的组合形式正是三教趋合后新的组合形式（图 1.12.3.4 三大士殿彩塑）。三大士像不仅保留了隋唐菩萨造像的端丽妩媚，雍容华贵，更多了几分飘逸与轻盈的女仙神采。其中，观音所驾并非常见的坐莲、乘龙、踏鳌，而是别致瑞兽锦毛狐形。其以狮为主体造型，结合皇陵石雕瑞兽与民间石狮、舞狮的造型元素与表现技法，全身肌肉隆起，与文殊之青狮、普贤之白象在造型与表现语言方面显得特征明确而富有情趣。

图 1.12.3.4

1.12.4 崔府君庙 ⓔ

Cui Fujun Temple

名称与别名	长子崔府君庙
地　　址	长治市长子县
看　　点	斗栱，早期木构架
推 荐 级 别	★★★★
级　　别	全国重点文物保护单位
类　　型	庙宇，木结构
年　　代	金
交　　通	县城，自驾 / 公交

崔府君是晋东南一带被广为信奉的地方神。府君，是古人对地方长官的雅称，根据《长治县志》的记载，府君崔珏是唐贞观进士，任长子县令，有功德于潞地，故建庙祀之。后来"安史之乱"时，唐玄宗李隆基梦见他预言叛乱将平息，梦醒后立即敕封其为"显圣护国嘉应侯"，后来宋元几次改封，至明太祖朱元璋赐封崔府君为神，命岁岁祭。经历代演绎，崔府君逐渐变身为阴曹地府中的"崔判官"，成了各种神怪小说中的重要角色。

据相关资料记载，崔府君庙修建年代不晚于北宋大观二年（1108 年），此后历代屡有重修。原有的山门、舞楼、献亭、大殿、寝宫等建筑都已消亡，现仅存一座金代大殿，新中国成立后为长子中学使用。

府君庙如今在长子县一中内，一进校门就可以看到，而且与长子文庙隔墙相望。大殿 2011 年刚经历大修，按照修旧如旧的原则，尽量使用原有构件，其上仍可依稀看到彩画的痕迹，替换构件与原有构件区分明确，斗栱和主要梁架仍为原来的结构，最大程度上展现了建筑的原有风格。

大殿坐落于高大朴素的须弥座台基上，面阔五间，进深四间八架椽，梁架为前后乳栿对四椽栿用四柱，单檐歇山顶，前部出廊，墙位于金柱位置（图 1.12.4.1 崔府君庙外观）。前檐六根抹角石柱收分较为明显，当心间比例近似方形。斗栱疏朗，构件粗壮，古朴大气。正面除柱头铺作外，补间各有一朵斗栱（图 1.12.4.2 崔府君庙斗栱）；其他三面均只有柱头铺作（图 1.12.4.3 崔府君庙斗栱）。柱头为五铺作重栱计心造，内转四铺作偷心；补间铺作第一跳假昂，第二跳后尾出挑斡抵下平槫；转角为五铺作双杪偷心造（图 1.12.4.4 崔府君庙斗栱）。内部梁架下有替木支撑，梁架等构件多为原木，未经细致加工，给人一种粗犷的感觉，具有金元时期的建筑风格。屋顶黄绿琉璃瓦剪边，脊饰精美，屋坡平缓，出檐深远。

周围的教学楼与大殿形成鲜明的对比，更凸显了大殿的浓郁古风，显得别样沉静。上课期间，会有一圈自行车环绕大殿，可以想象这里的学生每天上下学都会和它打个招呼，在校园里有这么一幢建筑是多么奢侈的享受啊。希望府君庙可以和学校和睦地相处下去，潜移默化地影响着同学们并被同学们保护着。

图 1.12.4.1

图 1.12.4.2

图 1.12.4.3

图 1.12.4.4

1.12.5 二仙庙 ⑥

Erxian Temple

名称与别名	青仁二仙庙
地 址	长治市长子县大堡头镇青仁村
看 点	斗栱，屋架
推荐级别	★★
级 别	市级文物保护单位
类 型	庙宇，木结构
年 代	金—清
交 通	县城，自驾 / 公交

苞谷地和民房之间，是青仁村边上的二仙庙（图1.12.5.1青仁二仙庙外部环境）。二仙庙院子相当深远，颇疑当初的高台上还有个中殿（图1.12.5.2青仁二仙庙院落）。现今的入口是过路式的戏台，戏台两旁是东西两座梳妆楼，厢房的簇拥下，后殿最为隆重，一般是二仙奶奶的寝宫——没有把二仙奶奶的梳妆楼靠近后殿安置显得有些唐突，究其原因或许正是明清时期的多次改造。庙里保留着明万历二十年（1592年）和清道光十三年（1833年）《重修二仙庙记》，碑文里提到的庙史则包括：金大定中求雨建庙；万历元年（1573年）造暖阁三楹以栖神，二岁春三月又重修庙像；乾隆十七年（1752年）复有碑刻记重修之事；

图 1.12.5.1

图 1.12.5.4

图 1.12.5.2

道光十年至十三年的修缮工程。

因其浓郁的早期建筑特点，古建筑木结构专业方向的学者会更加关注大殿。大殿面阔三间，六架椽屋乳栿对四椽栿用三柱，悬山顶（图1.12.5.3青仁二仙庙正殿）；柱头上用单杪四铺作（图1.12.5.4青仁二仙庙正殿斗栱），杪头作昂形，琴面状，刻华头子，令栱、替木均抹斜，耍头用足材；泥道上单栱承柱头枋，枋上隐刻慢栱；里转施蝉肚绰木承乳栿（图1.12.5.5青仁二仙庙正殿梁架）。

图 1.12.5.3

图 1.12.5.5

1.12.6 法兴寺 ⑥

Faxing Temple

名称与别名	长子法兴寺,慈林寺,广德寺
地　　址	长治市长子县崔庄村北山坡
看　　点	古塔、宋代彩塑
推荐级别	★★★
级　　别	全国重点文物保护单位
类　　型	寺院,木结构,砖石结构
年　　代	北魏—当代
交　　通	乡村,自驾

图 1.12.6.1

法兴寺原址位于长子县城东南的慈林山上。1984年至1993年春,因慈林山煤矿采掘面塌陷,造成寺院下沉,经国家文物局批准该寺由慈林山搬迁至其西侧对面的翠云山,即长子县崔庄村北山之上。搬迁后的法兴寺,仍复原貌,没有改变原有的布局和结构。周边的环境也与搬迁前原有环境较为相似(图1.12.6.1法兴寺)。

据文献及寺存碑刻继续向前追溯,法兴寺创建于北魏神鼎元年(401年),初名"慈林寺"。历经齐、周、隋,延续不废。至唐发展至鼎盛时期。唐咸亨四年(673年)前。寺内增建"舍利塔"和两座八角形石塔。唐上元元年(674年)改"慈林寺"为"广德寺"。唐大历八年(773年)信士董希璇造长明灯台一座,俗称燃灯塔。五代时麻衣道者修建山门,宋治平年间(1064—1067年)改名"法兴寺",宋元丰四年(1081年)重建圆觉殿。宋政和元年(1111年)新塑释迦及胁侍群像,以后历代虽有不同程度的修葺,但只是规模渐小、工艺逐差而已。

寺院坐北朝南,依山而建。法兴寺采用纵轴式的平面布局形式。纵轴式布局继承北魏宫室第宅型佛寺发展而定型,其主要特点是有明显的纵向中轴线,从主要入口山门开始,沿轴线纵列数重殿阁,中间连以横廊,划分成几进院落,构成全寺主体部分。主院和各小院均绕以回廊,并附建配殿或配楼。寺院现遗存为两进院落布局,呈阶梯状逐级上升。中轴线上依次排列山门、石舍利塔、燃灯塔、圆觉殿及毗卢殿、东西两侧为关帝殿和伽蓝殿、碑廊等附属建筑。其中的石舍利塔、燃灯塔、圆觉殿是寺院最重要的标志性建筑,被称为法兴寺"三绝"。

舍利塔是这组空间的视觉中心(图1.12.6.2法兴

图 1.12.6.2

寺舍利塔）。石塔建于唐咸亨四年（673年），至今已有一千三百多年的历史了。这是一座正方形的回字形建筑，从整体结构看，它大房套着小房，外口套着内口，层层相叠，所以它便有了这个别名"回字塔"。

燃灯塔始建于唐大历八年（773年），亦名长明灯。通体青石雕造，塔身为浮雕，凿磨细腻，刀工娴熟，全国仅存三个（图1.12.6.3 法兴寺石燃灯）。据说点燃佛灯，无论刮东、南、西、北风，佛灯永不熄灭，故为一绝。

圆觉殿是法兴寺内最大的建筑，因殿内两山佛台塑十二圆觉彩塑而得名（图1.12.6.4 法兴寺圆觉殿）。大殿复原而成，面阔三间，进深六椽，单檐歇山顶。

图1.12.6.3

图1.12.6.4

1.12.7 伏羲庙 ⑥⑤
Fuxi Temple

名称与别名	伏羲庙
地　　址	长治市长子县南漳镇中漳村
看　　点	大殿结构，早期石雕
推荐级别	★★
级　　别	全国重点文物保护单位
类　　型	庙宇，木结构
年　　代	元一清
交　　通	乡村，自驾

原来农历四月四日至六日的庙会不知已经停了多少年，伏羲庙已经衰败得令保护工作者着急了。还是那句话，仔细研究、谨慎实施要比匆匆的大修重要，也希望媒体不要给内行太大压力。

伏羲庙普通得只需重复当地常见庙宇的描述——一进院落，中轴线上山门、献殿和大殿，两翼厢房、耳房围合（图1.12.7.1 伏羲庙全景）。也正是这样的

图1.12.7.1

普通，让研究者可以做出统计式的分析，得出当地匠作的习惯。

院内献殿站在大殿的前面（图1.12.7.2 献殿斗栱），大殿因此可以留下些更老的、当时已经不合时宜的做法。参照现存明崇祯十六年（1643年）《重修伏羲牛王马鸣王碑记》中"……大殿重新，香亭创建，门墙院宇皆幸观献戏□此庙□重修四方之人民祈祷有地……"等语，清乾隆三十七年（1772年）《重修伏羲牛王马鸣王碑记》，清同治七年（1868年）《重修

图 1.12.7.2

图 1.12.7.3

伏羲庙碑记》，以及献殿石柱上刻的与崇祯碑文吻合的施主姓名"李弘谟、李弘道"，基本可以判断献殿成于明崇祯十六年，而大殿的年纪应当更老。

今天的献殿，面阔三间，进深三椽，悬山卷棚屋顶；斗栱五踩双昂，栱面雕花，蚂蚱头雕龙头，平身科逐翘出斜栱，里跳插垂柱。今天的大殿面阔三间，进深四椽，悬山顶；檐柱柱身雕花；前檐斗栱单杪四铺作，分布疏朗（图 1.12.7.3 大殿斗栱细部）；室内四架椽屋，劄牵对三椽栿用三柱；大殿梁架斗栱之上尚残存黑白灰色调的旋子彩画（图 1.12.7.4 大殿梁架与彩画）。

图 1.12.7.4

1.12.8 护国灵贶王庙 ⑥6
Huguo Lingkuangwang Temple

名称与别名	护国灵贶王庙
地　　址	长治市长子县丹朱镇下霍村
看　　点	大殿斗栱
推荐级别	★★★
级　　别	全国重点文物保护单位
类　　型	庙宇，木结构
年　　代	金—清
交　　通	乡村，自驾

外人看来，长子戏曲艺术学校只是一所普通的学校；在古建筑业内人士看来，校园内的大殿是真正的宝贝（图 1.12.8.1 护国灵扩王庙外部环境）。学校的院子还是一如既往的整洁，古老的大殿只有献殿相伴，周围的一切早已换了容颜。献殿的建筑形式和细节样式并无令人惊异之处（图 1.12.8.2 护国灵贶王庙献殿）；大殿则不同，步入献殿抬头看去，赫然的六铺作（图 1.12.8.3 大殿侧立面）。

图 1.12.8.1

图 1.12.8.2

图 1.12.8.3

图 1.12.8.4

忽略献殿——虽然对于专业而言献殿同样大有研究的文章,大殿的吸引力更加直接。是它的气势,是它古远的做法。大殿面阔三间,六架椽屋乳栿对四椽栿用三柱,悬山屋顶;斗栱部分非常精彩,前檐六铺作,柱头用三杪,上两杪做成昂的样子;明间补间双杪单下昂,第二杪做成下昂形,而昂则是真正上彻屋内的下昂;至于次间补间,则更加上了斜栱;后檐斗栱则大大放松,除了柱头置五铺作外,补间已经不再出跳了(图 1.12.8.4 大殿斗栱)。

若追问大殿的建造年代,则有数条证据,或可辅助判断大殿主体特征形成于金代大定晚期至明昌时期(图 1.12.8.5 大殿施柱题记)。1. 当心间东缝檐柱铭文:"大定甲辰岁(大定二十四年,1184 年)十月十五日……□人□□□□";当心间西缝檐柱铭文:"南程村□□施";2. 大殿东门枕石正面铭文:"明昌五年(1194 年)公□□上霍众……";3. 献殿东山墙内壁北侧嵌壁之康熙四十一年(1702 年)《重修碑记》;4. 献殿东山墙内壁南侧嵌壁之康熙五十六年(1717 年)《重修白云山神庙碑记》。

图 1.12.8.5

1.12.9 三教堂 ⑥⑦
Three Religions Hall

名称与别名	三教堂
地　　址	长治市长子县大堡头镇义合村
看　　点	大殿结构
推 荐 级 别	★★
级　　别	全国重点文物保护单位
类　　型	庙宇,木结构
年　　代	金—清
交　　通	乡村,自驾

所谓"三教堂",常见的是将儒、释、道神祇一并崇拜,于是也不恪守哪一教的规范了,于是也不忌讳表演戏曲敬神娱神了——这是下文猜想的铺垫。

普通的义合村,普通的村路交叉口,普通的民房,普通的小学,三教堂无言地栖身于此(图 1.12.9.1 三教堂外部环境),很难判断原来它是不是两进院落。不过就在这普通的老屋中,却存在一个难以解释的现象——不是关于最古老的大殿,而是关于被砖墙和残垣掩盖了真面目的前殿(图 1.12.9.2 三教堂前殿)。

前殿面阔三间,进深只一间,四架椽屋,悬山顶。前殿向南一面和向北一面是不同的。南面用阑额、普拍枋,北面用通长三间的大檐额;南面斗栱在墙内,

图 1.12.9.1

图 1.12.9.2

图 1.12.9.3

图 1.12.9.4

说明出跳不远规格不高，室内露出四铺作的尾巴，北面双杪五铺作，杪头昂形，中间两朵更加斜栱，耍头雕刻龙头。为什么向北的立面更加隆重呢？可以判断为戏台吧！面朝大殿，背向大门。

至于真正的主角大殿（图1.12.9.3 三教堂正殿），也是面阔三间，六架橼屋四橼栿对乳栿用三柱，悬山顶；前檐柱头单杪单下昂铺作（图1.12.9.4 三教堂正殿斗栱）；脊槫下还有"大清道光十七年四月十九日重修三教堂……"题记，配合庙内现存道光三年《义合屯重修庙宇申禁赌博增廊楼并置社地□□碑记》，可以作为解读庙宇历史的起点。

1.12.10 三嵕庙·崇瓦张 ⑱

Sanzong Temple in Chongwazhang

名称与别名	崇瓦张三嵕庙
地　　址	长治市长子县慈林镇崇瓦张村
看　　点	大殿结构，石柱，废墟感
推荐级别	★★★
级　　别	市级文物保护单位
类　　型	庙宇，木结构
年　　代	金—清
交　　通	乡村，自驾

图 1.12.10.1

图 1.12.10.2

图 1.12.10.3

"崇瓦张"原来叫作"铜瓦张庄"。村外田地中的三嵕庙，砖瓦散落了一地（图 1.12.10.1 崇瓦张三嵕庙外部环境），雕花石柱倔强地立在那里。废墟在西方人眼中是建筑化的悲剧，甚至需要专门的塑造。在巫鸿先生看来，这并不是中国人的审美习惯。百废待兴，这个词语本身就给了新一代人使命感；不必纠结废墟情怀，但实际上仓促的中兴却一定会抹杀很多值得回味的历史信息。

庙宇坐北朝南，有两进院落的规模。中轴线上的山门定然不是原来的样子，献殿只余下了遗址，耳房、厢房并不十分古远，只有大殿，暴露的屋架和斗栱在用最后一点力气宣示自己的身世（图 1.12.10.2 三嵕庙正殿）。庙内保存有古碑三块，康熙四十八年（1709年）、咸丰九年（1859年）、光绪二十四年（1898年），都是清代的重修记事，尚无法说明大殿营建始末。

作为仅存的早期建筑，大殿面阔各三间，六架椽屋乳栿对四椽栿用三柱，悬山顶，殿前月台宽阔。露明的立柱为石质，雕刻精美；前檐用双杪五铺作斗栱，杪头昂形，重计心栱造（图 1.12.10.3 三嵕庙正殿斗栱）；室内屋架黑白灰彩画依然清晰（图 1.12.10.4 三嵕庙正殿梁架）。

图 1.12.10.4

1.12.11 三嵕庙·大中汉⑲
Sanzong Temple in Dazhonghan

名称与别名	大中汉三嵕庙
地　　址	长治市长子县常张乡大中汉村
看　　点	大殿结构
推荐级别	★★★
级　　别	全国重点文物保护单位
类　　型	庙宇，木结构
年　　代	元—清
交　　通	乡村，自驾

图1.12.11.2

对祖先的敬重和对神祇的所求掺杂在一起，使得这些小庙中只要有神像就会有香火。庙宇充当过粮库，有的作过学校或是别的功能，因此这里神像的年纪都不大，往往远远比不上下面的神台（图1.12.11.1 大中汉三嵕庙神台）。

大中汉村的三嵕庙保存得相对完整，从山门兼戏台进入之后，面对的就是大殿了（图1.12.11.2 大中汉三嵕庙正殿）。把大殿定位元代建筑，原因不只是殿西侧门枕石侧面上"至元二十八年（1291年）三月中旬日记"等字，更有尺度硕大、栱瓣斜杀、斜栱开合粗放的前檐斗栱（图1.12.11.3 大中汉三嵕庙正殿斗栱），有乳栿对四椽栿用三柱的屋架和样式细节。尽管殿前

图1.12.11.3

图1.12.11.4

图1.12.11.1

还有民国十五年《重修三嵕庙碑记》，殿内明间脊槫下"光绪七年岁次辛巳清和月初十日开工……三问东西僧房……十间两村……张□渠□□光……"的题记，但是如此斗栱、屋架主体决然不是清末的手段。

当然历史信息不是只有古老的价值高，大殿之内，晚清的彩画、民国时期聚盛班、乐意班戏子的题记都是难得的痕迹（图1.12.11.4 戏班子题记）。

1.12.12 三嵕庙·王郭⑳
Sanzong Temple in Wangguo

名称与别名	王郭三嵕庙
地　　址	长治市长子县宋村乡王郭村
看　　点	大殿结构
推荐级别	★★★
级　　别	市级文物保护单位
类　　型	庙宇，木结构
年　　代	金—清
交　　通	乡村，自驾

既然说到了三嵕庙，就不得不先来说一下三嵕山，三嵕山位于长治市屯留县城西北，地处要道。据《淮南子》记载："尧使羿射九乌（火鸦，指太阳）于三

嵕之山"，因此，三嵕山就成了"后羿射日"这一神话传说的发生地，相传他还射杀猛兽长蛇为民除害，百姓感激他为他建立了庙宇——三嵕庙。农耕社会对旱灾很是畏惧，这种后羿崇拜的信仰在晋东南非常普遍，从襄垣县到高平市一线，就现存数个三嵕庙，可见其曾经的兴盛情况。

三嵕庙隐藏在王郭村北，由于现在作为庙宇正被使用，自然就省去了四处寻找钥匙的痛苦。庙的规模较小，仅一进院落，进院一看很是忧伤（图1.12.12.1 王郭三嵕庙院落），且不说倒座戏台损毁，也不说献殿把正殿挡得严严实实，就看献殿的样子，就觉得这座建筑曾经被作为粮仓之类的功能使用。联想到以前见过的相似情形，不免有些担心。

献殿为三开间硬山，与正殿同宽，斗栱处被完全封堵，墙也被糊死，仅在上部开两个小小的高窗，进入献殿一看，果然所有的梁架柱墙都被刷满白灰，这是粮仓为防虫所采取的常见措施。献殿和正殿被连在了一起，进到正殿部分，建筑内部依然全部刷白，而且果然所有的昂形构件都被锯掉，好惨（图1.12.12.2 王郭三嵕庙正殿斗栱）。正殿全部为八棱抹角石柱，面阔三间、进深六椽的单檐歇山建筑，依然是常见的乳栿对四椽栿用三柱的结构，柱头铺作为四铺作单昂计心造，无补间铺作。前檐的阑额也被去掉，也许是认为它影响室内高度？不过普拍枋还是被保留了下来。梁檩之下都有替木承托过渡，也是这时期建筑常见的做法（图1.12.12.3 王郭三嵕庙正殿梁架）。

出得殿外绕主殿一周，看看下昂和昂形耍头都被锯掉的斗栱，看看大殿的绿色琉璃剪边，看看有些塌陷的角部檐口，觉得以前这也是一座漂亮的小建筑。想当年，下昂不但是重要的结构构件而且也被看作是重要的装饰构件，匠人们特地做出各种各样向外伸展的真昂、假昂和昂形耍头，成为古建审美的重要元素。而后，却全部被锯掉，即使是那些并没有影响到粮仓封闭性的地方；再后来，我们一步步走来追溯古建，怀想其当年风貌，这是不是也体现了一种文化态度，审美取向的变化呢？

图1.12.12.1

图1.12.12.2

图1.12.12.3

1.12.13 汤王庙·鲍庄 ㉛
Tangwang Temple in Baozhuang

名称与别名	鲍庄汤王庙
地　　址	长治市长子县丹朱镇鲍庄村
看　　点	大殿木结构
推荐级别	★★
级　　别	市级文物保护单位
类　　型	庙宇，木结构
年　　代	金一清
交　　通	乡村，自驾

图 1.12.13.1

图 1.12.13.2

鲍庄村的汤王庙只剩下一座大殿，以及东西朵殿的遗迹（图1.12.13.1 鲍庄汤王庙外部环境）。面阔三间、六架椽屋乳栿对四椽栿用三柱的大殿被判定为金代建筑（图1.12.13.2 汤王庙正殿梁架）。困难的时期作粮站，接下来的年代作教室，后来没有人使用了，今天便任凭风蚀雨剥。

一下子想起国外的老教堂，有的也失去了原来的功能，现代的建筑师便前来设计改造，保留老房子最有价值的部分，其他部分则全部采用最新的建筑材料。当然，比起西方的建筑，中国古建筑木屋架的价值更加突出，因此，常见的那些保留了表皮内部全新的做法不见得适合我们的国情。"立"要比"破"难很多，

允许从"破"说起：对于民居，我们已经无法容忍那些不顾胡同里老百姓的生活状况，只在表面涂涂刷刷的做法了；对于古庙，我们坚决反对三下五除二伤筋动骨地修理一番然后锁起门来的方式。

1.12.14 汤王庙·南鲍 ㉜
Tangwang Temple in Nanbao

名称与别名	南鲍汤王庙
地　　址	长治市长子县丹朱镇南鲍村
看　　点	大殿木结构
推荐级别	★★★
级　　别	市级文物保护单位
类　　型	庙宇，木结构
年　　代	金一清
交　　通	乡村，自驾

从西上坊村一路向东，经过东上坊村之后就到了南鲍村，南鲍村汤王庙就坐落在村北的高地上。还在村里，远远就可以望见白色的倒座外墙上"保护商汤古建筑"七个大字，算得上是汤王庙最显著的指示牌

了，沿着土坡路前行，渐渐接近汤王庙。

庙门位于院落的东南角，倒座之东，门旁原有的窗已被封死，"成汤庙"三字匾额悬于门上，门两侧的小狮子憨态可掬。汤王庙规模较小，只有一进院落，南侧倒座是戏台，北侧是献殿和正殿，东西各有配殿一座。可惜的是东西配殿和戏台已经损毁严重，若是继续置之不理，恐怕也会步西上坊成汤庙的后尘。

乍一眼看主殿一定会觉得极为简陋，甚至没有斗栱，平淡无奇，实际上这只是献殿挡在了正殿之前（图1.12.14.1 南鲍汤王庙献殿与正殿）。献殿看起来为明清式样，面阔三间，悬山顶，斗栱不出跳，柱头承抱头梁，补间为一斗两升交麻叶的形式，斗栱虽小，却不似寻常清式建筑檐下密排，与主殿风格较为相称。在献殿西侧的砖墙内砌有北宋大观三年（1109年）的石碑。柱子下有较高的须弥座柱础。献殿的台基高而简陋，不知正殿原本的台基是何样式。

正殿也是面阔三间、进深六椽的悬山小殿，与众

图 1.12.14.1

不同的是，殿门并没有开在明间，而是开在了东侧次间，和庙门的位置相对应。当心间的位置被一扇直棂窗占据，现在成了祭拜之处，沿墙摆了无数酒瓶，不知是不是当地谢神的方式之一，西次间全部为石墙。建筑全部用石柱，与献殿不同，此处柱子没有高于地面的柱础。前檐柱收分极大，柱侧面倾角很大；金柱表面斑驳，似乎没有被细致地加工过，以前的墙体会不会是在金柱的位置上呢（图 1.12.14.2 南鲍汤王庙梁架）？正殿柱头铺作为四铺作单杪计心造，无补间铺作，令栱上以替木托橑檐槫。殿内梁架为乳栿对四椽栿用三柱。梁架多以替木承接，与清式做法差异显著。脊槫由叉手蜀柱承托。殿内斗栱、梁架、柱子和墙体上似乎曾被涂过白色涂料，可能以前曾作为粮仓使用。

图 1.12.14.2

1.12.15 汤王庙·前万户(73)

Tangwang Temple in Qianwanhu

名称与别名	前万户汤王庙
地　　址	长治市长子县丹朱镇前万户村
看　　点	大殿木结构
推荐级别	★★★
级　　别	市级文物保护单位
类　　型	庙宇，木结构
年　　代	金—清
交　　通	乡村，自驾

图 1.12.15.1

前万户村的由来颇为英武。《长子县志》中说该村在明初称"南军中",是大军营,而军中的武官暴通,则因军功得封万户侯,死后葬于此地。

将军的英武已经淹没在农村生活的宁静中。寻常的农耕和养殖生活也淡化了汤王庙的香火记忆(图1.12.15.1 前万户汤王庙外部环境)。只是在庙侧集会开会、看戏或看电影的时候,也许有人偶尔想念起身边的汤王神像;只是在看到考察车队的到来,也许有人才会说起庙里的木结构是很古的。

庙里的木结构确实很古。专家判定为金代。金代也罢,元代也罢,大殿前檐的斗栱已经告诉我们很多(图1.12.15.2 汤王庙正殿斗栱):首先是明间东西缝上华丽的柱头铺作,不仅出了很多的斜栱,还将耍头作昂形上彻屋内,固定在侏儒柱上;再有是次间外缝的柱头铺作,开间尺度的关系已经不能如前者般出那么多的斜栱,于是只在外跳交互斗上做文章,形式不同,但做法本质相同(图1.12.15.3 汤王庙正殿斗栱);还有就是前后檐斗栱的差异,前檐比后檐重要,后檐斗栱规格低,埋在墙内露不出头来。

图 1.12.15.2

图 1.12.15.3

1.12.16 天王寺 ⑦

Tianwang Temple

名称与别名	长子天王寺
地　　址	长治市长子县城内南大街
看　　点	金代木构架,金代斗栱
推 荐 级 别	★★★★
级　　别	全国重点文物保护单位
类　　型	寺院,木结构
年　　代	金
交　　通	县城,自驾/公交

天王寺位于山西长治市长子县城内南大街,自然比乡村寺庙规模宏敞。据《长子县志》记载:天王寺始建于唐永徽年间(650—655年),迄今已有1350多年的历史。宋、金、元、明、清历代均有修葺。元时大修。明洪武间僧会司。明天顺三年(1459年)重修。明万历三十五年(1607年)创建钟楼。清康熙三十二年(1693年)八月增修钟楼、鼓楼各一,罗汉房六楹,东、西僧房十楹,规模得以进一步扩大。清雍正二年(1724年)重修。清乾隆四十三年(1778年)大修。

从前,长子天王寺内有弥勒大悲殿,外有观音、关圣、准提、广生、给孤殿,及正门照壁、地藏十王殿、如来神像、石塔,寺院内外苍松翠柏,环境幽雅。现仅存中殿、后殿。

中殿面阔三间,进深六椽,单檐歇山顶(图1.12.16.1 天王寺中殿)。此殿用材壮硕,梁架为六椽栿通搭,斗栱采用单杪单昂五铺作手法,柱头卷杀显著,上置硕大的栌斗,是现存金代建筑的典型之

图 1.12.16.1

作。后殿面阔五间,进深六椽,悬山顶,梁架四椽栿对后乳栿,前檐斗栱包在砖里不可见(图1.12.16.2天王寺后殿旧照)。

天王寺也曾改为粮库,如今被修葺一新。修复过后的梁架、槫子、斗栱,和原有的构件并置一室,共同延续着古老庙宇的新的生命(图1.12.16.3 修缮中的天王寺后殿)。

图 1.12.16.2

图 1.12.16.3

1.12.17 文庙 ⑦⑤

Temple of Confucius

名称与别名	长子县文庙
地　　址	长治市长子县
看　　点	斗栱形制,碑刻与建筑构件收藏
推荐级别	★★★
级　　别	全国重点文物保护单位
类　　型	礼制建筑,木结构
年　　代	元—清
交　　通	县城,自驾/公交

图 1.12.17.1

长子县文庙是举行祀孔典礼的地方,同时也是县学之所在。这里每三年要举行一次童试,童生通过考试成为秀才,之后经三年岁考合格之后才有资格参加省城的乡试。由此可见在科举制度中,文庙可以算作是一个读书人科举之路的起点,因历朝历代都备受重视,宋、金、元、明、清曾多次修葺。

文庙现在位于县城内东大街北侧长子县博物馆院内。入口是一个新修的仿古三间重檐建筑,装修得颇为华丽,当心间作入口,两次间却都是服装店铺,显得有些不伦不类。经修葺过的文庙有两进院落,算得上是县城内规模较大的一处古建筑群,中轴线上依次有大成门、大成殿、明伦堂,两侧有厢房、配殿等。

大成殿位居文庙中央,是庙内主殿(图1.12.17.1大成殿外观),面阔五间,进深六架椽,单檐歇山顶。从立面上看开间宽度较窄,呈长方形。建筑仅有柱头铺作而无补间铺作,斗栱疏朗,尺度较大。柱头五铺作双杪,上部耍头作昂形,第一跳华栱和泥道栱为如意云头式(图1.12.17.2大成殿斗栱);转角铺作为单杪单下昂(图1.12.17.3大成殿斗栱)。橑檐槫下用替木承托,建筑内部的梁下也有替木承托,与明清做法有显著区别。殿内柱网采用移柱造,彻上露明,梁架并不平直,为原始材料略加处理,元代特征显著。除

图 1.12.17.2

图 1.12.17.3

檐柱为石质外其他均为木质,殿内存在两种柱础,一种是仰莲式,另一种是较为简单的须弥座式,可能是建筑多次修葺过程中审美变化所致。屋顶非常精美的琉璃脊饰为明代修葺时所增置。从长子县文物局所收藏的相关木构件可以看到本建筑采用的一些榫卯连接方式(图 1.12.17.4 长子县文物局所藏建筑构件)。

殿内保存着明嘉靖十年(1531年)《御制正孔子祀典说》石碑一通。碑阳面镌刻"宣圣遗像",衣纹整洁流畅,刻制精细,相传是仿吴道子的墨迹。碑阴面则刻有《御制正孔子祀典说》,是嘉靖皇帝专为更正孔子的名号与祭祀礼仪所写,其实正值嘉靖大议礼之时,石碑所刻文字也算是反映当时情况的重要物证了。

图 1.12.17.4

1.12.18 协天寺⑯

Xietian Temple

名称与别名	长子协天寺
地 址	长治市长子县鲍店镇北街
看 点	中殿金代斗栱

推荐级别	★★
级 别	市级文物保护单位
类 型	寺院,木结构
年 代	明—清
交 通	县城,自驾/公交

图 1.12.18.1

幸存在鲍店第一小学里的佛寺，原有的格局已经无所探究，原有的大殿在校舍的陪伴下还竭力拥抱着剩余的尊严（图 1.12.18.1 协天寺外部环境）。大门锁起来，想必是不想让孩子接近残破的屋面和暴露的屋架，却埋下了轰然倒塌的伏笔，好像我们祖辈的价值观。

今天仅存的只有五佛殿和关公殿，都面南，只是五佛殿规模更大一些（图 1.12.18.2 协天寺五佛殿），

图 1.12.18.2

而关公殿位于五佛殿西南方向（图 1.12.18.3 协天寺关公殿），暗示着当年至少存在过两条中轴线。只可惜记载庙宇格局的历史碑刻早已散失，仅存的明万历五年（1577 年）残碑也只剩下年号可以辨识。

斗栱、屋架、墙体，刷得非朱即白，朱亦灰暗，白亦斑驳，远失旧观。室内屋架圮漏，但局部彩画尚存，黑白灰色调彩画之外，也有使用明度颇高的蓝色、黄色为之者，约略是清末民初的覆盖。从结构做法特点来看，关公殿雕刻更多一些，白灰之下，线脚花纹依然可辨（图 1.12.18.4 关公殿斗栱）；五佛殿柱头上虽用五铺作，并加斜栱，但是用材则显得单薄，细节做法也不够圆和细腻，绝非元代之前匠作的追求（图 1.12.18.5 五佛殿斗栱）。

木结构极惧水患，无论申报高级别保护单位顺利与否，苫盖遮挡之类的抢救性工作是迫在眉睫的。

图 1.12.18.3

图 1.12.18.4

图 1.12.18.5

1.12.19 尧王庙 ⑦

Yaowang Temple

名称与别名	尧王庙
地　　址	长治市长子县大堡头镇韩坊村
看　　点	大殿结构
推荐级别	★★★★
级　　别	全国重点文物保护单位
类　　型	庙宇，木结构
年　　代	金—清
交　　通	乡村，自驾

殿内，粉笔书写着毛泽东嘱托青年的名言"世界是你们的，也是我们的。但是归根结底是你们的……"（图 1.12.19.1 尧王庙正殿内景）；殿外，白粉之下是曾经油漆涂写的"基本农田保护区分布图"。尧王庙近代以来当作学校、大队仓库的历史不言自明。

考察古建筑归根结底要探究它的过往，于是大殿前檐东侧明间槛墙上嵌壁石碣之上的文字便意味深长（图 1.12.19.2 尧王庙嵌壁石碣）："至元戊寅（1338年）闰八月……□唐虞庙勿知其□，自经地震两吻凋坠四兽零□□更解四壁崔自是时……于是整等愿王广事不□前修五脊六兽□□□壁碾玉……成于至元戊寅岁余……□至元戊寅□□□戌重阳置。"大殿的建成时间一定更加古远。

令专家判断大殿为金代建筑的主要依据是檐下斗栱和支撑主体结构的屋架。前者主要分布在前檐柱头铺作，双杪五铺作，杪头皆作琴面昂形，计心重栱造（图 1.12.19.3 尧王庙斗栱）；后者为六架椽屋，乳栿对四椽栿用三柱，两山丁栿承歇山，普拍枋至角柱处出头、阑额不出头（图 1.12.19.4 尧王庙转角细部）。至于室内黑白灰色调的彩画，常见于明代至清早期的山西建筑中。

不过，大殿之外，残存的庙宇建筑便只剩下了戏台——也是原来的山门。两翼庑房的基址已经残缺不全。庙宇背后的公路虽不繁忙，却也冲淡了剩余的庄重。

图 1.12.19.1

图 1.12.19.2

图 1.12.19.3

图 1.12.19.4

1.12.20 玉皇庙·布村⑱

Yuhuang Temple in Bucun Village

名称与别名	布村玉皇庙
地　　址	长治市长子县慈林镇布村
看　　点	中殿、后殿，早期木构架，斗栱形制
推荐级别	★★★★
级　　别	全国重点文物保护单位
类　　型	庙宇，木结构
年　　代	五代/北宋？—清
交　　通	乡村，自驾

　　布村玉皇庙在慈林镇布村十字街北，坐北朝南依台地而建（图1.12.17.1 布村玉皇庙外部环境）。南北长约62米，东西最宽处38米，沿中轴线方向依次排列门楼（前出抱厦）、前殿遗址、献殿、中殿、后殿，形成前、后两进院落，院落东西两侧建厢房。门楼左右速走进人们视野的并非其鲜明历史价值，反倒是围绕其左右的各种争议，事件起始于各方人士对建筑修造年代的讨论。对于玉皇庙中殿这样一座建筑（图1.12.20.2 玉皇庙中殿），要详细、准确地为其断代，当真是一件极为困难的事情——由于不同历史时期改造的叠加，加之各种"非典型样式"的存在，客观上大大增加了各路研究者们陷入"盲人摸象"的风险——总之，前后林林总总出现了唐代建筑说、五代建筑说、北宋建筑说等多种提案（图1.12.20.4、图1.12.20.5 玉皇庙中殿斗栱）。甚至有某民间古建筑爱好者将其提拔到了东亚大陆最古木构建筑物的高度，足以堪称中国建筑史研究之"百年大发现"，引来各方围观，争论之热情也是空前高涨，讨论的焦点从具体问题一路上升到学术伦理……

　　对于断代结论，笔者深知这一言是要建立在系统的类型学比较以及详细的修造历史解读之上的，故而也绝不敢在此妄断一气。只是一点，不论是脚踏在学术的圈之内或者之外，任何一场严肃的讨论都不免要以头脑冷静作为前提才好（图1.12.20.6 玉皇庙中殿梁架）。

　　此外，玉皇庙后殿的构架亦多显金元时期之样式特征，参观时切不可忽视之。

图 1.12.20.1

图 1.12.20.2

图 1.12.20.4

图 1.12.20.3

图 1.12.20.5

图 1.12.20.6

1.12.21 紫微庙⑦

Ziwei Temple

名称与别名	柳树紫微庙
地　　址	长治市长子县大堡头镇柳树村
看　　点	早期木构架
推荐级别	★★
级　　别	市级文物保护单位
类　　型	庙宇，木结构
年　　代	金—清
交　　通	乡村，自驾

　　崇奉紫微星辰之庙，在我们山西南部考察中并不多见。柳树村也因村中历史遗迹丰富——更有清代砖牌坊和木阁各一座，在凋敝衰败之间仍然给人不俗的印象。紫微庙中咬牙站立着的建筑无多，中轴线上只剩下了正殿（图1.12.21.1 紫微庙全景）。庙中清康熙二十二年（1683年）《创修紫微庙乐舞楼记》肯定了当年"独苦乐舞之无栖"而乡民创修的往事，至今已然没有了舞楼的踪迹。

　　悬山屋顶的三间正殿属于早期建筑之列。虽无直接的建造证据，所幸在清康熙二十七年（1688年）《重修紫微庙碑记》中提到过明弘治十三年（1500年）、万历三十四年（1606年）和康熙二十七年的修缮，

图 1.12.21.1

其中最后一次只是"易土而砖，易砖而石矣；而□下加顶，屋上改脊矣"，侧面说明正殿的历史颇为古远（图1.1.21.2 紫微庙正殿）。努力用尽最后力气支撑屋顶、展现自己不凡过往的，是大殿结构和檐下的斗栱。这种六架椽屋乳栿对四椽栿用三柱的结构常见于金元时期的山西南部，构造细节也绝非明清以来的常用手段（图1.12.21.3 紫微庙正殿梁架）；至于斗栱，则在柱头上施双杪五铺作，杪头作昂形，前檐明间东西缝上更添斜栱（图1.12.21.4 紫微庙正殿斗栱）。如此屡见案例的串联，或者可以揭开一些特种做法的传布线路。

图1.1.21.2

图1.12.21.3

图1.12.21.4

2
晋城市
JINCHENG

晋城古建筑分布图
Historical Architectural Map of Jincheng

1. 景德桥和景忠桥
2. 玉皇庙·西街
3. 崇明寺
4. 崇明寺·中佛殿
5. 定林寺
6. 二郎庙
7. 二仙宫·中坪
8. 二仙庙·西李门
9. 古中庙
10. 姬氏民居
11. 济渎庙
12. 嘉祥寺
13. 金峰寺
14. 开化寺
15. 开化寺·大雄宝殿
16. 清化寺
17. 清梦观
18. 三嵕庙·三王村
19. 铁佛寺
20. 万寿宫
21. 仙翁庙
22. 羊头山石窟
23. 游仙寺
24. 游仙寺·毗卢殿
25. 玉皇庙
26. 玉虚观
27. 资圣寺
28. 资圣寺·毗卢殿
29. 白玉宫
30. 北吉祥寺
31. 崇安寺
32. 崔府君庙
33. 东岳庙
34. 二仙庙·南神头
35. 二仙庙·西溪
36. 二仙庙·西溪·中殿
37. 二仙庙·西溪·后殿
38. 二仙庙·西溪·插花楼
39. 二仙庙·小会岭
40. 龙岩寺
41. 南吉祥寺
42. 南庙宫
43. 三教堂
44. 三圣瑞现塔
45. 文庙·南召
46. 玉皇庙·北马
47. 玉皇庙·石掌
48. 窦庄古建筑群
49. 郭壁村古建筑群
50. 柳氏民居
51. 石塔·玉溪
52. 湘峪古堡
53. 砥洎城
54. 东岳庙·润城
55. 东岳庙·屯城
56. 郭峪村古建筑群
57. 海会寺
58. 皇城相府
59. 开福寺
60. 寿圣寺及琉璃塔
61. 汤帝庙
62. 文庙
63. 碧落寺
64. 成汤庙·双河底
65. 崇寿寺
66. 川底佛堂
67. 崔府君庙·水东
68. 岱庙·坛岭头
69. 岱庙·冶底
70. 东岳庙·高都
71. 东岳庙·史村
72. 东岳庙·尹西
73. 东岳庙·周村
74. 东岳庙·周村·单体建筑
75. 二仙庙·南村
76. 关帝庙·府城
77. 济渎庙·西顿
78. 景德寺·高都
79. 青莲寺
80. 青莲寺·上院释迦殿
81. 青莲寺·下院
02. 三教堂
83. 汤帝庙·大阳
84. 汤帝庙·坪上
85. 土地庙
86. 天井关
87. 玉皇庙·北义城
88. 玉皇庙·府城
89. 玉皇庙·高都
90. 玉皇庙·薛庄

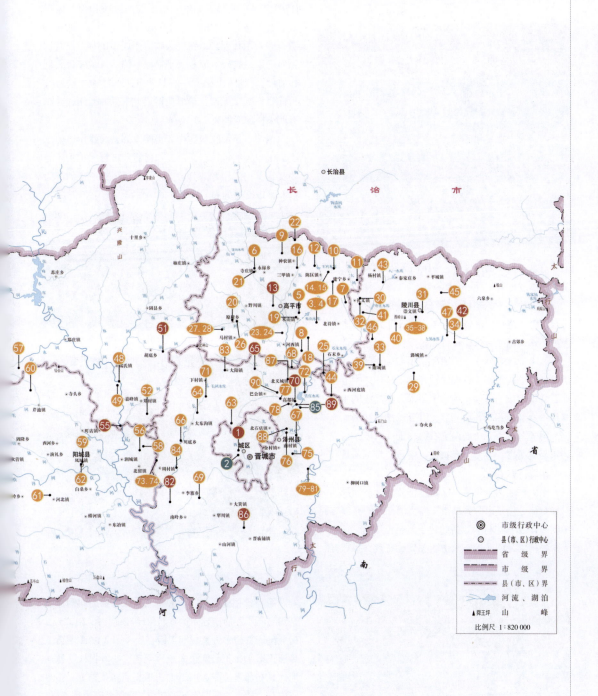

2.1 城区及近郊区

2.1.1 景德桥和景忠桥 ①
Jingde Bridge and Jingzhong Bridge

名称与别名	景德桥，沁阳桥；景忠桥，永济桥
地　　址	晋城市西关西街白水河，东关后巷沙河
看　　点	城市历史遗存，石结构
推荐级别	★★
级　　别	省级文物保护单位
类　　型	桥梁，砖石结构
年　　代	金；明
交　　通	市区，自驾／公交

晋城市区有两座古桥，一座西大桥，一座东大桥，至今仍然发挥着重要的交通作用。

西大桥名为景德桥，横跨在晋城市城区西门外的沁水河上，连贯两岸公路（图 2.1.1.1 景德桥全景）。因通沁水、阳城一带，一度称沁阳桥。创建于金大定二十九年（1189 年），至明昌二年（1191 年）完成。清乾隆四十八年（1783 年）改今名。桥用二十五道立券石并排砌成，桥面长约三十多米，券高约四米，跨度约十六米，两端各负一券，以分减洪水冲击面，减轻大桥的荷重力。桥面两侧石雕兽面、海成、行龙、海水等纹图案，券门上雕螭首，精致的雕刻与雄壮的大桥相得益彰。

东大桥名为景忠桥，又名永济桥，从清朝泽州府时期至今，仍是山西晋城市东向交通往来的必经之路（图 2.1.1.2 景忠桥）。桥始建于元至正年间，初建时为木构桥梁，明弘治年间仿西关景德桥大券拱式样，改建为石桥。清乾隆三年（1738 年）重建，四十八年（1783 年）又进行了大修。尺度与西大桥相似，但形式有所不同。东大桥是一座单孔弓形石拱桥，共由 99 道石圈采用并列自由错缝法砌造而成。拱背上设有护拱石一层，拱外券面石素平面无雕饰，拱顶锁口石刻作兽面。桥身两侧各设一根长条石，外端刻作龙首形。桥面栏杆低矮无奇，是清代桥梁上常见的形制，并没有西大桥那般考究。

两座古桥都在城区内，仍能发挥交通作用，但已不适于今天的机动车交通，如何对其进行保护不光需要文物保护工作者的努力，还需要城市交通规划部门以及城市交通的参与者们共同的付出。

图 2.1.1.1

图 2.1.1.2

2.1.2 玉皇庙·西街 ②
Yuhuang Temple on Xijie Street

名称与别名	西街庄玉皇庙
地　　址	晋城市城区西街办事处北大街社区
看　　点	院落布局，木结构
推荐级别	★★★
级　　别	市级文物保护单位
类　　型	庙宇，木结构
年　　代	金—清
交　　通	市区，自驾／公交

距离景德桥不远，西大街上晋城二中的南侧，就是玉皇庙了。庙宇建筑凋零，舞楼在前（图 2.1.2.1 西街玉皇庙舞楼），献殿和正殿在后（图 2.1.2.2 西街玉皇庙正殿），正殿两边的东西朵殿"扶着拐杖"勉强地倚靠在那里（图 2.1.2.3 西街玉皇庙西朵殿）。感谢庙内石檐柱上的题记和五通碑记，我们可以大致了解，玉皇庙历史悠久，创建于唐大和戊申年（828 年），金泰和二年（1202 年）维修正殿，明天顺乙卯（1459 年）创修拜殿，清康熙丙午（1666 年）改建西殿东阁，并金妆彩绘。

正殿面阔三间，六架椽屋乳栿对四椽栿用三柱；单杪四铺作，杪头作昂形，栌斗瓜棱状；屋面琉璃造

图 2.1.2.1

图 2.1.2.3

图 2.1.2.2

图 2.1.2.4

型色彩俱佳。令人称奇的是正殿东西朵殿斗栱形式相当隆重，西朵殿用五铺作，出昂尖，琴面凹曲，昂形耍头，当心复加斜栱；东朵殿更是用了六铺作，亦在当心加斜栱。二者形式比起明代早期的献殿还要尊崇一些，只是出于功能的考虑，献殿彻上明造，中有斗八藻井（图 2.1.2.4 西街玉皇庙献殿藻井）。

2.2 高平

2.2.1 崇明寺 ③

Chongming Temple

名称与别名	郭家庄崇明寺
地　　址	晋城市高平市郭家庄村
看　　点	宋代中殿，元明时期后殿
推 荐 级 别	★★★★★
级　　别	全国重点文物保护单位
类　　型	寺院，木结构
年　　代	宋—清
交　　通	山野，自驾

初次探访圣佛山崇明寺的情景在这些年里经常会清晰地浮现于脑海中——那是在 2011 年末，路上颇费周折，绕过村庄深入山林，沿着野路，拐过山弯，崇明寺赫然出现在山谷的那边。北方山村里萧索的冬天，所有的景色都被罩上了一层灰蒙蒙的轻纱，就在这灰蒙蒙又光秃秃的黄土地上，崇明寺院落错落有致而遗世独立于其间，人工造作与自然环境相得益彰，宛如镶嵌其中的明珠（图 2.2.1.1 崇明寺旧景）。

崇明寺院落两进，其中中佛殿出檐深远，斗栱用材较大而形制古朴，具有明显的早期木结构特征（图 2.2.1.2 崇明寺中佛殿）。寺中有宋淳化二年（991年）所刻《圣佛山崇明寺记》碑一通，另有一通成于道光六年（1826 年）的重修碑刻，将寺院的营造历史基本道清。崇明寺始建于开宝年初，至碑成历经二十

图 2.2.1.1　　　　　　　　　　　　　　　　　　　　　　　　图 2.2.1.3

图 2.2.1.2

年有余,"禅师行颙"与"邑头李颙""结构斋堂",禅师曾远赴京城面圣,求得敕名——崇明,又"远寻哲匠,取鹤栖之梁栋,结构斋堂",可谓佛寺第一主人,同时也暗示出崇明寺的建造煞费苦心,求来远方哲匠和材料,可能代表当时较高的建造设计水平。后一块重修碑记则强调了崇明寺"第代远年湮",历代虽屡经修缮但仍有倾颓,于是又重修于道光年间,均沿袭其旧制。因此单体建筑和整体格局可能还沿用了早期的形态。

尽管当年拜访崇明寺之后又见到了九天圣母庙、平顺龙门寺等各具特色的建筑美学,对于崇明寺,心里始终记挂着当时初见的模样,因为那是第一次切身体会到中国古代建筑的单体结构、群体形态以及与自然环境的关系,处处着实精妙,印象实在太过深刻。而当五年后再次到访时,同样拐过山弯却被对面山坡上刺眼的斜叉形挡土墙和垛口护墙震惊了(图 2.2.1.3 崇明寺今景),本隐逸在环境中的崇明寺竟在修缮工程的衬托下显得十分突兀,寺院其他建筑已经翻修一新,配合有新建的各种相关设施,完全失去了曾经的古朴和沧桑,就像新建的仿古景点,心头仿佛被重重一击。唯一没有变化的就是院内的中佛殿,在周遭环境发生了巨变的今天,安然展现历史的风度,开始经历下一个千年,同时也轻轻抚平了我的心理落差。

2.2.2 崇明寺·中佛殿 ④
Central Buddha Hall of Chongming Temple

名称与别名	崇明寺中佛殿，雷音过殿
地 址	晋城市高平市郭家庄村
看 点	早期木构架，斗栱
推荐级别	★★★★★
级 别	全国重点文物保护单位
类 型	木结构
年 代	宋
交 通	山野，自驾

崇明寺中佛殿的始建年代可上溯到北宋初年寺院初建。面阔三间，进深两间，平面有别于本地区常见的三开间的正方形平面形式（图 2.2.2.1 崇明寺中殿侧立面）。斗栱为七铺作双杪双下昂偷心造（图 2.2.2.2 崇明寺中佛殿斗栱），与五台山佛光寺东大殿、平遥镇国寺万佛殿等唐、宋早期建筑基本一致。中佛殿内无柱，斗栱里跳出跳也较大，承托大梁，山面的丁栿以及角梁集中相交于大梁上，将屋架的荷载传递到檐下柱身（图 2.2.2.3 崇明寺中佛殿梁架）。总体而言，中佛殿的结构清晰明确，简洁合理，用材均匀，梁架与斗栱等用材大小相差不大，斗栱与屋架联系紧密，为我们展现了"远寻哲匠"的技巧。

现如今，崇明寺已历经千年有余，建筑在 20 世纪 90 年代末经历了修缮，基本只剩下建筑的空壳，难以想象其始建的盛况。中佛殿据传又名雷音过殿，进深两间的结构却也像是山门的平面结构，在这样简单的殿宇中却用到了与五台山佛光寺东大殿以及平遥镇国寺万佛殿基本相同的七铺作斗栱设计，而类似的斗栱形制在晋东南地区其他宋金遗构中则未曾见过——近代重建长子法兴寺圆觉殿是不算的。在这里边，是否有某些流行的匠作技巧的传承和发扬，抑或是大木结构设计水平的进步或衰落，难免令人浮想连翩。从外观上来看中佛殿的屋顶显得十分高大和厚重，经过测绘分析研究发现其屋顶的坡度以及比例的确比通常所见的同时期类似建筑要更大（图 2.2.2.4 崇明寺中佛殿屋顶细部），这很可能是后代修缮的累积结果。而那一朵朵七铺作斗栱，却像是帽檐下的深邃的眼睛，闪闪发光，闪现着匠作的故事（图 2.2.2.5 崇明寺中佛殿木构架分解图）。

图 2.2.2.3

图 2.2.2.1

图 2.2.2.4

图 2.2.2.2

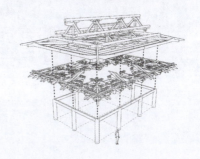

图 2.2.2.5

2.2.3 定林寺 ⑤
Dinglin Temple

名称与别名	定林寺，永德寺
地　　址	晋城市高平市东南 5 公里七佛山南麓
看　　点	院落布局，木结构
推荐级别	★★★★
级　　别	全国重点文物保护单位
类　　型	寺院，木结构
年　　代	元—清
交　　通	郊区，自驾

图 2.2.3.2

拜访定林寺，需要进入大粮山景区，你懂的。可是定林寺不是高据七佛山巅的"新古建"，而是谦虚、幽深、一步一古迹的长者，值得的。

今天的景点，远远地，反倒成为古寺的陪衬；山门和观音阁结合而建，与钟鼓二楼、古松一字排开，砖楼朴素稳健，木楼檐牙高啄，历代兴废，样式杂综，带来阅读的厚度，这是一辈建筑师的创作难以比拟的（图 2.2.3.1 定林寺山门）。

寺院第一进之中建筑的主角是雷音殿和殿前的两座北宋经幢——今日已在配房内保存，其中一幢已踪迹难寻（图 2.2.3.2 残存的经幢基座）。雷音殿是一座面阔三间，六架椽屋的九脊殿（图 2.2.3.3 定林寺雷音

图 2.2.3.3

图 2.2.3.1

图 2.2.3.4

殿），还保留有"下昂造"的柱头铺作（图 2.2.3.4 雷音殿斗栱）。殿后，门枕石上刻有"元延祐四年四月二十日记"等语；残存的经幢上则有太平兴国二年（977

年）和雍熙二年（985 年）的纪年。

第二进院的主角是遗迹和洞中的泉水。三佛殿和善法、罗汉二堂只存遗址，静静地听着金代的旧碑重复诵读重修的原委；时代变迁，泉水虽存却已改道；高耸的台阶催人登临。

高台之上，"最上乘"一院虽无新奇，七佛殿、东西配楼、配亭也不古远，却是远眺的佳处，给人放飞想象的片刻安静。

追溯佛教在此留下的痕迹，可以从山门外再沿着寺旁的山路向上几百米，便能看到一座石构，当地称为"锣鼓洞"。锣鼓洞为一石室，内有一佛二菩萨石雕造像，虽经近期修复，古朴面貌尚存。此外洞旁山体之上也保留有石窟造像，颇具北魏遗风。

2.2.4 二郎庙 ⑥

Erlang Temple

名称与别名	王报二郎庙
地　　址	晋城市高平寺庄镇王报村北
看　　点	院落布局，木结构
推 荐 级 别	★★★★
级　　别	全国重点文物保护单位
类　　型	庙宇，木结构
年　　代	金一清
交　　通	乡村，自驾

寺庄镇延续了古来的热闹。明清以来太原通往河南的"官道"，留给寺庄镇不少古庙，古庙中便少不了古碑，古碑便讲述了商业兴旺、商品集散、戏台热火的往事。时至今日，这里最重要的戏台必然要数王报村二郎庙。

王报村头的广场上并无很多的人影，毛主席像安静地招着手，新的石雕华表在手机信号塔的对比下显得过于渺小（图 2.2.4.1 二郎庙外部环境）。好在广场之后高岗上的古庙依旧庄严，俨然当地人心中的骄傲。

这是一座坐北朝南的单进院落，广场上看到的是戏台的背面，戏台对着北面的献殿和正殿（图 2.2.4.2 二郎庙献殿与正殿），两侧簇拥着配房和廊庑。近年重修的廊房之外，明代建造的正殿和更晚近的献殿也不是主角，唱主角的正是戏台——歇山正面的山花对着大殿，背面的山花则远远的对着外人，一副不同寻常的表情（图 2.2.4.3 二郎庙戏台）。

戏台最为不同寻常的地方在于一则题记——台基

右下方束腰上"时大定二十三年(1183年)岁次癸卯秋十有三日，石匠赵显、赵志刊"和左上角 "博士李皋"等语（图 2.2.4.4 二郎庙戏台题记）。八百多年啦，是我国现存最早的戏台，或者说是金代戏剧表演从娱神到娱人为主的转变的重要标志。

有了金代的身份，戏台的木结构也便需要着重研究。正方形平面，仅四角立柱，石、木并用，向心倾斜，是为"侧脚"；柱上"大额"，粗壮有力，配有替木辅助承重；再上即为斗栱层，转角之外每朵斗栱出两斜置构件，下层为"下昂"，上层为"耍头"，耍头后尾上彻屋内（图 2.2.4.5 二郎庙戏台斗栱）。大额的做法在临汾等地的元代戏台中尚属常见，但是如此简

图 2.2.4.1

图 2.2.4.2

图 2.2.4.3

图 2.2.4.4

图 2.2.4.5

洁古朴的"四铺作下昂造"斗栱则在国内并不多见，除山西临汾明代观音寺山门和赛厘楼、河南汝州风穴寺金代大殿、登封清凉寺大殿之外，尚难寻觅。其研究价值不言而喻。

寺院也罢，戏台也罢，躲过了"破四旧"和"文革"，做过学校和粮站，而今天的闲置颇令人担心。人们走了，人们来了，开开大门，古建筑会笑起来。学生说他们愿意轮流看管寺庙的钥匙，在高岗脚下开个小茶馆，把一切都扫得一尘不染，服务老乡，也给大城市来的人提供咖啡。希望这段文字会被有心人读到。

2.2.5 二仙宫·中坪 ⑦

Erxian Taoist Temple in Zhongping

名称与别名	中坪二仙宫
地　　址	晋城市高平市北诗镇中坪村西北翠屏山
看　　点	院落布局，木结构
推荐级别	★★★★
级　　别	全国重点文物保护单位
类　　型	庙宇，木结构
年　　代	金一清
交　　通	乡村，自驾

盘山到北诗镇的中坪村，小路上山村的景色，并不见大卡车的威慑，心情也自然安静下来。向北穿过村庄，山丘上才是二仙庙，络绎地，见到徒步上山上香的长者，才意识到今天一定是冲惠、冲淑二位奶奶的什么大日子。

随着上党地区二仙信仰的传布，宋金以来的二仙庙很是兴旺，这里的庙宇被称为"二仙行宫"。历数诸多二仙庙，其中还会保留早期建筑的踪影，中坪二仙宫也不例外。

这是一座坐北朝南的紧凑的单进院落。明清以来建造的砖墙包围着，只拿背后带着倒座戏台、两侧翼楼高耸的山门迎接来者（图 2.2.5.1 中坪二仙宫外观）。院内的戏台对着正殿（图 2.2.5.2 中坪二仙宫院落），东西有廊庑、配殿、角殿等附属建筑。

各座建筑及其附属艺术作品中，山门两旁的石狮和石座虽已残缺，但造型拙美，颇有古意；正殿之内，有一座神台，砖砌须弥座，装饰纹样古朴之外更有金大定十二年（1172 年）题记。

至于正殿建筑本身，更非等闲。类似于很多庙宇后殿平面样式，该建筑面阔三间，进深六架椽屋出前廊，学名"乳栿对四椽栿用三柱"，歇山顶。特点最为突出的是大殿斗栱层：柱头用五铺作双假昂，补间用双杪卷头造后尾却做双层挑斡，转角铺作则在昂杪搭配之间使用真下昂。想起两年前文物保护修缮工地的忙碌的调研之旅，感到一定要向读者公布几张隐蔽结构的图片，引发对于古人匠作的思考：

第一张是补间铺作下层挑斡的做法——是挑斡"骑"在华栱之上的巧妙处理（图 2.2.5.3 二仙宫斗栱拆解图）。

第二张是补间铺作上层挑斡的做法——是使用自然弯曲的木材加工而成（图 2.2.5.4 二仙宫斗栱拆解图）。

虽然经历了落架大修，今天对于古代匠心的解读还并未深入。当年所有记录和测量的资料还没有来得及认真消化，便承担了区域调研和普及宣传的任务。默默对自己说：明天，静下心来，再来。

图 2.2.5.1

图 2.2.5.3

图 2.2.5.2

图 2.2.5.4

2.2.6 二仙庙·西李门 ⑧
Erxian Temple in Xilimen

名称与别名	西李门二仙庙，岭坡村二仙庙
地址	晋城市高平市东南 10 公里西李门村南二仙岭
看点	院落布局，木结构，石雕
推荐级别	★★★★
级别	全国重点文物保护单位
类型	庙宇，木结构
年代	金－清
交通	乡村，自驾

西李门村就在公路边。或许是和二仙奶奶"显圣迹于上党郡之东南陵川县之界北地号赤壤山名紫团洞"有关，二仙庙藏在村子南侧的小山岭上，背向村庄。

这是一座简单而宽敞的院落，院前保存着古代戏台的基座和无法与之相配的建筑。山门三间耸立，斗栱交织，两翼砖墙围护（图 2.2.6.1 西李门二仙庙外部全景）。院内当中的大殿最为壮观，前有大型月台，又有东西配殿、廊庑、崇楼为之衬托（图 2.2.6.2 西李门二仙庙院落）；后殿反而非常简朴，与很多二仙庙后殿为主的院落布局并不相同。

大殿的结构非常严整，方三间，当心间东西间缝为乳栿对四椽栿用三柱，留出前廊；斗栱则采用五铺

图 2.2.6.1

图 2.2.6.2

图 2.2.6.5

图 2.2.6.3

作,杪昂搭配,不拘一格,主要布置在柱头和转角,仅于正面当心间用一朵补间(图 2.2.6.3 西李门二仙庙斗栱),屋内挑斡上彻下平榑;殿内尚存比较完整的梁枋、斗栱彩画,壁面也保留不少色彩痕迹,值得深入研究;大殿石门框用材做工细腻,线脚挺拔,门枕上蹲兽活泼,更加重要的是,石门楣上清晰可见金正隆二年(1157 年)的题记"晋城县莒山乡司徒村众社民施门一合"(图 2.2.6.4 门楣题记)。

大殿正前的月台采用了青石、砂岩混用的须弥座形式。砂岩虽已剥蚀,仍能看出雕刻富丽,不同凡响——尤以束腰处的线刻"队戏图"与"巾舞图"和剔地起突的龙纹等耐人寻味,间以砂岩圆雕狮、虎、鹿主体的短柱,《营造法式》谓之"格身版柱"(图 2.2.6.5 正殿须弥座月台细部)。再有,月台之上曾经建有献殿一座——证据则是后殿台帮正面的两方碑刻——金正隆三年(1158 年)《举义□□仙□村重修献楼□□记》和大定三年(1163 年)《举义□□□村砌基阶记》。感慨后代石匠的拮据和粗率之外,也庆幸雨水淋漓的岁月终究比不得不肖子孙的暴行,留给有心人探寻的线索。

图 2.2.6.4

2.2.7 古中庙 ⑨

Guzhong Temple

名称与别名	古中庙，炎帝中庙
地　　址	晋城市高平市神农镇下台村西北
看　　点	院落布局，木结构，石雕
推荐级别	★★★★
级　　别	全国重点文物保护单位
类　　型	庙宇，木结构
年　　代	元—清
交　　通	乡村，自驾

图 2.2.7.1

神农镇分界泽、潞二州，神农二字可不是随便得来的。无论是羊头山北齐天保二年（551年）碑刻中"神农圣灵所托"等字，还是唐代天祐七年（910年）墓志中"泽州高平县神农乡"的称谓，都说明此地与神农的深厚渊源。事实上炎帝神农氏在此之生产、生活、安葬及后人祭祀都有古迹见证。这里所说的下台村炎帝中庙便是对应着羊头山上的神农高庙。

古人谋划，今人敬重，古中庙在村西北的高地上，还没有被民房淹没，只是躲在新砌的券门和廊房外墙的后面。庙宇坐北朝南，券门和山门之间让出一座空敞的大院，有配房、配楼、廊庑等建筑（图2.2.7.1 古中庙院落）。山门一线西南角的券洞门是原来庙宇的正门，额曰"炎帝中庙"，为明天启二年（1622年）的旧物。山门之内一下子撞见太子殿，地盘已经容不下更多的设置（图2.2.7.2 古中庙太子殿），太子殿独立的台基与左右殿相间排开，夹缝中留有通道；再内又是豁然开朗，两庑、朵殿簇拥，后殿虽不似太子殿般古远，却依旧稳重，斗栱繁复，标榜着康熙年间的碑刻。这座高台上的院落，山门之内的先抑后扬明显与众不同，其布局当为历代兴替所成。

图 2.2.7.2

需要着重说一说太子殿。高耸的殿基上，建筑开间颇显局促，面阔三间而梢间只能容下一扇槅扇，殿内墙上嵌有至正二十一年（1361年）《创建神农太子祠并子孙殿志》。四周通面用大檐额，原本并无划分开间的必要，斗栱用双下昂五铺作，耍头也随做昂形（图2.2.7.3 太子殿斗栱）；第二跳上下昂上彻屋内逐层出挑，平槫一周，大木作、小木作相互几何，下悬垂柱，上施藻井，从方转型，斗簇八角（图2.2.7.4 太子殿藻井）。如此内部装饰结构，如此的主体大额做法，非金代定型元代盛行的祠庙戏台莫属。想起几百公里外的临汾元代戏台，当时匠作的脚步是否跋涉了那么远呢？

图 2.2.7.3

图 2.2.7.4

2.2.8 姬氏民居 ⑩

Vernacular Dwellings of Ji Family

名称与别名	姬氏民居，姬氏老宅
地　　址	晋城市高平市陈区镇中庄村
看　　点	木结构，石刻题记
推荐级别	★★
级　　别	全国重点文物保护单位
类　　型	民居，木结构
年　　代	元
交　　通	乡村，自驾

元代的民居？四铺作斗栱？拜访之前，颇疑是今人居住在古代的庙宇中，加上好古者的标新立异，遂得其宠；直到亲眼看到石刻题记，亲身漫步古老的中庄村，才相信官方的说法，转而慨叹农耕生活的缓慢脚步了。

时至今日，中庄村也不过是一百多户人家的小山村，打粮食、种黄梨、织土绸。不过时下的青壮年更愿意外出奔波生计，老者与妇孺才是村子日常的主人。奔波和留守之间是一道高坡上的砖砌高墙，上坡的道路和门洞仿佛是另一种羞涩的期待。老屋纵横，断壁残垣，速生的杂草，并不粗壮的树木，是北方常见的传统村落——不对，已经不再常见，而是一天天眼见他抹水泥、贴瓷砖、起高楼。

躲藏在明清老院和土岗之间，姬氏老宅还是能让人一眼看出不同（图 2.2.8.1 姬氏民居外观）。平缓的屋面，石柱前廊和檐下的斗栱并非常见的民居面目。细察之，覆盆式柱础、带有线脚和侧脚的石柱、斗栱中简明的四铺作、凹曲明显的斗歡，以及屋内乳栿对四椽栿用三柱，内柱与中平榑并不对位等诸般特征绝对不是明清沿用的做法。同样地，门窗装修的各种细节也是如此。异常可贵的是，大门青石门枕石上刻有"大元国至元三十一年岁次甲午□□□姬宅置□石匠天党郡冯□□"等字，是老屋的身份证（图 2.2.8.2 姬氏民居题记拓片）。

二十多年前，当地专家便在调研基础上撰写报告公布于世，遂有国保单位的名头，房前也便比邻家多了文物保护标志和专用消防设施——其实，最好的标志在公众的心中，最好的消防在主人的心中。

图 2.2.8.2

图 2.2.8.1

2.2.9 济渎庙 ⑪

Jidu Temple

名称与别名	建南济渎庙，南大庙
地　　址	晋城市高平市建宁乡建南村翠华山
看　　点	院落布局，木结构
推荐级别	★★★
级　　别	全国重点文物保护单位
类　　型	庙宇，木结构
年　　代	元—清
交　　通	乡村，自驾

济水之源在济源，济渎庙建在济源本是正道，何以在山西屡有出现呢？答案在于老百姓窘迫生活之下的现实信仰。高平与晋城相去不远，自晋城出太行山即有轵关陉和太行陉，入得河南，可抵济源，虽有百公里之遥，但非阻隔不通。于是，济渎庙的灵验远播，以至于泽潞，泽潞之民建庙遥祀，省却奔波之苦，也便不难理解了。

建南村外南面的山坡，把济渎庙和村庄、农田拉开了距离，世事变迁，已经不见河流的踪迹（图 2.2.9.1 建南济渎庙外部环境）。这是一座三进的院落，山门之内有仪门，仪门之内对正殿，正殿之后设后殿，配殿庑房环绕。得知很快庙宇就要得到修缮，颇希望莫添加过多的材料，莫去除那些古旧的痕迹。

山门之前的层层台阶和栏板望柱只是徒然增添隆重感，并且附带着过多的当代信息，实在蛇足，或许即将开展的保护工程会有对策吧（图 2.2.9.2 建南济渎庙入口）；山门满身的精美石雕，仅有的星星点点的色彩装饰一定会得到保护吧。

仪门用的是大檐额，柱子支撑在大额的下面，斗栱用的是密密麻麻地出着斜栱的九踩，却全用翘头，不出昂嘴，让人想起威风的牌楼或是托举树冠的虬枝。

济渎庙前殿五间，悬山顶，孤单地立在宽敞院落当中（图 2.2.9.3 建南济渎庙前殿）。或许是规制的要求，斗栱只用五踩，柱头科出斜栱且用双下昂。大殿屋顶，瓦面斑驳，脊饰凌乱；大殿室内，白灰抹面之下，隐约的，多年前鲜艳细腻的壁画逃过那些暴戾的年代，残缺了，静静地等候马上到来的医治。

后殿也是五间悬山顶，看上去要比前殿宏大稳健（图 2.2.9.4 建南济渎庙后殿）。殿原本是有前廊的，因而采用了乳栿对四椽栿用三柱的结构，前檐斗栱制度与前殿的大同小异，唯有补间身内后尾部分插入垂莲柱，辅助承挑屋架结构。后殿经历过度使用，屋面破败，其他历史痕迹也难寻了。

参观者等待修缮工程开始的心情或者比老屋还要迫切。其实应当更多倾听老屋的声音——还是那句话，老当益壮是保护的终极目的，而不是做个夹杂着真实骨肉的蜡像标本。

图 2.2.9.1

图 2.2.9.3

图 2.2.9.2

图 2.2.9.4

2.2.10 嘉祥寺 ⑫
Jiaxiang Temple

名称与别名	嘉祥寺
地 址	晋城市高平市三甲镇赤祥村西
看 点	院落布局，木结构
推荐级别	★★★
级 别	全国重点文物保护单位
类 型	寺院，木结构
年 代	金—清
交 通	乡村，自驾

图 2.2.10.2

村叫"赤祥村"，寺叫"嘉祥寺"；遥远的浙江绍兴县三甲乡赤祥村，秦望山麓，也有嘉祥寺，那是四世纪创建，后来隋唐时期"嘉祥大师"吉藏宣讲三论宗的地方。令人浮想联翩的是，五代后周年间（951—953年）创建高平嘉祥寺的僧人与吉藏大师存在什么渊源呢？寺院的创立和村庄的命名是不是都是那位老僧的想法呢？

大约是受到乡民的呵护吧，高平嘉祥寺依然朴素干净。

寺院建在高台上，高得已经难以从正面直接开门，而需要从侧面拾级而上，从旁门进入（图 2.2.10.1 嘉

图 2.2.10.1

图 2.2.10.3

图 2.2.10.4

祥寺入口）。主体院落有三进，中轴线上依次有倒座南殿、转果殿、三佛殿和七佛殿，两侧则有钟鼓楼、东西配殿、寮房。

前院之中，转果殿前有陀罗尼经幢二座古柏二株，经幢为五代后周广顺三年（953年）所成（图2.2.10.2 嘉祥寺经幢），古树之龄则亦当以数百年计；二幢距离南殿过近，颇显局促，古制当与现状不同。前殿歇山顶（图2.2.10.3 嘉祥寺前殿），与晋东南地区常见的院落中央大殿制度相同，既留出殿外左右通道，又在明间东西间缝上四椽栿对乳栿用三柱，中柱后乳栿下留廊道，可容信众进内盘旋自后门出。斗栱用四铺作，制度简约朴素。殿内抹灰之下保存有壁画（图2.2.10.4 嘉祥寺壁画），待人揭示研究。

庙中碑刻记载了明成化和清乾隆的数次扩建。转果殿之后也有古柏一棵，应当比后面的悬挂大雄宝殿匾额的三佛殿、七佛殿更加古老吧。

2.2.11 金峰寺 ⑬

Jinfeng Temple

名称与别名	金峰寺
地　　址	晋城市高平市城西西山东麓
看　　点	元代风格大殿
推 荐 级 别	★★
级　　别	省级文物保护单位
类　　型	寺院，木结构
年　　代	元
交　　通	郊区，自驾

金峰寺在高平西，离城区并不远。寺庙规模较大，现有建筑单体众多，院落层叠，楼阁相连。据说金峰寺从前僧人众多，是高平附近的三大寺庙之一，从这规模上，就可见一斑。

寺庙坐西向东，虽然体现了依山而建的思路，但是这样独特的朝向，一来背向佛祖诞生之地，二来不符合传统上的坐北向南的布局，其中蕴藏着怎样的思想，却也是有些令人难以捉摸。中轴线上共四进院落，主要建筑为山门、天王殿（图2.2.11.1 金峰寺天王殿）、大雄宝殿、三圣殿以及观音殿。而其中大雄宝殿据考证可能为元代遗构，面阔五间，进深八椽，悬山屋面，

图 2.2.11.1

图 2.2.11.2

图 2.2.11.4

图 2.2.11.3

下施五铺作斗栱（图 2.2.11.2 金峰寺大雄宝殿）。步入殿内，可见梁架用材巨大，并在明间使用了月梁内额，较为独特（图 2.2.11.3 大雄宝殿梁架）。室内采用了减柱做法，应当是为了营造相对开敞的室内空间而设计的。据说该殿自元代始建，后世也经过多次修缮整改，因此整体看来，也有着许多相对晚近气息。其后的三圣殿为重檐歇山顶，面阔也是五间，进深同为八椽，副阶周匝，柱头斗栱为五铺作。从样式上判断实属较为晚近的了（图 2.2.11.4 大雄宝殿斗栱）。

古建筑生在山西，正如生在兄弟姊妹极多的家庭之中，分得的父母的爱，自然会少很多。在一些别的省份，一个元代遗构或许就可以算是极其珍贵的了；而在山西，不上溯至辽宋，似乎都不好意思称自己是文物。玩笑归玩笑，历代古建皆有其珍贵的方面，年纪不等同于魅力，更不等同于历史价值。金峰寺现如今仍旧有不少僧尼在其中修行。时至今日仍旧保持生命活力的，也非常难得。虽然我们似乎无法在其中探求到更多先民的智慧，但是它却切实坐落在早已现代化的城市边沿，为当地居民们提供了一处临时清净的珍贵场所。

2.2.12 开化寺 ⑭

Kaihua Temple

名称与别名	开化寺，清凉寺，开化禅院
地　　址	晋城市高平市陈区镇舍利山
看　　点	院落布局，木结构，石塔，壁画，彩画
推荐级别	★★★★★
级　　别	全国重点文物保护单位
类　　型	寺院，木结构
年　　代	五代—清
交　　通	山野，自驾

《重修开化寺观音阁记》说"距泫城三十里有舍利山，山上建开化寺，盖武平二年创也"，那是北齐时代，那是公元 571 年。此后，开化寺最为人津津乐道的是唐代末年的声名昭彰。《泽州高平县舍利山开化寺田土铭记》说"唐昭宗特赐上中地土一十顷，充供僧之用。大顺元年赐寺坡下客院屋三间，地八亩……"唐末的衰微和开化寺的鼎盛对比鲜明，其间的关键人物是俗姓刘氏的大愚禅师——雍正《泽州府志》把他描述为一位寿逾九旬、通达音律的高僧，事实上大愚"春秋七十四，僧腊五十五"；证据在寺前

图 2.2.12.1

山麓半里许，有大愚禅师塔，石制，存塔铭，曰"同光三年岁次乙酉（925年）辛卯建造"（图2.2.12.1大愚禅师墓塔）。塔铭中还记载在他去世之前两年，大愚"蒙府主令公李郡君夫人杨氏专差星使请至府庭"。令公不能随便称呼，李令公应当就是担任过司徒、太保、侍中、中书令的李嗣昭，一些史家还断定他是李克用的长子而非养子，其夫人恰恰姓杨。晚年的大愚禅师已经是动荡年代里顶层社会人士的精神寄托了。

往事拿来慨叹，古迹以饱眼福。没有山水形胜，怎会有巧匠用命，怎会有世代参拜呢？山名舍利山，水名舍利泉；德山总算还在，智水在黯淡年代便不再流淌。简单而强迫地，数百蹬台阶在参差树木中划出一条直线；远处松柏簇拥下，开化寺静静地盘膝坐在那里。于是忘记验证今人架设蹬道的品位，枯燥反而成了一种历练（图2.2.12.2开化寺上山道路）。

寺院是雄伟山门引领的一套主院和一进旁院（图2.2.12.3开化寺俯瞰）。主院中轴线有山门（大悲阁）、大雄宝殿、演法堂（原作已毁），左右依次由钟鼓楼、东西庑房、三大士殿和地藏殿、文昌帝君阁和圣贤阁、观音阁和维摩净室；旁院则为方丈院。

建筑群之中，大悲阁为二层楼阁，最为高大（图2.2.12.4开化寺山门）；大雄宝殿是当之无愧的主角，木结构、建筑彩画、室内壁画都基本保留了宋代的原作，堪称现存地面建筑中绝无仅有的案例（图2.2.12.5开化寺大雄宝殿彩画）；观音阁则被专家认定为金代建筑，尤以柱上施三间之阔的大檐额，同时明间柱向两侧移开，次间下施绰幕枋，至明间出蝉肚形式为代表特点（图2.2.12.6开化寺观音阁），前檐柱上刻有题记，曰"皇统改元元年（金，1141年）岁次辛酉十二月"。

历史变迁赋予开化寺丰富的形式和不寻常的内部空间，是将走马观花的游览转化成福尔摩斯一样探勘研究的好去处。

图2.2.12.2

图2.2.12.3

图2.2.12.5

图2.2.12.4

图2.2.12.6

2.2.13 开化寺·大雄宝殿 ⑮

Mahavira Hall of Kaihua Temple

名称与别名	开化寺大雄宝殿
地　　址	晋城市高平市陈区镇王村舍利山
看　　点	木结构，壁画，建筑彩画
推荐级别	★★★★★
级　　别	全国重点文物保护单位
类　　型	木结构
年　　代	宋
交　　通	山野，自驾

不必重复网络上俯拾皆是的介绍性文字。破解些谜题，休息一下猎奇的眼睛，启动一下盲从的心智。题目是：如何认定开化寺的木结构、壁画、建筑彩画是宋代原物的呢？

木结构是骨骼。如果骨骼不是宋代的，便遑论皮肤和衣服了。最为人们看重的，是大殿前檐东平柱上"宋熙宁六年"施柱题记，说明当时已经筹备开工。如何说明后世并无伤筋动骨的改造呢？需要在大量横向比较的基础上推导结论：一则关乎"样式"，就像植物学家通过观察判断花草名目，禽鸟专家判断信鸽血统；二则关于"设计"，考察建筑自身各部分所用的度量单位是否一致，设计手法是否一致，就像鉴赏收藏，看看是原配的一堂，还是"百衲"的拼凑。关于开化寺木结构的样式，有众多近似时期的案例为佐证，斗栱太像了，屋架也太像了，都有碑刻或题记见证建造时代——仿佛一张交叉证据织成的网，剪断其中任何一支，网络便瞬间散落成一堆线头。这些案例包括平顺源头村的龙门寺、晋城珏山的青莲寺和高平大周村的资圣寺。至于大殿木结构的设计，有研究表明，当时匠人使用了一把营造尺——1尺=306毫米——常见于宋代的泽潞地区。这把尺子被用来设计柱头平面、斗栱（图2.2.13.1 大雄宝殿斗栱）和屋架（图2.2.13.2 大雄宝殿梁架），即便屋架上部存在后

图 2.2.13.1

图 2.2.13.2

图 2.2.13.3

图 2.2.13.4

世的修改,也并未跳出北宋的格局。

再说壁画。东壁残损严重,部分画面已经漫漶不清,部分经过后人补绘,是用连环画形式表达华严经变;西壁相对完整,为报恩经变。"壁画北宋说"最为直接的证据是"丙子六月十五粉此西壁画匠郭发记并照壁"的题记。这个丙子年是1096年。再有就是《泽州舍利山开化寺修功德记》中的"始以元祐壬申正月初吉绘修佛殿功德,迄于绍圣丙子(1096年)重九,灿然功已"一段文字。两者相校,脉络清晰。较真起来,或许还是不愿简单地承认晚近以来艺术水平的没落,还是需要了解是不是后代在前人的基础上重新画过。所以显微镜下的影像可以作为证据,说明现存的壁画确实只有一层,并且是表现内容、人物建筑形象、贴金工艺不同于后世做法的一层。

还有彩画(图 2.2.13.3 大雄宝殿栱眼壁彩画)。回到《泽州舍利山开化寺修功德记》,还有另外一段文字:"夫释氏选梓人、资橡樟,以兴楼观;尚丹腰,绘章,以雕□墉……其上与王公大人第舍相俦者,何谓也?"这不正说明当时的大殿彩画绚烂吗?只不过彩画如衣服,要好看,还要挡风保暖。于是大殿外檐已经遍布土红色的刷饰,只有内檐依然绚丽。尽管室内的扆壁、罩楅经过数次的改动,四椽栿彩画也有二次覆盖的痕迹,但是大多构件,浑然带有一种已知元明两代作品也不具备的气质(图 2.2.13.4 大雄宝殿梁架彩画细部)。只不过严谨的断代研究尚须进一步证实罢了。

2.2.14 清化寺 ⑯

Qinghua Temple

名称与别名	清化寺,下寺
地　　址	晋城市高平市神农镇
看　　点	院落布局,木结构
推荐级别	★★★
级　　别	全国重点文物保护单位
类　　型	寺院,木结构
年　　代	宋—清
交　　通	乡村,自驾

神农镇既有炎帝文化,也错综着佛教文化影响,一如唐天授二年(691年)《泽州高平县羊头山清化寺碑》中"此山炎帝之所居也"一语中透出的文化融合的味道,也便是羊头山地区史迹文化多样性的缘由。这里讲的是其中的佛教寺院——清化寺。

寺院势力大了,会有上下院之设;清化寺历史上更有上中下三院之分。历史虽久,今天真正的古建筑,只在下寺,即神农镇上的这一座。唐代创建之后,寺院经历了元明清历代重修,但基本不改面南背北、因山而建的格局。连建筑带遗迹,加上已经改为他用的房子,今天的寺院在中轴线上有山门、天王殿、如来殿、三佛殿、七佛殿,两侧有钟鼓楼、罗汉殿、观音殿、地藏殿、祖师殿等。

图 2.2.14.1

近年媒体对于失修古建筑的关注使得清化寺为更多民众所知；手机信号塔建了拆了，平静了，一切威胁老屋安全的因素依然蛰伏。殿宇的修缮也已经启动年余，惟愿工作顺利。如来殿是清化寺中的最要紧的宝贝（图2.2.14.1 清化寺如来殿）。大殿在柱头处使用单下昂四铺作，明间东西间缝上四椽栿对乳栿用三柱。内檐木构件上的彩画依稀可辨。祈祷施工匠师们的精心，切勿医得了骨折却顾不得皮肤。

2.2.15 清梦观 ⑰

Qingmeng Taoist Temple

名称与别名	清梦观
地　　址	晋城市高平市陈区镇铁炉村
看　　点	群体布局，早期木构架
推荐级别	★★★
级　　别	全国重点文物保护单位
类　　型	庙宇，木结构
年　　代	元
交　　通	乡村，自驾

铁炉村去往清梦观的路上，会路过一片贡梨园。这里号称黄梨之乡，在金秋十月循着果香游览清梦观，着实是一段美妙的体验（图2.2.15.1 清梦观外观）。

清梦观坐北朝南，两进院落，保存完整，修葺一新，除中殿、后殿外，还有拜亭、钟鼓楼以及配殿等建筑。观中碑文记载了洞明子姬志玄及其门人于元中统二年（1261年）创建的经过。有趣的是，碑文中提到"长春之风"影响到了洞明子姬志玄的修道之路，而碑中涉及道人名讳中均有"志"字，也明示了长春子丘处机与其下一代弟子与此观的微妙关联，武侠小说的情节恍惚间也不太遥远。此观后又于明万历四十年（1612年）、清嘉庆二十二年（1817年）、道光四年（1824年）均有重修，有碑为记，现在中殿为元代建筑，后殿明代重建。

中殿又称三清殿（图2.2.15.2 清梦观中殿），面阔三间，进深三间，平面方形，六架椽屋，四铺作斗栱，出一跳，柱头铺作华栱作昂形。殿内本无立柱，由两条大梁贯通承托屋架，在后代修缮过程中考虑到结构承载力问题，又加了四根方形石柱作为支撑，这种殿内无柱仅由大梁承托屋架的做法是比较典型的元代木构特征之一。大梁等构件未经雕琢，基本保持了木材原本的形态。木构架上的彩画颜色较为鲜丽，与后殿如出一辙，应为后代修缮时一并画上。殿中内壁有壁画，这并不是整幅壁画，而是被分为了很多格，绘成了连环画的形式。

后殿用材较中殿小，悬山顶，六架椽屋，并无更多特色，可若要细细比较，也能从中发现不少明代建筑与元代建筑的不同之处吧（图2.2.15.3 清梦观后殿）。

图 2.2.15.2

图 2.2.15.1

图 2.2.15.3

2.2.16 三嵕庙·三王村 ⑱
Sanzong Temple in Sanwang Village

名称与别名	三王村三嵕庙，护国灵贶王庙
地　　址	晋城市高平市米山镇三王村南岭上
看　　点	院落布局，早期木结构
推荐级别	★★★
级　　别	全国重点文物保护单位
类　　型	寺庙，木结构
年　　代	金—清
交　　通	乡村，自驾

　　米山镇五村三社相邻的地方，小山上，有一组古建筑，在周边的村子里都能看得见。尽管旁边已经树立了巨大的信号塔，但是吸引目光的，还是灰黄的老房子（图 2.2.16.1 三嵕庙全景）。

　　三嵕庙并排两进院落，布局简单，配殿等附属建筑大多是近期修缮而成。大殿前又有台基，残存着献殿的柱础。遗憾的是，这座清代献殿竟是在 20 世纪 90 年代被拆除的。

　　大殿并不耀眼，在整个院落中。但当我们走近一看，来时的种种波折都是值得的（图 2.2.16.2 三嵕庙正殿）。大殿的斗栱竟是四铺作下昂造，这在整个晋东南地区都是非常少见的，能数出的也不过附近的王报村二郎庙戏台，而放眼全国，也并不多见。三开间的大殿规模并不大，显然曾被用作过粮仓，下昂已被锯断，但是简洁的形式，硕大的用材，令人叹为观止（图 2.2.16.3 三嵕庙正殿斗栱）。室内梁架依然保持着简洁的风格，结构合理，无不体现出当时匠人的技艺（图 2.2.16.4 带彩画的正殿室内）。对于建筑设计而言，做好减法要比做好加法难得多，三嵕庙大殿显然是其中的经典之作。

　　我们在这里停留许久，只见山下人来车往，也不知他们是否会抬头看看山上这座古庙。而我自己，却早已沉浸在庙中、俯瞰山下的美景中了。

图 2.2.16.2

图 2.2.16.3

图 2.2.16.4

图 2.2.16.1

2.2.17 铁佛寺 ⑲

Tiefo Temple

名称与别名	铁佛寺
地　　址	晋城市高平市米山镇米西村
看　　点	早期建筑，彩塑
推荐级别	★★
级　　别	全国重点文物保护单位
类　　型	寺院，木结构
年　　代	明
交　　通	乡村，自驾

铁佛寺坐落于高平城东的米山镇米西村。沿村中道路寻之，先见其后檐，再经由券门进入寺院。如今寺院只有一进院落，除正殿外其余殿宇均为民用，而正殿铁门紧锁，锈迹斑斑，想来已有些时日未曾与世人谋面（图 2.2.17.1 铁佛寺院落）。

铁佛寺顾名思义，应有铁佛于其中。殿外有明万历乙亥年（1575 年）秋所立的重修铁佛寺碑记，碑文记载铁佛寺原有铁佛像，世代辽远，具体信息已无从考据，金大定七年（1167 年）重安佛像，历经风雨，佛寺古迹圮芜。至嘉靖改元年秋，重修四楹正殿，焕然一新，其后香火旺盛，又有修葺，供奉佛像与舍利等。

现存正殿为六椽屋架悬山顶（图 2.2.17.2 铁佛寺正殿），三开间，与碑文所记"正殿四楹"相合，前檐柱头补间各三朵斗栱，而补间斗栱更为华丽，有如盛开的菊花（图 2.2.17.3 铁佛寺正殿斗栱）。正殿大门紧锁，四处寻钥匙未果，不能进殿一探究竟，只据网络资料所言，"殿内塑有释迦牟尼、观音、文殊、普贤菩萨、二十四诸天等塑像 27 尊，释迦牟尼居于殿内中央，跌坐在高高的须弥座上，背光悬塑，金碧辉煌，直通菩萨顶。背后是南海观世音菩萨，并塑有西天取经的故事情节，前面两侧是文殊、普贤菩萨的站像，立于莲花宝座上，可惜损毁严重。大殿的东西两侧塑有二十四诸天，塑像排列拥挤，有可能是后人搬移置之殿内。这些塑像比真人高大，造型生动奇特，惟妙惟肖，表情各异，栩栩如生，是晋城市保存最完整的一处泥塑"。

进入院落时有显眼的标牌上书谢绝参观，可惜这些精美的雕塑难以重见天日，而从中，似乎也能读到当下文物管理工作的无奈吧。

图 2.2.17.1

图 2.2.17.2

图 2.2.17.3

2.2.18 万寿宫 ⑳

Wanshou Taoist Temple

名称与别名	董封万寿宫，圣姑庙
地 址	晋城市高平市原村乡上董封村
看 点	院落布局，早期木结构，早期壁画
推荐级别	★★★★
级 别	全国重点文物保护单位
类 型	寺院，木结构
年 代	元—清
交 通	乡村，自驾

图 2.2.18.1

高平的古建筑遗产令人目不暇接。庙宇占据了其中的大多数。受到历代更替改造的影响，推测旧有格局已经不易。在欣赏董封万寿宫的不一般的牌楼式山门和院内碑刻丛立的气氛时，也"九斤老太太"般地猜想或许元代始建的做法会更高明。

此庙是一座二进的院落，紧凑，但营造出特殊的深远感。中轴线上有牌楼、三教殿、石亭、圣姑殿。

牌楼一定是清代的建筑，突出的是十一踩的斗栱。斗栱斜向出跳，朵朵簇拥，形成丝毫不逊于"如意斗栱"的效果。用这样生机勃勃的牌楼当作山门，搭配简明的台基和石栏杆，此庙给人的第一印象颇为震撼（图 2.2.18.1 万寿宫山门）。

正殿三教殿带了个小巧的后抱厦（图 2.2.18.2 万寿宫正殿）。殿中的主角是木结构和壁画。木结构中五铺作斗栱做法装饰性颇强，不仅在明间出斜栱，耍头还分别用龙头、下昂的样式（图 2.2.18.3 万寿宫正殿斗栱）；殿内彻上明造，四椽栿对乳栿用三柱，彩画细腻，令人屏息。至于壁画的精美，对比保存状况

图 2.2.18.2

的堪忧，则超过了我们的心理承受的能力，一时间无法找到合适的言语（图2.2.18.4 万寿宫正殿壁画）。

精致的石亭之后才是后殿。依然躲在抱厦的遮掩下。后殿前檐明间开间大于内部的开间，是为"移柱造"，利用大檐额承载梁架，让出更好的向内或向外观看的视线，证明原来自有某种独特的功能需要。繁

简对比鲜明的木结构之外，残存壁画、彩画，用工颇精，延伸着我们的担心。

碑刻记载，这座庙宇建于元至元二十一年（1284年），明清有修，两座大殿可以追溯到元代。其实不分早晚，每座殿宇都令人回味。

图 2.2.18.3

图 2.2.18.4

2.2.19 仙翁庙 ㉑

Xianweng Temple

名称与别名	伯方仙翁庙，张果老祠
地　　址	晋城市高平市伯方村
看　　点	院落布局，木结构，雕刻装饰，壁画
推荐级别	★★★
级　　别	全国重点文物保护单位
类　　型	寺庙，木结构
年　　代	明—清
交　　通	乡村，自驾

仙翁庙的山门与西方教堂的西立面设计有相似的思路，主立面上钟鼓双楼耸立。中国的庙宇巧于因借环境，虽建不成高大的钟塔，但可借助地势筑起高阶。只不过百姓心中更看重偶像的法力应验。

张果老祠，自是仙人一脉；"仙人好楼居"，于是有选址的气势和院中的玉皇楼。在这条中轴线上，从院外的戏台，到山门、玉皇楼，后面接续着一段"长廊"，通往拜殿，最后由仙翁殿收束（图2.2.19.1 仙翁庙院落）。

如果专看古建筑单体的话，山面向前的拜殿以其

大型檐额和繁复的雕刻值得琢磨一番。尽管专家将其定位清代建筑，但是当年设计者的技术手法和内容表达还没有被今人体会清楚。

再有就是仙翁殿。这是一座五间的后殿，而且也采用了大额做法。额上的斗栱是五踩，雀替等构件上的雕刻也很丰富；屋面琉璃瓦兽件则大方工精，还在鸱吻北侧留有明嘉靖十七年（1538年）的题记。

作为国保的另一要素，是后殿内的壁画"朝元图"，满布于壁。我等虽无辨识鉴赏之资，但满胸明代洒脱之气。

图 2.2.19.1

2.2.20 羊头山石窟 ㉒

Caves in Yangtou Mountain

名称与别名	羊头山石窟
地　　址	晋城市高平市团池乡北羊头山
看　　点	魏石像，石刻建筑意象，魏唐石塔
推荐级别	★★★★
级　　别	全国重点文物保护单位
类　　型	石窟
年　　代	北魏—唐
交　　通	郊区，自驾

　　羊头山石窟在高平北 23 公里。羊头山为太行山余脉首阳山之主峰，因山势高峻，状若羊头而得名（图 2.2.20.1 羊头山顶远眺）。在羊头山探寻石窟，不仅是一次对历史的追溯，更是一次对身体的"冶炼"。最好的方式，是趁着天朗气清，暂时忘掉门票后面粗糙的路线图，一步步踏上高度略超过人体舒适度的石质台阶，听凭呼吸逐渐变得急促。直到在半山腰豁然遇到整石凿出的石窟群，精神便在此刻升腾，觉得一路的劳累得到了回报。

　　羊头山石窟开凿于北魏至唐。现存石窟共九个，规模不大。随岩体大小不等，洞窟大小不一，形状多为长方，一般为一石一窟，个别有一石二窟或三窟。石窟内龛面整齐，四面满雕佛像，或一佛二弟子，或

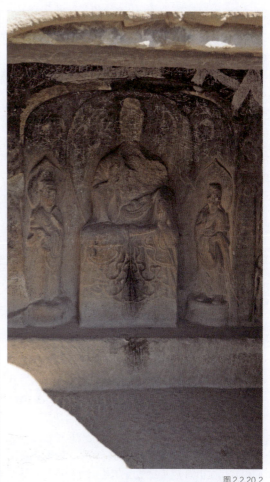

图 2.2.20.2

图 2.2.20.1

图 2.2.20.3

一佛二菩萨。洞外有许多小龛,有佛、菩萨、天王、力士、供养人等,形制各异,雕工精细。此外,山腰至山顶还有千佛造像碑、石塔等。石刻造型古朴,线条流畅有力,令人赞叹(图2.2.20.2羊头山造像特写)。

五号窟和九号窟是笔者的最爱。五号窟是羊头山石窟中最大的一组窟龛造像,特点一石开三窟,较大的一门,门外两侧雕有二力士,仰首相向,形态生动,脚踏异兽(图2.2.20.3羊头山五号窟)。石窟石门上有为它遮风挡雨的石头。窟内原有多处题记,现大多数已难以辨认,只有正壁右下方的大魏正始二年(505年)题记仍清晰可读。十五个世纪悄然而逝。东侧窟进深浅,雕的是释迦多宝二佛,"秀骨清像",臂大过膝,四肢细长,一切都是典型的北魏风格。九号窟的形象则更加具有戏剧性,开凿窟龛的基岩现已倾倒,倾斜着扎在山间(图2.2.20.4羊头山九号窟)。至于倾倒的原因,则如窟前铭牌,"连八十岁以上的老人也不曾知道"。当地百姓叫它"油篓洞",窟内四壁共雕小佛龛百余个,每行间均刻有供养人题名,窟内空间以四角攒尖结顶,顶中间雕饰一直径40厘米的莲花(图2.2.20.5九号窟顶莲花特写)。

羊头山石窟与云冈石窟有许多共同之处,从中可见其受云冈之影响。如两者都有平面为横长方形,三壁三龛式的窟形;再如羊头山石窟身着褒衣博带式袈裟与云冈三期佛像相同。但羊头山石窟亦有自身的特点,如四角攒尖顶、重形窟门的形制不见于云冈石窟,但在晋东南地区这是北朝晚期最基本的形制之一。

细细观摩下来,一个上午是远远不够的。在这魏晋遗风之中,历史和精神的盛宴让人忘却了正午已过多时。八宝粥是最好的午餐。

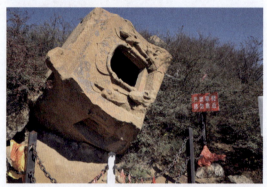

图 2.2.20.4

图 2.2.20.5

2.2.21 游仙寺 ㉓

Youxian Temple

名称与别名	游仙寺,慈教院
地　　址	晋城市高平市河西镇宰李村西游仙山
看　　点	院落布局,毗卢殿、三佛殿、七佛殿,附属碑刻
推荐级别	★★★★★
级　　别	全国重点文物保护单位
类　　型	寺院,木结构
年　　代	宋—清
交　　通	乡村,自驾

图 2.2.21.1

图 2.2.21.2

图 2.2.21.3

图 2.2.21.4

　　从省道拐入通往游仙寺的小路，是一段田野中缓缓起伏上升的盘旋。精神的世界或者本应当这样，不仅投身尘世的救赎，更加根本的是人自己，心灵沉静下来聆听自己灵魂的声音。

　　寺院是坐北朝南，依山而建的。中轴线上山门、前殿毗卢殿、中殿三佛殿、后殿七佛殿与东西配房、配殿一起将建筑群界定成三进院落（图2.2.21.1 游仙寺航拍图）。游仙寺因山而得名，亦称慈教院。寺内碑刻中记载寺院的历史可以追溯到北宋。不过古人的记述也不一致，留给今天文人回味的空间：宋代康定二年（1041年）乡贡进深闫仪正记载了"河西檀那九河张公明"后人为纪念张公与"上党延唐寺受业释继一""同构成佛殿一所三间"的往事（图2.2.21.2 游仙寺毗卢殿），再之前，继一和尚只是"拨土住持"，"淡泊随缘"（图2.2.21.3 康定二年纪事碑）；元代大德八年（1304年）《十方慈教院施地记》说，"自始迄今，二百余年，凡两遭兵劫，曾不废坏"；明代正德九年（1514年）大宝禅师写道，"古碑有云始于大宋淳化元年有僧辉公讲主□□□于此时本邑有劝农官姬子政仰师道德督众鸿材创成寺宇蒙勅赐额曰游仙寺"；清代乾隆十七年（1752年），邑庠生许纳揆说"游仙寺建自唐大历年间"。

　　说到房子，则是更依赖经验判断，宋、元、明、清屡有修葺，线索还是存在的。于是文物专家认定，现存毗卢殿为宋代原构，三佛殿与七佛殿均是在宋金时期的建筑基础上改建而成的，其余则为明清所建。

　　尽管严谨的古建筑断代需要大量研究工作，但是时至今日阅历渐深之后，不同朝代的气息，大多能用我们的"第六感官"捕捉得到。游仙寺院落之中的气息更多的是青砖墁地、青砖墙面的气息，除了那些近年修缮砌筑的以外，古老者应当也不早于明代建城运动——那时候，曾经如同今日轻信钢筋混凝土一样热衷于用砖；而那些从檐下、从门窗静静溢漫开来的，是木头的气息，是手艺的气息，是不同年代建筑设计者和使用者的气息（图2.2.21.4 游仙寺院落）。

2.2.22 游仙寺·毗卢殿 ㉔
Pilu Hall of Youxian Temple

名称与别名	游仙寺毗卢殿，前殿
地　　址	晋城市高平市河西镇宰李村西游仙山
看　　点	早期木结构，斗栱
推荐级别	★★★★★
级　　别	全国重点文物保护单位
类　　型	木结构
年　　代	宋
交　　通	乡村，自驾

　　至于游仙寺内更早的古建气息，还在砖瓦掩护之下，还在大殿之内。木结构基于构造复杂性的美感，超乎披红挂绿的涂刷，事实上是对理解的呼唤。毗卢殿、三佛殿、七佛殿之中尤其毗卢殿，对应北宋碑文继一和尚和张公明建造的"佛殿一所三间"，反映我国早期木结构建筑做法的一些重要特点。

　　让我们专注于斗栱吧。大殿用的是出两跳的五铺作斗栱，且第一跳上并无横栱拉扯，是为"偷心造"（图 2.2.22.1 毗卢殿柱头铺作）。名词背后总会有特殊的意义，游仙寺毗卢殿五铺作确实有些玄机。

　　第一个玄机是柱头上的带下昂的五铺作偷心造。这里，第一步出跳是臂膀一样的"华栱"；第二步是尖嘴的下昂，昂上更有一与之相似的"昂形耍头"但其上并不再向外出挑了，只是负担上部的荷载。昂下、华栱上，交接的部位还有一个小突出，叫作"华头子"。在不用横向拉扯的"偷心造"中，很自然地，华头子可以伸出来承托下昂（图 2.2.22.2 毗卢殿补间铺作）。玄机在于，如果使用了横向拉扯的栱，这个地方内部的榫卯会有什么变化呢？那些华头子没有出来的斗栱中内部会如何设计呢？——这里只给几个线索——同在高平的开化寺大殿和资圣寺毗卢殿，还有泽州的小南村二仙庙后殿。

　　第二个玄机是"柱头铺作"和开间当中位置的"补间铺作"的搭配（图 2.2.22.3 毗卢殿柱头与补间对比）。柱子上面的斗栱使用了下昂，而补间的两跳则都是"华栱"，不用下昂。参照北宋建筑专书《营造法式》的本意，下昂最大的结构作用是"上彻下平榑"，联系屋架的构件——柱头铺作的昂联系功能小，补间铺作的昂联系功能最强。这里为啥反其道而行之呢？或者

下昂在此的装饰作用更重要呢？古人的想法至今也还没被猜透。也举一个案例——太原晋祠圣母殿，有真的下昂，也有仅做装饰的"假昂"，在上下层屋檐就是交替使用的。

　　毗卢殿的斗栱是一扇窗，能带我们窥视匠人的头脑，更深入的理解，也便能逐步展开。

图 2.2.22.1

图 2.2.22.2

图 2.2.22.3

2.2.23 玉皇庙 ㉕

Yuhuang Temple

名称与别名	南庄玉皇庙
地　　址	晋城市高平市河西镇南庄村
看　　点	院落布局，木结构
推荐级别	★★★
级　　别	全国重点文物保护单位
类　　型	庙宇，木结构
年　　代	元—清
交　　通	乡村，自驾

直观的感受是南庄的玉皇庙不只属于高平、陵川、泽州交汇处的南庄。深壑与高岗，田野与庙墙，陪衬的当是幅员几十里的大庙，是附近村庄共同的骄傲（图 2.2.23.1 南庄玉皇庙外部环境）。

或许正是这个原因，庙宇规模是历代叠加修建所成。前导空间是从戏台到山门（图 2.2.23.2 南庄玉皇庙山门），加上东西配楼之后便形成了封闭的院子；核心院落则是从山门到献殿，再到大殿的序列。

或许正是这个原因，多数殿座经过各代乡民的修缮或重建，因此并不非常古老。碑文中记载庙宇创建于东汉建武二年（26 年），后经唐先天三年（714 年），金大安二年（1210 年）重修，其后明弘治、嘉靖年间，清康熙、乾隆年间、民国早年又有补修，越晚近的工程留下的痕迹越浓重。藏在最深处的大殿面阔三间，进深六椽，悬山式屋顶（图 2.2.23.3 南庄玉皇庙拜殿与正殿）；前檐通用大檐额，五铺作斗栱置其上，明间补间更出斜栱（图 2.2.23.4 南庄玉皇庙正殿斗栱）。专家认定为金代建筑。不过大殿墙体、彩画等遗存主要是清代晚期到民国时期的作品，在时间段上与院内其他建筑主体结构工程或有重叠。

或许正是这个原因，你可能不喜欢这里的很多设计细节，但是你无法否认这些晚近的建筑结构、彩画图案、颜料工艺，无一不是认识那个时代的珍贵样本。简单崇古最终会流于狭隘，历史留下的不只有辉煌和壮美。

图 2.2.23.1

图 2.2.23.2

图 2.2.23.3

图 2.2.23.4

2.2.24 玉虚观 ㉖

Yuxu Taoist Temple

名称与别名	良户玉虚观
地　　址	晋城市高平市原村乡良户村东南
看　　点	院落布局，木结构，小木作
推荐级别	★★★★
级　　别	全国重点文物保护单位
类　　型	庙宇，木结构
年　　代	元—清
交　　通	郊区，自驾

相传，因为有郭、田两大家族在此居住，良户古称"两户"。这里有当年老师陈志华先生调研踏勘过的蟠龙寨，这里的玉虚观则要服务周围村寨的精神生活，规模比村中小庙要宏伟一些。

庙中保留下来的主要建筑有魁星楼（图 2.2.24.1 玉虚观魁星楼）、中殿（图 2.2.24.2 玉虚观中殿）和后殿（图 2.2.24.3 玉虚观后殿），另有南房、配殿、后殿朵殿各一座。魁星楼是清道光十八年（1838年）在旧魁楼的遗址重建的，有《创修魁楼碑记》为证据，原来魁星楼东面还修建了歌舞楼；中殿建造年代不详，室内东西两壁保留有道教壁画约40平方米，题有《南华经》《圣纪经》《化胡经》等道藏文字（图2.2.24.4 中殿壁画）；正殿虽无准确建造记年，但是在须弥座东西两边镶嵌有四块古朴《婴戏图》线刻，以及"金大定十八年（1178年）四月十八日北赵庄赵琮、赵进"的题记（图2.2.24.5 后殿须弥座题记），同时殿内还有金元时期的名人李俊民于元至元十六年（1279年）撰写的《新修玉虚观碑文》，讲述全真门下申志谨游历回乡在原有建筑基础上修建玉虚观故事，故判断大殿成于元代早期。

早期也罢，晚期也罢，不是拿古董当摇钱树，也便体现了主人对祖先的尊重，客人自然也便肃然待之。

图 2.2.24.1

图 2.2.24.2

图 2.2.24.3

图 2.2.24.4

图 2.2.24.5

2.2.25 资圣寺 ㉗

Zisheng Temple

名称与别名	大周村资圣寺，周纂村资圣寺
地　　址	晋城市高平市西南 15 公里，马村镇大周村
看　　点	院落布局，木结构
推荐级别	★★★★★
级　　别	全国重点文物保护单位
类　　型	寺院，木结构
年　　代	宋—清
交　　通	乡村，自驾

从高平市到马村镇再到大周村，路线多有转折；远远看到村头的古塔，一下子感觉必然不虚此行了。

村子古老而遗迹众多。村西门犹在，门洞上的真武阁气势不凡。村子中留有大量传统民居，是寺院赖以存在的基础。资圣寺就在村口不远，坐北朝南（图 2.2.25.1 资圣寺外部环境）。原来寺南还曾有南堡阁作为南村门，它旁边的观音阁至今耸立。现存寺院建筑院落两进，中轴线上外有观音阁（图 2.2.25.2 资圣寺观音阁），前有山门（图 2.2.25.3 资圣寺山门），

其后中殿，名曰毗卢殿（图 2.2.25.4 资圣寺毗卢殿），收于后殿，名曰雷音殿（图 2.2.25.5 资圣寺雷音殿），均系历史建筑，历经修缮保护；两翼现状前有钟鼓楼，后续前后院东西配楼、配殿、后殿东西朵殿，均系地方近年新建，与乡民口述历史原貌存在较大差距。

除了近年零星自他处迁来碑刻卧存院内之外，资圣寺内存碑碣 7 通，其中元代造像碑 2 通，6 通带有大量文字信息。其中元至元十九年（1282 年）刊立的《资圣寺创兴田土记》最为重要，三点历史信息非说不可：一，其碑阴部分提到金元之交紫岩钦禅师，霍邑人荀氏，初师从香严寺讲经大德义远，"后得法于安闲脚下松溪老人处"，执掌辗转，后于"己未年（1259 年）受本村乡耆疏请，驻锡于斯"，"至元七年（1270 年）蒙诏诣阙，获觐龙颜，受赭黄袈裟。始自开堂，终于是刹，建白圆宗四跂道场，赐赭方袍三亲（衬——作者注）"；二，就是文中"参大愚次见犞牛"等语，提到的"大愚"当即高平开化寺立寺者唐末五代时期于书画音律均有造诣的高僧，不过这里的"参"字，指的是参谒高平名寺开化寺；三，碑文末段还梳理记载了"□济派安闲老人嗣"谱系图，对于金元时期地方佛教史研究具有重要意义。

回到建筑，寺院中轴线上，算上寺外的观音阁，

图 2.2.25.1

毗卢殿可以一直追溯到北宋，其他的则主要成于明代，其后的历次维修也多有线索可循。值得一提的，后殿柱子上明万历和崇祯的两则题记述说金妆圣像的往事；前殿之前的清道光十五年（1835年）《重修毘卢伽蓝罗汉三殿记》则提到了清代晚期一则非常生动的村人修缮重建资圣寺的故事——十代前从陵川迁居至周篡村的常氏"世庄农耕织为生"而"追瑜等始业木工凡三十余年"，"本村外镇起盖住宅极多，而建修庙宇亦复不少"，为今人提供了珍贵的匠人生活资料。

追忆数十年前，资圣寺原本还有地藏殿、阎王殿、水陆阁、罗汉殿、伽蓝殿、东西禅房等建筑；寺外东有仓厂和官厅，西有文庙。今天就只剩下了资圣寺和文庙北面的汤王庙了。

图 2.2.25.2

图 2.2.25.4

图 2.2.25.3

图 2.2.25.5

2.2.26 资圣寺·毗卢殿 ㉘

Pilu Hall of Zisheng Temple

名称与别名	资圣寺，毗卢殿
地　　址	晋城市高平市西南15公里，马村镇大周村
看　　点	早期木结构，斗栱，屋架，建筑彩画
推荐级别	★★★★★
级　　别	全国重点文物保护单位
类　　型	木结构
年　　代	宋，明
交　　通	乡村，自驾

细说资圣寺的古建筑，其中的翘楚便是毗卢殿。

大殿始建年代为北宋元丰五年。直接证据有二：一是殿内屋面的望砖，字迹较潦草，依稀可辨，"维南瞻州大宋国路州住／士元丰伍年岁次壬戌（1082年）维那颜／士邦董□□"（图2.2.26.1 毗卢殿宋代瓦件题记）；二是殿内西四椽栿下柱头铺作后尾叠压处的明代修缮题记，"元丰五年（1082年）重修至正德元年岁次丙寅（1506年）／□月初九日吉时上梁修建僧性愉寺请到本镇梓匠武□□武□□／维那施主杨仲□李□□英□□杨伦李□□……"（图2.2.26.2 毗卢殿明代题记）。

研究表明，当年明朝正德元年大修毗卢殿时把结构解体落架，画好彩画后再组装回去，斗栱一层保持北宋原始构件，只在屋架部分做了相应的更换。这个发现其实是对眼力的考验，读者不妨一试。凝视久了，答案自然浮现（图2.2.26.3 毗卢殿梁架）。

至于如何解读北宋留下来的斗栱，还是需要放眼相关的案例。这种被古人称为"单杪单下昂五铺作"的斗栱，由一只栱、一只昂和一只昂一样的耍头构成，最上面的耍头并不再承担出挑的功能。这个样式，和40公里外的开化寺大殿如出一辙，仅仅存在极其微小的差异（图 2.2.26.4 毗卢殿斗栱）——又是对眼力的测试。

回到北宋元丰五年，资圣寺大殿开工或完工的时候，开化寺大殿土建可能还没有完竣，壁画彩绘工程还没有开始。一座是乡村寺院，另一座则是唐代末年既已名声昭彰的大寺，资圣寺的僧人、工匠奔波请益是再自然不过的事了。两殿之相似，或者属于必然。无论从建成年代、地理位置、斗栱外观样式，还是从更深层次的一些几何设计特点来看，资圣寺的斗栱和开化寺斗栱都非常接近。隐约之中，描绘着一幅北宋年间名山大寺和乡村寺院之间交流的图景。

古建筑就是这样，虽然免不了后世的更换修补，但一定要感谢古人的匠心使它依然肃穆庄重，历代以来的动作于是也不被专家们视为瑕疵，反倒是见证历史变迁的珍贵痕迹了。我们今人呢？（图 2.2.26.5 资圣寺毗卢殿木构架模型）

图 2.2.26.1

图 2.2.26.3

图 2.2.26.2

图 2.2.26.4

图 2.2.26.5

2.3 陵川

2.3.1 白玉宫 ㉙
Baiyu Taoist Temple

名称与别名	郊底白玉宫
地　　址	晋城市陵川县潞城镇郊底村
看　　点	群体布局，早期木结构
推 荐 级 别	★★★★
级　　别	全国重点文物保护单位
类　　型	庙宇，木结构
年　　代	金
交　　通	乡村，自驾

图 2.3.1.1

寻访郊底白玉宫的过程可谓百转千回。本应从潞城镇义门村到郊底村的公路因大修而不能通行，只能回到陵川县城由陵沁线向南，由东边绕行。进入乡间小路以后基本都是土路，勉强容二车交会，导航已经不起作用，更多依靠方向感。当拐上一条新修的水泥路时，先是惊喜，然后便是紧张，因为水泥路面刚修好，路肩尚未完工，路面上堆满大石，如果此时对面来车，后果不堪设想，更大的问题则是前路依然未知。硬着头皮选择前进。沿路下山后穿过一个涵洞，上坡的时候看到正在山头的白玉宫，四周群山环绕，枫叶正红，寻访的味道正浓（图 2.3.1.1 白玉宫外部环境）。

白玉宫也正在修缮期间，主体工程基本完工。其创建年代不详，据宫内金崇庆元年（1212年）碑载，金大安至崇庆年间重修白玉宫，后历代迭有修葺：明嘉靖二十三年（1544年）重修殿宇；李自成大顺永昌元年（1644年）创修后殿及东西耳殿。目前，三进院落形制较为完整，山门倒座为舞楼，一进院实为集会空场，乃民国时增建，二进山门倒座戏台，其后轴线上是中殿和后殿，周边有东西廊房、看楼、东西耳房等附属建筑，这部分至少应属从明代就有的建筑格局。

中殿应为金代遗构，位于全院最突出的地位（图 2.3.1.2 白玉宫中殿）。殿宇面阔三间，六架椽屋，从形象与结构形式上来看与西李门二仙庙大殿以及石掌玉皇庙大殿等金代建筑均有相似之处，这反映出一个时代的建筑艺术和技术特征，而这些殿宇在具体设计上又不尽相同各有特色，这也反映出具体的工匠的技艺和智慧。看完"热闹"，背后的"门道"或许正

图 2.3.1.2

图 2.3.1.3

图 2.3.1.4

在这里,抛开构件的雕刻等装饰因素,说说白玉宫中殿与玉皇庙大殿的斗栱。两者均出一跳,为四铺作(图 2.3.1.3 白玉宫中殿铺作);白玉宫中殿的当心间补间斗栱第一跳直接作下昂上彻下平槫,石掌玉皇庙大殿则是耍头后尾挑斡至下平槫,并不能称其为下昂;其次在构架设计上,白玉宫平面当心间明显大于两次间,次间的柱间距已经很小也无法安放一朵补间斗栱;因此在其内部可以看到,屋架转角处的荷载集中承载在山面的弯曲的丁栿上;为了避免三个方向构件叠压造成交接的困难和构件的削弱,工匠还将歇山面向外推了一点,以避开集中荷载的问题,而另两者则以角梁承托转角处的集中荷载,与平面呈 45°的关系,结构关系简洁明了,似乎要比白玉宫的工匠高明一点

(图 2.3.1.4 白玉宫中殿梁架)。白玉宫的设计,斗栱似更规矩,同时可能由于平面规模所限,尚有变通的余地。工匠的无奈,却也无从知晓。

如是而观,在集中寻访古建筑的过程中难免会出现"大同"式的审美疲劳,但如果能深入发现其中的"小异",其中乐趣便足以令人赏心悦目了吧。

从郊底白玉宫回程,原路返回,上山一公里后真的遇上了正在下山的货车。后果就是只能倒挡下山一公里,勉强掉头,还好货车司机是当地人,请来了小挖土机排除了路上的石块,还指挥我们倒车、掉头,为我们指了条新路。当我们顺利脱险时,发现当地人指的路正是我们来时通过人工导航排除的道路。这便是前路的未知,以及旅程的乐趣吧。

2.3.2 北吉祥寺 ㉚

Beijixiang Temple

名称与别名	北吉祥寺
地　　址	晋城市陵川县礼义镇
看　　点	寺庙整体格局、早期建筑单体
推荐级别	★★★★
级　　别	全国重点文物保护单位
类　　型	寺院,木结构
年　　代	金—清
交　　通	乡村,自驾

北吉祥寺是礼义镇上的大寺庙(图 2.3.2.1 北吉祥寺前殿),常与几里之外的平川村南吉祥寺并称。据说寺庙创制年代颇早,能够追溯到唐大历年间,而寺内现存最古的刻石纪年为北宋太平兴国三年(978 年),记录了主事僧人为寺院请到名额之事,可见吉祥寺之冠名已有十足千年之历史(图 2.3.2.2 北吉祥寺赐额石碣)。

寺院用地较为敞阔、格局完备,其历史格局从山门至后大殿至少有三进院落、四重殿宇。至于近代,香火清敝、僧人逃散、门墙残破,寺院被作为乡间小学校使用。然而古物缺少护持终难为继,民家各为生计争相侵夺寺域,最终至于山门被拆,前庭成为菜畦,香城宝殿几与民家相混杂,实为可叹。直至近年,寺院方才被修整一新,以文物保护单位之面目重见于世。

大历创制与太平兴国赐额之事年代太过久远,除了这一方庙址与墙上的石碣,当时之遗迹恐怕早已

图 2.3.2.1

图 2.3.2.2

图 2.3.2.4

图 2.3.2.3

后内柱之间设置了佛像的背屏，屏前为砖砌之佛坛（图 2.3.2.3 北吉祥寺前殿内景）。中殿同为三间六椽，但悬山屋顶更为简单直接，建筑平面以及梁架、斗栱之基本形制悉如前者，很多细部样式也反映出两者大致为同年代的产物（图 2.3.2.4 北吉祥寺中殿）。

关于两座佛殿创建的绝对年代，应与"大历""太平兴国"无关，而更加接近于金元时期，应是在原建筑毁于兵燹之后，重建并且遗留下来的。这一时期的建筑物虽然在技术体系方面仍基本继承着上一时期形成的传统，但在外观样式上却反映出更多在地化、非官方的特点，从中似乎能够看到金元交际黄河以北地区社会经济的实际状况：在政权几经转换现实面前已经无所谓官方与正统，地方的自发自治成为乱世的主旋律，也正是在这种情况下，建筑活动真正成为地方工匠个人发挥的舞台。

远在虚无缥茫之外了。若论眼下寺院内历时最久、价值最高之建筑，则应属前殿与中殿。其中，前殿为三开六椽的歇山顶建筑，柱头用五铺作单杪单下昂斗栱，不施补间铺作，梁架采用四椽栿对后乳栿，两棵

2.3.3 崇安寺 ㉛

Chong'an Temple

名称与别名	崇安寺
地　　址	晋城市陵川县城
看　　点	隋唐石佛龛，宋代铁钟，山门，西插花楼
推 荐 级 别	★★★
级　　别	全国重点文物保护单位
类　　型	寺院，木结构
年　　代	明—清
交　　通	县城，自驾

崇安寺就在陵川县城之中，正对一条相当热闹的街道，形成一个T字路口，这是当地人买卖果蔬、交流、娱乐的重要公共空间（图 2.3.3.1 崇安寺远眺）。我们到达时崇安寺正在维修，抄了小路进入也无人阻拦，

刚好可以细细观摩。

据碑载，崇安寺唐初名为"丈八佛寺"，宋太平兴国元年（976 年）赐名崇安寺。历经各代维修，现存建筑多为明清遗物，但也保留有部分更古老的遗迹。全寺共分两进院，进入大门，第一院为过殿，面宽五间，进深六架椽，单檐九脊歇山顶，彩色琉璃剪边（图 2.3.3.2 崇安寺中殿）；东西各有配房十一间，

图 2.3.3.1

图 2.3.3.2

图 2.3.3.3

其两侧原有两座插花楼东西对峙,东插花楼抗战前被火烧,现仅存西插花楼一座;此楼重檐歇山顶,彩色琉璃剪边,结构甚为精巧,是寺内重要的建筑之一(图 2.3.3.3 崇安寺插花楼)。二进院正殿面宽五间,进深八架椽,单檐悬山顶,彩色琉璃剪边,结构庄重典雅(图 2.3.3.4 崇安寺后殿);东西各有廊房七间,西廊房上嵌有金贞元碑一通。大雄宝殿后有一隋唐浮雕石佛龛,是寺院最古之物,为一佛二弟子,现虽已风雨剥蚀,但栩栩如生。

崇安寺有"三宋"之说,是寺中尚存的三处珍贵的宋代遗存。其一是古陵楼的青石门框和断臂石狮,门框右顶有"嘉祐辛丑六月三日泽州陵川县"的刻字;其二为位于古陵楼内,由北宋陵川籍名士马骧用骈体文撰写的《重修崇安寺三门碑》,通高 2 米、宽 1.5 米,刻于大宋庆历元年(1041 年),距今已 974 年,尽管碑文有的字已经模糊,但碑文字体圆润,实属珍品;其三为宋代铁钟则在古陵楼东侧的钟楼内,这口高 2 米、直径长 1.7 米的铁钟,通体灰白,下方呈齿状,形制

图 2.3.3.4

俊俏,上铸"宋崇宁元年(1102 年)"铭文,走近细看,方格纹及八卦图案在钟面上依然清晰可见。

古有"先有崇安,后有陵川"的说法,认为陵川得名于崇安寺旁的石勒陵墓。史载,石勒死后夜葬于山谷,世人莫知其所,于是传说石勒葬于陵川县城西北角处的崇安寺门东侧,又有人说葬在崇安寺的佛座之下。如今热闹的街道、远处高耸的住宅楼早已突破庙宇的森严,言说着另一个陵川了。

2.3.4 崔府君庙 ㉜

Cui Fujun Temple

名称与别名	礼义镇崔府君庙
地　　址	晋城市陵川县礼义镇
看　　点	寺庙整体格局,早期建筑单体
推荐级别	★★★★
级　　别	全国重点文物保护单位
类　　型	庙宇,木结构
年　　代	宋,金一清
交　　通	乡村,自驾

礼义镇位于陵川县西北,坐落在古泫氏(高平)到陵川之间的一块山间小盆地之内,此地历史悠久、文化土壤深厚,单从镇名即可知其不凡。镇上及周边祠庙林立,为县域内文物建筑最为集中的地区之一。其中尤以崔府君庙声名最远,其门楼一般断定为宋代建筑金代加以修改,形制古朴、特色鲜明,为礼义镇的标志(图 2.3.4.1 崔府君庙山门)。对于庙的介绍或许应先从崔府君其人说起。

崔府君,单名一个"珏"字,隋大业三年(607 年)生人。传说其母系于梦中服食了神仙所赐之美玉,而后感应怀胎、生得贵子。崔府君天性颖悟过人,于唐贞观年间入仕,授长子县(今长治市长子县)令。传

图 2.3.4.1

图 2.3.4.2

图 2.3.4.3

说崔珏有通灵之能力,"昼理阳事、夜断阴府"(《列仙全传》),因此死后被列入了神仙谱。他在神谱中的官职等级虽不高,知名度却着实不低,民间耳熟能详的阴曹地府中掌管生死簿的那位秉笔判官,正乃崔府君是也!

崔府君祭祀活动盛于唐宋,与皇家的支持密不可分。传说崔府君曾在安史之乱中显灵护佑过唐玄宗,因此有唐一代封号日崇,从"护国嘉应侯""护国感应公"再到"护国真济王";后又在靖康之变后庇佑过康王赵构,使南宋得以建立,因此祭祀崔府君的庙宇一时间得以遍布全国。然而南宋以后,崔府君信仰衰退,如今,只在山西长治与河北邯郸周边有少数庙宇遗存。

礼义镇的崔府君庙坐落于村镇中央,其基址建在了一处十分高大的台地之上,高出周围甚多,而耸立的门楼则更能彰显气势(图 2.3.4.2 崔府君庙远眺)。以古老的台基作为分界(图 2.3.4.3 崔府君庙台基),高台的另一侧便是乡人集会的广场,平常时间也总是一派人声欢腾、骡马喧嚣,冲淡了庙宇的静穆气氛,反而使人觉得神明亦不远于世人。大庙的金瓦红墙浮在一片市井喧嚣之上,宛如一座中国式的雅典卫城。从某种意义上讲,这便是中国古代社会的组织方式与生活场景的最生动写照了吧(图 2.3.4.4 崔府君庙与对面的市场)。

若只论建筑规模大小、形制高低,崔府君庙并不十分出众,比不得别处的大庙。但如若想到,这样一座庙宇,能在长达千年的历史当中始终作为此乡此土的精神制高点,便已然足以让人对其长寿与阅历心生敬意了。

图 2.3.4.4

2.3.5 东岳庙 ㉝

Dongyue Temple

名称与别名	玉泉村东岳庙
地　　址	晋城市陵川县玉泉村
看　　点	寺庙整体格局，早期建筑单体
推荐级别	★★★★
级　　别	全国重点文物保护单位
类　　型	庙宇，木结构
年　　代	金—清
交　　通	乡村，自驾

玉泉村与陵川另一著名早期建筑小会岭分别位于陵沁公路的南北两侧，两座古庙隔路相应，游赏十分方便。玉泉据说是一座千年古村，原名叫作罐泉村，西溪二仙宫后殿廊下立有赵安时所撰《重修真泽二仙庙碑》一通，背面是记述乡里捐施的花名单，当中即已出现"罐泉北村"的名记，足见近千年来晋东南地区社会组织的稳定传承。

玉泉东岳庙建于村东高台之上（图 2.3.5.1 玉泉东岳庙外部环境），最初的创建年代未可知详，现今之状貌大抵形成于金代，而后明清直至近代又各有修缮改易，时至今日仅正殿与东耳殿仍大致保持着 800 年前的大致状貌。

未进得庙内，首先见到的便是一座轩昂的庙门，门前高耸的台阶、一门二楼夹合而成的"凹"字形入口，有力地烘托出了它的气势（图 2.3.5.2 玉泉东岳庙山门）。庙内建筑内容不多，仅包括山门与倒座戏台、献亭与正殿、两庑以及两耳殿。中轴线上的建筑尤为舒朗，故而庙庭显得异常敞阔。但稍显遗憾的是，由于献亭过于高大且与正殿连为一体，因此现状无法看到正殿真正的立面（图 2.3.5.3 献殿与正殿外观）。即便如此，我们仍然可以在驻足正殿檐下时，可通过那些简单明快的柱额、斗栱，感受到扑面而来的古朴气息（图 2.3.5.4 正殿檐下）。正殿斗栱的样式带有鲜明的时代特征，诸如海棠讹角栌斗、插昂等做法，均直接来自于《营造法式》，而其背后体现的则是有宋一朝先进木作传统对北方广大地区的深刻影响。

庙中尚有一座东配殿（图 2.3.5.5 东配殿），近代一直被村上作为仓库使用，其外立面被砖墙严实包裹且原有之昂嘴全部被锯断，导致堂堂金代建筑却少有人问津，直到最近的修缮过程中，才将砖墙拆去，露出其本来面目。值得一提的是，本次修缮过程中还发现了夹杂在梁架之间的金代始建题记，使我们能够知晓当年乡人修庙、建殿的原因，并且对于建殿的时间也得到了更加确凿的结论。

图 2.3.5.1

图 2.3.5.2

图 2.3.5.3

图 2.3.5.4

图 2.3.5.5

2.3.6 二仙庙 · 南神头 ㉞

Erxian Temple in Nanshentou

名称与别名	南神头二仙庙
地　　址	晋城市陵川县石圪峦村
看　　点	早期建筑单体，建筑与自然环境的关系
推荐级别	★★★★
级　　别	全国重点文物保护单位
类　　型	庙宇，木结构
年　　代	金一清
交　　通	乡村，自驾

修缮之前的南神头二仙庙，在整个晋东南也得算是最为荒僻、破败的那一类了，然而当时那种时光穿梭一样的美妙体验与古建筑状况之间的冲击力，是否今天留得下来呢？

"圪峦"这个词，在山西土语里似乎是专门用来形容那种又钝又硬的东西，看着这一山圆滚滚的石头，让你不由得觉得这名字真是来得既贴切、又可爱。然

而冥顽有灵，所有这一切的"不可达性"，最终都只是为了营造出这样一处真真切切的、远离尘嚣的化境。车下了机耕道，一阵颠簸之后到达石圪峦村（图 2.3.6.1 南神头二仙庙外部环境）。然而作为试炼这显然是远远不够的，朝拜者必须在此弃车步行，翻过一道光秃秃的小山梁。这是一段狭窄的"堑道"，满是大石铺就，炎夏之际，两肋清风。不过，身体的畅快远无法比拟眼睛的盛宴。青山、白石、田野、孤木，它的身影是一抹淡淡的灰色（图 2.3.6.2 南神头二仙庙远眺）。

在晋东南跑的时间久了，寺院、庙宇、衙门、民居，大多数都有着过于近似的面貌（图 2.3.6.3 南神头二仙庙院落），难免会对各种柱、梁、斗栱产生些审美疲劳。在石圪峦，我们却一下子忘记了教科书。古人是怎么想的呢？村民们体会到了吗？四面起伏的丘陵围成一小块山间盆地，在这盆底里端坐的小庙，就如同是一位苦行面壁的修隐之士，不知从何年岁起就在此独守着这满谷的寂静（图 2.3.6.4 南神头二仙庙正殿）。当你面对着他的这一刻，纵然内心里各种翻滚，却也只能在这冥顽与空灵之间默然不语。

图 2.3.6.1

图 2.3.6.2

图 2.3.6.3

图 2.3.6.4

2.3.7 二仙庙·西溪 ㉟

Erxian Temple in Xixi

名称与别名	西溪二仙庙
地　址	晋城市陵川县崇文镇西溪村
看　点	整体格局、早期单体建筑、小木作、碑刻等附属文物
推荐级别	★★★★★
级　别	全国重点文物保护单位
类　型	庙宇，木结构
年　代	金—清
交　通	乡村，自驾

号称二仙祖宫的壶关真泽二仙宫之外，陵川西溪二仙庙是最为重要的二仙祠庙，也是自北宋末年以来二仙祭祀活动的中心地。

早至唐代二仙故事已于长治壶关地区诞生。壶关县境内的紫团山传说即为二仙乘龙飞升之地，因此山中建有真泽二仙祖宫，长期作为二仙信仰与祭祀的圣地。然而时至宋金之际，壶关二仙宫在战事中损毁严重，祖宫倾颓、香火旁落。位于陵川县城西侧山谷中的西溪二仙庙，则在这时进入了全盛时期，因传说二仙曾在此显化而旋即崛起成为二仙祭祀活动的新中心，一时间信众麇集、官府护持、闻达之士往来不绝，大规模的建设活动也因此得以顺利展开，金大定初年至今，八百多年以来的基本格局一朝得以奠定。西溪二仙庙今日所见之庙貌，仍基本能反映当年之盛景。

西溪二仙庙的选址，位于山地背阴面的一块台地之上，大致遵循着坐北面南的定制，因此在入口处自

图 2.3.7.3

图 2.3.7.4

图 2.3.7.1

图 2.3.7.2

图 2.3.7.5

然形成了一段下行的阶梯，游人于此驻足，庙貌全在眼底（图 2.3.7.1 西溪二仙庙入口俯瞰）。如此"开门见山"的格局与通常庙宇盛气凌人的势态颇不相同，反而给人以一种"一览无余"的亲近感。

今日之二仙庙，前后分为两进院落，中轴线上依次建有山门（图 2.3.7.2 西溪二仙庙山门）、拜亭、中殿（图 2.3.7.3 西溪二仙庙中殿）与后大殿（图 2.3.7.4 西溪二仙庙后大殿），两侧分别布置若干廊房、配殿、挟殿及东西两座插花楼（图 2.3.7.5 西溪二仙庙插花楼）。其中中殿、后大殿与左右插花楼皆为珍贵的早期建筑，大至柱梁斗栱、小至神龛道帐，文物种类丰富，大为可观。且就群体关系而言，修长的两庑围合成为廊院、后大殿与东西插花楼形成的"一殿两楼"格局，一切都仍然深具宋金时期的风貌，各方屋脊高低纵横、错落有致，形成了丰富而秀丽的背景轮廓。

西溪二仙庙作为晋东南地区最为完整的早期建筑群之一，不但基本保了早期宫观的格局，同时也保留了厚重的宗教氛围，庙墙之内巨荫匝地，碑碣林立，庙外古柏翳翳、苔青露重、鸟鸣山幽，足可见斯庙历史之渊源深厚，亦可信仙风之长盛不衰。时至今日，乡邻仍然保留有十分淳朴的信仰，每年农历的四月初一至十五二仙庙会都会如期举行，这便是西溪最为热闹的时节，香风缭绕之间，人们虔诚祝祷，祈求这一方山水的平静与富足。

2.3.8 二仙庙·西溪·中殿 ㊱

Central Hall of Erxian Temple in Xixi

名称与别名	西溪二仙庙中殿
地　　址	晋城市陵川县崇文镇西溪村
看　　点	早期单体建筑，小木作
推荐级别	★★★★★
级　　别	全国重点文物保护单位
类　　型	木结构
年　　代	明、清
交　　通	乡村，自驾

西溪二仙庙中殿现为庙内之主殿，供奉二仙神像，是人们祭拜、祝祷的主要场所（图 2.3.8.1 献殿与中殿）。中殿建筑重建于明洪武十八年（1385 年），清乾隆年间又修，面阔三间，进深六椽，单檐歇山顶。殿前月台宽阔，加盖有单檐卷棚顶献亭一座，二者檐口穿插，成为空间整体。献亭面阔同为三间，进深四架椽，献亭之下是一个相对宽敞的祭拜空间，可供游人往来行礼。

中殿及献亭之斗栱皆形态花俏，在华栱两侧各出 45°斜栱，远望之犹如花束绽放（图 2.3.8.2 中殿斗栱）；献亭之阑额雀替皆附以繁密雕饰，题材以龙凤、花卉为主，显示出浓烈的明清装饰趣味。

中殿最为可观之处，还要数殿内保存着的一架完整的道帐神龛，构成复杂、设计精巧、装饰金碧夺目，堪称是明清时期的小木作精品（图 2.3.8.3 中殿小木作）。由外观来看，神龛由居中的主龛和两翼向前延伸的副龛构成，三者共同形成"凹字"形平面；各龛室上部皆饰以山花蕉叶、斗栱并垂莲虚柱，柱上围绕

图 2.3.8.1

图 2.3.8.2

图 2.3.8.3

着木质盘龙，下部则以格子门窗并雕花板形成围成空间。就建造方式而言，此类帐作实际是由分隔室内空间的罩落演化而来，是研究中国传统建筑室内装折技巧的珍贵案例。

2.3.9 二仙庙·西溪·后殿 ㊲
Back Hall of Erxian Temple in Xixi

名称与别名	西溪二仙庙后殿
地　　址	晋城市陵川县崇文镇西溪村
看　　点	早期单体建筑，碑刻
推 荐 级 别	★★★★★
级　　别	全国重点文物保护单位
类　　型	木结构
年　　代	金
交　　通	乡村，自驾

　　西溪二仙庙后殿曾经是庙内最为重要的殿宇，同时也是保存历史最久远的建筑遗存。由庙内现存碑刻记述可知，大殿自金大定创建以来，历经元、明、清、民国各个时期之修缮，方存续至今；然而由形制来看，该建筑做法仍带有十分显著的早期特征，且后世修缮改易之痕迹尚可辨识。因此就总体而言，西溪二仙庙后殿仍然是一座历史信息高度丰富，极具研究与欣赏价值的早期木构建筑遗存。

　　二仙庙内现存最早一块碑刻就安置于后大殿前廊

图 2.3.9.2

图 2.3.9.1

图 2.3.9.3

之下，立于金大定五年（1165年），为陵川籍状元赵安时撰文，碑文详述二仙显圣迹之原委并西溪庙宇修造之始终，为今天的研究者提供了一份十分难得的历史资料。碑文述及西溪二仙庙的营建活动"不数年而大成，重建正大殿三间、挟殿六间、前大殿三间、两重檐梳洗楼一坐、三滴水三门九间、五道安乐殿各一坐、行廊前后共三十余间"，视今日之庙貌尤无大差别，足见庙貌保存之完好（图2.3.9.1重修西溪二仙庙碑记）。

后殿仍采用三间六椽之基本格局，前乳栿对四椽栿通檐用三柱（图2.3.9.2后大殿梁架）。其前廊轩敞，用以容纳祭拜之人众；后室阔达，二仙塑像安坐其中。檐下用五铺作斗栱，外观为双下昂，其中补间铺作的第二跳下昂为真昂，昂尾向上斜出、挑托于槫下，展示着最具中国传统特色的构造之美（图2.3.9.3后大殿斗栱）。西溪二仙宫后大殿层叠的斗栱、加工考究的梁枋、心思缜密的设计，无处不体现着宋金时期木构技术的全面成熟，作为晋东南地区最具代表性的金代建筑实例之一，其价值有待更多的发现与展示。

2.3.10 二仙庙·西溪·插花楼 ㊳

Chahua Building of Erxian Temple in Xixi

名称与别名	西溪二仙庙插花楼
地 址	晋城市陵川县崇文镇西溪村
看 点	早期单体建筑
推 荐 级 别	★★★★★
级 别	全国重点文物保护单位
类 型	楼阁，木结构
年 代	明—清
交 通	乡村，自驾

以楼阁建筑陪衬主殿，是唐宋以来寺庙建筑群体布局的常用手法，著名者如河北正定隆兴寺即是如此，即便仅放眼于晋东南地区，保存有"插花楼"的庙宇亦不仅此一处，只不过西溪两座插花楼的古朴与灵秀是别处所不及的（图2.3.10.1 东插花楼）。

按照赵安时所撰《重修真泽二仙庙碑》中的说法，

图 2.3.10.2

图 2.3.10.1

图 2.3.10.3

西溪二仙庙插花楼原初应当是为了迎合二仙为女性神仙的设定，因而定名为梳洗楼，且只有一座。其后可能是为了追求构图完整，抑或是附会于二仙之为双数，故而又补修了另一座，最终形成了左右对称的格局。

两座插花楼尺度适当，虽是二层楼阁却并不喧宾夺主（图2.3.10.2 插花楼与院落）。二层平坐之上又起副阶，从而形成三滴水（三重檐口）外观。楼身各段比例恰当，飞檐舒展灵动，十分具有观赏性（图2.3.10.3 插花楼细部）。进得楼内，则叉柱构造清晰可见，上下层之间结构转换条理清晰，上层柱脚平面相比下层柱头略向内收，同时保证了构造上和视觉上的稳定，是传统木楼阁建筑中颇有代表性的处理方式。

2.3.11 二仙庙·小会岭 ㊴

Erxian Temple in Xiaohuiling

名称与别名	小会岭二仙庙
地　　址	晋城市陵川县附城镇小会村
看　　点	建筑单体，醮盆石刻
推荐级别	★★★★
级　　别	全国重点文物保护单位
类　　型	庙宇，木结构
年　　代	宋—清
交　　通	乡村，自驾

如果天气不错，沿陵沁线从陵川县城向南，大约十几公里，就能看到小会岭二仙庙出现在道路右前方，周边是开阔的田野，远处有村庄作为背景。多少年啦，在她眼前，又走过多少人（图2.3.11.1 小会岭二仙庙外部环境）。

小会岭二仙庙门前已经修好了小广场，相比5年前来时的荒土地，少了很多访古时的野趣。庙门未开，

在村中寻找一圈，得知看庙的文物管理员已经换人，恰逢其进城，不然平时一般都是在庙里的。只得晚些时候再来，终于一睹正殿宋构的真容。

二仙庙只有一进院落，走进山门，先看到清代献亭，而正殿则被献亭挡在身后（图2.3.11.2 小会岭二仙庙献殿）。于屋檐下难以全览大观，可檐下的斗栱则展示着宋代建筑的风采（图2.3.11.3 正殿檐下）。若曾留心观察过附近几座金代建筑，则不难看出这里的斗栱用材要大一些，并且出檐深远，大殿在开间与柱高的比例上也比金代的几座大殿要大，或许这便是

图2.3.11.1

图2.3.11.2

建筑的时代特征之一。

大殿面阔三间，进深三间，正心间斗栱着实引人瞩目，三层均出斜栱，呈120°张角向外打开，构件同时贯通室内外，与之前所见稍晚时期的如菊花般盛开的斗栱相比，则显得更加舒朗而有张力（图2.3.11.4 正殿斗栱）。柱头斗栱出两跳，五铺作，下昂上彻四椽栿，在献亭后屋檐下逼仄的空间中，尖锐的下昂与昂形耍头以几乎平行的角度向外伸挑，给人以强烈的视觉冲击，显得更加雄健有力。

殿内本无柱，后代修缮时加小柱两根。由于柱高相对较低，为保证屋内空间高度，大梁承托在柱头斗栱的下昂尾上，而这种结构，正显现了下昂的结构作用——前端承托出檐的撩风槫，后尾承托四椽栿，形成了杠杆以平衡受力，而这种下昂结构，形成了早期古代木构建筑的重要美学与结构特征，对比之前提到的几座金代大殿，其补间所用的下昂挑斡至下平槫，而柱头斗栱并不使用下昂，已部分失去了承重结构的作用。从室内构架来看，斗栱内檐出两跳承托素枋，朵间距很小，四周环绕交圈，而与梁架联系紧密，加之构件上的彩画，显得结构整体性非常好。与其之后金代乃至明清建筑相比，可以看到随着时代的推移，工匠对于结构技术的认识进步等因素，柱梁栿构件承托荷载的功能逐渐分化得更加明确，于是以更大的梁承托屋架，用高柱以保证室内空间，因而斗栱作为柱梁之间的联系构造、承托出檐并保持稳定性的作用越来越弱，逐渐退化。因此也可以明显感觉到稍晚期的木构建筑室内空间更加高大，以及一系列与早期不同的特征（图2.3.11.5 正殿梁架）。

之所以称为宋构，除了其建筑特征外，还有其他的证据。进殿门前，有一不起眼的石香炉，分为上下两段，上段为莲瓣状盆，下段是八棱柱，上面刻有《二仙醮盆记文》，明确记录了以庙子李财为首等人于"（北宋）熙宁四年（1071年）八月十三日"重换破损的"（北宋）嘉祐八年（1063年）十一月十四日"所立的醮盆，结合碑记等记载，估计大殿的修造亦应于此前后，而莲瓣状盆与下段八棱柱不像是统一设计，其原状如何不得而知。

补充说明一下，殿前修建献亭是清代的事情，献亭距正殿很近，均在同一台基上，其屋檐下的两殿石基之间应做散水排水的石板和排水沟，但是此处并未如此施工，而是直接在建筑屋檐滴水下支了一条排水天沟，简单粗暴，对于整体形象等都造成了很大的影响。此中缘由也不得而知，但是从台基、献亭、正殿以及天沟的关系来看，一定会有某种设计施工的先后顺序的逻辑吧。

图2.3.11.3

图2.3.11.4

图2.3.11.5

2.3.12 龙岩寺 ㊵

Longyan Temple

名称与别名	梁泉龙岩寺
地　　址	晋城市陵川县梁泉村
看　　点	寺庙整体格局，早期建筑单体
推荐级别	★★★★
级　　别	全国重点文物保护单位
类　　型	寺院，木结构
年　　代	金—清
交　　通	乡村，自驾

梁泉村山路起伏，龙岩寺深藏不露。早自唐总章年间，有僧人依梁泉村后巨石而居，并在其上三面镌刻佛像，是为斯庙建立之先基，即所谓"龙岩"者。之后方才有了金代的大兴土木，经扩建之后的龙岩寺背靠磐石、前临丘壑，主要殿宇踞于高大的台明之上，规模虽然有限，倒也颇显出几分气势。

寺中主要建筑包含中殿、后殿及两厢配属建筑若干。中殿是该寺院内最重要的文物建筑（图 2.3.12.1 龙岩寺中殿），为金代遗构，修造过程明确、纪年可靠，并且保存着很高的样式纯度。主要旁证是寺内后殿檐下的金大定三年《龙岩寺记》与大定二十五年《龙岩寺新建法堂记》碑刻两通，文辞通畅可读，其中详细记述了自金天会九年（1131年）至大定二十五年（1185年）之间，以陵川赵氏（赵氏族居陵川平城，系本乡之望族，其族人赵安时于金贞元年间中状元）、常氏家族为首的乡绅信众施舍田土、增扩庙基、新修中殿、法堂（后殿）并且通过捐输税金获颁寺额的始末，为中殿之创建过程提供了十分详细的历史信息，同时也为山西地区金代早中期社会状况的研究提供了一份难得的文献资料（图 2.3.12.2 龙岩寺碑文资料）。

我们关注与龙岩寺中殿的原因，还在于其建筑样式之于建筑历史研究的特殊意义。从年代上讲，天会九年上距靖康之变只有短短四年时间，距离《营造法式》颁行之日刚好三十年。自此，《营造法式》方才开始显出系统而又深刻的影响力。特别是斗栱部分，用材适度，加工规整（图 2.3.12.3 中殿斗栱）。从构件加工样式到构造组织方式、从尺度权衡再到补间铺作的分布，无不体现出向《营造法式》制度靠拢的倾向，诸如当心间用双补间之类的设计在此率先出现，均是早期实例中极难得一见的情形。从很大程度上讲，龙岩寺中殿能够作为晋东南地区与北宋官方建筑样式最为接近的实例，甚至不存在"之一"（图 2.3.12.4 龙岩寺中殿木构架分解图）。

图 2.3.12.1

图 2.3.12.2

图 2.3.12.3

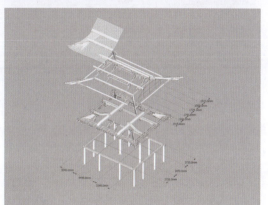

图 2.3.12.4

2.3.13 南吉祥寺 ㊶

Nanjixiang Temple

名称与别名	南吉祥寺
地　　址	晋城市陵川县礼义镇平川村
看　　点	早期木构架，斗栱
推 荐 级 别	★★★★
级　　别	全国重点文物保护单位
类　　型	寺院，木结构
年　　代	宋—清
交　　通	乡村，自驾

图 2.3.13.1

南吉祥寺是陵川礼义镇附近的著名寺庙，距离北吉祥寺并不远。村中的屋舍连接成片，亲民是此寺立寺之本。或许正是亲民之路更作频繁，寺院历史小片段的佚失最终竟至难以缀连，稽考无从。

中殿是南吉祥寺内主殿（图2.3.13.1 南吉祥寺中殿），关于其建造年代的说法十分杂乱，既有民间传说以讹传讹，亦有所谓前人考证，到头却又都不知所

图 2.3.13.2

图 2.3.13.3

图 2.3.13.4

本。我们今天所能采信的，只有当代的建筑考古学者依据系统样式比对所做出的推论，最终认为该建筑应当建立于北宋中期。

历史成了一笔糊涂账，但好在并不影响建筑的可看程度。这个南吉祥寺中殿，在古建筑遍地的晋东南地区也真算得上是个性十分鲜明的一处了：建筑的斗栱用材极其硕大（图 2.3.13.2 南吉祥寺中殿斗栱），将晋东南的三开间殿宇细数一遍，恐怕也没有能出其右者。补间铺作出挑的栱臂两侧，又有许多斜栱从不同位置恣意伸出。斜栱，原本在传统木构架体系中被定义为比较暧昧的装饰做法。然而在此殿中却不尽然，由于硕大的尺寸给人印象过于深刻，恐怕已经很难让人将其与所谓"装饰"联系在一起了。

与斗栱的粗豪形成意外对比的，却是殿内构架的纤弱之气，前后六架椽深的空间，并不加一棵内柱，仅依靠两条不太靠得住的六椽栿承担着一个硕大的屋顶，叫人不由得怀疑古代工匠是不是胆子过大（图 2.3.13.3 南吉祥寺梁架）。或许是出于加工因素、经济因素抑或是构造设计当中的实际要求，梁栿断面偏小在晋东南地区的宋代构架当中似乎是一个比较普遍的特征，虽然有时候也有匠人会考虑到实际的安全问题而采用两条较小断面的梁栿上下组合，但如此杂耍般的构架设计，让人在感慨古建筑"千般神奇"的同时却实在难以心安。话说到这，不由得又让人遥想起了几山之隔的高平崇明寺中佛殿。

再说南吉祥寺后殿，亦名圆明殿（图 2.3.13.4 南吉祥寺后殿）。相比于中殿的备受关注，这个对象似乎太容易被人忽略了，这恐怕要归罪于其粮库状的外观，可能是由于空间过于高大，后殿在近代被村民分隔为上下两层空间。外墙以条砖垒砌、面敷白灰，再加上那上上下下的、"实用主义"的小窗户，让人实在无法对其身世展开联想。直至进得其内部，方才能识得其本来面目。这座面目大变的后殿可同样是一座货真价实的早期建筑！

后殿的建筑年代虽晚于中殿，但大概仍在于金元之间。面阔足有五个开间，柱顶安着粗大的檐额。前檐的五铺作斗栱虽然大半被包裹在了墙里，但凸出的昂嘴似乎仍在努力呐喊，声明着其本来的价值。最近，后殿终于迎来了改变命运的修缮，究竟是应该让它本来的宏伟面貌重见天日呢？还是应当对其作为粮库的历史表达出同样的尊重呢？我心亦彷徨。

2.3.14 南庙宫 ㊷

Nanmiao Taoist Temple

名称与别名	东掌南庙宫
地　　址	晋城市陵川县潞城镇东掌村
看　　点	雕刻，自然风光
推 荐 级 别	★★
级　　别	省级文物保护单位
类　　型	庙宇，木结构
年　　代	明—清
交　　通	乡村，自驾

沿石掌村向东北大约 5 公里，便是东掌村，从村中向南穿过陵侯高速高架桥便来到了南庙宫，周围群山怀抱，遍地野花盛开（图 2.3.14.1 南庙宫外部环境）。

南庙宫始建于北宋，现存道观约为明清时期所建，并未遵循传统寺庙的轴线式院落布局，而是建筑依山一字排开（图 2.3.14.2 南庙宫内建筑）。从正门进入，向南为一大戏台，看上去像是 20 世纪五六十年代的建筑，长久没有被使用过了。正门向北，则是分别是瘟神殿、石佛洞、石佛殿、高禖祠殿、三霄圣母殿，形成三个半围合小院，主体建筑南北朝向，步道在东侧。

这里的古建筑并未有更多特色，突出的是装饰性

图 2.3.14.1

图 2.3.14.2

的木雕和砖雕，檐下、枋间、脊饰，件件都精致繁复，令人应接不暇（图2.3.14.3 南庙宫建筑雕刻）。比之邻近的南召文庙、石掌玉皇庙等所庙宇见的更加精美，而变化万千。看庙的大叔热情地介绍了南庙宫的历史和近况，言语间对于正殿西二间精美的木雕被盗而痛心不已，足见大叔对于古建筑深厚的感情和强烈的责任心。雕刻的艺术价值自不必多说，而在这乡间古建中，不知有多少精美的杰作曾遭到盗扰，尽管国家和地方政府都加大了投入，基层的文物保护工作依然任重而道远，工作人员和古建筑都时刻经受着风险。

南庙宫内供奉了各路神仙，体现了民间信仰的多样，殿内有求子、避祸、祛病等的祈求和还愿，据大叔说，这里虽然稍有偏远，但是依然香火不绝。只是

图 2.3.14.3

去年，山顶上修好了福兴寺，不知道这里是不是会渐渐衰落。现世的需求总是和品味殊途。顺着大叔手指的方向，在山顶云间，看到了一片金色的坡屋顶。

2.3.15 三教堂 ㊸
Three Religions Hall

名称与别名	寺润三教堂
地　　址	晋城市陵川县杨村镇寺润村
看　　点	早期木构架
推荐级别	★★
级　　别	全国重点文物保护单位
类　　型	庙宇，木结构
年　　代	金
交　　通	乡村，自驾

高平城东南约二十公里的寺润村村头的高地上，便是寺润三教堂。三教堂未形成院落包围，只有一座建筑，孤零零地在村头守候（图2.3.15.1 三教堂外部环境）。

三教堂正如其名，反映了当地三教合一的信仰观念。其始建年代与规模均未知，现存殿宇乃金代重修，体量较小，平面正方形，面阔、进深均三间，而殿身

图 2.3.15.1

主体只有一间，副阶周匝，重檐歇山顶（图2.3.15.2 三教堂歇山顶细部）。上檐斗栱出一跳，昂形耍头后尾作挑斡直通平榑（图2.3.15.3 三教堂上檐斗栱），下檐斗栱不出跳，直接承托梁枋与主体构架相连。东西侧木构上仍有彩画遗存。整座殿宇规模虽小，形制简单，但是结构清晰，比例合理，造型优美，而立于村口高地之上，远眺近观，赏心悦目。

从高平沿坪曲线向东，探访了三座古建筑，铁佛寺、清梦观与这座三教堂，正殿均大门紧锁，周围村

图 2.3.15.2

图 2.3.15.3

民也含糊其辞，无处寻得钥匙以欣赏历史的印记。文物建筑以及建筑中的附属文物均为不可移动文物，对其的保护，私以为并不是关门大吉，拒人门外，而应当向世人展示其古风犹存，唤起对文化传统的怀念，否则其价值又能如何体现呢。只有当大家了解它，才能尊敬它，从而更好地保护它，延续文化的传统。

忽然仿佛明白三教堂守候的是什么。

2.3.16 三圣瑞现塔 ㊹

Sansheng Ruixian Pagoda

名称与别名	三圣瑞现塔
地　　址	晋城市陵川县西河底镇积善村
看　　点	金代仿唐式密檐塔
推荐级别	★★★
级　　别	全国重点文物保护单位
类　　型	塔，砖石结构
年　　代	金
交　　通	乡村，自驾

积善村入口坐落在省道陵沁线上，三次过而不见，终循远处鹤立于村舍之间的三圣瑞现塔摸到昭庆院别致的影壁前（图2.3.16.1 三圣瑞现塔远景）。

三圣瑞现塔（图2.3.16.2 三圣瑞现塔近景）位于古禅寺昭庆院内，为方形平面密檐砖塔，高约30米，塔身以上叠涩出檐十三层，平面逐层缩小，从立面来看，收分明显。据现留存实物及文献记载，在唐代以及唐代之前佛塔平面以方形居多，而到了宋代，大多数塔平面则变成了多边形，佛塔建筑演变的过程并不十分明确，而三圣瑞现塔为方形平面，且立面收分明显，很有早期佛塔的特征，是金代佛塔建筑的重要实例。

首层设塔室，门朝南开，塔室门框由石灰岩制成，上刻龙牙蕙草，东侧嵌有"一佛二菩萨"浮雕（图2.3.16.3 塔身镶嵌佛龛），北侧力士券门似唐代塔身残件。塔室外墙上部，以砖砌普拍枋，枋上所刻斗栱形制同汉魏时期石窟寺上所刻相似：栌斗上横出一栱，栱上置三个小斗，每面四朵；斗栱上有两层菱角牙子，之上为叠涩式出檐。在塔的二层、五层也做砖雕斗栱，为把头绞项造，每面亦为四朵。从二层起，塔身每层叠涩出檐开始回收，层高骤减，遂成叠涩密

图 2.3.16.1

檐式。塔心中空，塔内三层北墙上，嵌一石碑刊《骷髅和尚记》，据碑文记载金大定六年（1166年），舜都骷髅和尚行化至此，从昭庆院西掘出一只石龟，龟中藏肉髻珠一粒，背刊"古禅寺三圣瑞现塔"，腹刊"隋仁寿元年僧丰彦藏字"，于是骷髅和尚便将旧得舍利和石龟同藏于下，并建塔在其上。大定九年（1169年）工程告竣。据此，此塔初建于隋唐而于大定年间重建，故唐风依旧，也并不奇怪。

图 2.3.16.3

院内现存金天会十年（1132年）、崇庆元年（1212年）石碑，载重修三教堂记及诗词两首，文字饶有趣味，字迹甚是好看。

更有趣的是，其实无论从村外还是进院内，看到的都是双塔，形制相仿，一大一小，本以为是两塔的建制，然而近处一看，小塔竟是红砖建成，与大塔形似而神非，问了村里人，才知道这竟是早年间所建的水塔，由于太煞风景而被改建成双塔对峙状，而隔于院墙外。古迹与水塔，均为不可缺少之物，古塔仿唐，而水塔仿古，也折射出审美意趣的传承吧。

图 2.3.16.2

2.3.17 文庙·南召 ㊺

Temple of Confucius in Nanzhao

名称与别名	南召文庙
地　　址	晋城市陵川县平城镇南召村
看　　点	早期木构架，雕刻
推 荐 级 别	★★★
级　　别	全国重点文物保护单位
类　　型	礼制建筑，木结构
年　　代	元—清
交　　通	乡村，自驾

南召村已属陵川县地界，一个显著的感受就是，这里的村民对访古的游客热情许多。文庙正在施工期间，到时恰逢午饭时间，工人大哥乐呵呵地说："快点看，我们要吃饭啦！"但见我们流连忘返，又乐呵呵地说："你们好好看吧，我们去吃饭啦！"

在晋东南的古建筑中，以二仙庙、玉皇庙、东岳庙居多，还多有佛寺、道观等，而文庙相对比较少见。南召文庙号称"太行第一文庙"，相传为唐朝武氏所建，在武则天死后，武氏一支为避免唐朝李氏屠戮逃至山西东南此村，并建文庙尊孔以图官宦。南召村又为金代"武氏三状元"故里，被誉称"状元村"，武氏一家自金贞元二年（1154年）词赋科状元武明甫及第后，武天佑、武天和相继状元及第，史称"武氏三状元"，但后来有人考证其故乡实在县城。根据武氏家庙中现存的家谱和祖宗画像所记载，自唐以后，武家除金代出过三位状元外，还有进士九个、翰林六个、尚书五个、资德、朝仪十二个，国子监博士一个，图史编修一个，

图 2.3.17.1

图 2.3.17.3

图 2.3.17.2

知县十一个,共有官衔人数达四十八个。其中最著名者为宋朝的国子监博士,后入辽官至尚书的武白和金代的武明甫、武天佑、武天和叔侄三状元。据说目前看守文庙的仍为武氏后人。

南召文庙整体一进院落,包括山门倒座戏台、正殿以及东西配殿、看楼等建筑,正殿台基下延伸出月台,顺应了地形,错落舒展而别有风趣。专家说正殿乃元代遗构,庙内万历十六年(1588年)的重修碑记载,文庙始创年代未知,从洪武二十二年(1389年)揭盖修缮至当年(1588年),二百多年间庙貌日渐颓然,遂聚众发愿修葺一新。可推测原有木构至少也应为洪武年间所建,应与元代遗构的说法相符。

让我们来看看这元代遗构,面阔五间,进深六架椽,单檐悬山顶,屋面举折平缓(图2.3.17.1 南召文庙正殿)。斗栱出一跳,外檐有前廊,殿内梁架用材较大,构件多为原木形状,虽未经仔细雕琢,但相对形态较为规整(图2.3.17.2 正殿梁架)。最令人瞩目的当为殿内两根粗短敦实的立柱所承托的大内额,沿面阔方向承托屋架的荷载,进深方向的四椽栿也搭于其上,故其位置高度减少不小,受力集中,这是元代木构建筑的常用手法。构架上依稀有彩画残存,还有部分贴金的痕迹(图2.3.17.3 正殿梁架细部)。殿内所供塑像至于大内额之后,还有不少还愿的锦旗,想必当地民风还是很重视教育的吧。

与之前所见的古建筑相比,南召文庙显著特征是,斗栱、砖石等构件多了许多精美的雕刻。这里的修缮工程基本进行到了尾声,只剩下部分屋面的工程,各种瓦件、脊饰、砖雕、木刻等构件排列在地上,也有幸能如此近距离地观赏这些平日只能远眺而不可即的构件。仔细观察便能发现老构件和新补配的构件的区别——生动的手工的痕迹,以及微小细节部分精益求精的追求。先不论雕刻的纹饰、图案的美学方面的评价,但凭工匠这一双灵巧的手,便足以令人肃然起敬。

2.3.18 玉皇庙 · 北马 ㊻

Yuhuang Temple in Beima

名称与别名	北马玉皇庙
地　　址	晋城市陵川县附城镇北马村
看　　点	建筑单体,斗栱
推荐级别	★★★★
级　　别	全国重点文物保护单位
类　　型	庙宇,木结构
年　　代	金一清
交　　通	乡村,自驾

北马村的村民好像不大熟悉玉皇庙这个称呼,但是如果问他们大队在哪,他们一定会热情地告诉你。北马玉皇庙始建年代已不可考,经过明清历代的重修补建之后,形成了现在保存较为完整的一进院落。从大队二层办公楼下的大门进入,首先映入眼帘的并不是典型的古建筑形象,而是悬山屋顶下的砖墙立面,这是由于玉皇庙在20世纪60年代先后被改作会堂和仓库,前檐完全被砖墙所遮挡(图2.3.18.1 北马玉皇庙外观)。而砖墙所遮挡住的,也正是北马玉皇庙大殿最为精彩的部分——七铺作单杪三下昂斗栱(图2.3.18.2 北马玉皇庙斗栱)。三下昂均为真昂,出四跳,昂尾贯通至梁栿,耍头作昂形,这形成了北

图 2.3.18.1

图 2.3.18.2

马玉皇庙大殿独特的形象,而这组斗栱,形态雄劲有力,气势雄浑,展现了当时审美的高度以及工匠高超的技巧——如此的斗栱设计,在斜度计算、构件交接等细节上困难重重,在全国现存的古建实例中也鲜见(图 2.3.18.3 北马玉皇庙梁架)。

大殿面阔五间,进深仅一间,跨度较大,显示了当时的工匠对于技艺的自信,以及当时的建筑特征。七铺作斗栱仅用于前檐,主体建筑形象不见天日,可想其余附属文物几乎已经荡然无存,古建筑的保存状况着实堪忧。好消息是,玉皇庙将在明年进行大修,我们期待着可以看到健康存在的古建筑。

这里又引申出另一个问题,该如何修缮这座玉皇庙。它已经以如今的形象存在了近六十年,已然成为当代人记忆里的影像,如果要恢复更早以前的形态,且不说并无确切可靠依据,而这五十多年的历史虽说

图 2.3.18.3

不够久远,但已经影响了一两代人,这段记忆又该如何记录呢?这无疑给修缮技术人员出了另一个难题,我们拭目以待吧。

2.3.19 玉皇庙·石掌 ㊼

Yuhuang Temple in Shizhang

名称与别名	石掌玉皇庙
地　　址	晋城市陵川县潞城镇石掌村
看　　点	布局,建筑单体
推荐级别	★★★★
级　　别	全国重点文物保护单位
类　　型	庙宇,木结构
年　　代	金—清
交　　通	乡村,自驾

图 2.3.19.1

石掌玉皇庙就在石掌村头的小山上(图 2.3.19.1 石掌玉皇庙外观),文物管理员家就在路边的学文超市对面。看庙的老大爷在地里务农,欣然答应参观的请求,顿了一下,又说:"老农民苦啊!"探访古建一路走来,对于基层文物保护管理人员肩上的生活和看管文物的双重压力深有体会,敬意油然而生。

石掌玉皇庙的始建年代未知,整体院落保存完整,

图 2.3.19.2

图 2.3.19.3

图 2.3.19.4

包括戏台、侧殿、配殿等建筑（图 2.3.19.2 石掌玉皇庙院落）。院落只有一进，由于高差被分成了三层台地，丰富了院落空间，同时烘托出了大殿的形象，下院的戏台和配殿为清咸丰年间重修时补建，工程从咸丰年间持续到了同治年间。

前几年修缮的过程中，在正殿发现了明万历二十九年修补时的题记，题记上说正殿于金泰和六年重修，当时南兵侵境，村上壮丁都去搬运粮草等军需，而耽误修庙，直至八年才完工。这一段文字非常有趣，泰和六年，是南宋开禧二年，这一年发生了开禧北伐，这是南宋为了收复失地而进行的一次北伐，主持者为韩侂胄，最后北伐失败，韩侂胄被杀害，首级被送往金国。南宋嘉定元年，即金泰和八年，宋金签订《嘉定和议》。题记里说的南兵侵境与此次事件直接对应，也可以看出当时此地百姓的立场，与惯常代表中华文明的南宋相左。题记另说大元泰定年间也有修补，均有题字为证，此外一件瓦件上也有"太和捌年"的字迹。庙里还有明万历十一年、清咸丰四年以及民国六年的

重修碑记，基本道明玉皇庙的历史沿革。

山门的抱厦建于民国六年修缮时，斗栱被雕刻成了复杂的形象，有龙头有云纹，令人在进入山门时目不暇接（图 2.3.19.3 石掌玉皇庙山门）。而这种手法在庙里随处可见，精美的木雕和砖雕恰到好处地点缀着建筑物。山门背面则是戏台，沿梯爬上，戏台下、平台山人头攒动的情景跃然眼前，得以想象历史上集会的盛况。

正殿是院里最重要的建筑，单檐歇山顶，面阔三间，六架椽屋。前檐斗栱四铺作出一跳，斗栱均有雕刻等装饰（图 2.3.19.4 石掌玉皇庙正殿）。值得一提的是，补间斗栱虽然只出一跳，但是耍头雕作龙头，尾部挑斡至下平榑，由于并不承托出跳构件，因此不能称其为"下昂"，同时在 45°方向出斜栱，形成了结构技术与艺术形象的有机结合。

离开的时候，看庙的老大爷问道我们还要去哪里，未等我们答话，他便说道："从这顺路一定要去南神头和郊底！"而那里也正是我们的下一站。

2.4 沁水

2.4.1 窦庄古建筑群 ㊽

Ancient Building Complex in Douzhuang

名称与别名	窦庄古建筑群
地　　址	晋城市沁水县窦庄
看　　点	村落布局，建筑单体
推 荐 级 别	★★★
级　　别	全国重点文物保护单位
类　　型	民居
年　　代	明—清
交　　通	乡村，自驾

有《窦氏家谱》存世，可以知晓窦庄名称的由来；有朝廷重臣张五典的名号，于是记载下了窦庄古堡的来龙去脉（图 2.4.1.1 窦庄古建筑群）。

旅游的人多了，古堡中各种功能的建筑和建筑中发生的故事便比历史还鲜活，反倒是物质层面的真实细节向来乏人深究。说"佛庙"主殿及配殿为元代建筑，大部分其他建筑为明、清所成，于是也便不再追问民国时期的改造和"文革"期间的经历。国人不甚穷尽细节，"钻牛角尖"的评价也绝非褒奖。越是到了民居层面的遗存，也越发没有精力去"钻牛角尖"。从陈志华先生的造访开始，研究逐步深入下去；历史信息有时过于丰富，需要多专业配合研究。例如对于早期建筑的认定，起于"佛庙"正殿门枕上有元至正六年（1346 年）题记，说明它是修建古堡之前的作品。而文化学者会关注世俗生活和精神生活，关注牌坊、

古公堂、监狱、民居和园林，关注大庙、烈公庙、佛庙、财神庙、北庙、文庙、火星庙、观音庙、阎王庙、霸王庙、黑虎庙、五道寺等十三座庙宇；至于关注大木作制度的学者，则会通过正殿面阔三间，悬山顶，殿前石柱上用施大檐额、平板枋，柱头铺作之外明间补间一朵用真昂等一系列的特点，结合周边地区的做法开展对比研究。

简言之，窃以为，窦庄古建筑的价值发掘才刚刚开始。

图 2.4.1.1

2.4.2 郭壁村古建筑群 ㊾
Ancient Building Complex in Guobi Village

名称与别名	郭壁村古建筑群
地　　址	晋城市沁水县郭壁村
看　　点	村落布局，建筑单体
推荐级别	★★★
级　　别	全国重点文物保护单位
类　　型	民居
年　　代	明—清
交　　通	乡村，自驾

图 2.4.2.1

沿沁河往北，一路风光尚好。快到目的地时，河西岸出现了一排整齐的新房，丝毫看不到古建筑群落的影子。过河向村内深入，才发现，原来古建筑村落，是被新房包围起来的（图 2.4.2.1 郭壁村街景）。

这里曾是山西对外的重要通道，经济发达，文化繁荣，商贾云集，富甲一方。历代文人辈出，明、清两代进士多达十几人，也因此曾为古镇建置所在地。在明代，村主街即长达五里，有"金郭壁"之誉。坐西向东，背山临河，呈带状。村东沿河石砌护坡，村西山上筑有夯土城堡。郭壁古镇民居以家庭为纽带而建，以阁楼宗庙加以城墙相连为寨堡或城，寨与堡或城与山水相融形成了较为独特的建筑群体，现存明、清民宅3400余间，窑洞数百孔，庙宇7座，阁楼10座，有进士宅院13处，行宫建筑1处，祠堂二处，古井18眼。整体建筑素有"三城""三寨"之说，南北长约2500米，一条古商贸街贯穿其中（图 2.4.2.2 郭壁村街景）。保存了基本完整的里、坊式建筑布局。民居建筑基本以青砖砌筑，二至三层的四合院布局，重要的建筑均有十分华丽的门楼和照壁雕饰。目前，郭北保留有"进士第""大中第""青缃里""三槐里"等完整的大院；郭南村口的崔府君庙内有明代初年重

图 2.4.2.2

修的乐亭一座，村西的高坡上留有"行宫"和"岱庙"残址（图 2.4.2.3 进士第）。

郭壁古村落，集居住、商贸、文化、防御、祭祀等建筑于一体，建筑种类繁多，是一处明清时期乡村集镇的代表作，是研究该时期社会政治、经济、文化、军事的实物资料，具有较高的历史价值。

村民们继续着日常的生活，敞开大门欢迎访客。晾晒的谷物、衣物，粗制的家具，晒太阳的小动物，处处都充满了生活的气息。古建筑村落的保护应当是与其自我更新同时进行的，而这一切的主角，不是建筑师也不是文物建筑保护工作者，而是当地的村民。只有他们的生活，才能保持古村落长久的活力，而不被时代的大潮所淹没。

图 2.4.2.3

2.4.3 柳氏民居 ㊿
Vernacular Dwellings of Liu Family

名称与别名	柳氏民居
地　址	晋城市沁水县西文兴村
看　点	村落整体格局，早期宅院建筑
推荐级别	★★★★
级　别	全国重点文物保护单位
类　型	民居
年　代	明—清
交　通	乡村，自驾

柳氏民居所在的西文兴村，南望太行、王屋，西接中条、历山，山环水抱之间景色四时常新。

民居的建造者原为河东解州迁徙而来，系河东柳氏支脉，与唐代文学大家柳宗元有宗族之亲。据传柳氏族人是在王叔文变法失败、柳宗元遭贬永州的背景之下，为避免遭受更多迫害而选择迁徙，"弃府始徙至沁，隐居中条道中历山一带，恪守祖训，耕读为本，隐姓埋名，历经宋元，门庭不宣"。直至明代家族重兴，自永乐四年柳琛拔得殿试三甲起，族人多由诗书而入仕途，因此家族声望日益发达、宅第不断扩展，虽经明末兵乱，幸未伤及根本，至清代又加复兴，方才建成今日如同城堡一般的古村落建筑群。

村落主体由柳氏族人世代修建的若干组大型院落组成，现如今保存完整者尚有"中宪第""司马第""河东世泽""行邀天宠""香泛柳下"与"磐石长安"六处。各组院落均以门匾点睛、直抒胸臆，所反映的主题一方面是追慕先祖，强调河东柳氏之脉望；另一方面则是渲染浓重的仕宦文化，体现出柳氏作为名门望族的深厚历史积淀。

村中古宅大都历经苦心经营，砖石木雕工艺精美、保存完好，令人应接不暇。大抵是因为山高皇帝远，家宅间装饰的主题大多不受等级约束，全凭主人的喜好任意为之，给人留下深刻印象者诸如司马第门楼，竟采用官家都难得一见的十一踩斗栱，其余龙凤狮麟等装饰题材亦比比皆是。

不论是从建筑艺术还是从历史文化的角度出发，柳氏民居均值得一游。

图 2.4.3.1

图 2.4.3.2

图 2.4.3.4

图 2.4.3.3

2.4.4 石塔·玉溪 ㉕

Stone Pagoda in Yuxi

名称与别名	玉溪石塔
地　　址	晋城市沁水县胡底乡玉溪村
看　　点	石塔建筑形制
推荐级别	★
级　　别	省级文物保护单位
类　　型	塔，石结构
年　　代	明—清
交　　通	乡村，自驾

沁水县的这座石塔确切的建造年代已无从稽考，但其形象具有唐代方形密檐塔的典型样式特征（图 2.4.4.1 胡底玉溪石塔）。塔体分为塔刹、塔身与基座三部分：其中塔基比例甚为高大，由三重叠涩须弥座并一重莲座构成；基座之上立塔身五层，第一层较高，有券门及精美的佛像装饰，上部四层层高较低矮，形成密檐，逐层每面亦开有小龛；最上部塔刹为宝盖、相轮、山花蕉叶等构成，造型协调。

塔身背面有明正统年间修缮题记一则，证明一层塔身的前后面板至明代已残缺严重，故另行雕凿加工并予以替换。面板虽非唐代原物但仍属精美，只可惜此面板亦于1997年被盗，给这座古塔佳作造成了巨大的遗憾。

图 2.4.4.1

2.4.5 湘峪古堡 ㊾

Xiangyu Ancient Fort

名称与别名	湘峪古堡
地　　址	晋城市沁水县湘峪村
看　　点	古堡、整体布局
推荐级别	★★★
级　　别	全国重点文物保护单位
类　　型	民居
年　　代	明—清
交　　通	乡村，自驾

郭壁村古建筑群和湘峪古堡尽管在行政区划上属于沁水县，但是距离阳城县更近一些，尤其是湘峪古堡，离皇城相府只有 6 公里。

湘峪，原名相谷，因为村被山水包围，故而在村名中加入了"氵"和"山"，是谓湘峪。湘峪城为蜂窝式城堡，全为砖石土木结构建造，由孙居相、孙鼎相兄弟主持修建，建于明天启三年（1623 年），竣工于明崇祯七年（1634 年）。湘峪村因明朝户部尚书孙居湘（万历二十年进士）、御史都堂孙可湘、四部首司孙鼎湘三兄弟同朝为官而闻名，其府第历史上民间俗称"三都堂"，湘峪古城也因此而被称为"三都古城"。

古堡已经基本修缮一新，景区相关设施已经建立，去时正值严冬，游客寥寥，售票处还没有启用。古堡依山临河而建，整体立面高低错落，虚实相间，气势雄浑（图 2.4.5.1 湘峪古堡全景）。这种并无统一规划设计的建筑群落，可谓"自然生长"，其结果令人惊叹，体现着建筑艺术的生命力。

古堡分为内城和外城，城内主要建筑由东西向两条街和南北九条巷道将其分割有序。现存主要建筑有三都堂、帅府、十大宅院、大小男院等民居建筑以及寺院、祠堂、私塾等公共设施，另外还有孙居相墓等。漫步城中，地势不断攀升，街巷交错，条石与磨盘石铺路，空间层次丰富，周边民居鳞次栉比，建筑雕饰处处可见（图 2.4.5.2 湘峪古堡街巷）。

最打动人的场景当属一处明代石碾，一棵古树立于其侧，周围古老的建筑围合成一小片空场，试想穿越回几百年前，这里应是多么生动美好的生活的场景，脑海中不禁勾勒出当时一派欣欣向荣的景象（图 2.4.5.3 石碾与古树）。只可惜这里如今已几乎没有多少原住民的生活痕迹，只剩下历经沧桑的建筑，仿佛要将历史的故事娓娓道来。而这种缺失了原住民的民居聚落，也只会渐渐沦为电影的取景地吧。

图 2.4.5.1

图 2.4.5.2

图 2.4.5.3

2.5 阳城

2.5.1 砥洎城

Dizi City

名称与别名	砥洎城
地　　址	晋城市阳城县润城镇
看　　点	坩埚城墙，明清堡寨及民居
推荐级别	★★★
级　　别	全国重点文物保护单位
类　　型	民居
年　　代	明—清
交　　通	乡镇，自驾

明崇祯年间社会动荡，民不聊生，阳城一带因较为富庶屡遭流寇所扰。当地人民为保平安，单沁河一带就建造了为数众多的堡寨。杨载简组织建造的这座城就是其中之一，该城建造于沁河边的一整块大石之上，因三面环于旧称洎水的沁河，故得此名（图 2.5.1.1 砥洎城外部环境）。

砥洎城所在的润城镇储有丰富的矿产，除铁矿外，其所产煤炭的品质也极好，非常适于冶铁，所以自五代以来就是冶铁重镇，明清时期更是闻名远近。为了冶铁，人们用耐火的黏土烧制坩埚，随着冶铁业的兴盛坩埚也被大量生产。废弃后的坩埚含铁量高，防火且非常坚固，于是就被当地居民用以叠墙造屋，成为极有特色的建筑材料。

我们到达砥洎城时这里正在进行修复城墙的工

图 2.5.1.1

程,正好使我们看到了当地特有的坩埚城墙的建造过程。这种城墙外侧垒砌青砖,内侧则用坩埚砌成。圆柱形的坩埚一层横向排列一层纵向排列,层层累叠、颇为壮观(图 2.5.1.2 砥洎城坩埚墙)。除了前面提到的优势之外,中空的坩埚墙还具备良好的隔热性能,用它砌筑的房屋具有冬暖夏凉的优点,由此不得不佩服古人的智慧,没有当今量化的材料检测评定方式,凭着长年积累的经验,仍然可以找出当地最为经济实用的建筑手段。

城内建筑多为两层,青砖砌筑,道路大概一米五左右,仅容两人并行,街道中不时有由小小的拱券门洞支撑的带有古朴方格门窗的过街楼,穿行于此,只见两侧青砖斑驳,木质门窗沉寂,大有隔绝于世之感(图 2.5.1.3 砥洎城街巷)。

图 2.5.1.2

图 2.5.1.3

2.5.2 东岳庙·润城 ㊷
Dongyue Temple in Runcheng

名称与别名	润城东岳庙
地　　址	晋城市阳城县润城镇
看　　点	献亭藻井,琉璃,雕刻
推 荐 级 别	★★★
级　　别	全国重点文物保护单位
类　　型	庙宇,木结构
年　　代	始建不详,明清重修
交　　通	乡镇,自驾

润城东岳庙就在润城镇的一条老街上,街边林立着小铺面与小吃店,去时正赶上学生放学,三三两两穿过窄窄的巷子。走着走着,老街突然变得稍开阔一点,东岳庙正坐落于此(图 2.5.2.1 润城东岳庙外部环境)。

润城东岳庙原本被用作幼儿园,老房子藏在色彩丰富而鲜艳的小楼之中。我们到访的时候,幼儿园已经拆迁完毕,仅存的三座建筑孤零零地站在一大片空场之中(图 2.5.2.2 润城东岳庙院落)。东岳庙始建年代不详,约略在宋金时期,而明万历二十一年(1593年)的大规模重修则是确切的。古时原有的山门、舞楼、东西厢房和配殿等大批建筑,已于 20 世纪 60 年代被毁,现仅存献亭、正殿、后宫三座主要建筑。

进入栅栏门,穿过大片空地,步入十字歇山顶的明代献亭,一抬头,便会被精美的八边形藻井所吸引(图 2.5.2.3 润城东岳庙藻井)。内部木结构清晰明

图 2.5.2.1

图 2.5.2.2

图 2.5.2.3

确,所形成的构图充满了几何美学特征——正方形的平面,角梁与抹角梁交错相布,斗栱里跳出跳承托支撑八边形藻井梁架结构,二者通过垂花柱相连在一起,藻井的内部结构又被小一点的斗栱所承托,细分出几何的小框架以及优美的曲线,形成屋中屋,再上承托十字脊,这样的设计在空间中形成了立体的构图,丰富而不琐碎,同时使结构、功能与装饰达到几乎完美的统一。不得不再次感叹工匠的设计能力,要知道,在结构、功能与装饰三个重要的建筑因素中找到平衡是多么困难的事情。

穿过献亭之后,似乎已有曾经沧海难为水的感觉,也就不太关注正殿与后宫的建筑结构了,从形制上来看,这本身也属较晚期的建筑风格。能够吸引目光的还有正殿前檐廊下的侧墙上,精美的仿建筑砖石雕形成了两面壁龛,内嵌石碑。同时还有屋顶上色彩斑斓的琉璃。阳城的琉璃可谓精品,在这里似乎体现得极为充分——颜色鲜亮,从脊兽到瓦垄,甚至连博风版均为琉璃制作,堪称绝美。此外,庙内各处都有精美的石雕,譬如阑板、石狮等,雕刻水平和审美情趣均算上乘。

尽管东岳庙建筑遗存不多,但也足以向我们展示历史上的盛景了。

2.5.3 东岳庙·屯城 ⑤

Dongyue Temple in Tuncheng

名称与别名	屯城东岳庙
地　　址	晋城市润城镇屯城村东边山坡上
看　　点	早期木构架,斗栱,有金代题记的石构件
推荐级别	★★★★
级　　别	省级文物保护单位
类　　型	庙宇,木结构
年　　代	金—清
交　　通	乡村,自驾

屯城村深处于阳城县古村落群的腹地,周围距郭峪村、砥洎城、皇城村等皆不足半小时车程。东岳庙就坐落在村东面的山坡上,拜访需要爬过铁轨和煤场。辛劳会在周折之后。

东岳庙创建于金代,为一坐北朝南的单进院落。中轴线上布置有献亭与正殿,两侧辅以廊房、朵殿与钟楼等。附属建筑大多系明清时期添改修造,唯正殿与东朵殿仍系 12 世纪末之原物,距今已逾八百年(图 2.5.3.1 屯城东岳庙正殿)。东岳庙创立时间的久远,可以清晰反映在留存至今的多则题记当中,其中包含明确纪年有金承安四年(1199 年)、泰和八年(1208 年)、大安二年(1210 年),内容以助缘捐施为主,今人由此也可大致勾勒出初创之际庙貌由粗完到补足的景况(图 2.5.3.2 屯城东岳庙金代题记)。

大殿虽然为一悬山顶建筑,后世修缮时又在前檐增加了一排擎檐柱,但仍难掩其古旧之风。基本格局采用三开间六架椽屋,前乳栿对四椽栿通檐用三柱,前廊敞开。檐柱为抹角秀气的八棱石柱,柱身遍布线刻纹饰,极具装饰性(图 2.5.3.3 屯城东岳庙石柱线刻装饰);正殿前檐仅施柱头铺作,然其形制亦颇为可观,系六铺作单杪双下昂,具体做法灵活变化,不求一致(图 2.5.3.4 东岳庙正殿斗栱)。屋架平铺直叙、简单明了。梁栿组织方面,前檐之乳栿截面规整、加工考究、

图 2.5.3.1

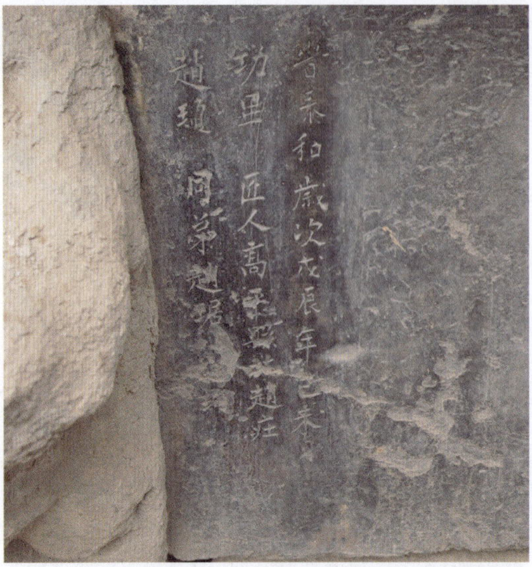

图 2.5.3.2

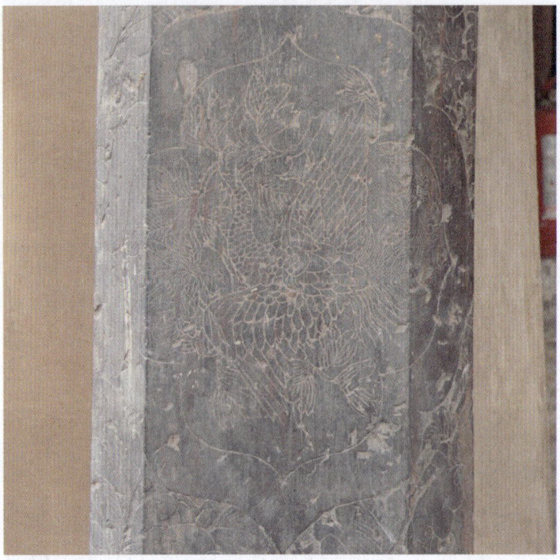

图 2.5.3.3

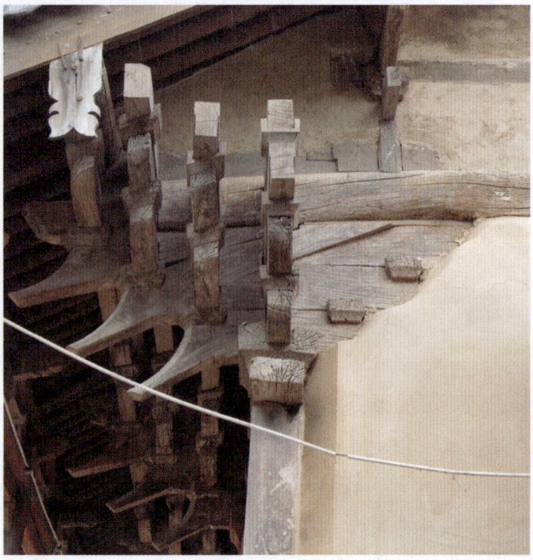

图 2.5.3.4

前端出为耍头，而其后之四椽栿则梁身圆硕，系一株天然弯材。前后比对，颇得趣味。殿下须弥座同为金代原物，其束腰内的雕饰尤为精美；角柱、间柱上圆雕角神、力士、卧狮等，各具形神；壶门中除浮雕龙凤、花卉外，尚包含人物形象，应具有一定的故事性。

东岳信仰极为普及，自北宋时官方封禅、加封号的做法使东岳行宫遍布神州各地。金代繁荣稳定的世宗、章宗二朝，也是文化上向汉族迅速靠拢的时期，屯城东岳庙即建造于章宗朝尾声。仅仅不足三十年之后，蒙古铁骑荡涤中原，大金国江山即如风中黄叶般迅速飘零而去。今天的铁骑却是向往“幸福生活”的本能，再多走一步便是欲望的陷阱。看看古人，别忘记平静的生活。煤场和铁道，我们这几年的需要；我们的子孙或许会为此责怪我们呢。

2.5.4 郭峪村古建筑群 (56)

Ancient Building Complex in Guoyu Village

名称与别名	郭峪村城墙及豫楼
地　　址	晋城市阳城县北留镇郭峪村
看　　点	蜂窝城墙，豫楼
推荐级别	★★★
级　　别	全国重点文物保护单位
类　　型	民居
年　　代	明—清
交　　通	乡村，自驾

还要说到明朝末年的动荡，好在已经不必再提阶级立场。郭峪一带工商业发达，人口众多而富庶，于是成为劫掠对象。崇祯五年（1632 年）七月十五日至崇祯六年（1633 年）四月的九个月间，郭峪遭农民军主力四次攻打，村民伤亡惨重，多年积蓄被洗劫一空。而在这期间与之相邻的河山楼庇护陈氏族人等八百余人逃过劫掠。经后的郭峪，防御设施被严重破坏，人心惶惶。崇祯八年（1635 年），在富商王重新的主持下，村民出钱出力修筑城墙，十月后竣工。

当年的十个月，成就了今天的古迹（图 2.5.4.1 郭峪村街巷）。郭峪村城墙高十二米、阔五米三、周长达一千四百米，其上有雉堞，转角处残存角楼。很有特色的是城墙上存有窑洞的遗址，古时既可居住，又可驻兵，故名蜂窝城。很难想象当年这里的村民到底是怎样的富足，在受多次劫掠后还能在那么短的时间内凑钱建起这样一座城墙，或许也是生存所迫不得不如此。城墙建好后，虽然局势依旧混乱，郭峪却再也没有被入侵，当地居民终于获得了乱世中来之不易的安定（图 2.5.4.2 郭峪村街巷）。

堡垒的力量或许不仅在防御的能力，也在于视觉的震慑。今日观之，则更是复杂的美感，忘记了居住的艰辛（图 2.5.4.3 郭峪村街巷）。

图 2.5.4.1

图 2.5.4.2

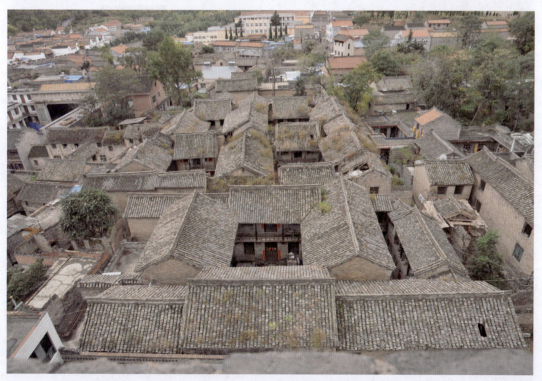

图 2.5.4.3

2.5.5 海会寺 (57)

Haihui Temple

名称与别名	海会寺
地　　址	晋城市阳城县北留镇
看　　点	海会寺双塔，建筑群景观
推荐级别	★★★★
级　　别	全国重点文物保护单位
类　　型	寺院，砖石结构
年　　代	五代—清
交　　通	乡村，自驾

海会寺位于郭峪村之西南两公里范围内，周边风景秀丽，山环水绕。步行进入景区入口，未到寺门，远远即可望见双塔高耸（图 2.5.5.1 海会寺双塔远观）。

海会寺初名郭峪院，寺始建于唐，唐昭宗乾宁元年 (894 年) 十月二十五日赐额为“龙泉禅院”，后宋太宗赵光义又“敕赐海会寺为额”。直至明清依旧是寺院的鼎盛时期，由于邻近当时人才辈出的郭峪村，官商大户不断捐银用于重修和扩建寺院，使寺院规模不断扩大。

双塔之中较矮的一座，相传为五代顺憨禅师圆寂后弟子们为他所修建的舍利塔。塔为砖砌，六角十级，高约 20 余米，每层叠涩出檐，第五层檐下有仿木斗栱；塔身形象羁直异常，全无唐宋古塔的灵动美态，“塔造于五代”大概只是无法落地的传闻罢了。自第二层起塔外壁密布佛龛，过去嵌满坐佛，故民间亦称为“千佛塔”。

另一座为明代楼阁式琉璃塔，塔身砖砌，八角十三级，高约 50 米，逐层收分明显。一至三层外包砖墙（图 2.5.5.2 海会寺塔底层细部），墙顶设垛口，墙身有孔洞，其余每层布有佛龛，每层佛龛形式、大小各有变化，塔顶六脊各饰脊兽三个。檐下均有砖雕仿木结构斗栱，六角饰以琉璃，并挂有铁铃，塔身局部有琉璃拼接图案装饰，第十层支出平座，上置八根擎檐柱并饰有琉璃，柱间设有琉璃栏杆、雀替，可供人登临远眺，只可惜塔门已经紧闭。

双塔后为一个小院，院中有一方沼，上有石桥，沼后是一个高台，将小院与周围空间隔绝。高台中央是一个小型瀑布。经瀑布两侧的石阶而上，可见一片大型池塘，环绕池塘的是海会寺、海会书院、龙泉亭和阳明书院。经重修后的海会寺自山门起共四进院落，每进院落正殿形制各异，各供奉不同神明。其中的大雄宝殿重建于明代成化十五年 (1468 年)，悬山顶，面宽五开间，进深八架椽，五铺作斗栱，当心间出斜栱，殿顶有青色琉璃瓦剪边。阳明书院为单进四合院，年久失修，几成危房。

经过近期重修，湖光山色中的海会寺风景宜人，庙宇静谧，不失为一处放松身心的好去处。

图 2.5.5.1

图 2.5.5.2

2.5.6 皇城相府 ㊸
Imperial City and Ministerial Mansion

名称与别名	皇城相府
地　　址	晋城市阳城县北留镇皇城村
看　　点	整体布局，民居群落
推荐级别	★★★★
级　　别	全国重点文物保护单位
类　　型	民居
年　　代	明—清
交　　通	乡村，自驾

图 2.5.6.1

皇城相府是山西省四个 5A 级旅游景区之一，又称午亭山村，总面积 3.6 万平方米，是一处明清两代城堡式官宦住宅建筑群（图 2.5.6.1 皇城相府宣传画）。距离北京 780 公里，在北京的地铁里随处可见其广告，在晋城附近的高速公路上也能看到皇城相府的指示牌。正如广告所说，皇城相府是清文渊阁大学士兼吏部尚书加三级、《康熙字典》总阅官、康熙皇帝 35 年经筵讲师陈廷敬故居，而陈廷敬长大成人的地方却是在相距不到一公里的郭峪村古建筑群中的一处院宅中，而皇城相府曾为郭峪村古建筑群的北翼城，以前都属同村。

皇城相府已经是开发得相当完善的风景旅游区了，更多的介绍信息也不必过多赘述。周边寻访一遭，有郭峪村古建筑群、湘峪古堡以及皇城相府三处古堡类古建筑群，另有郭壁村古建筑群这样的古村落，相距不超过十公里，这对我们的文化而言都是宝贵的遗产。如何继承这些遗产？最直接的方式莫过于旅游开发，现在已经初见成效。而这么集中的几处古建筑群，难免形成重复和竞争关系，最终有可能沦为电影取景地这样的布景式旅游景点，这对于文化遗产而言，简直可惜。那么又该如何形成各自不同的特色，形成整体的旅游、文化产业链？这可能需要长期的探索和努力，不论是当地居民、政府，抑或是文化遗产保护工作者，绝不是一蹴而就的事情。文化遗产的活化，着实是一个深刻的需要思考的问题。

2.5.7 开福寺 ㊹
Kaifu Temple

名称与别名	阳城开福寺，文殊寺，福严寺
地　　址	晋城市阳城县城
看　　点	建筑单体
推荐级别	★★★★
级　　别	全国重点文物保护单位
类　　型	寺院，木结构
年　　代	金
交　　通	县城，自驾/公交

出阳城文庙向西走两百米，即能在民房之间看到开福寺后殿后檐，斗栱用材较大，在狭小的空间中形成了强烈的冲击力，这种隐藏在新建筑中的古建筑，总保持一种神秘的吸引力，令人非常想去一探究竟。这里正是阳城实验小学的西校门，然而小学已经搬家，空无一人的校园，仿佛还有孩子们喧闹的声音（图 2.5.7.1 阳城开福寺中殿）。我们在周边居民的指点下回到了阳城文庙，因为钥匙由文庙的工作人员管理。文物管理处的工作人员尽职尽责，先说钥匙不在，又说不允许进入，反正又一次拒绝了我们的参观考察请求。因为被拒绝得多了，考虑到文物部门管理工作也很不容易，遗憾和失望就不必多提，何况还能管中窥豹，已算幸运；更幸运的是还有以往踏勘的资料，可以弥补遗憾（图 2.5.7.2 开福寺管中窥豹）。

图 2.5.7.1

图 2.5.7.3

图 2.5.7.4

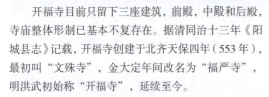

图 2.5.7.2

  开福寺目前只留下三座建筑，前殿、中殿和后殿，寺庙整体形制已基本不复存在。据清同治十三年《阳城县志》记载，开福寺创建于北齐天保四年（553年），最初叫"文殊寺"，金大定年间改名为"福严寺"，明洪武初始称"开福寺"，延续至今。

  前殿实为舞楼，明代建筑，其斗栱秀气的建筑风格，与中殿后殿不大相同（图2.5.7.3 开福寺前殿）。据阳城文物局提供的资料显示：该舞楼的梁架上有题记，表明其于清乾隆三十一年（1766年）重新修缮过。从佛寺的布局形制来看，舞楼在更早的时代应为山门，因为在佛教寺院内，通常不会有舞楼的设置。在舞楼琉璃脊上，还发现了"大明嘉靖五年起至十一年毕慕绿本显本定本贤琉璃乔武男乔宗贯"题记——由此说来，琉璃的制作在古代晋城有悠久的历史和传统的技法，而晋城的琉璃制作又以阳城县乔氏琉璃为最。阳城的琉璃制作世家——乔氏家族的祖先，唐代由陕西迁至高平，经宋、元两代，于明朝辗转到达阳城，专门从事黑、绿瓷器和琉璃的生产，远近闻名，人称乔氏琉璃。除了开福寺舞楼外，阳城县寿圣寺（建于明朝万历年间）的琉璃塔、润城东岳庙的建筑上均采用乔氏琉璃。从这些建筑中可以看出乔氏琉璃色质纯正、质地考究、工艺精湛、品种繁多；色彩有孔雀蓝、墨绿、黑、黄、紫多种，其中以孔雀蓝效果最佳。由于乔氏琉璃质地优良，明代故宫的琉璃狮子和明十三陵的部分琉璃制品也为阳城乔氏所制，可谓老字号的传世手艺。

  中殿面阔三间，进深六架椽，单檐歇山顶，殿内梁架四椽栿对后乳栿，通檐用四柱，柱头斗栱五铺作单杪单下昂，补间每间1朵，并施真昂上彻下平槫（图2.5.7.4 开福寺中殿斗栱）。在2008年对中殿的修缮过程中，在献殿东北角的柏木大角梁上发现了题记，时间是元大德元年（1297年）。从建筑形制而言，对比当地其他宋金元代的建筑，比较符合当时的建筑时代特征。

  后殿为大雄宝殿，据记载应为金代建筑，然而有很多构件已是后代维修更替，如斗栱卷云形耍头等，还有部分构件显得年代更加久远，如柱础和部分梁架。碑石已无留存，更多信息至今已无从得知，还需要专业学者深入研究才能有更多的发现。当然更首要的任务是，如何将其从废弃的小学中独立保护起来，展现给世人。

  有时不禁会羡慕这里的小学生，在这样历史悠久的建筑的陪伴下，度过一段无忧无虑的学生时代，潜移默化地影响他们一生。学校为啥搬家呢？

2.5.8 寿圣寺及琉璃塔 ⑥

Shousheng Temple and Liuli Pagoda

名称与别名	阳城寿圣寺，福庆院，泗州院
地　　址	晋城市阳城县芹池镇阳陵村
看　　点	琉璃塔
推荐级别	★★★
级　　别	全国重点文物保护单位
类　　型	寺院，木结构，砖石结构
年　　代	明—清
交　　通	县城，自驾 / 公交

图 2.5.8.2

一进村就能远远看到琉璃塔立于乡间（图 2.5.8.1 阳城寿圣寺塔外部环境）。整个寿圣寺院落混杂着 20 世纪中叶的建筑特征，尤其是正门和院墙，也算精致，墙上剥落的标语带着那个年代的气息，倒也与古建筑相处融洽。这一路上见到不少这样的混搭，多是新中国成立后将古建筑院落改为他用，无法明确描述那是怎样的建筑风格，但可以肯定的是经过精心的设计，同样向我们诉说着另一段历史。

院落经历过整修，正殿和后殿均不早于明清（图 2.5.8.2 寿圣寺建筑）。据寺中石碑记载，本寺始建于后唐，原名福庆院，宋代改为泗州院，毁于真宗年间。天禧年间（1017—1021 年）僧人法澄等重建，治平四年（1067 年）英宗赐额为"寿圣禅院"。

琉璃塔就在院中，被铁栅栏保护起来。八角形宝塔高二十多米，共十级，塔上发现了"大明万历三十六年（1608 年）仲春吉日造"字样，明确了建造

图 2.5.8.3

图 2.5.8.1

年代。宝塔实为砖塔身，而使用了大量的琉璃构件，组成斗栱、瓦当、嵌壁等装饰，历经几百年，而颜色鲜亮，雕饰精美（图2.5.8.3 寿圣寺塔细部）。与所见早期砖塔相比，琉璃塔更多采用了直线条的构成，直来直往，整体造型缺乏圜和雄浑之势，着重表现琉璃装饰。

我们在之前阳城开福寺与润城东岳庙都提到本邑通济里名扬全国的琉璃工匠乔氏家族，这寿圣寺琉璃塔即出自其后裔乔永丰与二子之手。该塔第四层墙嵌一琉璃题诗碑，为万历丙辰岁（1616年）塔已建成后该县生员李少白所作《赠东岗乔契友》七言律诗一首，褒奖了乔永丰父子的功绩：

琉璃宝塔创阳陵，天赐乔公来赞成。
白手涂形由性慧，红炉点色拟天生。
神谋不爽愧三晋，巧制无双冠析城。
巨业落成垂千古，君名高与碧云邻。

2.5.9 汤帝庙 ⑥1

Tangdi Temple

名称与别名	下交汤帝庙
地　　址	晋城市阳城县河北镇下交村
看　　点	整体布局与早期建筑单体
推荐级别	★★★
级　　别	全国重点文物保护单位
类　　型	庙宇，木结构
年　　代	金
交　　通	乡村，自驾

下交汤帝庙位于河北镇下交村北的坡地上，是专门祭祀商汤的祠庙（图2.5.9.1 下交汤帝庙外观）。商汤作为上古贤君，曾起兵伐桀而得天下，而后又通过"桑林祷雨"而得民心，终于开创了商代这一华夏历史上极为强盛的奴隶制国家。据说河南焦作、济源与一山之隔的山西阳城是当初商汤活动的核心区域，商汤信仰深入民心，因此专门祭祀汤帝的庙宇自然是广有分布。

下交村的汤帝庙因其建庙历史悠久、庙貌保存较为完整而闻名远近，2006年成为第六批国家级重点文物保护单位。据载下交汤帝庙创立于宋金时期，其中庙内献殿的四根石柱上尚明确存留有金大安二年（1210年）题记，是为当年大兴土木的见证。明代以来，古庙日渐飘摇、修缮频繁，故而在庙内留下了大量的碑刻记录，现存之庙貌大抵是明代修葺之后的结果。

庙宇分前后两进院落，中轴线上的主要建筑包括山门、马王殿、戏台献殿与正殿。庙内空间原本十分有限，但因处理得当，仍显得颇有趣味：踏入山门，头进院落略显狭小，却恰恰起到了欲扬先抑的效果（图2.5.9.2 下交汤帝庙院落）；头进院落的主殿马王殿与其后的戏台作背靠背布置，这一巧妙设置既能节

图 2.5.9.1

图 2.5.9.2

图 2.5.9.3

图 2.5.9.4

省空间，又充分利用了地坪原有的高差，使二者形成高低错落的屋顶组合，产生出丰富的视觉效果；绕过马王殿与戏台即到达后进院落，后进院落较前院地坪有所升高，且更加敞阔，在对比中显得气宇不凡，院落中央设置了一座硕大的献殿，与正殿交相辉映，成为整组建筑序列的高潮部分，特别是献殿檐下碑刻林立、石柱之上线刻花饰精美、金人题记犹存，更显出历史沧桑（图2.5.9.3下交汤帝庙献殿，2.5.9.4献殿题记）。

据明代碑刻所志，庙内主要建筑修整维护皆有赖于下交村原氏族人尽力为之，直至今日，"原"姓仍为村中的第一大姓氏。几百年来下交帝庙一直是以原氏村民作为主要供养来源，而村民亦格外珍视汤帝庙，将其作为本乡的情感寄托，这种难得的和谐共生关系是文物建筑与历史得以传承的宝贵原动力。

2.5.10 文庙 ⑫

Temple of Confucius

名称与别名	阳城孔圣庙（文庙）
地　　址	晋城市阳城县城内
看　　点	阳城县博物馆
推荐级别	★★
级　　别	全国重点文物保护单位
类　　型	礼制建筑，木结构
年　　代	明—清
交　　通	县城，自驾/公交

阳城县城依山而建，南低北高，地势起伏很大，坡地桥梁交错相置，有多处森林公园，城市景观特色显著。阳城孔圣庙即坐落在县城中心，河谷旁。

阳城孔圣庙，即阳城文庙，全国重点文物保护单位，现为阳城文物博物馆与管理处。到访时正值2015年末，文庙内部维修，不对外开放，据说明年即能重新开放。院内有不少古碑以及翻刻的碑，最早的一块竟是北汉天成元年的古碑，多数是从阳城县其他地方移至博物馆保存（图2.5.10.1阳城文庙外观）。

工作人员制止了我们拍照，拒绝了我们的参观请求，只允许我们从门缝里看一眼院内的建筑。而管中窥豹，如今只依稀记得正殿是明清年代的五开间重檐歇山顶建筑。所以只能期待修缮完毕后还能有机会再访，在心里默默补上这段欠缺的文字。

图 2.5.10.1

2.6 泽州

2.6.1 碧落寺 ⑥³

Biluo Temple

名称与别名	碧落寺
地　　址	晋城市泽州县巴公镇南连氏村东山谷间
看　　点	北齐至唐代石窟、碑刻
推荐级别	★★★
级　　别	全国重点文物保护单位
类　　型	石窟寺
年　　代	北齐—唐
交　　通	山野，自驾

碧落寺位于山西省晋城市西北 8 公里山谷之间，是古泽州境内创建时间最早、建筑规模最大、声望最为显赫的寺院之一，位居古泽州四大佛教寺院之首。然而寺院在历史上几经兴废，遗构难存，现今建筑大多为后人复建，但寺内现存北齐和唐代石窟十余处（图 2.6.1.1 碧落寺石窟），明代古桥两座（图 2.6.1.2

双桥），以及历代摩崖题记、碑刻百余方，仍弥足珍贵。尤其是寺内现存的三个早期佛教石窟及与之相关的建筑遗迹、题记，更是记载寺院历史的珍贵史料。

碧落寺又因碧落碑而得名（图 2.6.1.3 碧落碑）。碧落碑为篆书名碑，史载系唐高宗李治总章三年（607年），高祖李渊第十一子韩王元嘉的儿子李训、李谊、李撰、李谌为其亡母房氏祈福而立。书体俊秀工整、布局严谨，为历代书家所钦慕。尤其因其书写特异，后人难以认读，遑论模仿，因而在赞美之余，还给其蒙上了一层颇为神秘的色彩。

图 2.6.1.1

图 2.6.1.2

图 2.6.1.3

2.6.2 成汤庙·双河底 ⑥⁴

Chengtang Temple in Shuanghedi

名称与别名	双河底成汤庙
地　　址	晋城市泽州县大东沟镇双河底村
看　　点	早期木结构
推荐级别	★
级　　别	全国重点文物保护单位
类　　型	庙宇，木结构
年　　代	宋—清
交　　通	乡村，自驾

　　尽管在全国重点文物保护名录上写着河底成汤庙，但是稍不留心就会南辕北辙，到达几十公里外的另一个河底村。准确来说，因位于长河和长坡河汇流处，村子名为双河底村。成汤庙便在进村后的一处高地上。这成汤庙恐怕是一路上最令人失望的庙，并不是说古迹本身的价值，而是对其所处的状态感到痛心。第一次秋季到访即南辕北辙周折一番，却被庙前很不友好的醉汉缠住不可脱身，始终寻访不得，只能从门缝管中窥豹，扫兴而归。当冬季有幸再访时，经多方打探，找到了村外蘑菇厂的村干部管理员，又被告知决不允许进入，这下连从门缝窥探一番的愿望也一并打消了（图 2.6.2.1 河底成汤庙外观）。

　　成汤庙还未进行全面的修缮，与其并列的是新修的奶奶庙，同时也是大门紧锁的文物管理处。沿古朴的石阶蜿蜒而上，便是历经沧桑的山门。山门坐落于几层条石堆砌的粗犷有力的台基上，檐下有一块大明弘治十五年（1502 年）的重修碑，碑文记载：成汤庙始建年代已经无从所知，在大观元年（1107 年）开始重修，功成于宣和二年（1120 年），均为宋徽宗年号，

图 2.6.2.1

图 2.6.2.2

图 2.6.2.3

有碑可证。除了石碑，两座石狮底座也非常值得欣赏，形体层次丰富，仿绸缎扇面，其上花纹雕刻繁复而考究，相比之下现代所立石狮简陋不堪。

山门面阔三间，进深四架椽，悬山顶，用切角石柱，前檐斗栱四铺作，栌斗口用替木，直接承托华头子和插昂出跳，上压乳栿，此种形制并不多见。明间补间斗栱出斜栱，并与当心间两柱头连做鸳鸯交手栱，次间补间斗栱基本与柱头相同，只在平槫的耍头上又加挑斡托至平槫下。除此之外，紧闭的大版门也极有可能是原物（图2.6.2.2 河底成汤庙山门）。

透过门缝，可以看到院内建筑，东西侧是近代所建平房，正殿与其朵殿坐北朝南。正殿台基与山门台基相似，条石堆砌，年代久远。大殿面阔三间，悬山顶，用石柱，斗栱为五铺作单杪单下昂，补间斗栱一斗三升不出跳，隐刻翼栱与梭形栱。从形制上来看，山门与正殿的确具备一些宋金建筑特征（图2.6.2.3 河底成汤庙正殿）。

山门内还能看到两根雕刻精美的石柱，除了抹角的花纹以外，柱身上刻简略的"四斜毯文"，这也是宋代《营造法式》上所记载的柱上用纹样。这两根柱子是早期建筑遗落的构件吗？毕竟院落面积不小，根据同时期的几座寺庙布局，足以在其中建一座中殿，那么是否有基址的残留？这与成汤庙的整体格局发展又有什么关系？真令人想入非非而不能自已，然而从门缝中所能看到的，也仅此而已。更多的信息，恐怕要等庙门常打开，才能从中寻得些许历史的痕迹吧。

本不是想写山西古建筑问题地图的。我们国家还穷，百姓还苦，脑筋还陈旧，周围坏人还多。默默祈祷，以后总会有办法的。

2.6.3 崇寿寺 ⑥⑤
Chongshou Temple

名称与别名	崇寿寺
地　　址	晋城市泽州县巴公镇西部村
看　　点	早期木结构
推荐级别	★★
级　　别	省级重点文物保护单位
类　　型	寺院，木结构
年　　代	宋—清
交　　通	乡村，自驾

西部原系历史悠久的古村，格局完整，保存下来的明清民居数量亦相当可观，只可惜长年疏于管理，致使华屋破败、东珠蒙尘，到如今仍是少有人问津的状态。崇寿寺就坐落于村子东端，据说是一座历史悠久、大有来历的寺院：开基肇自北魏，号称为佛教传入东土之第十九寺，唐开元七年(719年)重修，北宋大中祥符元年(1008年)改称今名，宋宣和元年(1119年)再度重建释迦殿，之后金、元、明、清屡有修葺，保存至今仍有宋金时期木构建筑一座（释迦殿），宋代陀罗尼经幢两尊，余计明清建筑若干（图2.6.3.1 崇寿寺院落）。

释迦殿位于庙内中央（图2.6.3.2 崇寿寺释迦殿），前庭宽敞，系三间见方、单檐九脊殿，前檐用石柱四条并石质门框一合，上有宋、金、元题记多则，反映了该建筑自宋末宣和年间复建，至金、元屡经修缮的

历史过程，但仅就建筑样式而言，不论是构架形态、铺作构造还是斗栱构件的加工，均仍保持着显著的宋金特征，相信其中应包含着相当比例的原初构件。其中比较有代表性的做法如：梁栿截面大多为规整方料、梁端有月梁形象的装饰（图2.6.3.3 释迦殿梁架）；两山及后檐使用插昂；使用讹角及莲瓣栌斗等（图2.6.3.4 释迦殿斗栱），具有较高的建筑历史研究价值。

然而可叹的是，近年来崇寿寺的保存维护状况并未尽如人意。作为地方宗教场所，崇寿寺一直由僧人负责管理，僧人一心传法却并不在意文物建筑的妥善保存，更不可能深刻理解所谓的"历史价值"。若干年前，有当地杨姓老板为积功德往庙里捐了一笔数目不小的香火钱，僧人用这笔钱将庙内修饰一新，可就是这次的乱施油彩、拆换门窗，使得九百年古殿一夜间面目全非，几乎一举成为了晋东南地区"破坏性修缮"的最有名案例。

图2.6.3.1

图 2.6.3.2

图 2.6.3.3

图 2.6.3.4

2.6.4 川底佛堂 ⑯

Chuandi Buddha Hall

名称与别名	川底佛堂
地　　址	晋城市泽州县川底乡川底村
看　　点	早期木构架
推荐级别	★★★
级　　别	全国重点文物保护单位
类　　型	寺院，木结构
年　　代	元—清
交　　通	乡村，自驾

　　川底佛堂与双河底成汤庙相距很近，都在陵沁线上，交通方便，但都与我们没什么缘分，到访两次也未能进入一睹真容——管理钥匙的技术员来回往返于各个古建筑维修工地，能碰巧也实属不易。佛堂前有一座快要倾颓的类似戏台的老房子，里面住着一位热情的大姐，以前都是她掌管钥匙，两次去也都找到她，听说我们已经第二次来了，她很不好意思地表示抱歉和遗憾。

　　虽未能身临其境，但仍然要赞叹川底佛堂的精致和俊秀。进村以后从村民的二层小楼间隙就能看到佛堂山面，这一瞥令我不得不想起多年前在意大利维琴察寻访文艺复兴时期大建筑师帕拉迪奥的建筑时的情景——城里小巷曲折，当突然拐进其中一条，蓦然发现尽头便是被奉为经典的"帕拉迪奥母题"，这种震撼力，远比教科书上的照片要生动很多。而这种惊叹和震撼，在山西古建筑之旅中常常能够感受到，与在意大利旅行所不同的是，这种感觉是真真切切根植于

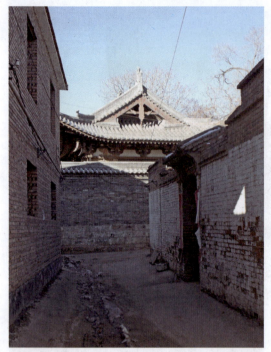

图 2.6.4.1

图 2.6.4.2

图 2.6.4.3

我所生活的土壤中的（图 2.6.4.1 小巷中的川底佛堂）。

川底佛堂在国保单位名录上断代为金，创建年代不详，在元至顺三年（1335 年）重修，更多的信息也无从下手。大殿山面和后檐在院外都可以尽情浏览（图 2.6.4.2 川底佛堂背面），面阔进深均三间，四架椽屋歇山顶，面阔进深方向的开间都很小，尤其是两次间，柱头斗栱几乎要贴在一起，这不禁又令人对其内部梁架结构想入非非（图 2.6.4.3 川底佛堂斗栱）。大殿斗栱四铺作出一跳，其中补间铺作头跳华头子承托真昂直接出跳，下昂后尾应上彻平槫，尽管规模很小，但是气度不凡。

为了尽可能多拍点照片，我们敲开了紧邻佛堂的一户人家的门，大妈热情地让我们进院看看。进去以后竟然发现了一座小天台，刚好能从上近距离看到佛殿前檐，也总算是多少弥补了一些遗憾。然而比古建筑还要美好的场景是，自从我们进院，其实已经不太顾得上拍照欣赏，这个院子未来的小主人——大概也就两三岁的小男孩，冻得小脸通红，一直冲我们笑着，欢快地跑来跑去，顾不上回答自己的姓名。尽管同样寻隐者不遇，但在这里并不觉得失望，因为有理由相信在这样的环境里古建筑会以健康的状态继续生活下去，与周围的村民一起。

2.6.5 崔府君庙·水东 ㊻

Cui Fujun Temple in Shuidong

名称与别名	水东崔府君庙
地 址	晋城市泽州县金村镇水东村
看 点	寺庙整体格局、早期建筑单体
推荐级别	★★
级 别	全国重点文物保护单位
类 型	庙宇，木结构
年 代	元—清
交 通	乡村，自驾

若不是门口新立的国保碑，稍不留神便会错过水东崔府君庙——庙门与本地的民居宅院无异（图 2.6.5.1 水东崔府君庙外部环境）。新晋的国保单位管理都比较严格，若不是为了本书的写作，进门决不容易，也体现出当地对文物的重视程度。

崔府君庙一进院落，山门倒座戏台，附属看楼、配殿等建筑保存完整，正殿前还有一座献殿（图 2.6.5.2 水东崔府君庙院落）。庙内现存明万历至清道光四通石碑，据其中万历二十三年（1595 年）《重修齐圣广佑王庙》记载，府君庙创建于元大德四年（1300 年），另于正殿檐柱下方有一小截石柱础上刻有"元至元三十年九月"（1293 年）题记。

图 2.6.5.1

图 2.6.5.3

图 2.6.5.2

图 2.6.5.4

　　献殿被加了围墙，将正殿完全遮挡和包围，显然是前些年曾被改造利用过。一般古建筑在那个年代都会被重新利用，有的作为仓库，更多的是作为学校。日常的使用虽然会对建筑造成不可避免的损害，但是总是逃脱了消失的命运。

　　正殿的下昂已经被切去，但是彩绘却还很好的存留下来（图 2.6.5.3 正殿斗栱）。这是一座三间悬山大殿，斗栱出两跳，补间斗栱挑斡至下平槫。尽管是元代建筑，但是屋内结构并没有使用典型的"大内额"，而是保持了金代大殿的梁架形式，大梁直接使用弯曲的原木，很是奇巧，在配殿里，大梁的弯曲更加夸张，竟然有些惊险。不禁想为匠人的因地取材和胆大心细叫一声好（图 2.6.5.4 正殿梁架）。

2.6.6 岱庙·坛岭头 ⑱
Dai Temple in Tanlingtou

名称与别名	坛岭头岱庙，毗卢院
地　　址	泽州县北义城镇坛岭头村
看　　点	建筑单体
推荐级别	★★★
级　　别	全国重点文物保护单位
类　　型	庙宇，木结构
年　　代	金—清
交　　通	乡村，自驾

　　坛岭头村头有一棵巨大的古槐（图 2.6.6.1 坛岭头岱庙外部环境）。"坛岭头"古名"探岭头"，亦称全玉岭，据传因战国末期赵国蔺相如赴秦送和氏璧及还璧归赵时通过此岭并在此岭憩息，为记述蔺相如的功绩，故将坛岭头村所处的岭称作"全玉岭"。

　　岱庙又称毗卢院，创建年代不详，于金大定年间（1161—1189 年）重修。院落保存完整，山门倒座戏台，正殿位于两层月台之上，规模不大的三间歇山殿，显得精致又高远（图 2.6.6.2 坛岭头岱庙正殿）。正殿形制规模都比较简单，不施补间铺作，柱头斗栱只出一

图 2.6.6.1

图 2.6.6.2

图 2.6.6.3

跳，假昂的斜度甚为陡峻，斗栱承托橑檐枋以代替橑檐槫，这也是早期建筑较少见的特征（图 2.6.6.3 正殿斗栱）。屋顶缓和而舒展，精巧柔和。正殿应经历过不少次修缮，构件多有更替，最近一次是 1996 年重装神像。

这座小殿与所见其他金代三间歇山殿相比结构简单许多，但是很多设计思路都类似，譬如平面形制、结构逻辑等，其本身可能并无太多特色，但若置于整个晋东南宋金时期建筑的视野下，不失为一个优秀的案例补充。

2.6.7 岱庙·冶底 ㊽

Dai Temple in Yedi

名称与别名	泽州岱庙
地　　址	晋城市泽州县西南冶底村
看　　点	宋金遗构，园林式设计，精美石雕
推 荐 级 别	★★★★
级　　别	全国重点文物保护单位
类　　型	庙宇，木结构
年　　代	宋—清
交　　通	乡村，自驾

冶底岱庙远离尘嚣，环境幽美，无怪乎古建瑰宝孕育于此。

步入山门，正前方呈现着一幅具有园林设计感的图景（图 2.6.7.1 冶底岱庙一进院落）。方塘一鉴，其后有竹丛，竹影斑驳，承托于再后方左右对称的背景建筑群之上。该建筑群正中为十字脊屋面，两侧则是悬山顶，高低错落间又维持着秩序。左右两座二层楼墙面上窗洞形式活泼，有六边形、扇面形、圆形等。这些建筑墙面砖石颜色一致，或因风沙影响，多呈暖灰色调，而就在这暖灰的大片背景之前，碧翠的鱼沼和竹子，便自然而然地化为点睛之笔，为这黄土高原边沿的庙宇增添了灵动之感。

进入后一进院落，便可以看到岱庙最主要的建筑，正殿天齐殿与其对面的舞楼戏台（图 2.6.7.2 冶底岱庙

二进院落）。舞楼便是之前见到的那座十字脊建筑，相传为金代遗构。石柱承托，柱上雕刻有花草等图案。斗栱为五铺作，外跳华栱做出琴面昂嘴造型。舞楼内部还有藻井，然而造型较为简易。总体来看，并不太古朴，可能是受到了后世不断修缮造成的影响。

正殿天齐殿青石石柱为素面八角，其上有着宋元丰三年（1080 年）的题记，其下由莲花底座承托。

图 2.6.7.1

图 2.6.7.2

图 2.6.7.3

图 2.6.7.4

不过这石柱比例相较其他宋代遗构显得更为细长，致使整个殿宇呈现出独特的比例（图 2.6.7.3 冶底岱庙正殿）。大殿开间三间，进深六椽，屋面为单檐歇山顶，施五铺作斗栱进行承托，华栱外跳做成昂嘴式样，并于补间处使用了挑斡构件（图 2.6.7.4 正殿斗栱）。除建筑外，最吸引人的，便是大殿金代石门框上极其精美的雕刻，花叶造型饱满，龙狮雄壮有力，花草间的化生童子图案也为整幅构图增添了一些生动的趣味性。可谓石雕的精品（图 2.6.7.5 正殿石门框）。据说殿内仍旧保存有宋代的壁画，不过我们也并未有幸得见。

管理员大爷的热情令人感动。他父亲原本便是这寺庙的看守者，后来庙宇重修，对游客开放，从事教师职业的他也算是子承父业，继续看守千年古庙。对家乡的自豪实在不吐不快，临走的时候，他还不忘让我们看从院中鱼沼东侧并列的两株桧柏枝干干，拍摄下来的拟人纹理，实属妙趣；文化的感染力恰在于分享，而不是禁止拍照和设卡收费。

图 2.6.7.5

2.6.8 东岳庙·高都 ⑦

Dongyue Temple in Gaodu

名称与别名	高都东岳庙，东大庙
地　　址	晋城市泽州县高都镇
看　　点	早期建筑单体
推荐级别	★★★
级　　别	省级文物保护单位
类　　型	庙宇，木结构
年　　代	金—清
交　　通	乡村，自驾

高都位于晋城市北郊，历史上一直作为晋豫官道上的重要驿站。宋代到访中国的日本僧人成寻，因北上参拜五台山曾路过此地，即已在其游记《参天台五台山记》一书中提到了"泽州高都驿"的存在。

东岳庙，当地人也称为东大庙，为高都庙宇群中较有名气的一座。庙内的早期建筑为主殿天齐殿，殿内现存金代石碑一通并佛坛题记一则，据此判定该殿的建成年代当为金大定二十九年（1189 年）前后，距今足有 800 年历史。建筑形制简洁、柱梁斗栱交接清楚、构件加工亦属规整，反映了宋末以来的《营造法式》带来的官式化影响。其中月梁阑额装饰等要素的出现，又使建筑本身带上了比较鲜明的时代特色（图 2.6.8.1

图 2.6.8.1

图 2.6.8.2

高都东岳庙正殿）。

　　天齐殿的建筑艺术特色还反映在一批保存完好的建筑附属物之上。首先是屋顶的琉璃脊饰，兽头吞口怒目有神、肌肉劲健，无俗艳之气；再者还要说大殿正面当心间里的一具石质门框及门砧石，皆为精工细刻、花饰繁茂之物，特别是门枕上的一对圆雕蹲狮，形象生动俏皮（图 2.6.8.2 高都东岳庙门枕石雕），线刻化生童子亦颇能反映当时高超的装饰水准。据说殿内尚有保存基本完好的塑像一铺，且神坛须弥座上的雕饰更胜于门外。但在文物盗案频发，文保压力巨大的情况下，这些胜迹现今已经越来越难为普通游客所见到了。

2.6.9 东岳庙·史村 ㉛

Dongyue Temple in Shicun Village

名称与别名	史村东岳庙
地　　址	晋城市泽州县下村镇史村
看　　点	早期建筑单体
推荐级别	★★★
级　　别	全国重点文物保护单位
类　　型	庙宇，木结构
年　　代	元—清
交　　通	乡村，自驾

图 2.6.9.1

图 2.6.9.2

　　史村位于长河畔，是一个比较大和繁荣的村子。东岳庙门前比较热闹，庙门上挂着红灯笼，宣传文化遗产保护的红条幅，以及以红字滚动播放习总书记最新讲话内容的电子显示屏，与红色调为主的建筑交相辉映（图 2.6.9.1 史村东岳庙外部环境）。

　　东岳庙共有两进院落，形制完整，院落狭长。第一进院主殿是一座三间悬山小殿（图 2.6.9.2 史村东岳庙第一进院落），位于台基之上，比例瘦高，屋顶轻巧，木构件绘满鲜艳的彩画，前檐斗栱被大额承托，保存状态良好。两旁是进入第二进院的垂花门，还有石狮镇守。

　　第二进院落的主殿面阔七间（图 2.6.9.3 史村东岳庙第二进院落）。由于狭长的院落空间，两侧已被后建的二层配殿所遮挡，只有不到五间呈现在眼前。开间比例瘦高，与早期建筑开间比例大相径庭。前檐砂岩石柱尺寸不一，中间三间由两根较细石柱划分，而外侧石柱要更加粗壮，承托荷载。前檐斗栱及屋内梁架均由大额承载，室内大梁均采用原木构件而未加雕

图 2.6.9.3

琢,都是木材本身的形状,弯弯曲曲,各不相同。补间斗栱用垂柱与下平榑相连,而未用下昂或是挑斡。从建筑形制来看,时代不早于元代。

室内神像彩绘均鲜艳而令人眼花缭乱,定是长期得到了村民的关照。一路走来,依然被村民作为信仰之地的寺庙已经少之又少,随着信仰的传承,古建筑也能一并保存下来。而那些处于断层时代的古建筑,又该寻求怎样的延续之道呢?可以肯定的是,仅靠文物部门的努力和定期的修缮,是远远不够的。

2.6.10 东岳庙·尹西 ⑫

Dongyue Temple in Yinxi

名称与别名	东岳庙
地　　址	晋城市泽州县北义城镇尹西村
看　　点	屋架,斗栱,石刻题记
推荐级别	★★
级　　别	全国重点文物保护单位
类　　型	庙宇,木结构
年　　代	金—清
交　　通	乡村,自驾

东岳庙为一进院落,现存舞楼、正殿(天齐殿)、两侧为妆楼、廊房、耳殿(图 2.6.10.1 尹西东岳庙院落)。

天齐殿建于石砌台基之上,平面呈方形。内梁架为彻上露明造,置身殿内,梁架上各种构件全部可见,用材自然,椽栿多选用弯材,且用材断面得当。四椽栿设于铺作之上,上施蜀柱承托平梁,平梁两端下侧各施剳牵,由蜀柱承托。平梁上施蜀柱、捧节令栱、丁华抹颏栱、叉手承托脊榑,叉手捧戗于脊榑两侧(图 2.6.10.2 尹西东岳庙内部梁架)。前檐柱头铺作单杪单下昂五铺作,昂形耍头,里转铺作偷心造,梁架结构合理。斗栱上隐约呈现彩画纹样,现已斑驳褪色(图 2.6.10.3 尹西东岳庙斗栱)。前檐柱为方形青石柱,柱径由下往上逐渐缩小,这些建筑特点为晋城地区金代木结构建筑的普遍形制。玉皇殿前抱厦檐柱头使用大额,用以承载上部梁架荷重,前檐施八棱抹角砂石柱,下设覆盆柱础,当心间辟版门,两次间为直棂窗,为晋城地区元代建筑典型做法。或可以推测:天齐殿斗栱以下为金代之物,梁架的绝大部分是元代之物。遗憾的是在庙内没有找到一点元代重修时的记录。元以后可能只是一些小的修补或揭瓦。

天齐殿东侧的玉皇殿的柱子或许是该庙最早建筑的痕迹了。大致的情况是,该殿初建于宋,建造天齐殿时殿宇已损毁殆尽,仅剩下几根不够尺寸的柱子,到了元代,人们在扩建天齐殿的同时又或增建了玉皇殿。玉皇殿前廊的柱础、梁架都是元代之物,唯有柱子要早许多,可能就是这个原因。

图 2.6.10.1

图 2.6.10.2

图 2.6.10.3

2.6.11 东岳庙·周村 ㊂

Dongyue Temple in Zhoucun Village

名称与别名	周村东岳庙
地　　址	晋城市泽州县周村镇
看　　点	独特的建筑形态，平面布局
推荐级别	★★★★
级　　别	全国重点文物保护单位
类　　型	庙宇，木结构
年　　代	金—清
交　　通	乡村，自驾

作为聚落的核心，周村东岳庙不仅为当地居民提供了精神上的寄托，也为他们提供了集体活动的场所。我们的汽车穿过一段喧闹的小巷，见到了路边东岳庙的指示牌。然而所示方向道路狭窄，行车不便，我们只好绕道泊车步行。庙门紧锁，幸而在东边的一个院子之中见到看门师傅，不过还要等他帮邻居搬运货物之后。

回头望去，庙宇是这村落的最高处（图 2.6.11.1 周村东岳庙外部环境）。庙门向下延伸，实为一条轴线，村落民居错落有致地分布在这轴线两侧，可知这庙宇在村落中的地位如何了。进门之后，率先见到的是一座戏台与钟鼓楼合一的高大建筑，大面积砖砌的

图 2.6.11.1

图 2.6.11.2

图 2.6.11.3

墙面配以上方露出的木构屋顶,自有特色(图 2.6.11.2 周村东岳庙钟鼓楼)。绕过戏台,便见到了并排分布的三座大殿,其间各以耳殿相隔,大致排列成一条东西向的直线(图 2.6.11.3 周村东岳庙院落)。这与我们见到的大量庙宇布局都不相同。管理员师傅的解答是,从前这座东岳庙是由三座小庙组合而成,分别是这三座大殿及其相对的戏台,三庙东西并排,中间也并没有墙体进行隔断,便组成了这样的形制。然而东西两庙的戏台早年已毁,西戏台由于残留基础和一部分建筑而得以复原;东戏台则连基础都无从发掘,便仅留下一块空地。从前的庙会活动,都会先从两边庙开始,之后再进入中间的庙,在三座戏台同时进行戏曲表演等活动,进而迎来庙会的高潮。不过后来,这里就被改为一座粮仓,三座大殿前的平台边沿也砌筑起了高墙。不过现如今墙体已拆,我们也就能够见识到这三殿并排的独特空间形式了。

2.6.12 东岳庙·周村·单体建筑 ⑭

Dongyue Temple in Zhoucun Village (Individual Building)

名称与别名	周村东岳庙天齐殿
地　址	晋城市泽州县周村镇
看　点	宋金遗构,石雕精美
推荐级别	★★★
级　别	全国重点文物保护单位
类　型	庙宇,木结构
年　代	金

东岳庙一字排开的三座大殿分别为居中的正殿天齐殿,东侧的财神殿,以及西侧的关帝殿。东西二殿形制特殊,屋顶前檐部分保持了歇山顶的特点,其后则是悬山顶,不过歇山顶的垂脊得以保存。这样看来,似乎曾经历过一定的改建。由于东岳庙建造年代不详,因而不好确定这些建筑的建造年代。仔细看来,这两座殿的具体构造又有不同,很可能并非同时修建。

天齐殿位于中轴线上,对面正是戏台(图 2.6.12.1 院落中的天齐殿)。它便是东岳庙中最重要的建筑了。对比两侧殿宇,大殿形制则显得更为纯粹统一。单檐歇山顶,六架椽屋。与两侧大殿一样,檐下斗栱均采用了四铺作。不同的是,天齐殿只施柱头铺作,并全部使用了下昂造(图 2.6.12.2 天齐殿斗栱)。屋架用材较大,出檐深远,造型古朴,被文物专家推断为宋金样式。大殿门框为青石雕刻,装饰生动而密集(图 2.6.12.3 天齐殿石门框蹲兽)。门框横梁上还保

图 2.6.12.1

图 2.6.12.2

图 2.6.12.3

图 2.6.12.4

留了元代的题记和大量捐献者的姓名。而这所谓的"宋金样式"究竟是当时遗留下来的，还是当时仿古修缮得来的，似乎也无从得知了。

参观完后，我们走出庙门。不由得注意到了山门内侧的一块匾额。众人识别良久，也拿不准这两个字究竟为何。又是管理员师傅指点，方认出"见离"二字（图 2.6.12.4 见离）。究竟是出自《洗髓经》中"如何知见离，得了涅槃意"一句，还是其中之"离"实为八卦之一，再或者只是简单的相见离别之意，无从得知，转而钦佩这位乐于助人的看门师傅了。

2.6.13 二仙庙 · 南村 (75)

Erxian Temple in Nancun Village

名称与别名	南村二仙庙
地　　址	晋城市泽州县金村镇东南村
看　　点	早期木构架，宋金小木作与彩塑神像，碑刻
推荐级别	★★★★★
级　　别	全国重点文物保护单位
类　　型	庙宇，木结构
年　　代	金—清
交　　通	乡村，自驾

金村镇东南村距离晋城市中心不过区区几公里路程。谁说古庙就一定要在深山当中呢？

沿公路由西北方向蜿蜒来到东南村前，二仙庙便十分醒目地坐落在了村头的土岗上（图 2.6.13.1 南村二仙庙外部环境）。要说山川地势，这块庙址绝然算得上形胜：脚下是深厚的黄土、丹河就如同臂弯在土岗前绕过，高耸的南太行逶迤在一旁，每当晴朗春日，这片蓝天碧水、黄土清波便会渲染出晋东南最为高亢、浓烈的颜色，真是叫人分外眼热。

二仙庙居北面南，为一座狭长的两进院落。前院仅留有小过殿和戏台各一座，建筑并没有什么看点了，不过是为后面的精华部分做些铺垫。好戏全在后头呢。

进得后院，再穿过一座献亭，便直接站立在了后殿的屋檐下。好一座后殿！尺度虽然不大，却能把建筑、碑刻、小木作、彩塑等各类珍贵文物集于一身——晋东南虽不乏各种文物精华，但要浓缩到这个程度，也实属难得了。

后殿东西两侧各有石碑一通，均刻于北宋末年创庙之始，文中详细记述了村人置地起基、修盖大殿、绘饰塑像的详细过程，使今人尚能较为完整地了解当时的历史。后殿的建筑特征与碑文年代基本相符，可信今天所见之面貌与当年应无大差。建筑规模着实不大，阔不过三间，深不过四椽，就连檐柱亦颇为矮小。

图 2.6.13.1

图 2.6.13.2

图 2.6.13.3

图 2.6.13.4

但那些触手可及的硕大斗栱与深远出檐，却带给人一种扑面而来的力量感，足以使整座建筑都丝毫不显柔弱之态（图2.6.13.2 南村二仙庙后殿）。

推开殿门，迎面的便是那一座极其难得的宋金时期原作小木作神龛了。神龛形态复杂，犹如一组真实建筑群体的模型。而细查之下，殿宇廊桥之间，柱额斗栱、翼角飞椽竟也都一应俱全，向人传达着满满的细节的震撼（图2.6.13.3 南村二仙庙小木作）。这座殿中之殿几乎将原本就有些狭窄的室内空间全部塞满，冲惠、冲淑二仙及侍童、侍女、女官等一堂塑像安然其间，塑像形神娴静，洋溢着宋时的写实之风（图2.6.13.4 南村二仙庙塑像）。

殿宇、神坛、塑像、神龛，这一切都源自于宋代工匠的一体设计，谁也不能轻易改换位置，竟索性就将这状态一口气维持了九百年。站在其面前，怎能不叫人感慨时间早已在此停滞了呢？

2.6.14 关帝庙 · 府城 ⑦⑥
Guandi Temple in Fucheng

名称与别名	府城关帝庙
地　　址	晋城市泽州县金村镇府城村
看　　点	完整院落格局，精美雕刻艺术
推荐级别	★★★
级　　别	全国重点文物保护单位
类　　型	庙宇，木结构
年　　代	明—清
交　　通	乡村，自驾

驱车从晋城出发，行至泽州县境内，在导航的帮助下便能够很容易地找到府城关帝庙。关帝常见，府城关帝庙像是常见而并未深交的老朋友。如今的庙宇坐落在公路旁，砖砌山门高耸，像一座封闭的堡垒（图2.6.14.1 府城关帝庙）。走入山门，呈现出的景致则明显与庙外不同，环境宁谧优美，似与世隔绝，不受外界公路嘈杂影响；建筑与绿树相映成趣，透露着古建筑现如今另一种类型的生命力。一下子想起，庙会时候，这里应当是另一番模样（图2.6.14.2 府城关帝庙内景）。

府城关帝庙何时创建似已不可考，但从建筑形制和布局上都可以判断，现存的建筑应当于明清时期形成。经过近现代的保护性修整，关帝庙前后四进院落的格局完整而清晰地保存了下来，中轴线上的主要建筑分别是山门、戏台、关帝庙、三义殿。在千年木构存量极其丰富的山西省，这些明清的木构建筑自然属于小字辈，因而决定关帝庙历史或艺术价值的，便是其木雕与石雕工艺了。

大殿关帝庙三间，悬山顶。规模不大，建筑构架也不复杂，然而前檐四根石柱雕刻了精美盘龙，阑额上也雕刻有龙和花卉的造型。繁复而精美，立体感十足（图2.6.14.3 府城关帝庙建筑装饰）。后殿三义殿

图2.6.14.1

图2.6.14.2

图2.6.14.3

同为悬山顶，得名自桃园三结义，因而供奉的是刘关张三兄弟的塑像。前檐石柱的雕刻题材则更为丰富，涵盖了各类历史和神话故事，比如郭子仪婿拜寿、瓦岗寨、封神演义等（图 2.6.14.4 府城关帝庙建筑装饰）。将这样场景感丰富的故事题材雕刻在圆柱形的石柱侧面，我们能够从中体会到古代匠人的构思想象力，以及对视觉造型的把握技巧。

图 2.6.14.4

2.6.15 济渎庙·西顿 ⑦

Jidu Temple in Xidun

名称与别名	西顿济渎庙
地　　址	晋城市泽州县高都镇西顿村
看　　点	宋宣和年间题记，转角好头石
推荐级别	★★
级　　别	全国重点文物保护单位
类　　型	庙宇，木结构
年　　代	金一清
交　　通	乡村，自驾

西顿济渎庙修建于宋宣和四年（1112年），古时济水因独流入海，与长江、黄河、淮河并称"四渎"，济渎庙所供奉的"济渎神"掌管着兴云布雨、五谷收成，历来为封建帝王所推崇。或者是济水之神的灵验，山西晋城境内也屡见此庙。

西顿村并无特别之处，但路边剥完晒得紫红的一大堆玉米棒却引起我拍照的兴趣，以至于路过的村民小心询问我们是否在检查卫生。不远处的济渎庙门口，不知是谁正在焚烧秸秆，烟气呛人，或许是乡民私下担心的原因。

庙内却是净土和乐土。紧凑的一进院落，轴线两侧有管理员种植的各色花草，在秋天爽朗的阳光下，洋溢着自信的彩色；极高的饱和度与周围饱经风霜的建筑呈现出的高级灰形成鲜明的对比。配殿前还有些许菜畦，绿油油的大叶子长势喜人。这样看来，管理员平时的生活也一定充满了经营的热情和收获的欣喜吧。

正殿很小，六架椽屋，平面接近方形，只有三个开间（图 2.6.15.1 西顿济渎庙正殿）。梁架结构是本地区金构中通行的做法：前檐辟廊，四椽栿接前乳栿用三柱。前檐铺作用插昂，昂嘴的形状基本反映了元代的特征，殿前是四根漂亮的抹角石柱，每根都有宣和年间的村民题记（图 2.6.15.2 西顿济渎庙石柱题记）。其中，心间的两根为篆书，角柱的两根为楷书。石柱下用方形的覆莲柱础，莲瓣肥厚，一如冶底岱庙和西里门二仙庙，是本地典型的金代石作。在台基转角处用L形石块处理而非矩形石块拼接，匠人称为"好头"，

图 2.6.15.1

图 2.6.15.2

图 2.6.15.3

这样费工费料的设计足见古代匠人的周全（图 2.6.15.3 好头）。完整的转角千年来都一直烘托着整个正殿的轮廓，而如今中轴两侧富有生机的植物想必也没有辜负这仔细经营的形式感吧。

2.6.16 景德寺·高都 ⑱

Jingde Temple in Gaodu

名称与别名	景德寺
地 址	晋城市泽州县高都镇
看 点	大内额减柱，元祐年间题记
推荐级别	★★
级 别	全国重点文物保护单位
类 型	寺院，木结构
年 代	金—清
交 通	乡镇，自驾

或许寺内的僧人念经实在认真，我们敲了好久的门，才有前来开门的动静。或许僧人不念兴造俗务，近代粮仓的痕迹与千年遗迹于是共存（图 2.6.16.1 景德寺院内景观）。

景德寺现存布局基本完整，坐北朝南，二进院落。中轴线上由南至北依次为前殿、中殿和正殿，轴线西侧为厢房，东侧为廊房，正殿的两侧为耳殿。正殿又称法堂殿、三佛殿，里面曾供奉着释迦牟尼、药师佛、阿弥陀佛。此殿的前檐柱上有宋元祐二年（1087年）及金泰和五年（1205年）的题记，对该殿的建筑年代提供了直接证据。正殿建筑结构特点主要有三：一是殿宇平面面阔五间，这在晋城现存同时期的建筑中相

图 2.6.16.1

图 2.6.16.2

图 2.6.16.3

对少见（图 2.6.16.2 景德寺正殿）；二是殿内采用减柱造，仅当间使用金柱两根，大大扩展了殿内使用空间（图 2.6.16.3 正殿梁架）；三是梁架采用草、明栿组合，在原有的平棊以上，梁架用粗木，几乎不做加工。平棊以下，从殿中的视线所能及的，都刻削为月梁，与宋《营造法式》所载做法近似。

明朝万历年间的《泽州志》曾有记载：景德寺在城东高都镇，唐建。其与碧落寺、显庆寺、松林寺并称"古泽州四大名寺"。只是20世纪50年代，这里改造成粮仓，原有的宏伟建筑和屋檐上的雕刻全被砖瓦和木板封盖起来，前两次全国文物普查，仅把一些规模较大、保存完整的古迹纳入普查范围。就这样，景德寺"躲"过了前两次的文物普查，直到在全国第三次文物普查中才被发现。如今景德寺尚未恢复原貌，白色的体量与旧制一起倒是叠加出一番诡谲的趣味来。而侧殿被涂成"蒂凡尼蓝"的柱子，也和廊中洗衣机的盖子颜色一致，差点让人笑出声来。

2.6.17 青莲寺 ㊴

Qinglian Temple

名称与别名	青莲寺
地　　址	晋城市泽州县珏山风景区内
看　　点	风景，寺院格局
推 荐 级 别	★★★★★
级　　别	全国重点文物保护单位
类　　型	寺院，木结构
年　　代	宋—清
交　　通	乡村，自驾

图 2.6.17.1

图 2.6.17.2

珏山风景区就像青莲寺的铺垫，行车进入，盘旋迂回，心中只有期待。除去一切学术层面的东西，秋日晴朗的下午，枝叶渐红，斜阳照耀，色彩斑斓，人会醉的（图 2.6.17.1 青莲寺沿路风景）。沿山路车行向上，先入眼帘的是青莲寺上院（图 2.6.17.2 青莲上寺远景）；远远地，向山下望去，还有青莲寺下院（图 2.6.17.3 青莲下寺远景）。

终究要回到寺院的历史，不得不提创寺之人慧远禅师。现存于上院藏经阁下层金泰和六年（1206年）

图 2.6.17.3

的碑文《大金泽州硖石山福岩禅院记》中记录有慧远生平与创寺的事迹。慧远俗姓李，祖籍敦煌，十三岁出家，十六岁便跟随湛律师前往如今河北等地学习佛法。学成之后返回高都这一带，创立了寺庙，开始讲经说法，研习各类佛教经典。后又出山，住持过嵩山少林寺。随着隋朝建立，隋文帝推崇佛教，慧远便作为当时六名得道高僧之一入京，并最终移居净影寺，在那儿圆寂。故后世也称之为净影慧远。而有关这净影慧远的一些记载，却也给青莲寺带来了不少谜团。

谜团首先便是寺名。慧远最初建寺当在北齐天保年间（550—559 年），而这"青莲寺"一名，则是唐咸通八年（867 年）御赐而得，那么在得名之前，寺名为何呢？一般会说初名为"硖石寺"，而青莲寺正巧也坐落于硖石山坳。但此名毕竟是根据其地址，由民间自发称呼得名，似乎并非寺之本名。有学者在文献中考证出，包括慧远在内的几名高僧，曾经前往高都地区的一座名为"清化寺"的寺庙，而"慧远返就高都清化寺"的时候，恰好与他建立并住持这青莲寺的时间相仿，因而推测这青莲寺原名"清化寺"。然而这些记载仍旧较为模糊，无论"硖石寺"还是"清化寺"，也都是数家之言，真正的寺名，或许也被掩埋在了历史之中。

另一个谜团是慧远隐居的具体位置。记得当年周武帝"灭法"吧，虔诚向佛的慧远居然曾经不顾对方君王的身份，当众斥责。皇权毕竟是皇权，寺庙接连荒废。慧远虽不致杀身，却也只能从此"避纷入谷，结庵孤峰下"，一边隐居，一边继续研究并宣扬佛法。有人凭此推断，慧远隐居山中所结之庵，便很可能是青莲寺上院；然而也有人认为，上院这山腰之上，掷笔台下的位置，似乎并非记载中所谓的"入谷""孤峰"，因而这所结之庵，便也不会是这上院了。究竟事实如何，可能还要诸位亲自前来探访，仔细审读一下寺内历朝碑刻记载，方能定夺了。

2.6.18 青莲寺·上院释迦殿 ⑧

Sakyamuni Hall of Qinglian Temple (Home Temple)

名称与别名	青莲寺上院释迦殿
地　　址	晋城市泽州县硖石山腰
看　　点	宋代木构，宋代塑像
推荐级别	★★★★★
级　　别	全国重点文物保护单位
类　　型	木结构
年　　代	宋
交　　通	乡村，自驾

图 2.6.18.2

更为普遍的说法是青莲寺上院建于隋唐时期，于宋代得名"福严禅院"（或"福岩禅院"）。现如今寺院布局保存完整，院内主要建筑包括中轴线上的天王殿、藏经阁、释迦殿、大雄宝殿，以及两厢的观音阁、地藏阁等。其中释迦殿为宋代遗构，后殿大雄宝殿为1994年复建而得。而藏经阁（图 2.6.18.1 上院藏经阁）与观音阁（图 2.6.18.2 上院观音阁），则稍显独特，带有不同年代的改建烙印。以藏经阁论。阁分两层，上层木构简洁质朴，似有宋代风韵；五铺作偷心，并于柱头斗栱处使用了批竹式下昂，承托了深远的出檐。

图 2.6.18.1

图 2.6.18.3

而下层墙体则有砖石砌筑,并有砖饰建筑构件形象,俨然明清的样式。此阁最初有可能是唐构弥勒大阁,是上院最为核心的建筑,后或衰或毁,于宋崇宁年间(1102—1106年)改为藏经阁,后经元明清历代修缮,均在建筑之上留下了时代的烙印。而观音阁的身世则更为戏剧,起初当为唐代观音阁;后于宋代改建为单层建筑观音殿;再后来又在明代平地抬升,再次成为二层之阁——一座纯然的清代建筑。这两相对比,顿觉趣味盎然。

释迦殿是青莲寺上院中最主要的建筑,位于藏经阁后方(图2.6.18.3上院释迦殿)。石柱石刻的题记提示着该殿当为北宋元祐四年(1089年)所建。面阔

图 2.6.18.4

图 2.6.18.5

三间，六架椽屋。总体形制如同山西众多古寺大殿一般，采用了接近正方的平面，单檐歇山的屋顶。斗栱用五铺作单杪单下昂，下昂与耍头均为批竹式，简练而大气（图 2.6.18.4 释迦殿斗栱）。深远的出檐之下，并没有使用补间铺作，仅作隐刻。寺庙建筑之美，并非独美，也是为了供奉屋内佛像。甚至可以说佛像，才是庙宇大殿的灵魂。而释迦殿便为我们呈现了这一点（图 2.6.18.5 释迦殿彩塑）。殿中还保留有一组宋代泥塑，与建筑可谓相得益彰。看门老者着实友好。同行之人见殿门紧闭，正在迟疑是否可以进去一睹佛像真容，大爷好像看出了其心思，微笑前来，开门迎客。我们也终于得以见到这艺术精品。

良久之后转身出殿，再见院中古木丛生，似有所悟。院中老者轻挥扫把，落叶随之聚散。

2.6.19 青莲寺·下院 ㉘

Subsidiary Temple of Qinglian Temple

名称与别名	青莲寺下院
地　　址	晋城市泽州县硖石山脚
看　　点	悠久历史，唐代泥塑
推荐级别	★★★★
级　　别	全国重点文物保护单位
类　　型	寺院，木结构
年　　代	北齐
交　　通	乡村，自驾

上院门前西侧的山间石阶便是便通往下院的道路，沿阶下行，途中回望上院，又有一番独特的视角（图 2.6.19.1 下院回望上院）。

无论上院建立年代几何，下院基本可以确定是慧远游学归来，于北齐年间建立，因而也被称为"古青莲寺"。跨越千年，寺虽在，其中的古建筑却没有留下多少。因而寺虽古，建筑却大都是现当代翻建的，不禁令人唏嘘（图 2.6.19.2 下院建筑）。最为醒目的舍利塔是明代遗珠，在这宋金木构、隋唐砖石遍布的晋东南，也显得不如看起来那么鹤立鸡群（图 2.6.19.3 舍利塔）。

然而青莲寺下院，自有其惊世至宝。在一座 1997 年搭建的仿古建筑内，一组唐代泥塑仍旧屹立不倒。当然，经过后代的翻修，曾经的匠心或许有所流失，但我们仍能从这饱满的面容、大气的衣襟，以及动人的形态、流畅的线条中，体会到大唐的风韵。

这组塑像由弥勒、阿难、迦叶、文殊、普贤，一个供养人，以及一个从别处移入的人像组成。其中，弥勒像面相方圆，身着"半披式"佛衣，衣纹贴身，即可见躯体形态，又能现衣料质感。其余弟子菩萨像，形体丰满，姿态优美，神情温和，可见浪漫主义的人情蕴含其中；衣物也是简洁大气，似更具盛世之风。迦叶像有所残损，虽然令人惋惜，却也可从断面处了

图 2.6.19.1

图 2.6.19.2

解当时泥塑之工艺材料,实为祸外所得。

一说这组塑像是从唐会昌灭佛之前的时代留存下来的,虽然这个论调并未得证,并有不少更晚的推测结论。但是望着这组塑像,回忆着我们一路上山来的经历,我毋宁相信,或许正是这山间选址、民间建寺,使这一艺术精品没有受到封建统治者意志的迫害,保留了下来。

图 2.6.19.3

2.6.20 三教堂 ⑧

Three Religions Hall

名称与别名	泽州三教堂
地 址	晋城市泽州县李寨乡陟椒村
看 点	建筑单体
推 荐 级 别	★★★★
级 别	省级文物保护单位
类 型	庙宇,木结构
年 代	明—清
交 通	乡村,自驾

泽州三教堂远看与民宅大院无异,坐北朝南,而庙门却是朝东开的。进门时,被布满精美木雕的门头所震撼(图 2.6.20.1 泽州三教堂木雕)。一朵两破五层斗栱层层相叠,垂花罩与门楣、额枋前后相列,布满透雕,层次分明,八瓣瓜楞柱构成垂直线条,疏密有致,构成合理,除构件外,还有不少人物、花草等雕刻,实乃不可多见的艺术品。

院落一进,中轴线上有舞楼、献殿和三圣殿,两边为厢房、看楼和配殿,布局完整。据三教堂现存五通碑刻考证,三教堂创修于明嘉靖十五年(1536年),清康、乾、道光时期屡有修建,始呈今日规模。这里

图 2.6.20.1

图 2.6.20.2

的建筑结构并无太多特色,可是建筑雕刻却着实太吸引人,尤其是献殿。

献殿面阔三间,单檐歇山顶,比例瘦高,没有围挡结构,将木构件的装饰展现得淋漓尽致。装饰性的雕刻从屋檐下开始,直至地面,斗栱大多弯曲而充满动感,还采用了波浪形构件与梁枋相交,与上层屋架用垂柱构造相连,在补间斗栱和角斗栱与上部屋架的连接之处还做了八边形的托盘。设计手法很像戏台或是亭榭,工匠把装饰的手法运用到了极致,不光是雕饰,还有构件本身的形式设计,与结构相统一,乃至碑首,都被雕刻所覆盖,很有西方巴洛克建筑艺术的意味(图2.6.20.2 泽州三教堂献殿)。这也与我们通常看到的古建筑不大相同,可能代表了地方性的匠作手法与审美追求,非常珍贵。

2.6.21 汤帝庙·大阳 ⑧
Tangdi Temple in Dayang

名称与别名	大阳汤帝庙
地　　址	晋城市泽州县大阳镇
看　　点	早期木构架
推荐级别	★★★
级　　别	全国重点文物保护单位
类　　型	庙宇,木结构
年　　代	元—清
交　　通	乡村,自驾

泽州大阳镇西街上,大阳汤帝庙坐北朝南,体会得到汤帝威武(图2.6.21.1 大阳汤帝庙外观)。

庙内存留有古代碑刻若干,其中较为重要者如《山右石刻丛编》辑录、宋人刘泳所撰《汤王殿芝草碑》以及庙内虫王殿西墙上明万历七年(1579年)《重修汤帝庙东廊房记》。据此,尚能了解大殿创建与修缮历史的大致梗概:成汤殿始创于宋初乾德间,宣和元年(1119年)重修,但旋即后又毁于宋末兵火,现存的成汤殿大抵为元至正年间(1341—1346年)在此重建之物。据载,大殿曾悬有大元至正四年(1344年)匾额,且琉璃脊刹的吞口间题牌上尚可见"至正"字样。

汤帝庙殿阔三间,进深八椽,单檐悬山顶,举折平缓。前檐七间并作三个大开间,仅用檐柱四根,柱间不用阑额而在柱顶架大檐额,系元代移减柱做法的典型代表(图2.6.21.2 汤帝庙正殿)。柱极硕壮,檐额亦是以原木稍加砍斫而成,整体尽显粗放率真之态。额上用五铺作斗栱,外观皆作双下昂,其中补间系采用真昂,保留着昂尾挑斡平榑的做法。斗栱构件样式尚谨尊法度,与柱梁构架的粗拙不羁相映成趣(图2.6.21.3 汤帝庙正殿斗栱)。

成汤殿的建造年代放之于晋东南算不得十分古老,但因其规模硕大,元代风格突出,确也算得上是一处极有特色的地方建筑了。

图2.6.21.1

图2.6.21.2

图2.6.21.3

2.6.22 汤帝庙 · 坪上 ⑧④

Tangdi Temple in Pingshang

名称与别名	坪上汤帝庙
地　　址	晋城市泽州县周村镇坪上村
看　　点	舞亭
推荐级别	★★
级　　别	全国重点文物保护单位
类　　型	庙宇，木结构
年　　代	明—清
交　　通	乡村，自驾

坪上汤帝庙最有趣的地方莫过于三座悬山殿组成的山门前，有一小座舞亭，尺度与通常所见到的戏台和舞台相比小了很多，也没有足够的平台为观众提供良好的视野。建筑尺度小，结构较为简单，却仍然按照戏台舞楼的设置用四方抹斜角做成不等边八边形的屋架形式，想必这其中，隐藏了历史上关于汤帝庙的不少兴衰更迭的故事（图2.6.22.1 坪上汤帝庙舞亭）。

舞亭是在院外的，院内只有一进，周围配殿望楼一应俱全，只是有些破败。院中有过殿的基址，而五间的悬山大殿，坐落正中（图2.6.22.2 汤帝庙正殿）。公布的国保单位名录上此庙为明清时期的建筑，但是我们却能从舞亭和大殿以及周围配殿上看到不少早期建筑特征杂糅其中，譬如昂嘴、石柱抹角、用材较大、平面虽未减柱却也用大内额，等等（图2.6.22.3 汤帝庙正殿细部）。直到我们找到了明正德十一年（1516年）的《创建成汤庙记》，方才得知此庙初创于金大定二十四年（1184年），但正统间沁河泛滥，庙宇由于地势较低，尅不复存，于是中山村义民郭谅及寿官郭纯按前人的样式易址重建了汤帝庙，并扩大规模，完善神祇，直至今日乃得见。可惜石碑只剩半截，也只能推测大概营建脉络。

这也为我们带来了无限的想象空间——舞亭的功能位置之谜、构件的更替、格局的演变、样式的流变，等等。通过大胆想象，小心求证，一步步接近历史上的坪上汤帝庙，这又是多么令人欣喜的过程。

图 2.6.22.2

图 2.6.22.1

图 2.6.22.3

2.6.23 土地庙 ⑧⑤

Tudi Temple

名称与别名	大南社土地庙
地　　址	晋城市泽州县高都镇大南社村
看　　点	大殿结构，石刻，碑碣
推荐级别	★★
级　　别	未核定
类　　型	庙宇，木结构
年　　代	宋—清
交　　通	乡村，自驾

图 2.6.23.2

图 2.6.23.3

不在高都镇上的二仙庙过多停留，赶到大南社村，就是来看看这里明间断开的普拍枋和阑额（图 2.6.23.1 大南社土地庙外景）。

一进院落的土地庙着实不大，但小庙中的碑记一共十通，着实不少。碑文记载了明崇祯元年（1628 年）、康熙二十年（1689 年）、康熙四十四年（1705 年）、乾隆十八年（1753 年）、乾隆二十八年（1763 年）、光绪十六年（1888 年）等历次修葺，而正殿之外的其他建筑——舞楼、拜殿、舞楼配楼、东西配楼、厢房、朵殿等——当成于比较晚近的年代。

回到正殿，面阔三间，六架椽屋乳栿对四椽栿用三柱，悬山顶；前檐柱头铺作双杪五铺作，上一杪头作昂形，用昂形耍头，华栱出锋，横栱抹斜，里转偷心承托乳栿（图 2.6.23.2 土地庙正殿斗栱）；前檐用石柱，明间内侧保留阑额卯口（图 2.6.23.3 截断的阑额与普拍枋）——于是可以断定，当年的明间并非今日所见的独特形式，于是一切回归普通。

普通的结论带来的不是失望，就像新发现带来的也只是须臾的兴奋。问题总会冒出来，新的问题才是滋养头脑的粮食。

图 2.6.23.1

2.6.24 天井关 ㊆

Tianjing Pass

名称与别名	天井关
地　　址	晋城市泽州县晋庙铺镇
看　　点	南太行风光，孔子回车等历史事件
推荐级别	★★
级　　别	省级文物保护单位
类　　型	古迹，民居，自然
年　　代	西汉—今
交　　通	乡村，自驾

天井关号称豫晋第一雄关，把守在太行陉之上。周围层峦叠嶂，沟壑纵横，古隘丛峙，是豫北通往泽州的一条重要交通孔道，历史上为南控中原，北抵泽州的军事要道。形势雄峻，素称天险。由此陉南下可直抵虎牢关，是逐鹿中原的要陉之一。天井关三字，笔法简单，却读来大气。据《读史方舆纪要》，关南有天井泉三眼，其深不测，天井关因此得名。想着古人千辛万苦来到这南太行之巅，拍拍身上的尘土，郑重其事地走过书有此三字的门券，应当是很有成就感的吧（图2.6.24.1 天井关门楼）。

而今大的天井关，不再如刘歆《遂初赋》所说"驰太行之险峻，入天井之崇关"般凶险，驱车便能从公路直接到天井关村口。我们到时适逢村中道路翻修铺设管线，只好踏着大大小小的石块前行，倒也是另一种"入关"了（图2.6.24.2 天井关村街巷）。

此外天井关古有"孔子回车"的故事。据说孔子周游列国，通过天井关回晋国时，见有小孩以石筑城为戏，不肯让路。其中一个叫项橐的顽童，并以"只有车绕城，而无城让车"之说质难孔子。孔子见项橐虽小，却有过人之处，于是躬拜为师，令弟子绕"城"而过。当行至天井关时，又遇松鼠口衔核桃跑至面前行礼鸣叫。孔子见晋国顽童如此聪明，连动物亦懂大礼，十分感慨并回车南归。现天井关村仍留有据称是当年的回车辙，并有石碑和碑亭。

这个故事是真是假，现在已是无从确切考证。但是天井关所承载的来往豫晋的足迹，却扎扎实实重叠在此地的尘土里。

图 2.6.24.1

图 2.6.24.2

2.6.25 玉皇庙·北义城 ⑧⑦
Yuhuang Temple in Beiyicheng

名称与别名	玉皇庙
地　　址	晋城市泽州县北义城镇
看　　点	宋代正檐柱刻，早期木构架
推荐级别	★★★
级　　别	全国重点文物保护单位
类　　型	庙宇，木结构
年　　代	宋—清
交　　通	乡村，自驾

在成为第六批国保之前，北义城玉皇庙就在北义城中学里面，使用或不得当，房子终究是保留了下来。成为国保之后经过一番修复，它已经有了自己独立的领地和威严，却真的不容易再看它一眼啦。从街道摸索到村庄，我们花了半个多小时才找到掌管钥匙的大婶。大婶倒是十分热心，也不管午饭还没吃完，就径直过来开了门——那不，正殿、献殿、偏殿、厢房，稳重得还是像教书先生（图2.6.25.1 北义城玉皇庙院落）。

玉皇殿高高的挑檐，如展翅大雁的双翼，分向东西两端（图2.6.25.2 玉皇庙正殿）。平面正方形的大殿建于高1.2米的砖砌台基之上，深广各三间，单檐九脊顶，琉璃剪边。前檐柱四根，青石质，八棱，侧脚生起明显，斗栱四铺作出单杪。殿内梁架彻上露明造，结构为三椽栿对前劄牵通檐用三柱（图2.6.25.3 正殿梁架）。大殿内仅用两柱，内柱以前作为殿之前廊。殿内彻上露明造，所有梁架斗栱，结构毕露，条理分明，平梁之上加以粗长的叉手以承脊椽。室内彩画已隐约不可辨。

殿前石柱刻有题记曰"重修玉皇殿时大观四年……"可见此殿造于大观四年（1110年）（图2.6.25.4 正殿题记）。重修前后的风雨变迁，如今也只能通过题记碑刻拾得只言片语。因其历史沿革和历代修缮情况不明朗，玉皇庙给后人留下的历史完全是一根粗线条：宋大观四年重修后，清雍正六年（1728年）再次重修；道光八年（1828年），创修舞楼及东西耳房，其后屡塌屡修。庙墙之外，北义城中学的宿舍楼里午休的同学不时向外观望；庙门之前，两个在玩具车上的孩童快乐得忘乎所以。这些仿佛才是这古老的庙宇在今天的呼吸。

图2.6.25.2

图2.6.25.3

图2.6.25.1

图2.6.25.4

2.6.26 玉皇庙·府城 ⑱

Yuhuang Temple in Fucheng

名称与别名	府城村玉皇庙
地　　址	晋城市泽州县金村镇府城村
看　　点	建筑群体，彩塑，小木作
推荐级别	★★★★
级　　别	全国重点文物保护单位
类　　型	庙宇，木结构
年　　代	宋—清
交　　通	乡村，自驾

图 2.6.26.2

府城村北岗上玉皇庙距离公路不远，敞开大门迎接所有客人（图 2.6.26.1 府城玉皇庙山门）。

庙宇的始创年代已不详。但据庙内现存明代碑刻可知，"隋朝时居民聚之北阜，建庙宇三楹，内绘三清神像"，足见其历史之久远；北宋熙宁九年（1076 年）在原址上重建，题名"玉皇行宫"，内设有大殿、廊庑、山门等建筑，并彩绘壁画，塑造神像，可见当时已初具规模；金泰和七年（1207 年），因庙宇败陋椽栋毁坏，乡民曾集资大修一次，但不久又遭兵燹；元至元元年（1335 年）再次复修始成今日之格局。其后虽经元至正十五年（1355 年）以及明清两代的修葺，然其基本格局再未有大的变动。

玉皇庙坐北朝南，建筑空间丰富，前后一共三进院落（图 2.6.26.2 府城玉皇庙院落）。主要建筑为中

图 2.6.26.3

图 2.6.26.1

图 2.6.26.4

轴线上由南向北依次排列的头道山门、仪门、成汤殿、献亭、玉皇殿，另外两庑设有二十八宿殿、十二辰殿、十三曜星殿、关帝殿、蚕神殿及厢房、钟鼓二楼等，计有殿宇楼亭 110 间，形成错落有致的建筑景观。

府城村玉皇庙蜚声海内，除早期建筑外，更多是来自于种类丰富、品质极高的各类附属文物，可先列举其中较为重要者，如玉皇殿屋顶上的琉璃脊饰仍属金代原物，得以保存至今实为罕见（图 2.6.26.3 玉皇殿琉璃）；成汤殿中的小木作神龛创建于明初，规模较大，亦堪称精美（图 2.6.26.4 成汤殿小木作）；更不用说那西庑二十八宿殿中的元代彩塑，如今早已是久负盛名（图 2.6.26.5 元塑二十八宿）。

图 2.6.26.5

大门开放久了，安全成了问题，建筑的附属文物最令人担心。不得已地，当地文管部门所能做的更多是采取闭门谢客的保守策略。今天玉皇庙于是成为附近村民前来进香的庭院。不能为改变现状再多做点什么吗？

2.6.27 玉皇庙·高都 ⑧⑨

Yuhuang Temple in Gaodu

名称与别名	玉皇庙
地　　址	晋城市泽州县高都镇
看　　点	金代石柱雕刻，早期木构架
推荐级别	★★
级　　别	省级文物保护单位
类　　型	庙宇，木结构
年　　代	金—清
交　　通	乡村，自驾

去高都镇的那日适逢赶集，车子一路如履薄冰艰难前行，才终于穿越汹涌澎湃的人群。其他几个庙宇的管理员都去赶集了，只有玉皇庙能直接进入。询问得知此处为高都礼拜重镇，平日就香客众多，管理自然也更开放妥当一些。

现存建筑大多为后世所建，修葺一新，并无太多趣味。惟东侧耳殿值得细看（图 2.6.27.1 高都玉皇庙东耳殿）。

东侧耳殿面阔三间，悬山式屋顶，前檐下辟廊（图 2.6.27.2 东耳殿前廊）。檐下斗栱补间用一朵，单下昂四铺作，昂尾压在下平槫下（图 2.6.27.3 东耳殿斗栱）。柱头以乳栿伸出檐外做成昂形，为假昂。特别引人注目的是，乳栿居然为加工精致的月梁造。这在晋东南的宋、金木构中是极为少见的。

耳殿的石作尤为精彩。檐下四根青石柱，四棱抹

图 2.6.27.1

角，上端刻有金代承安四年（1199年）的布施题记。石柱以减地和线刻的手法雕满了化生童子以及龙凤花草；图案之精美，技法之熟练，可以和冶底岱庙天齐殿的雕作媲美（图2.6.27.4东耳殿石柱雕刻）。柱础装饰了压地隐起的浅浮雕，连同柱础之上的青石柱櫍，都是十分少见的金代石作精品。殿门的青石门框保存完整，质感丰厚温润，同样布满了雕饰，可惜人为破坏，图案已经模糊不清。门楣上金代泰和八年（1208年）的施造题记尚清晰可辨。另有题记"高都上社施主赵，妻乔氏，男□□；高都东社施主刘，妻尚氏，男沂，新妇田氏，孙男□□"，可见此门框由两家合捐。

殿小但工精，深藏在尘嚣中。庆幸之外，只有庆幸。

图 2.6.27.2

图 2.6.27.4

图 2.6.27.3

2.6.28 玉皇庙·薛庄 ⑩

Yuhuang Temple in Xuezhuang

名称与别名	玉皇庙
地　　址	晋城市泽州县高都镇薛庄
看　　点	沧桑的废墟感
推荐级别	★
级　　别	全国重点文物保护单位
类　　型	庙宇，木结构
年　　代	不详
交　　通	乡村，自驾

"邮政化肥产量高，跑了和尚跑不了庙。"这是在薛庄寻找玉皇庙时看到的一条颇具喜感的红色横幅广告，却又像一条极其准确的宇宙定律，诉说着古老庙宇的命运（图 2.6.28.1 跑不了庙）：如今的薛庄玉皇庙，虽被评为第七批国保，却仍飘摇在废墟之中，出家人早已不在，唯有对面同样在废墟之中的人民剧场，如同共患难的老友，日夜喃喃，与之相互慰藉（图 2.6.28.2 人民剧场）。

三开间的舞楼，隐约能透露庙宇不算宏大的形制；修缮过的屋脊仍参差不齐，门楣上的"永福宫"牌匾却新得突兀，蓝底黄字与门前绯红的杂草相互映衬（图 2.6.28.3 玉皇庙山门）。

但我们最终没有找到进入的钥匙。

图 2.6.28.1

图 2.6.28.2

图 2.6.28.3

3 临汾市
LINFEN

临汾市古建筑分布图
Historical Architectural Map of Linfen

1. 碧岩寺
2. 东岳庙
3. 后土庙·戏台
4. 后土庙·圣母殿
5. 牛王庙
6. 铁佛寺
7. 尧陵
8. 尧庙
9. 麻衣寺砖塔
10. 郎寨砖塔
11. 师家沟古建筑群
12. 真武祠
13. 老君洞
14. 清微观
15. 关帝庙
16. 碧霞圣母宫
17. 关帝庙
18. 广胜寺
19. 广胜寺·上寺
20. 广胜寺·下寺·水神庙
21. 华严寺
22. 监狱
23. 净石宫
24. 商山庙
25. 泰云寺
26. 玉皇庙
27. 鼓楼
28. 观音庙
29. 娲皇庙
30. 州署大堂
31. 祝圣寺
32. 东岳庙
33. 大悲院
34. 龙泉寺
35. 三清庙献殿
36. 四牌楼
37. 薛家大院
38. 鼓楼
39. 千佛庵
40. 寿圣寺
41. 丁村民居
42. 汾城古建筑群
43. 关帝庙
44. 灵光寺塔
45. 普净寺
46. 文庙
47. 东岳庙
48. 关帝庙·樊店
49. 乔泽庙·戏台
50. 石木四牌坊
51. 四圣宫
52. 永和文庙

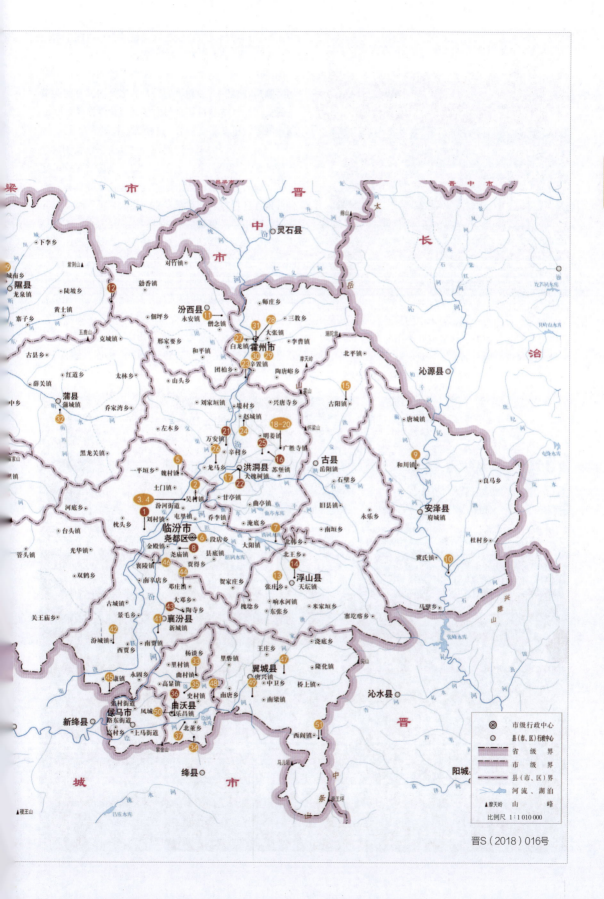

3.1 尧都区

3.1.1 碧岩寺①
Biyan Temple

名称与别名	仙洞沟碧岩寺
地　　址	临汾市尧都区金殿镇峪口村姑射山
看　　点	寺庙格局，自然景观
推荐级别	★★
级　　别	省级文物保护单位
类　　型	寺院，木结构
年　　代	不详
交　　通	旅游区，自驾

仙洞沟是临汾西郊姑射山中的旅游风景区，是市民休闲度假的好去处。这里地处平阳盆地西部的沿山一带，被深沟隔为两部分——北仙洞，是一组破败的建筑群，毁于大火；南仙洞，即为碧岩寺。碧岩寺依山而建，地势起伏，建筑与岩洞相结合，空间丰富，景色优美（3.1.1.1 仙洞沟碧岩寺全景）。

既为仙洞，则少不了神话故事，譬如尧王成婚时的"洞房花烛"，被制服的黑龙的黑龙洞，有明代道士睡松子以铁链穿过锁骨与弟子到处化缘修建的睡仙洞，等等，还有豹榆、千年虬松等古树。

另有神居洞中宋至清代的碑刻9通，记载了这里历代的修建过程：宋、金之际，道士皇甫靖在这里修炼得"触石如人虚，游空如履地，变化莫知其极"。仙洞现在还保存着"皇甫靖法师清法禄见"一文。元朝时，这里道教更是盛极一时，道士任志真、王德仁等奉国师掌教大宗师洞明真祁法旨，"起盖殿阁十数间，使三清、四帝、五祖、七真、诸仙圣像焕然一新"。至明朝正德年间，这里又改换门庭，五台山僧人在南仙洞开辟山门，建正殿两楹，门徒园海等又增建碧岩寺，清同治八年重修碧岩寺，西为祖师殿，东为围陀殿，北为观音阁，傍岩叠起，蔚为壮观，形成了南仙洞建筑群的基本规模，同时又是一处佛道共处的寺院。

图 3.1.1.1

3.1.2 东岳庙②

Dongyue Temple

名称与别名	王曲东岳庙
地　　址	临汾市尧都区吴村镇王曲村
看　　点	早期木结构
推荐级别	★★★
级　　别	全国重点文物保护单位
类　　型	庙宇，木结构
年　　代	不详
交　　通	乡村，自驾

赶到王曲东岳庙的时候已近黄昏，夕阳扫掠过倒座戏台与兼作山门的钟鼓楼并排而形成的背影。一帮小孩子在国保碑上攀爬玩耍，用流利的普通话告诉我们从侧门进入（图3.1.2.1 东岳庙外景）。

进去以后，发现所谓的东岳庙，其实只剩这么一座戏台和一丁点附属建筑，看庙的大妈很是热情，只是叮嘱我们不要拍照。戏台的正面完全没有了背影的秀丽，明清时期增建的卷棚抱厦完全遮挡了原有戏台的正立面，两旁还有砖石砌筑的台口和小房间，若不是先看到背影，很有可能错过内部的精彩（图3.1.2.2 戏台）。

增建的部分与戏台之间用槅扇分隔空间，将原有的早期戏台作为后台空间使用，也可以由此看出，当地的民间戏曲表演随着年代的推移，演出形式已经大为改观，建筑也相应配合做出了改变。戏台内部自然保留了早期的特征，相比附近的牛王庙戏台和东羊后土庙戏台，规模小了，少了些许复杂的精彩，多了几分简洁明快之美，甚至都没有做出八边的藻井，只是在平槫构成的正方形井口又放置了一个四十五度旋转的正方形，斜栱部分作挑斡与角梁一并与上层构架斜向衔接。整体来看，正交体系与斜交体系在空间上分布均匀，比例优美，避免了视觉上的琳琅满目和构件的繁复，展现了理性和简洁的力量（图3.1.2.3 戏台梁架结构）。

离开的时候，看庙的大爷回来了，看到我们拿着相机，一定要没收。给他看过相机照片又解释半天总算得以脱身。临走前想要给夕阳下的背影拍照留念，大爷又追了出来，连庙外也不许拍。这又是何必呢？

图3.1.2.1

图3.1.2.2

图3.1.2.3

3.1.3 后土庙·戏台 ③
Theatre Stage of Houtu Temple

名称与别名	东羊后土庙
地　　址	临汾市尧都区土门镇东羊村
看　　点	早期木结构，庙宇格局，圣母殿彩塑、悬塑
推荐级别	★★★★
级　　别	全国重点文物保护单位
类　　型	庙宇，木结构
年　　代	元—明
交　　通	乡村，自驾

　　临汾市尧都区以北，不到10公里的范围内，坐落着三座元代古戏台，分别是魏村牛王庙戏台、东羊后土庙戏台以及王曲东岳庙戏台。这三座戏台无论从结构还是样式上，都有不少相似之处，距离相近，且前两者还有明确的题记年号，足以成为元代平阳路（今晋南、晋东南）地区戏台与戏曲文化研究的重要实例——要知道，全国留存的元代戏台实物，经学者考察、研究，一共也只有八座，更早的宋金时期戏台，仅只有一座。

　　东羊后土庙戏台位于前院的高台上（图3.1.3.1 夕阳下的后土庙戏台），偌大的院中只有青草与小树环绕，戏台的形象十分突出，深远的出檐轻巧又不失雄浑，整体比例均衡而稳健，檐下六铺作三下昂斗栱密布，与屋面、柱额形成了强烈的繁简对比，极具感染力。戏台十字歇山顶，平面正方形，三面围合，正面台口敞开，柱上由大额枋承托屋架重量。台前两根石柱下有覆莲柱础，柱上浮雕莲花和牡丹花生童子的图案，上有题记"元至正五年（1345年）月日本村石匠王直王二"，想必也是经历大地震之后重修时的手笔吧。

　　戏台内部彻上明造，结构清晰而富有美感（图3.1.3.2 戏台梁架结构）。与其他两座戏台一样，设计思路均为四边形抹角成八边形，然后内檐斗栱层层出跳向上构成藻井口，大梁与角梁承托屋架荷载。但是东羊后土庙的显著特征是斗栱的斜栱也作挑斡，形成了斜向的连接和贯穿，同时角梁与续角梁也作为斜向的支承构件，在一定程度上削弱了八边形的主导地位，使屋架的几何形态更加复杂而富有张力，梁枋与斗栱用材的差异也形成了鲜明对比，虚实相间，具有极强的视觉冲击力（图3.1.3.3 结构细部与光）。

　　另一个特点是东羊后土庙戏台的十字歇山顶。所谓"山"，即为侧面，古代工匠轻易不以山面为正面示人，早期戏台大多都是歇山顶，而十字歇山顶的逐渐普及，大概是因为室内空间的需求以及戏曲演出形式的演变而渐渐流行起来的吧。翻看老照片，发现戏台前檐曾经还在明清时期加建过卷棚勾连搭作为演出空间的延续，随着近期的修缮工程而恢复了元代戏台的本来面目。如果能将当时的戏曲演出也一并恢复就好啦。

图3.1.3.1

图3.1.3.2

图3.1.3.3

3.1.4 后土庙·圣母殿④

Shengmu Hall of Houtu Temple

名称与别名	东羊后土庙
地　　址	临汾市尧都区土门镇东羊村
看　　点	早期木结构，庙宇格局，圣母殿彩塑、悬塑
推荐级别	★★★★★
级　　别	全国重点文物保护单位
类　　型	庙宇，木结构
年　　代	元—明
交　　通	乡村，自驾

东羊后土庙早些年间并不是后土庙，而是东岳庙。绕过戏台，穿过第二道小院门，就能看到后殿——圣母殿（图3.1.4.1 圣母殿）。圣母殿前有建筑台基，还残留着柱础，这便是曾经的主殿。因为曾被用作小学校，而建筑年久失修带来安全隐患，于是村民索性将其拆除，东岳庙便由此改为后土庙。

圣母殿的精华在于其中的泥塑和悬塑，远比大殿本身富丽堂皇许多。悬塑又称壁塑、影塑，一般在殿堂内围绕神坛上塑像以及木结构，在其两侧、背后及上方依托壁面塑造而成，亭台楼阁、各色人物融汇于云山中，营造出蔚为壮观、美轮美奂的立体世界，延伸了室内空间，体现了信徒心中的极乐世界。步入殿内，目不暇接，宛如置身另一个世界。

到访时圣母殿正值修缮期间，多种文物保护工具、材料都在其中，技术员向我们简要地介绍了他们的工作。对于泥塑的修缮远不如建筑那样简单，每年合适的工期最多只有四个月，一个项目通常要进行好几年，很多病害情况根本令人无计可施。对游人而言，琳琅满目的泥塑，只是认清都很困难，更不用说一点点清洗、加固和补配。

向这些脚踏实地进行文物保护修缮工作的人员致敬！

图3.1.4.1

3.1.5 牛王庙⑤

Niuwang Temple

名称与别名	牛王庙
地　　址	临汾市尧都区魏村镇魏村
看　　点	早期木构架，庙宇格局
推荐级别	★★★★★
级　　别	全国重点文物保护单位
类　　型	庙宇，木结构
年　　代	元—明
交　　通	乡村，自驾

牛王庙位于临汾市尧都区魏村镇魏村西北的高地上，与民居栉比为邻。庙宇规模不大，最北面是三王殿，大殿门匾上书"广禅侯庙"，落款年代为清康熙五十九年，殿内有几身彩塑，因供奉着牛王、马王、药王，故亦称三王庙。殿前有献亭一座，两侧各建朵殿三楹，南面朝北的倒座是庙内数百年来酬神演戏的戏台。戏台建于元至元二十年（1283年），后因处于大德七年（1303年）平阳地区大地震中心地带，遭到严重损坏，势所必然，后于至治元年（1321年）重修，于明、清两代亦屡有修葺。在高平王报二郎庙戏台发现之前，牛王庙戏台一直承担着我国最早的木构戏台的称号，加之附近的东羊后土庙戏台、王曲东岳庙戏台，在一天之内得以目睹三座早期戏台，着实令人赏心悦目（图3.1.5.1 牛王庙戏台）。

戏台为木构亭式舞台，单檐歇山顶以灰瓦铺就，坐落在高为1米的台基之上，平面几近正方。戏台用四根角柱，前檐下二角柱为方形石柱，四边抹角，正面刻牡丹、童子图案。西侧石柱的抹角处刻有"蒙大元国至元二十年岁次癸未季春竖"，东侧石柱上亦有年代，二者之间相差了几十年，正是戏台在建成后没多久即遭地震破坏，而后重修。戏台三面开敞，无前后台之分，观众从三面看戏，这便是宋金时期舞亭的固有格局。

戏台构架采用角柱上置大斗，斗口上替木承托粗壮的大额枋的做法，每一面上还有两朵补间斗栱，为

图 3.1.5.1

双卜昂五铺作。戏台内部斗栱以及梁架构架复杂，层次却不失明确，以"井"字形框架为主要结构，藻井逐层抹角而上，正方与八角交织，结构精巧而又富于变化（图 3.1.5.2 牛王庙戏台梁架结构）。

戏台的正对面，即是紧密相连的献亭和正殿（图 3.1.5.3 牛王庙献亭与正殿）。献亭十字歇山顶，内部构造虽不如戏台之精美，但也颇为繁复（图 3.1.5.4 牛王庙献亭梁架结构）。从中，我们大概可以看到，随着时代的推移，工匠对于设计的追求渐渐地发生了改变，以结构和理性的美渐渐变为了装饰和视觉的美。

图 3.1.5.3

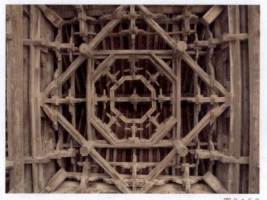

图 3.1.5.2

图 3.1.5.4

3.1.6 铁佛寺⑥
Tiefo Temple

名称与别名	临汾铁佛寺，大云寺
地　　址	临汾市尧都区鼓楼南
看　　点	砖石结构，琉璃装饰，铁佛头
推荐级别	★★
级　　别	全国重点文物保护单位
类　　型	庙宇，木结构
年　　代	元—明
交　　通	乡村，自驾

图 3.1.6.1

　　铁佛寺毗邻山西师范大学，在路上远远就能望见砖塔，依然是城市的地标性建筑。铁佛寺又称平阳大云寺，现在为临汾市博物馆。寺内建筑基本为近代重修，进门后的过厅内，有一座洁白的毛主席像，与大殿、砖塔一起构成寺院的轴线（图 3.1.6.1 临汾大云寺塔）。

　　径直来到后院的砖塔前。砖塔六层高，下五层平面方形，最顶层为八边形平面，塔檐、斗栱等砖构件仿木结构形式，用琉璃装饰，据传仍然是阳城乔氏家族作品。首层放大为殿堂，里面存放着唐代浇铸的铁佛头，充满整个空间，佛头内部藏经。可以看到佛头上虽然锈迹斑驳，但仍残存的有历代涂层和颜料的痕迹，在建成之时必是精美无疑。

　　大云寺始建于唐贞观六年（632 年），历代累有修葺。清康熙三十四年（1695 年），临汾遭受八级地震，寺庙建筑大部毁坏，直到康熙五十四年（1716 年）重建。1695 年的大地震，依然可以看作是 1303 年那次大地震的余威，是同一断裂带发生的地质运动造成的，寺庙内也有碑文记载了当时的状况，是研究当时地质灾害的重要史料。而那时遭受灾害的百姓，也只有依靠朴实的信仰来祈求消灾避祸吧。

3.1.7 尧陵⑦
Mausoleum of Emperor Yao

名称与别名	尧陵
地　　址	临汾市尧都区郭行乡乔村
看　　点	建筑院落格局
推荐级别	★
级　　别	全国重点文物保护单位
类　　型	陵寝建筑，木结构
年　　代	不详
交　　通	乡村，自驾

　　倘若不是对上古时代迷人的华夏风貌的无限遐想，尧陵并无吸引人之处。何况我们一行人去时正值阴雨天气，且要收门票，只有两人愿意进去。从售票亭大台阶开始的铺陈甚是隆重（图 3.1.7.1 尧陵远景），踩着水走了好久才看到山门；随着轴线一路经过戏台、仪门、献殿、碑廊。轴线是强烈的，尤其在四周起伏

图 3.1.7.1

山势的烘托下更为明显。匆匆拜访一圈，发现它对于原先的想象既无现实的注解，又无情感的扩充，便也就罢了（图 3.1.7.2 尧陵内院）。

反倒是此处山景，伴随着朦胧的水汽，以及水库泄下的隆隆水声，成为此行最为精彩之处。返回时重走一遍那条轴线以及声势浩大的前导空间，发现未成行的同伴无所事事，正在外头空荡荡的停车场练习停车。

图 3.1.7.2

3.1.8 尧庙⑧
Temple of Emperor Yao

名称与别名	尧庙
地　　址	临汾市尧都区
看　　点	寺庙格局
推荐级别	★
级　　别	省级文物保护单位
类　　型	庙宇，木结构
年　　代	明—清
交　　通	郊区，自驾

尧帝的传说已经流传四五千年，最早记载于《尚书》《左传》等典籍。尧（约公元前 2447—前 2307 年），中国上古时期部落联盟首领、"五帝"之一，尧从父亲帝喾那里继承帝位，并禅让于舜。尧是我国古代第一位明君，《尚书》载"尧都平阳"，司马迁《史记》云："学者多称五帝尚矣，然《尚书》独载尧以来……"华夏文明由此可视作自尧始。平阳既为尧都，也可视作是中华文明的发源地，因此对于尧帝的信仰一直流传下来。

尽管对于祖先的信仰代代流传，可与尧帝相关的祭祀建筑却最多也不过几百年。临汾市区南部的尧庙，虽然据传始建于西晋，距今有 1700 多年历史，唐高宗李治显庆三年（658 年），庙址由府城西南迁至城南现址，但是现存建筑，基本是明清乃至近代重建的。坛庙建筑的布局和建筑形式基本与宫殿建筑一致，现存主要建筑有五凤楼、广运殿（尧宫）、舜宫、禹宫、万寿宫、寝宫，等等。

尧庙经过现代的改造，已经能在每年十月左右举行大型的祭祀活动，对于祖先的信仰在当代并不一定有实际的功效，但是对于唤起对民族文化的认同还是大有裨益的（图 3.1.8.1 尧庙）。

图 3.1.8.1

3.2 安泽县

3.2.1 麻衣寺砖塔 ⑨
Brick Pagoda of Mayi Temple

名称与别名	麻衣寺砖塔
地　　址	临汾市安泽县和川乡岭南村
看　　点	砖石结构，砖雕佛像
推荐级别	★★
级　　别	全国重点文物保护单位
类　　型	塔，砖石结构
年　　代	金代始建
交　　通	乡村，自驾

麻衣寺塔位于安泽县以北13公里的和川镇岭南村。文物部门依据塔身现存之铭文认定其为创建于金大定十七年（1177年）的古塔，距今有八百多年历史。

安泽县地处太岳山以南，自古被称为"岳阳"之地，县境之内沟壑纵横、沁水中流，以土石山丘为主的地貌虽远不及太岳山之高大雄浑，却也胜在山水相依，而麻衣寺塔就恰恰处在沁水河畔一座名为九龙山的小丘顶上。在中国传统的诗情画意当中，古塔青山向来就是一对完美搭档，不论耸峙于山巅抑或半隐于空谷，山色总能为塔影创造出必要的氛围，而塔影又总能为山色点缀上更加入画的情境。只有在由远及近的过程中，游人方可完整品味到中国塔的悠然意蕴（图3.2.1.1 麻衣寺砖塔）。

麻衣寺塔八角九级，通高约23.6米，塔影甚是玲珑（图3.2.1.2 麻衣寺砖塔细部）。其样式似介于楼阁式塔与密檐塔之间，首层高耸，越向上则塔身高度随之递减，形成令人愉悦的韵律感。逐层檐口皆飞出翼角，角端悬以铜铎，清风徐来之际则泠然作响，使人忘忧。逐层塔身之间原本均镶嵌有砖雕佛像（图3.2.1.3 砖雕佛像），系研究早期宗教文化的重要素材，只可惜佛像于后世损毁、丢失甚多，令人遗憾。

图 3.2.1.1

图 3.2.1.2

图 3.2.1.3

3.2.2 郎寨砖塔⑩

Brick Pagoda in Langzhai Village

名称与别名	郎寨砖塔
地　　址	临汾市安泽县马壁乡郎寨村
看　　点	造型与砖石结构
推 荐 级 别	★★★
级　　别	全国重点文物保护单位
类　　型	塔，砖石结构
年　　代	宋？
交　　通	乡村，自驾

图 3.2.2.1

郎寨砖塔位于安泽县马壁乡郎寨村东。因路途遥远游人罕至，故而并不太为人所知。有关该塔的身世与建造年代，现今已十分模糊。塔周围已无寺院遗迹留存，地方志书中对其亦未着只字，尽管当地文保机构曾尝试对其进行断代，有唐代或是宋代的不同说法，但终究是证据不足，不能不说是历史的遗憾（图3.2.2.1 郎寨砖塔）。

虽然身世不明，但该塔形貌之古朴、秀美却是毋庸置疑。塔之原貌概有九级，现状塔顶有些残破，仅存檐口六重，残高 12 米有奇。其形制采用八边形平面，首层较高（图 3.2.2.2 郎寨砖塔塔身）、比例挺拔，其下为形制简洁的须弥座台基，其上则为层层密檐。塔之周身平素，本色恬然，除必要的门窗形象外，对各类附加装饰的使用可谓是十分克制，而其美感则全然来自于整体轮廓比例的设计，这一点确与山西省境内通常所见之北宋辽金塔均大为不同，也是这座塔在设计上显得极为高明的一点。就此而言，有研究者认定其为唐代建筑似乎亦非全无根据。

要说这座古塔的美感，首先便是出檐之美。逐层塔檐均采用叠涩方法砌筑，叠涩本不是牢固之法，但古代工匠却显得对此颇为自信，通过层数极多的条砖，竟也叠出了颇为飘逸的出檐效果，成就了塔身造型方面令人印象极为深刻的一则特征；而该塔美感的另一方面则是曲线之美，不论是塔身之墙面、檐口，抑或是立面投影之外轮廓，均存在着变化微妙的曲线设计，使塔之外观在挺拔之余亦不乏秀美，平和之余亦不失劲健（图 3.2.2.3 郎寨砖塔细部）。

用大半天时间去寻找一座失落的古塔或许并不轻松，但爱美之心若在，这座塔便能够值回这一路车程。

图 3.2.2.2

图 3.2.2.3

3.3 汾西县

3.3.1 师家沟古建筑群⑪
Ancient Building Complex in Shijiagou

名称与别名	师家沟古建筑群
地　　址	临汾市汾西县僧念镇师家沟村
看　　点	村落格局，自然环境
推荐级别	★★★
级　　别	全国重点文物保护单位
类　　型	古村落，民居
年　　代	清
交　　通	乡村，自驾

师家沟位于临汾市汾西县僧念镇北部，是一个以清代窑洞民居为主的古村落。在高速上已经能看到旅游广告牌了。村中现存的历史建筑始建于乾隆三十四年（1769 年），共有大小院落三十余座，包括民居、祠堂、商铺、庙宇等。其人文历史、村落格局均有其独特之处，与建筑遗产一起构成师家沟古村宝贵的文化遗产，虽然部分建筑在时光的打磨中残损，但仍具有极高的价值（图 3.3.1.1 师家沟古建筑群全景）。

师家沟所在之处丘陵起伏，三面环山，村落北高南低，窑洞民居依山就势。其村落布局具有典型的山西民居特色，主要由两部分组成：一部分是建于村落中央的居住区，窑洞高低错落、变化丰富（图 3.3.1.2 错落的屋顶）；另一部分是围绕居住区外围的公共建筑区，有祠堂、庙宇和酒坊、当铺、药店等工商业建筑。二者之间用长约 1500 米的环道分隔，采用砂岩条石铺就，利用虚实对比、高低起伏、开敞闭合的手法，使空间显得丰富独特。

图 3.3.1.1

图 3.3.1.2

而民居院落的建筑布局有主有次,具有典型的封建等级观念,装饰艺术饱浸丰富的乡风民俗(图 3.3.1.3 牌坊)。民居绝大部分为窑洞,因地制宜,以多变的形式与地形相适应。在相对平坦的基地上常建对称的合院,而在不规则的基地上则建非对称的院落;地形开阔处建方形院落,狭窄处遂建扁形院落。合院规模不一、类型丰富,但院落的基本构成要素大致相同,均由正房、厢房、倒座等构成。

师家沟古村历史悠久,文化底蕴深远,无论是村落空间环境还是民居建筑本身,都是珍贵的历史文化遗产,书写着一方的历史文脉。这样的民居聚落,又与沁水附近的几座古堡形成了鲜明的差异,从中也可以领略到不同地区的文化多样性。

图 3.3.1.3

3.3.2 真武祠⑫

Zhenwu Ancestral Hall

名称与别名	真武祠
地　　址	临汾市汾西县姑射山老爷顶
看　　点	庙宇格局，自然景观
推荐级别	★★
级　　别	省级文物保护单位
类　　型	道教宫观建筑群
年　　代	元—清
交　　通	乡村，自驾

　　汾西县的真武祠建于姑射山主峰老爷顶上，是一座高山道观。祠庙创建年代已不详，从残余的碑记与其他材料来看，至迟在金代已经存在，但庙里的祭祀对象历代以来却变化很大。原本以龙王为主祭对象，元大德二年(1298年)改称青山庙，延祐二年(1315年)、明洪武二年(1369年)均有重修，清顺治十一年(1645年)方改祀真武神，称真人庙。现存的布局主要是元皇庆元年(1312年)重建后的布局，面积大约3700平方米，共有六进院落。庙依山而建，中轴线上，各进院落依次升高，分别为真武阁、山门、倒座戏台、看亭、韦驮殿、真武殿、三教殿、铜殿、玉皇楼(图3.3.2.1)。

真武祠)。现存主体建筑结构为明清所建，样式特点鲜明。真武殿用孔雀蓝色琉璃瓦，艳而不俗。

　　真武祠后方之玉皇顶系姑射山绝顶，自真武祠山门至顶峰的这段路程也便成为全山风景最胜之处。自庙宇前仰望，则屋宇重重，天阶高耸，直入苍茫。自庙中回望，青瓦殿堂，端正稳健，两角楼互为掎角，形式轻灵。直至玉皇顶上，俯瞰四方群山，绵延盘绕；层峦叠嶂，莽莽苍苍，接天蔽日，真是仲夏风光，万物繁兴，天地美景，可谓尽入眼中。

　　庙内保存有元碑一通，明清重修碑、记事碑70余通，各有碑廊、基座供奉，历代变迁，著录其中，铁笔银钩，写就岁月。

图 3.3.2.1

3.4 浮山县

3.4.1 老君洞⑬

Laojun Cave

名称与别名	浮山老君洞
地　　址	临汾市浮山县梁村
看　　点	早期砖石结构单体建筑，明代壁画，石刻画像等附属文物
推荐级别	★★★
级　　别	全国重点文物保护单位
类　　型	砖石结构
年　　代	唐代始建，明代重建
交　　通	乡村，自驾

　　老君洞又名混元石梁殿，位于浮山县城西南5公里的梁村，是一座砖石混砌仿木构建筑(图3.4.1.1 老

君洞混元石梁殿)。

　　据碑文记载，老君洞建筑群始建于唐武德二年(619年)，与历史上赫赫有名的龙角山庆唐观同为浮山县境内老子信仰的开端，后历宋元明清各代屡毁屡建，兴废往替未曾断绝。历史上的老君洞曾为三进院落格局，中轴线由南向北依次为山门、南极寿星阁以

图 3.4.1.1

及混元石梁殿，左右为关帝、土地等若干配殿。此外，院内尚有老子八十一显化画像石刻等珍贵附属文物。只可惜上述大多毁伤于战乱，留存下来的只不过一座混元石梁殿以及其内的老子显化石刻等少数文物。

得以保存至今的混元石梁殿为明嘉靖四十三年（1564年）重建，万历三年（1575年）完工。石殿坐北朝南，外观面阔三间、进深两间，单檐歇山屋顶。建筑全部为石构件砌筑而成，其内部以发券形成空间，有甬道和正室之分，外部则依靠石材雕刻技法，表现柱框、斗栱、梁檩、椽飞、瓦脊等一系列复杂的木构建筑形象，技巧十分娴熟。

石殿之内除镶嵌老子八十一显化石刻外，还保存了相当数量的明代壁画，壁画内容丰富、勾勒有致，亦大有可观（图3.4.1.2 八十一显化石刻）。只可惜近年出于文保防患之名义，老君洞的开放极为有限，常使游人徒劳奔波却难得一见。

图3.4.1.2

3.4.2 清微观⑭

Qingwei Taoist Temple

名称与别名	浮山清微观
地　　址	临汾市浮山县诸葛村
看　　点	早期木构架
推荐级别	★★★★
级　　别	省级文物保护单位
类　　型	庙宇，木结构
年　　代	元
交　　通	乡村，自驾

清微观位于浮山县城（天坛镇）北2.5公里的诸葛村，是县境内现存历史最为悠久的道观建筑。与晋南的许多村落一样，诸葛村坐落在千沟万壑之间的一块黄土坡地上，而道观则又在村中最高处。宫门面南，前临丘壑，四望极佳，俯察则村舍炊烟历历在目，远观则烟岚起伏自成境界（图3.4.2.1 清微观远景）。

历史上，浮山县曾是晋南最重要的道教中心之一。相传唐代武德年间，老子李耳曾神迹显化于浮山南三十五里之龙角山，以此为发端至开元间，合境之内迅速产生了以皇家道观——庆唐观为首的大量道教建筑群。清微观虽然声名远不及庆唐观，但作为其附庸，创建亦可追溯至那一时期。然唐宋以来，平阳府附近屡遭兵燹洗劫，加之元代地震天灾，使"民居官舍荡

图3.4.2.1

图3.4.2.2

然无存"、古殿清宫十不完一，其后恢复者亦是寥寥，而清微古观能得延续至今，作为当年盛况的最后一缕香火自是可贵。

清微观现状仅存单进院落，前则山门、后则正殿，两侧以简陋的厢房相为配伍，然而正殿却着实俊秀，

系精华之所在（图 3.4.2.2 清微观正殿）。正殿为老君殿，系大德地震之后重建、后世勉力维系而至今者也，坐落于院中高大的台基之上，殿身峻拔、裳阶周匝，上下檐比例协调，显得神采奕奕（图 3.4.2.3 清微观正殿檐下斗栱）。进入殿中则可见梁架调理井然、规整洒落，虽无神像以供礼拜，倒也落得清爽，成为单纯欣赏中国传统大木之美的理想场所（图 3.4.2.4 清微观正殿内部梁架）。

正殿之前尚立有元、明碑刻两通，除记录大殿重建与修缮的相关内容外，还记录了诸葛村的历史。据万历间所立石碑记载，诸葛村为三国大将诸葛休后人族居之地，直至明代本村仍"以诸葛世居于此故名焉"。然而时至今日村中诸葛姓氏却早已绝迹，可叹又是一场物是人非。

图 3.4.2.3

图 3.4.2.4

3.5 古县

3.5.1 关帝庙⑮

Guandi Temple

名称与别名	热留关帝庙
地　　址	临汾市古县热留村
看　　点	院落布局，木结构
推荐级别	★★★
级　　别	全国重点文物保护单位
类　　型	庙宇，木结构
年　　代	宋—清
交　　通	乡村，自驾

从洪洞出发，经古县县城再到热留村，一共要走50多公里，山路占了一半，山色却仅有进村前的2公里。经济，这只无形的大手，把所有店铺的门脸扭转向着公路，眼巴巴地期盼偶然的顾客，再牵着绵绵不绝的各样汽车，扫起灰黑色的尘土，笼罩在一切红砖的、瓷砖的、抹灰的墙面上。

上午九点，躲在公路两公里之外的热留村还是安静得出奇，放了假孩子们也并不喧哗，只有几名工人在关帝庙一旁拆除危房旧宅时搬扔砖块的声音。旧宅朴素、乡土得掉下灰渣（图 3.5.1.1 关帝庙外旧宅），关帝庙维修"一新"了，琉璃瓦件的光泽有些耀眼（图 3.5.1.2 修葺一新的关帝庙大门）。

庙是一进紧凑而威风的院落。大门位于中轴线上

图 3.5.1.1

图 3.5.1.2

坐南向北的戏台的东侧,台基高耸。院内东西配房各五间带前廊,加筑二层,活泼有趣的比例(图 3.5.1.3 关帝庙院内)。大殿则躲在献殿之后,重檐的,俯视村民和游人的抬头张望(图 3.5.1.4 关帝庙大殿一角)。大殿和献殿之中,一对正德的、一对道光的碑刻和脊檩上清康熙十年(1671 年)的题记讲述了关帝庙的身世:创建于宋代,明正德十六年(1521 年)重修,康熙再建,后屡有修葺,山门、戏台为民国后重修,更为年轻。热留村,这个有些古怪的名字,原来是"弱柳村",而且"古之凤凰村也"。村名改了字,还能流传;一路上走来,无数曾经的寺庙老屋,或许不会有人再提起了吧。

图 3.5.1.3

图 3.5.1.4

3.6 洪洞县

3.6.1 碧霞圣母宫⑯

Bixia Shengmu Taoist Temple

名称与别名	碧霞圣母宫·娘娘庙
地　　址	临汾市广胜寺镇坊堆村
看　　点	彩塑、悬塑 木结构
推荐级别	★★
级　　别	省级文物保护单位
类　　型	庙宇,木结构
年　　代	明
交　　通	郊区,自驾

碧霞圣母宫位于洪洞县广胜寺镇坊堆村,亦称娘娘庙,初时又名"泰山圣母财神土地神祠"。据碑文记载,该庙始建于明嘉靖二年(1523 年),现仅存牌坊、正殿各一,以及西厢房三间,其主体建筑仍是明代的原构。

寺院坐北朝南,占地面积 888 平方米,呈两进院落布局。中轴线上即是遗留至今的木牌坊与圣母殿(图 3.6.1.1 木牌坊与圣母殿)。牌坊与主殿形成了颇为适当的主次关系,远近成景,其檐下之木雕仍十分清晰,枋上彩画亦依稀可辨。至于大殿,面宽三间、进深三间,单檐歇山的屋顶,其上饰以琉璃脊兽、瓦件,

图 3.6.1.1

制作精美、细致入微。圣母殿内七檩梁架，柱头科七踩重翘单昂，平身科一攒，前檐明间施隔扇门，两次间隔扇窗（图 3.6.1.2 圣母殿外景）。

正殿内部，设有凹字形神坛，安置圣母塑像一座，两侧排列着宫女及侍者。塑像历经修补，部分结构已非原件，但仍不妨碍其栩栩如生、神态端庄、仪表华丽。塑像周围两山及后墙均布满悬塑，皆为明代作品。所作门窗皆雕镂出精致的花饰，系由黄泥直接绘塑而成，更显匠人技艺高超。几何图形重叠隐显，与广胜寺天中天殿的窗格异曲同工，体现泥塑工匠对于小木作工艺之理解。如此环境，令参拜游览者大有"人行仙道中，身在画中游"的感觉。此外，七彩琉璃烧制的屋顶，在阳光的照射下，霞光四溢，故人们又称琉璃娘娘庙。

图 3.6.1.2

3.6.2 关帝庙⑰
Guandi Temple

名称与别名	洪洞关帝庙
地　　址	临汾市洪洞县城内文庙街
看　　点	院落布局 木结构
推荐级别	★★★
级　　别	全国重点文物保护单位
类　　型	庙宇，木结构
年　　代	元—清
交　　通	城区，自驾

洪洞关帝庙属于第七批全国重点文物保护单位，位于洪洞县文庙街，苏三监狱以北，漫步至此，当街便可看见关帝庙前之关爷楼，正是关帝庙的入口（图 3.6.2.1 关爷楼）。

洪洞关帝庙据说元大德十年（1306年）开始修建，明清两代重修，而今建筑主要是清代重修后的格局。而今的关帝庙格局坐北朝南，中轴线上自北向南依次建有大殿、献殿、演义楼和关爷楼，大殿两侧建有廊房，演义楼赛社时可用作戏台。

关帝庙整体格局为一四合院，最前方的关爷楼建于明嘉靖年间，清乾隆年间重修，1991年又做了修葺。楼分三层，通高 22.6 米，为一座砖木混合结构的关楼式建筑，也是古洪洞城内的最高点。下层檐包盖住砖楼座，中层檐下环绕回廊，上层檐歇山十字脊，五踩斗栱，形态端庄优雅。关爷楼四足鼎立，砖造拱砌，

下层可通行人，上层可望乡关。关爷楼内供有关公夜观春秋的塑像，所以又被称为春秋楼（图 3.6.2.2 春秋楼、钟鼓楼及演义楼）。

关爷楼后为演义楼，需走进院内方能看到。演义楼左右各立钟楼、鼓楼，可见古时候关帝庙在城内的重要地位。演义楼朝院内，若当节日庆典祭祀，或有戏剧表演在戏台上演时，演义楼前必然会是人声鼎沸，喧闹异常。钟鼓楼各是歇山十字脊顶，呼应关爷楼。

献殿两侧为两配殿。东侧配殿用作"正说苏三"。

图 3.6.2.1

图 3.6.2.2

苏三这人物必不陌生,话说当年苏三曾在此求签,灵验之后来此还愿,于是有了此处展厅。西侧配殿用作游客中心,不必说(图 3.6.2.3 献殿)。

大殿歇山顶,面阔五间,青琉璃瓦,典型的清式风格,殿中又有关公塑像,并有周仓廖化侍立左右。

关帝庙如今仍是洪洞人活动的中心区域,洪洞人文,可于此览之。

图 3.6.2.3

3.6.3 广胜寺 ⑱

Guangsheng Temple

名称与别名	广胜寺
地　　址	临汾市洪洞县广胜寺镇
看　　点	寺院格局，早期木结构，琉璃塔，壁画，附属文物
推 荐 级 别	★★★★★
级　　别	全国重点文物保护单位
类　　型	寺院，木结构
年　　代	元—明
交　　通	郊区，自驾

　　广胜寺位于霍山脚下，寺前有霍泉发源。进入广胜寺镇以后，便被远山上的飞虹塔所指引。立于远山之巅的是广胜寺上寺，下寺位于山脚，毗邻水神庙（图 3.6.3.1 飞虹塔远景）。

　　广胜寺的营建历史可谓源远流长，百转千回。此地早有阿育王塔，早于佛寺，汉桓帝建和之初（147年），因塔而建俱庐舍寺，后不知何时湮灭于风雨。北周保定三年（563年），正觉上人法江行至此地，愿与寺僧募化资材，共兴覆土。工未半，便遭北周建德三年（574年）废灭佛法之厄运，致使建塔未就而搁置，只余寺刹残迹。唐大历四年（769年），中书令汾阳王郭子仪撰置牒文，奏请重建，改称广胜寺，因当时佛教之势"广大于天，名胜于世"。广胜寺始分上、下二寺，相距里许，且唐时亦有宝塔及完整的寺院建筑，而当唐会昌灭佛之际，广胜寺再度废弃。宋、金时期，广胜寺被兵火焚毁，随之又重建。元成宗大德七年（1303年），平阳（今临汾）一带发生大地震，这是我国历史上第一次有记录的八级大地震，烈度达到11度，震中正在广胜寺南几公里处，影响范围到了太原路、河北、河南等地，约四百多公里，死伤二十余万人，几乎接近此地人口总数的一半！南北霍渠等水系形成的地体发生滑移的痕迹至今仍然清晰可见。此次大地震之后，又有余震，四年以后才逐渐恢复平静，元朝的统治者们也为了祈求平安而将太原路、平阳路改名为冀宁路和晋宁路。这次大地震也是临汾地区鲜见大德七年之前的古建筑的原因，据记载僧舍寺庙损毁一千四百余座，民房不计其数，难以想象经历如此灾祸的百姓是多么绝望，只能寄希望于各路神仙了吧。地震之后，广胜寺又经历了重建、加建和修葺，以及临汾盆地的另一次大地震，发生在清康熙三十四年（1695年），所幸建筑并未遭受损毁，而留到了今天。

图 3.6.3.1

3.6.4 广胜寺·上寺⑲

Guangsheng Temple (Home Temple)

名称与别名	广胜寺上寺
地　　址	临汾市洪洞县广胜寺镇
看　　点	寺院格局，早期木结构，琉璃塔，附属文物
推荐级别	★★★★★
级　　别	全国重点文物保护单位
类　　型	寺院，木结构
年　　代	元—明
交　　通	郊区，自驾

广胜寺上寺共三进院落，由山门、飞虹塔、弥陀殿、大雄宝殿、天中天殿、观音殿、地藏殿及厢房、廊庑等组成，沿地势逐层升高展开，一般认为上寺经明代重修，所存大多为明代遗构，但是其中不免有突出的元代建筑风格。

进山门先看到飞虹塔（图 3.6.4.1 飞虹塔），根据碑文和铭文，现存古塔为明时广胜寺达连禅师募资所建，宝塔自大明正德十年（1515年）兴工，至大明嘉靖六年（1527年）宝塔合尖落成，后又于天启二年（1622年）底层增建围廊。飞虹塔八面十三级，叠涩密檐，琉璃构件雕刻精美，已不需多言（图 3.6.4.2 飞虹塔细部）。塔中空，有踏道翻转，可攀登而上，设计十分巧妙。然而从形态而言，远看宛如一颗螺丝钉，实在不够优美，近看又有比例失调的首层围廊，不知是工匠技艺的改变还是人们审美情趣的改变，这一时期再难见到早期砖塔的优美收分和挺拔雄浑了。

之后的弥陀殿、大雄宝殿和天中天殿（图 3.6.4.3 天中天殿），均用了不少大胆的结构创新，比如大斜梁、趴梁、移柱减柱等，带有显著的元代建筑特征，而关于其建造年代，仅通过碑碣等文献是不够的，还应通过与实物对照，找到更多的证据。

除了木构建筑与砖塔，这里还有不少精美的塑像、小木作佛龛、壁画，先不论其时代远近，仅从艺术风格而言就值得细细品赏（图 3.6.4.4 构架与雕像）。

图 3.6.4.2

图 3.6.4.3

图 3.6.4.1

图 3.6.4.4

3.6.5 广胜寺·下寺·水神庙[20]

Shuishen Temple (Subsidiary Temple of Guangsheng Temple)

名称与别名	广胜寺下寺和水神庙
地　　址	临汾市洪洞县广胜寺镇
看　　点	寺院格局，早期木结构，元代壁画，附属文物
推荐级别	★★★★★
级　　别	全国重点文物保护单位
类　　型	寺院，木结构
年　　代	元—明
交　　通	郊区，自驾

图 3.6.5.1

　　相距半里的山脚下，广胜寺下寺也随地势层层展开，下寺的建筑一般被认为是元代遗构，早期特征明显，同样运用了趴梁、斜梁等结构手法（图 3.6.5.1 前殿构架）。随着对于古建筑调查的深入，在前殿上的大梁下发现了不少明成化年间的捐施题记，更有趣的是，捐赠人出现在了殿前明代的重修碑上，这便是实物与碑文等记载的对照，虽不能完全展现其建造历史，但至少给我们讲了一个故事：这看似元代风格的建筑，其大梁竟多为明代人捐赠而施于梁架，这前殿，至少经过明代工匠的改造修葺，将元代遗风流传了下来。

　　后殿建于元至元二年（1309 年）（图 3.6.5.2 后殿），七间单檐，悬山式，殿内塑三世佛及文殊、普贤二菩萨，均属元作。殿内四壁原满绘壁画，互相呼应，场面宏大，东壁原有《药师经变》主题的壁画，后被切割贩卖，现存于纽约大都会艺术博物馆。这幅《药师经变》壁画的故事，尽管限于篇幅，但还想讲述出来，在广胜寺下寺后院东厢房廊檐下存 1929 年所刻《重修广胜下寺佛庙记》碑文所述："山下佛庙建筑，日久倾塌不堪，远近游者不免触目伤心。邑人频欲修葺，辄因巨资莫筹而止。去岁有远客至，言佛殿壁绘，博古者雅好之，价可值千余金。僧人贞达即邀请士绅估价出售，众议以为修庙无资，多年之憾，舍此不图，势必墙倾像毁，同归于尽。因与顾客再三商榷，售得银洋

图 3.6.5.2

一千六百元,不足以募金补助之。"当地的僧人、乡绅乃至官员,舍画而保寺,勒石记功,向我们讲述了那个风雨飘摇的年代,对待古迹的态度——掌权者为筹集资金修寺而将珍贵壁画卖给了美国的文物贩子。在今天看来这已经近乎无知无耻,然而却不难理解他们的行为。毕竟,对于文物以及文物建筑的保护,首先应当明确保护的目标——那便是其价值。

下寺中院有腰门,与旁边的水神庙相通。

水神庙是一座风俗祭祀性的庙宇,包括山门(戏台)、仪门、明应王殿等建筑(图3.6.5.3 明应王殿)。

"明应"王封号始于北宋末期,水神庙的创建年代已不可考,但从唐代起便与广胜寺的兴衰紧紧联系在一起,经历了焚毁、重建、迁址、扩建以及大德年间的大地震。重修明应王殿碑文记载:"大德七年八月初六夜,河东本县尤重,靡有孑遗。"水神庙遭到灭顶之灾,全部在此次地震中被震毁,但是陆续重建起来。

虽然我们现在所看到的水神庙具有很高的文物价值,但相比起它的前身建筑,却逊色不少。明应王殿面阔五间,进深五间,是一座重檐歇山式建筑,内部空间高大,并无采光条件,大面积墙面和昏暗的室内对于壁画的保存非常有利。因此,在明应王殿内的四面墙体上绘制有近两百多平方米的壁画,留存至今,为元泰定元年(1324年)所绘,是我国现存唯一不以佛道教为内容的壁画的孤例。其壁画以东西两壁的祈雨图和行雨图为主要内容,并在其中穿插了有关于宫苑生活、戏剧演艺、日常生活、古典建筑及历史故事等诸多方面的内容,是我国元代社会生活的真实写照。在南壁东侧绘有一幅"大行散乐忠都秀在此作场"的元代戏剧壁画,是我国目前发现的唯一的大型元代戏剧壁画。

图 3.6.5.3

3.6.6 华严寺㉑

Huayan Temple

名称与别名	马牧华严寺·北寺
地 址	临汾市洪洞县马牧二村
看 点	早期木结构
推荐级别	★★★
级 别	省级文物保护单位
类 型	寺院，木结构
年 代	元—明
交 通	郊区，自驾

马牧华严寺，坐落于辛村乡马二村北部，占地约10亩余，俗称北寺。该寺创建于北宋建隆三年（962年），历代屡毁屡建，现存唯大雄宝殿与东西耳殿，其他建筑均不复存在。大雄宝殿雄伟可观，是寺内最重要的建筑，就形制而言犹有元代特征，或为大德震灾之后不久重建。

大殿矗立在高1.6米的砖砌台基之上（图3.6.6.1华严寺大雄宝殿）。台基十分宽广，正面及左右各有踏道，呈"品"字形分布；殿身面阔五间，进深三间六椽，单檐悬山顶，屋面举折平缓、出檐深远；正面屋檐下施五铺作斗栱，用材雄健，逐跳跳头以横栱和云形栱计心。大殿立柱侧角明显，柱头施普拍枋与阑额，柱础硕大、素面无纹饰。殿内净宽约10米余，以尺度硕大的内额承托上部屋架，全部结构最终仅落在两根粗壮的内柱上，从而得到轩敞的室内空间（图3.6.6.2华严寺大雄宝殿内部构架）。佛像须弥座即依柱而设。前面留有宽7米的空间，供朝拜者礼佛参拜，给人以广博神圣之感。此外，殿内东、西、北三面墙上尚绘有壁画。

东耳殿二层，下部砖砌窑洞三孔，顶部木构硬山殿三间，内供观世音菩萨。由大殿东墙可拾级而登。西耳殿悬山式木构建筑三间，进深四椽，檐柱施四铺作斗栱，内供地藏王菩萨。

华严寺山门却是另一个有趣的建筑，有趣不在于其年代久远，或是木构精美，而在于混凝土结构与木构的无机融合，体现出了现代工匠在当今时代背景下的后现代手法（图3.6.6.3华严寺山门）。

图3.6.6.1

图3.6.6.2

图3.6.6.3

3.6.7 监狱 ㉒

Prison

名称与别名	苏三监狱
地　　址	临汾市洪洞县古槐路 66 号
看　　点	建筑格局，附属文物
推荐级别	★★
级　　别	省级文物保护单位
类　　型	衙署建筑
年　　代	明—清
交　　通	县城，自驾

明代监狱，是洪洞县衙的一部分，也是中国唯一一个保存得十分完整的古监狱。它始建于明朝洪武一年（1368 年），经历代重修，距今已有六百多年的历史。因史上苏三在洪洞蒙冤落难时即因于此处，故又俗称"苏三监狱"（图 3.6.7.1 苏三监狱外景）。

监狱总面积 610 平方米，前有县衙大堂。监狱大门位于大堂右侧的角落之中，内有照壁相对。其后通道狭窄，两端各有东西对称的普通牢房 6 间，每间牢房门低窗小，占地只有 4 平方米，小土坑距地面不足 1 尺（图 3.6.7.2 监狱内景）。

过道尽头的左边，便是死囚牢的大门，门上画有青面獠牙、形似老虎的狴犴，故而又被称为虎头牢（图 3.6.7.3 虎头牢）。死囚牢大门为双门双墙，形成高 1 米、宽 1 米、长近 3 米的通道，两端各有一道门槛和门扇，一道朝右开，另一道朝左开，是明代标准的死囚牢门，坚固异常。院中有井，称"苏三井"，井深约两米，井口十分特别，仅在一块三四十厘米多厚的大青石中间，凿出碗口大小的开孔，直径约 23 厘米，人无法把头伸进洞中，以防止囚犯投井自杀。井口石上还有十几道磨痕，是历年犯人打水磨出来的。井台旁，是两个洗衣石槽。死囚牢的四壁从外表看来，并无任何特别之处，但实际上墙体厚度达 1.1 米，南墙最厚至 1.7 米。墙高 6 米，外为青砖所砌，内部灌有流沙，借助沙的流动性，防止犯人打洞外逃。

明代监狱的布局，是研究监狱规制的重要实物资料。

图 3.6.7.1

图 3.6.7.2

图 3.6.7.3

3.6.8 净石宫㉓

Jingshi Temple

名称与别名	净石寺·净石宫
地　　址	临汾市洪洞县提村乡干河村
看　　点	院落格局，壁画
推荐级别	★★★
级　　别	全国重点文物保护单位
类　　型	道观，木结构
年　　代	明—清
交　　通	乡村，自驾

净石宫本是一处供奉真武大帝的道教宫观，俗称融宁宫，创建于弘治元年（1488年），已有五百年历史，因在干河村净石山下，遂得名。当地人习惯称为'宫观庙'或者'宫观里'，东边广场则被称为'宫观场'。

净石宫坐北朝南，两进院落，由东院进宫有窑洞、几间廊屋，西院是宫观主体，有正殿、东西配殿、窑洞、戏台，两侧配殿有二层，演戏时可以在上观看。同时，西院一侧有碑院，历代修葺之事多有记载，亦可知净石宫至近年亦未衰。院后有砖石小径直通山顶（图3.6.8.1净石宫鸟瞰）。

北道门题匾"净石宫"，三个大字雄浑大气、苍劲有力；一副楹联，"净心修道，永传炎黄子孙；石壁生辉，普照宇宙山河"，透出庙宇的古朴和幽静。进北道门入东院，一条长长的甬道有两便门通西院。东西两院两门相通。

西院内树木参天，古柏苍翠（图3.6.8.2净石宫院内）。正殿是院内主体建筑，大殿面阔三间，进深六架椽，单檐悬山顶，青绿琉璃瓦。殿内所有塑像均为明代作品，墙壁上保留壁画80余平方米，据说为清顺治时绘制（图3.6.8.3净石宫大殿内部）。

正殿对面为戏台，悬山顶出抱厦，使戏台颇具趣味。整个西院，四面殿阁环绕，中间古柏参天，气氛幽静，在正殿檐下，只感到心思沉静。

往宫后去，是小径直通净石山。小径颇陡峭，盘盘绕绕二十米便到了一处小山门。小山门檐下回望，净石宫内亭台殿阁均在脚下，绿瓦屋面，古树繁茂，远处人居错落，一派祥和，一时竟在小小的山丘上产生了与天地混同的感觉，净石宫那幽静的院落也变得十分感人。

图 3.6.8.1

图 3.6.8.2

图 3.6.8.3

3.6.9 商山庙㉔

Shangshan Temple

名称与别名	商山庙
地　　址	临汾市洪洞县赵城镇孙堡村
看　　点	院落布局 早期木结构 壁画
推荐级别	★★★
级　　别	全国重点文物保护单位
类　　型	庙宇，木结构
年　　代	元一明
交　　通	乡村，自驾

　　商山庙位于洪洞赵城镇孙堡村，临汾盆地边缘，地势平坦，紧靠大路。商山庙传说始建于元代，但明清时期多次修葺，现存为乾隆二十三年（1758年）重修后建筑。正殿奉祀三皇，故又名三皇庙。

　　商山庙布局简明，中轴线末端布置三皇庙，两侧分列关帝殿、三官殿、法王殿等（图 3.6.9.1 商山庙主要建筑）。四座大殿均结构简练，用材较大。各殿内后槽均砌龛并有塑像，山墙绘有壁画共100余平方米。

　　大殿坐北向南，悬山顶，面阔三间，进深四椽，梁架分心用四柱。檐柱施四铺作斗栱，明次间各施补间斗栱（图 3.6.9.2 商山庙大殿内部构架）。殿前金柱左右有民国年间对联："人中画是画中人无非将人认作画，景内情有情内景总属触景生情。"殿内当中供奉天皇，两侧分别为地皇、人皇。塑像圆润丰满，线条流畅，栩栩如生，东西山墙彩绘三皇为主题，手法细腻，形态逼真，人物表情、动作入目传神，场面宏大。"文革"中，壁画因为被人糊上了一层泥而幸运地保

存了下来，如今再见，壁画又有上下两层，上层当为明清壁画，下层壁画为上层剥落后显露，手法质朴精美，当为元代手笔。

　　东殿面阔三间，进深四椽，悬山顶，清道光时重修，殿内中供上元上帝、中元大帝、下元大帝；西殿为关帝殿，面阔三间，进深四椽，悬山顶，劄牵二椽栿用三柱造法，殿内塑关公坐像，关平、周仓左右侍立，左右山墙绘有关公生平事迹壁画（图 3.6.9.3 商山庙东

图 3.6.9.1

图 3.6.9.2

配殿檐下）。

庙院东西各有配殿六间，皆面阔三间，进深四椽，四铺作斗栱，悬山顶。东殿旁有厢房三间，为僧侣起居饮食之处，西殿旁用作客厅接待。庙院内有清康熙、乾隆、道光及民国年间等历代修庙碑记数通，详细记载了历朝历代对宗教事业的重视。

有趣的是，商山庙虽为道教庙宇，看守者却是几位僧侣，看来佛道两教当真是交融已久，不分彼此，倒也是难为住持僧侣了。

图 3.6.9.3

3.6.10 泰云寺㉕
Taiyun Temple

名称与别名	洪洞泰云寺
地　　址	临汾市广胜寺镇石桥村北
看　　点	早期木结构，碑刻等附属文物，清代壁画
推荐级别	★★★
级　　别	省级文物保护单位
类　　型	寺院，木结构
年　　代	元？
交　　通	乡村，自驾

泰云寺位于洪洞县广胜寺镇石桥村北，现仅存一进院落，中轴线上依次为山门、影壁和大雄宝殿，左右为新修缮的厢房、念佛堂及东西配殿。据碑文记载，该寺始建于唐天宝十年（751年），但仅从建筑样式来看，现存之大雄宝殿主体结构显然不会早于元代之前，想来大德地震天灾对于洪洞所造成破坏当系灭顶之灾，早期建筑能在地震之后留存的机会亦十分渺茫。该建筑在清乾隆年间再次进行了重修，始有今日之所见（图3.6.10.1 泰云寺大雄宝殿）。

进入券洞式山门，内有影壁相照。转过影壁便见到大雄宝殿坐落于甬道尽端的台基之上，坐北朝南，面阔三间，进深六椽，单檐悬山顶。梁架为六架椽屋，四椽栿对前乳栿通檐用三柱，并在梁架之中大量应用

图 3.6.10.1

了横向拉结构件。横梁上留有彩绘，为黑底白粉勾勒，填朱红色。该建筑之各向铺作分布不均，前檐各间均施补间铺作一朵、后檐不施，前檐柱头斗栱四铺作单昂（图3.6.10.2 泰云寺大雄宝殿前檐斗栱）、后檐则四铺作单杪。其构造整体保存完好，梁架铺作形制较为统一，基本展露出原始风貌。

殿内中后部设佛台，上有佛像三尊，居中为佛祖释迦牟尼，东侧为琉璃世界药师佛，西侧为西方极乐世界阿弥陀佛。周围四壁绘有壁画，原被泥皮覆盖，现已揭去，露出其下精美的作品。东西墙及前门两侧绘有简朴的佛道合一，其创作技法、内容和形式别具一格。寺庙照壁墙上嵌有宋拓本的石鼓文，残损较为严重。该寺从建筑和绘画上都具有较高的艺术价值和文物考古价值。

图 3.6.10.2

3.6.11 玉皇庙㉖

Yuhuang Temple

名称与别名	辛北玉皇庙
地　　址	临汾市洪洞县马牧乡辛北村
看　　点	早期木结构，元代壁画遗存
推荐级别	★★★★
级　　别	全国重点文物保护单位
类　　型	庙宇，木结构
年　　代	元
交　　通	乡村，自驾

辛北玉皇庙共有两进院落，前院古建筑荡然无存，只有一座基本废弃的20世纪所建的人民舞台与玉皇庙古建筑遥相呼应。玉皇庙的古建筑为东西并列排布的三座大殿，中为玉皇殿、东西为二郎殿、关帝殿，规模相差不大，均为悬山顶，并排坐落在院落最后（图3.6.11.1 玉皇庙远景）。

玉皇庙之前大部分时间都被用作小学，现在院里还有不少小朋友在玩耍。小学搬到附近的新址以后，玉皇庙也进行了修缮，之前砖墙上浓重的红色刷饰已被剥除干净，后期封闭的前廊亦重新敞开。建筑都是三开间，东西殿在形制上略低于主殿玉皇殿，斗栱减一铺作，梁架减两椽，内部结构很是粗犷，弯曲扭转

图 3.6.11.1

的大梁等构件，都遵循了原木的姿态，因为规模不大，所以安全性也是得以保证的。而主殿的补间斗栱用了真昂，内部构架、构件样式规整许多，也符合一般元代建筑的基本特征。在二郎殿修缮的时候，笔者有幸看到了大德四年（1300年）的题记，不知在另两座大殿修缮的过程中是否同样发现了建造历史的线索。由此也可见，对于整个修缮过程的信息记录是极为重要的，能为建筑史的研究提供一手的素材，同时也为后代的修缮积累经验（图3.6.11.2玉皇庙主殿檐下斗栱）。

图3.6.11.2

殿内基本都残存有彩画壁画。二郎殿内的壁画大多为明清时期补绘的，线条粗壮笨拙，色彩单一。在东侧墙面有大部分剥落，露出了下层，我们在这发现了笔法、色彩截然不同的另一套壁画，虽然仅仅只露出一张面孔，但想必这是更早期的画师手笔，艺术价值不能同日而语（图3.6.11.3下层壁画）。如果再将二郎殿与玉皇殿和东朵殿关帝殿互相印证对比，也能发现不少有趣的痕迹，很可能三殿的建造时代均不相同。而这样的线索，不仅能让我们更好地认识古建筑，同时也为我们带来了不少乐趣。

图3.6.11.3

3.7 霍州市

3.7.1 鼓楼㉗

Drum Tower

名称与别名	霍州鼓楼
地　　址	临汾市霍州市中心
看　　点	木结构
推荐级别	★★
级　　别	全国重点文物保护单位
类　　型	城市设施，木结构
年　　代	明—清
交　　通	市中心，自驾

鼓楼，又称文昌阁，位于山西省霍州市市中心，鼓楼周边一般都会成为城市的商业中心，这里也不例外。霍州鼓楼始建于明万历十一年（1583年）（图3.7.1.1鼓楼），底部砖砌十字券拱式通道贯穿东南西北四条大街，周边车来车往。上部为三重檐十字歇山全木阁楼，在阁楼一层四周屋面楣额上方各悬挂贴金匾额一块，东为"护国安民"，南曰"辅元开化"，西书"览秀西河"，北有"保障冀北"。每面门洞正上方亦嵌

图3.7.1.1

砌青石门额，东曰"对霍"，南曰"迎熏"，西曰"镇汾"，北曰"拱辰"，以上恰当表达了古霍州的地理环境与历史地位。

楼上二层回廊外沿设有观景台，木制围栏，刻有各式花鸟图案，鼓楼屋檐采用琉璃筒瓦覆盖，工艺精湛。各层檐角起翘，加以檐下斗栱重叠，宛如云朵簇拥，给人以凌空欲飞之感。每个翼角仔角梁上装有龙头套兽，下部悬挂风铃，风吹铃动，清脆悦耳。登高望远，古城风貌一览无余。鼓楼历经沧桑，其轻盈的造型足以代表城市的历史，成为城市的标志。

鼓楼二层屋内供奉了财神爷，鲜有人迹。从一架陡峭的木质楼梯可以上到三层，屋内供奉了一位不出名的神仙，旁边坐了一位老太太，每当见人进到屋内，她都要劝说来人拜一拜台上神仙，并谆谆教导说每到一个地方都一定要拜一拜当地的神仙，这是最重要的，可以保护你在当地平安，所谓一方神佛保一方，那些大神仙都不管用，一定要拜当地的小神仙，而台上所坐就是当地最灵验的小神仙。

或许是当地人也不相信这位小神仙，也有可能求神之路过于艰难，在笔者于三楼逗留的这段时间里都没有人来到三楼。与此相对的，反倒是一楼十字券拱的通道里的算命先生们应接不暇，这或许也是人民信仰的转移吧（图 3.7.1.2 鼓楼细部）。

图 3.7.1.2

3.7.2 观音庙 ㉘

Guanyin Temple

名称与别名	霍州观音庙
地　　址	临汾市霍州市赵家庄村
看　　点	院落布局，木结构
推 荐 级 别	★★★
级　　别	全国重点文物保护单位
类　　型	庙宇，木结构
年　　代	明？
交　　通	郊区，自驾

我国古代儒释道三教合流，在民间则有一庙三用的例子，霍州赵家庄东南的观音庙就是一例。

霍州观音庙坐北朝南，庙虽不大但内容丰富，总体布局是很少见的两条平行轴线。由大门进入正在东轴线上，由南向北依次为山门、三圣殿，东轴线东侧还有厢房与东南角的文昌阁。西轴线则依次为过街阁楼、戏台、过殿与观音殿。观音殿与三圣殿之间有土地殿。除土地殿外始建于宋代，其余建筑皆建于元明两代，可见三教皆已与人民生活紧密联系了，而我中华包容八方之气象亦显。西轴线西侧又有碑廊，但多数年代较近，价值不高（图 3.7.2.1 后殿）。

庙内殿阁均为筒瓦硬山顶式建筑，其中最有趣味者当属戏台与过街阁楼（图 3.7.2.2 过街阁楼）。过街阁楼与戏台连为一体，全木结构，往南侧探出，如同入水亭榭，然而其所面对的是菜地与砖房。过街阁楼下层可以通过，上层设栅栏，似为戏台的准备之处。阁楼梁架为元代遗构（图 3.7.2.3 过街阁楼梁架），形式古朴简洁，后代添补甚多，梁架中常有不对称之处，但总体上仍维持较早的风格。从阁楼往外看，屋檐虽

图 3.7.2.1

低矮，空间却不压抑，若在阁楼上雅设茶座，如碑记所说可看见远山日落，苍松翠柏，必不胜快哉。阁楼重檐歇山顶，琉璃剪边，灰瓦覆盖，正吻有题"昊川雄镇"，则建设阁楼者胸中气象不言而喻。

戏台题曰"赛虱楼"，从基座看必是历代有兴修加高。近代以来此地农历六月十九仍有庙会，想必到时戏台仍是重要的一环。古今同台，却是沧桑变幻。

登山门东侧文昌阁，可见村庄全景，一瞥远方高山，想必先贤见此安居乐业、万方安和、人人向学的场景，应当颇有感慨吧。

图 3.7.2.2

图 3.7.2.3

3.7.3 娲皇庙㉙

Temple of Empress Nvwa

名称与别名	娲皇庙
地　　址	临汾市霍州市大张镇贾村
看　　点	院落布局，木结构，彩画
推荐级别	★★
级　　别	全国重点文物保护单位
类　　型	庙宇，木结构
年　　代	清
交　　通	郊区，自驾

图 3.7.3.1

娲皇庙位于距山西省霍州市 5 公里的东郊大张镇贾村，四周青山环绕，东有潺潺泉水流过。据传，此庙始建于明代，后毁，清同治四年（1865年）重修。娲皇庙坐北面南，现仅存悬山顶式戏台、硬山卷棚顶式钟鼓二楼、悬山顶式圣母殿及歇山顶式东西朵殿，共六座清代建筑。娲皇庙庙内碑文现已不存，故该庙宇的创建年代无从考证（图 3.7.3.1 娲皇庙正殿）。

娲皇庙内现存有悬塑及壁画，而圣母殿内的娲皇圣母壁画也许便是该庙最为精华的部分——不然实在找不到入选国保的理由。画面采用通景式构图，利用建筑、树木将人物有机的组合在一起。勾线填色，略有渲染，颜色以矿物颜料朱、青、绿、白、黄为主。殿宇、勾栏、亭榭采用界尺绘出。整个画面依据神话传说与清代社会现实生活交织组合在一起（图 3.7.3.2 壁画一隅）。

怎么说呢，这些壁画无论从构图、笔法乃至设色，都不能算是上乘，但是仍旧能从其中所描绘的生活细节中找到不少乐趣，比如那时候的食物、服饰和宴会的流程等。但无论如何，都抵不上门票的价格。

图 3.7.3.2

3.7.4 州署大堂㉚
Main Hall of City Government

名称与别名	霍州州署大堂
地　　址	临汾市霍州市东大街北侧
看　　点	院落布局，木结构
推荐级别	★★
级　　别	全国重点文物保护单位
类　　型	衙署建筑，木结构
年　　代	元一清
交　　通	市区，自驾

霍州州署大堂是我国如今保存最为完整的古代衙署之一，现为霍州市博物馆。其历史之古老最远可追溯至隋代，又曾作为唐代大将尉迟恭的行署。而今的大堂是元大德七年地震后建成的。元代学正王士祯还曾为此作《霍州创建公宇记》。至正年间遭兵灾，州署尽毁，仅余大堂。现今格局、建筑是清顺治、乾隆、光绪等朝历代修建形成（图 3.7.4.1 霍州署）。

霍州署在霍州城内最高处，大堂位于州署中轴线上，前方有一条 1 米多高的甬道与大门相连，加上"古霍名郡"匾额，显得格外端庄肃穆。要到大堂，还要首先经过谯楼、仪门、甬道与戒石亭等长长的礼仪空间。大堂

坐北朝南，悬山顶，面阔五间，进深六架椽，前后乳栿用四柱。殿内用减柱造，将大堂明间前檐柱及金柱尽数省去，明间极为开阔。大堂整体构架为元代风格，原木大额，风格粗犷。前出抱厦一间，面阔三间，进深一间，也是悬山顶，风格却与大堂梁架不同，精心雕琢，油彩、纹饰优美。牌匾上书"亲民堂"。大堂与抱厦的风格对比不知是否是有意为之，但以外部的装饰承托威严，以内部的朴实体现作风倒也可以说道一二。

大堂斗栱为五铺作，本是普通。但有趣的是，当初的设计者竟将斗栱的作用全然忘记了，使斗栱的排布与柱子完全脱开了对应，在普拍枋上等距排列，似乎更多是为了追求形式，个中原因，却是不得而知了。不仅是斗栱，因减柱造而仅剩的四根前檐柱中，亦有两根偏移了位置，究其原因，恐怕不外乎形式上对应抱厦檐柱或是结构上减少受弯等原因，至于真正原因，还需慢慢琢磨。

我们行至州署大门前之时，里面传出了恢宏的音乐声，与周围商业街上的广告乐曲混杂在一起，好像几路广场舞人马短兵相接。向内张望，不免萌生退意——一名顶戴花翎的清朝官员正在宣读圣旨，自然，旁边点头哈腰的县衙老爷和师爷在惊慌听旨——俗套的剧情，实在浪费了这历史的布景。我们并不是反对这样的情景演出，然而，在具有悠久历史的古建筑背景下，难道不值得将演出追溯更远几百年吗？

图 3.7.4.1

3.7.5 祝圣寺㉛
Zhusheng Temple

名称与别名	霍州祝圣寺
地　　址	临汾市霍州市内
看　　点	院落布局，木结构
推荐级别	★★
级　　别	全国重点文物保护单位
类　　型	寺院，木结构
年　　代	明—清
交　　通	市区，自驾

图 3.7.5.1

祝圣寺，原名东福昌寺，始建于唐贞观四年（630年），后毁，明景泰元年（1450年）重建，明万历、清乾隆年间又重修。现存大雄宝殿和后大殿，占地面积 11333 平方米。大雄宝殿面宽五间，进深三间，单檐悬山顶。霍州祝圣寺为全国重点文物保护单位（图 3.7.5.1 大雄宝殿）。

东西厢房据说几年前仍有保留，但如今至少柱子部分已经换成水泥柱，与上面木质斗栱极不相称，并且整体的尺度比例也与它想要效仿的木构建筑相去甚远（其实从尊重材料的角度来说，混凝土结构的建筑本来就不应该做成仿木构建筑的形态，这样的尝试既不尊重木构建筑，也不尊重混凝土这种材料）。斗栱部分没有保留太多先前的结构方式，材料也应该都是新木材了。虽然没有显著的痕迹，但是由于笔者见过其他地方有相似的做法，因此推测这里的斗栱只是一些木雕装饰（甚至有可能说贴木装饰），而没有任何结构性的受力功能，这就让这两座厢房过于"后现代"了。

大雄宝殿倒可以确证年代比较久远，每朵补间铺作中都使用了真下昂（图 3.7.5.2 大雄宝殿内檐）。而柱头铺作和转角铺作在除下昂部分外的其他部位的木材材质、雕纹样式等都与补间铺作较为相似，推测三者应该年代相近。大雄宝殿虽然整体框架和主要结构部分保存较为完整（图 3.7.5.3 大雄宝殿构架），但是很多细节部位已经不是历史遗留的了，有些地方的雕饰已经掉落，另一些地方的雕饰新得过分显著，不管是风格还是艺术性都与整体差距较大了。

图 3.7.5.2

图 3.7.5.3

3.8 蒲县

3.8.1 东岳庙㉜
Dongyue Temple

名称与别名	柏山东岳庙
地　　址	临汾市蒲县城东 2 公里柏山山顶
看　　点	院落布局，早期木结构
推荐级别	★★★
级　　别	全国重点文物保护单位
类　　型	庙宇，木结构
年　　代	正殿重建自元延祐五年
交　　通	郊区，自驾

经蒲县去往柏山的途中，马路宽阔，高楼林立，有全民健康中心、文化中心等大型气派的公共建筑，苍翠的远山环绕，俨然是宜居的城市，而非传统印象中的县城。

东岳庙建筑群坐落在柏山顶，红墙绿树相映衬，登高望远，风光无限好（图 3.8.1.1 东岳庙远景）。拾级而上，直抵山门，目光贯通院内，景深多有层次。一座山门分为两道，形成一个狭小的院落空间，券洞上有阁楼，通过廊桥相连。若在雨天，独坐楼中，听雨观山品茶，实乃一大幸事（图 3.8.1.2 山门俯瞰）。

进入院中，看亭、献亭与大殿立于中轴线上（图 3.8.1.3 院落轴线），看亭前有两棵古楸，乃唐贞观年间栽植，形态矫健而有张力，楸树本来较少见，眼前这一幕景象让人联想到北京故宫乾隆花园古华轩

图 3.8.1.1

图 3.8.1.2

图 3.8.1.3

前的那两棵古楸,建筑与景观的配置如出一辙。

看亭与献亭由金水桥相连,献亭用盘龙石柱,西南角柱础仍留有金泰和年间的题记,整体雕刻风格各异,生机勃勃。而木构屋架藻井等的设计,却远不如临汾地区那几座元代戏台精美。

大殿是元大德七年(1303年)洪洞八级大地震毁后,于延祐五年(1318年)重建的(图3.8.1.4 大殿侧影)。那次地震几乎摧毁了所有更早期的建筑,以至于这个地区少有早于元代的古建筑。大殿很高,副阶周匝,

图 3.8.1.4

能看到不少构件更替、重复利用的痕迹，在整体设计上也有不少拼凑和不统一的现象，想必在重建时利用了倒塌建筑的老构件，或是在原有遗存上进行了改造。整座建筑虽有不少使用下昂的意图，但是均未用真下昂，而在西山面上的罗汉枋却是用一整根下昂构件改成的，难道下昂的设计技术随着地震一起湮灭了？抑或是后代人的审美水平以及技术进步到不再流行这样的设计手法？更多的疑团等待着我们去揭示（图3.8.1.5大殿檐下斗栱细部）。

院落后部是"地狱"，沿券洞向下，却发现别有洞天，名不副实，这里是利用山势的下降而另辟的院落，内部还有下沉的小院，由窑洞围合，里面存放不少精美的雕塑。空间丰富而精致，视野景观品质非凡，不禁又令人想在这里静坐，再品一口茶了（图3.8.1.6"地狱"美景）。

图3.8.1.5

图3.8.1.6

3.9 曲沃县

3.9.1 大悲院㉝

Dabei Yard

名称与别名	曲村大悲院
地　　址	临汾市曲沃县曲村镇
看　　点	早期木结构
推荐级别	★★★★
级　　别	全国重点文物保护单位
类　　型	寺院，木结构
年　　代	宋—金
交　　通	乡镇，自驾

曲村镇中心是一条仿古商业街，人声鼎沸，好不热闹。穿过熙熙攘攘的人群，蓦然发现隐藏在仿古建筑中的"真古董"。新做的门窗刚刚装修好，与古老的大木结构形成了鲜明的对比，舒缓的单檐歇山顶，以及檐下五铺作双下昂斗栱，成为整条街上最令人瞩目的地方（图3.9.1.1大悲院外景）。

大悲院于唐大和元年（827年）创建，北宋治平

图3.9.1.1

图3.9.1.2

四年（1067 年）重修，金大定二十年（1180 年）、清乾隆二十三年（1758 年）进行过修葺。临街的殿堂最为古老，采用中柱平分平面，而不像在晋东南地区常见的殿内柱网形式，从平面结构来看似为山门或是献殿（图 3.9.1.2 大悲院前殿构架）。院中还有中殿的基址以及后殿，均为后代所建。在大院西侧有一独立小院，其中院落空间小而精致，建筑雕刻精美，建于明清时期，院中还有不少石质雕刻文物。现在，整个大悲院由企业出资，作为晋南雕刻艺术博物馆进行再利用，与当地的文化、生活融为一体。

相比于雕刻艺术，我倒更想在有限的篇幅中再说几句古建筑——临街的前殿。五铺作双下昂均做真昂上彻梁架，已经极为罕见，而仔细观察，还会发现柱头斗栱、前后檐补间斗栱以及两山面补间斗栱，虽然都是同样的双下昂结构（图 3.9.1.3 大悲院前殿外檐双下昂斗栱），但是在具体做法上还有不小的差异——柱头的下昂直接压在梁下，下昂构件尺度略大，前后檐补间斗栱上彻下平槫，而下昂构件尺度略小，山面补间斗栱却只有一条下昂为真昂。在一座建筑中竟然有三套不同的下昂做法，整体屋架结构明确，足以体现工匠的匠心了（图 3.9.1.4 大悲院前殿双下昂斗栱结构）。

图 3.9.1.3

图 3.9.1.4

3.9.2 龙泉寺㉞

Longquan Temple

名称与别名	南林交龙泉寺
地　　址	临汾市曲沃县北董乡南林交村
看　　点	木结构
推荐级别	★★★
级　　别	全国重点文物保护单位
类　　型	寺院，木结构
年　　代	元
交　　通	乡村，自驾

图 3.9.2.1

南林交龙泉寺位于临汾市曲沃县北董乡南林交村，原为县级文物保护单位，自新中国成立后至 2007 年被纸箱厂占用，2007 年至今为南林交村委会使用，直至第三次文物普查被重新发掘之前，一直处于疏于保护的不体面状态（图 3.9.2.1 大殿正面）。

寺院坐北朝南，现存建筑有后大殿、东、西厢房、影壁。现寺内的碑记已不存，但据后大殿现存的"时大元国延祐五年岁次戊午八月建辛酉□乙巳日志"题记可知此寺之创建年代不晚于元延祐五年（1318 年），系大德地震之后十年间建设高潮中的产物。

后大殿位于寺北端，坐北向南，南北 12.5 米，东西 19.8 米，面阔五间，进深六椽，单檐悬山顶。大殿前檐已用砖封死，仅当心间设置版门，外观与原初样式已然发生了较大变化（图 3.9.2.2 大殿内部梁架）。

殿身平面呈长方形，殿内主体结构保存较好，构架中十分娴熟地运用了大内额与移减柱结构做法，部分柱头有卷杀，梁架有生起，均体现出十分显著的时代特征。斗栱做法为五铺作双昂外观、斗欹内凹明显（图 3.9.2.3 大殿前檐斗栱）。

图 3.9.2.2

图 3.9.2.3

3.9.3 三清庙献殿㉟
Sanqing Temple

名称与别名	东许三清庙献殿
地　　址	临汾市曲沃县东许村
看　　点	木结构
推荐级别	★★
级　　别	全国重点文物保护单位
类　　型	庙宇，木结构
年　　代	元
交　　通	乡村，自驾

把曲沃称为"地下博物馆"和"三晋文化源头"自有其道理；把东许三清庙献殿列为第七批全国重点文物保护单位则是因为它的元代建筑身份。

献殿，如高规格的祭坛，是祭祀时用来摆放供品的地方，也可以作为主祭人、有身份的祭祀参与者的活动场所。今天的此座献殿则无法看到原来的院落格局（图 3.9.3.1 三清庙献殿正面），南侧隔着一条公路遥望过去的戏台——所在的村委会。献殿悬山顶覆盖之下，南北是不简单对应的，前檐面阔五间，后檐面阔三间。相比寻常的献殿，东许三清庙献殿体量比较大，前檐也只有柱头斗栱而没有补间斗栱（图 3.9.3.2 三清庙献殿柱头斗栱）。西面山墙重新修葺过，东面

图 3.9.3.1

相邻一座耳房。两座建筑靠得很近,耳房的屋顶已经插入献殿的屋檐下了,檐脊错落。献殿屋顶瓦片已经零落,瓦当滴水也破败不堪,屋脊有些部分也已经缺失,吻兽也早已不见了踪影。东西两面山墙砖砌的部分已经高至额枋的高度,上面再用夯土填实。屋内吊起了石膏顶,也已经看不到屋顶梁架结构了(图3.9.3.3 三清庙献殿内山面彩绘)。

仓促的大修或者不甚适宜,剥洋葱一样地研究是一切的基础。

图3.9.3.2

图3.9.3.3

3.9.4 四牌楼㊱

Four-Side Decorated Archway

名称与别名	四牌楼·望母楼·孝母楼
地　　址	临汾市曲沃县贡院街
看　　点	木结构
推荐级别	★★★
级　　别	省级文物保护单位
类　　型	城市设施,木结构
年　　代	明
交　　通	县城,自驾

四牌楼位于曲沃古城之一隅,贡院街之街心,三重檐十字歇山顶满布绿色琉璃瓦,具有极其俊秀的外观。因其整体结构近似于木楼阁却不具备登临之功能,纯系追求视觉效果的古代城市纪念物,故而称其为"四面牌楼"。有评价说曲沃四牌楼既有江南楼阁玲珑剔透、精细纤秀之美,又有北方古建筑雄浑巍峨之壮观,可见世人对其杰出造型艺术的称许(图3.9.4.1 四牌楼远景)。

有关四牌楼之创建历史,县志有明确记载:建楼人李齐沉,曲沃城内人,万历三十一年(1604年)举人。李氏造楼之目的,一说是为了纪念继母多年养育之恩,所以此楼又称为望母楼、孝母楼;另一说则是为了镇压春秋时期晋国的祸国之女骊姬之魂魄。传说虽难寻其所本,但却进一步增加了这一奇特建筑的神秘性与

图3.9.4.1

故事性。

四牌楼造型奇特,为楼阁式与牌楼式相结合结构,一二层四面均面阔三间,进深三间,使用内外两圈立柱形成整体框架。二层以上部分,在四向分别利用木

梁的悬挑性能挑出抱厦,造成翼角叠出、檐口千回百折、极富变化的外部轮廓。第三重屋檐则利用很小空间,设置十字歇山顶,合理平衡顶层与出檐的重量。这种结构特点同霍州鼓楼等楼阁建筑相比亦颇多相似之处,实乃晋系楼阁建筑在形体设计当中的成熟手法。牌楼上下的各层枋木、雀替、板件等均雕有精美的浅浮雕塑,大大增强了装饰效果,有较高的艺术价值(图3.9.4.2 四牌楼局部出檐)。

图 3.9.4.2

3.9.5 薛家大院 ㊲

Xue Family's Residential Complex

名称与别名	薛家大院
地　　址	临汾市曲沃县城内西城巷 10 号
看　　点	古民居，院落布局
推 荐 级 别	★★
级　　别	全国重点文物保护单位
类　　型	民居
年　　代	清代
交　　通	县城，自驾

薛家大院，当地人叫这里县太爷公馆，是一座典型的清代民宅。现在虽然只剩下部分建筑，但从精美的雕梁画栋中仍可以看出当年的辉煌（图 3.9.5.1 薛家大院入口）。

大院建于清代中期，坐北朝南，是一座三进四合院。现存建筑沿中轴线依次有南房、过厅、过厅楼、北楼。前院均为平房，由山门、东西厢房、南房、过厅组成（图 3.9.5.2 薛家大院前院）；中院经过厅楼与后院相连，由东西楼、北楼组成，东西楼形制相同，面阔三间，北楼为明三暗五的建筑格局（图 3.9.5.3 薛家大院中院）。大院建筑中保存有精美的石雕、木雕及彩绘。

作为清代民居，大院于 1987 年曲沃县人民政府公布为县级文物保护单位，1995 年被县政府划归县文物部门使用，1996 年 10 月以来全面维修，被县委命名为"爱国主义教育基地"。

图 3.9.5.1

图 3.9.5.2

图 3.9.5.3

3.10 隰县

3.10.1 鼓楼 ㊳

Drum Tower

名称与别名	隰县鼓楼·大观楼
地　　址	临汾市隰县县城正中
看　　点	木结构
推 荐 级 别	★★
级　　别	全国重点文物保护单位
类　　型	城市设施，木结构
年　　代	明—清
交　　通	县城，自驾

隰县鼓楼又称大观楼，位于县城正中心，明万历四十五年(1617年)创建，清代屡有修葺，至今有三百八十多年的历史，是隰县的象征（图3.10.1.1 鼓楼）。

鼓楼系建于高大台基之上。台基下设十字门洞，门洞高5.98米，各门洞上方均有牌匾，分别为"东屏古射""西带黄河""南临古慈""北拱晋阳"。昭示着隰县之于平阳（临汾）以西地区的重要战略地位，类似的牌匾，在霍州鼓楼上也能见到，这也许便是鼓楼的意义之一吧。

鼓楼本体高14.3米，楼内分二层空间，外观系三滴水十字歇山顶的建筑。其平面呈方形，面阔、进深均为三间。一层四周围廊，斗栱三踩单翘。二层支出

图3.10.1.1

平座，二重檐下斗栱三踩单翘，三重檐下施斗栱五踩双下昂。楼顶部四周还有的巨匾四桢：东书"龙泉古郡"，西书"长寿遗封"，北为"三晋雄邦"，南为"河东重镇"，更为古城增添不少煊赫威仪（图3.10.1.2 出檐和斗栱）。

鼓楼所矗立之处，至今仍是县城内最为繁华的十字街头，四周商店林立，在其衬托下更显得鼓楼挺拔秀丽。鼓楼的建筑形制以及牌匾等附属文物均大体反映明代风貌，为我们展现了那时的建筑和城市风貌。

图 3.10.1.2

3.10.2 千佛庵 ㊴
Thousand Buddha Temple

名称与别名	千佛庵·小西天
地　　址	临汾市隰县城西凤凰山
看　　点	彩塑、悬塑、院落布局
推荐级别	★★★★★
级　　别	全国重点文物保护单位
类　　型	寺院，木结构
年　　代	明—清
交　　通	县城，自驾

小西天现在已是隰县著名的旅游景点了，进城就能看到指示牌，又临河新建了停车场和游客服务中心，与二十年前复建的观音寺一并形成了景区，游客不少。

凤凰山土崖如削，小西天耸立山顶，依山就势，由明代东明禅师创建于崇祯二年（1629年），寺院起初因大雄宝殿内有佛千尊而得名，后因重门额题"道人西天"，又为区别城南另一座明代寺院"大西天"而更名小西天（图3.10.2.1 上山道）。

远望在山巅上的千佛庵已是极富感染力，穿过小河，登上小山，曲折的寻访古建筑之路向来都是增光添彩之手笔，正是"世之雄伟奇怪之观，而常在于险远"。

寺中院落层叠展开，空间格局富有层次，单体建筑的形制已不再重要，完全融入了整体布局。游弋之中，体验建筑空间之美，登高远眺，欣赏自然景观，大有西天极乐世界的意象。想必工匠依山设计空间之时，这样的景象也早已浮现于脑海之中。

然而比建筑空间和自然风光更加久负盛名的，是大雄宝殿中保存下来的悬塑（图3.10.2.2 大雄宝殿悬塑）。大雄宝殿殿内悬塑大多绘塑于明崇祯十七年（1644年）到清顺治十三年（1656年）之间，足以向我们展示了工匠心中的佛国之景象——在一座紧凑的殿堂内，除佛坛之上的5尊主像外，墙壁、檩柱甚至屋椽之上，皆塑绘着数以千计的彩塑。这些彩塑姿态各异、造型生动，置身于佛国的殿堂楼阁之中，主次分明，流光溢彩。进入大殿的那一刻，就会有不知身在何方的错觉。当时的工匠，以高超的流线设计组织了建筑以及景观流线，依山就势创造出了容纳信徒的空间，同时又在殿堂之中倾尽心血，创造出了容纳信

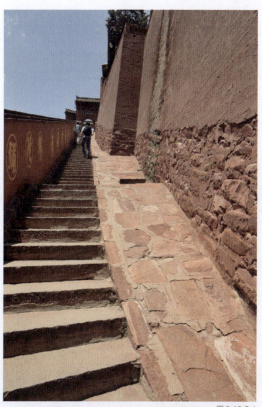

图 3.10.2.1

仰的空间，小西天的称号当之无愧。回想起来，此前见到的不少精美悬塑大多是为了建筑室内空间的延展而设计的，并未同建筑乃至室外院落景观形成整体的礼佛流线，在空间和建筑、雕塑艺术之美的融合上，不免稍逊一筹。

殿内同时还在进行悬塑的保护工作，又将观者拉回了现实世界，让我们看到文物保护工作者为延续这西天盛景而付出的努力（图 3.10.2.3 大雄宝殿悬塑保护工作台）。

图 3.10.2.2

图 3.10.2.3

3.11 乡宁县

3.11.1 寿圣寺⑩

Shousheng Temple

名称与别名	乡宁寿圣寺
地　　址	临汾市乡宁县城
看　　点	早期木结构
推 荐 级 别	★★★
级　　别	全国重点文物保护单位
类　　型	寺院，木结构
年　　代	元或明
交　　通	县城，自驾

　　寿圣寺是乡宁县境内唯一的国家级重点文物保护单位，但这棵独苗却显得非同寻常，早在去现场之前便听说寿圣寺正殿为宋代建筑，县志称其为"皇佑元年（1049 年）所建"，对于横遭元代大地震洗劫的临汾地区而言，如果真有这样一处能够熬过天灾的古寿建筑，那无疑将是异常珍贵的。

　　驱车从临汾出发前往乡宁县城虽然只要一个多小时，路上并无其他可看之处，这样一来往返的代价便并不算小，而这却进一步加深了笔者心中对于这座传奇建筑的期待。早听说寿圣寺位置难找，各种电子地图到此基本失效，但实际困难却仍出乎了意料。几番周折之后终于发现，寿圣寺正门竟然就在我们已然数次经过的一条背巷的尽头。

　　一座钟楼与一座正殿，是寿圣寺现如今仅存的建筑，去时两座建筑均已进入解体修缮状态（图 3.11.1.1

图 3.11.1.1

正殿斗栱修缮中），倒也给了我们细细端详的机会。正殿规模不过三间四椽、悬山顶，模样看上去十分平易（图3.11.1.2正殿梁架修缮中）。正殿所处的台基高出院落很多，其背景是当地小学校的平顶教学楼，一老一少已相安无事多年。山西当地的文物建筑常会因近代历史上的改用、占用等原因而与各类机关、粮站、仓库、村大队以及学校等相互杂处。相比之下，学校的确是最为温和的环境，每当看到"某某古建筑原本位于某某学校院内……"的介绍时，便会相对安心地告诉自己："这座建筑至少应该还活着。"

话说回寿圣寺，虽然文物建筑的价值绝不仅仅是体现在其建造年代的早晚，但仍然真心希望自己是最后一个因为相信"这是一座北宋时期建筑"而来的参观者，对于历史而言，这种"美丽的误会"还是越少越好。

图3.11.1.2

3.12 襄汾县

3.12.1 丁村民居㊶
Vernacular Dwellings in Dingcun Village

名称与别名	丁村民居
地　　址	临汾市襄汾县丁村
看　　点	院落布局
推荐级别	★★
级　　别	全国重点文物保护单位
类　　型	民居
年　　代	清
交　　通	乡村，自驾

丁村是幸运的。硕大崭新的牌坊，宽阔平坦的道路，显示着这片民居所受到的重视。层层建筑保存得相对完整，进进出出，迷宫一般，枝繁叶茂的丁氏家族充分地体现在无数连通、嵌套的院落之中，甚至可以想见众多丁姓子孙在德高望重的族长的召唤中，匆匆踏过一个个门槛，沿着山墙，路过厢房，穿过庭院，会聚到最大的那进院落，听候族长浑厚稳健的训告的场景（图3.12.1.1民居院落）。

丁村又是不幸的。如今村子里的小路如死一般，早就没有了一个大的宗族应有的热闹，那迷宫一般，进进出出，改成了博物馆的民居，如同化石一般，清凉洁净。游人来来去去，如对一切平凡的景点应有的感情一样，毫无留意。在网络上关于丁村的介绍中说，

图3.12.1.1

图3.12.1.2

"去丁村旅游不需要在那住宿，当天可以返回，住襄汾就可以"，如同咒语一般，规定着这个古民居今天的生态：这里已经既没有"民"，也无法"居"了（图3.12.1.2空荡荡的民居和村落）。

3.12.2 汾城古建筑群㊷
Ancient Building Complex in Fencheng

名称与别名	汾城古建筑群
地　　址	临汾市襄汾县汾城镇
看　　点	历史街区，早期建筑群体布局，早期木结构
推荐级别	★★★★
级　　别	全国重点文物保护单位
类　　型	民居
年　　代	明—清
交　　通	乡镇，自驾

图 3.12.2.1

图 3.12.2.2

在汾城镇赶上了市集，车被困在街上动弹不得，也正好参观了当地人的生活。现代城镇渐渐蚕食着古城区，当选第六批国保单位之后，划定了明确的建设控制地带和保护地带，从此新老建筑泾渭分明。可是人们的生活却是没有界限的，贯穿其中（图3.12.2.1 鼓楼与集市）。

汾城古建筑群不同于其他村落建筑群，这是一座保存较为完整的古城镇，其中有不少大型公共建筑，如城隍庙、文庙、大堂、鼓楼等，历史能追溯到唐代始建——这里为唐朝初期尉迟公的封地鄂公堡，经过唐、宋金、明、清等朝代的建设，使汾城留下了大批的古建筑物，每一座建筑其实都是文物建筑，而将它们当作整体的格局一并加以保护，更注重的是它们之间的关系，尤其是历史和文脉，这在文化遗产中的重要性甚至超越了建筑本体的价值。汾城镇古建筑群的整体保护修缮已经完成，效果还是非常不错的，但是各处大门紧锁，相应的后续工作，比如旅游业等似乎并没有一丝萌芽（图3.12.2.2 老建筑与新建筑）。

古街道十分宁静，与旁边主街上的喧闹形成了鲜明的对比，有三三两两的赶完集的老人，互相搀扶着慢慢回家，与老房子相互映衬，恐其凋零（图3.12.2.3 老街）。

的确，相关产业的开发远比修缮工程难得多，也衷心希望汾城古镇能够以自己的特色招徕更多的关注。

图 3.12.2.3

3.12.3 关帝庙㊸
Guandi Temple

名称与别名	襄汾关帝楼
地 址	临汾市襄汾县陶寺乡陶寺村
看 点	木结构
推荐级别	★★
级 别	省级文物保护单位
类 型	庙宇，木结构
年 代	明—清
交 通	乡村，自驾

襄汾陶寺关帝楼在村中一片空地上，两层台基，规模不大，平面正方，副阶周匝，实为两层建筑，但在后代修缮过程中又增添一层腰檐，使其成为今日所见三重檐歇山顶的样子（图3.12.3 襄汾陶寺关帝楼）。

从建筑形式和结构来看，还是很有元代建筑特征的。外层回廊用大内额承托荷载，四角用粗壮的石柱，分隔开间的小柱不知是否为原物，使用大内额的目的就是增加跨度，可用移柱、减柱等方式设计平面，可以灵活分隔室内空间，也是金代、元代常用的平面手法。但是在立面上，立柱也许就不是对于空间的阻碍了，而能增加空间层次，划分立面形成竖向构图要素，形成统一的韵律感。

关帝楼周围的古建筑已经不复存在，孤零零站在村里，不免有些凄凉。

图 3.12.3.1

3.12.4 灵光寺塔㊹
Lingguang Temple Pagoda

名称与别名	灵光寺塔
地 址	临汾市襄汾县邓庄镇北梁村
看 点	砖石结构，琉璃装饰
推荐级别	★★★
级 别	全国重点文物保护单位
类 型	古塔，砖石结构
年 代	金？明？
交 通	乡村，自驾

灵光寺位于襄汾县邓庄镇北梁村北的田地当中，去北梁访塔之时恰好赶上六月份的麦熟时节，在翻滚的金黄的麦浪当中，一座稍显残破的沧桑古塔正耸立其间，那景象着实梦幻（图3.12.4.1 灵光寺塔远景）。

据《襄陵县志》及灵光寺出土残碑可知，灵光寺在历史上曾颇具规模，其塔重建于金皇统中，明代曾对寺院进行过较大规模的整修，而古塔估计也在修缮之列。可惜几经战乱之后，至1948年，灵光寺内主要建筑皆已毁弃殆尽，唯独留存砖塔一座，后被列为县重点文物保护单位。

塔之平面为八角形，外观为楼阁式，逐层塔身构成清晰，檐口下均有较为精细的仿木构细节，而其形象已颇具明代做派，显然与县志中所谓的"金代重建"

图 3.12.4.1

相去甚远，而更可能是在明代寺院大修的过程中最终变为眼前的形象。塔原有十三级，今仅存七级，上部六层毁于清代康熙三十四年（1695年）临汾地震，有塔侧清代乾隆四年（1739年）碑文作证："奈无何康熙乙亥夏，遭地震，自藏经楼以及廊庑，尽行倒坏，惟佛法二殿仅存，高塔半存。昔之称为壮丽者，今不胜其零落矣。"（图3.12.4.2 灵光寺塔近景）

在现存的七层塔身上，石砖风化比较严重，石砖之间的黏合剂却似乎强度更高，颇经得住自然环境的考验。砖塔上的琉璃瓦颜色风格不太统一，无法确定是否系出于两次不同施工的产物。虽然塔内已经无法进入，但从残毁的第七层塔体结构来看，塔体的原初设计应当包含内外两重空间，正中为塔心室，外围则是带有旋梯的交通空间，总体与广胜寺飞虹塔相近似（图3.12.4.3 灵光寺塔细部）。

琉璃塔虽然已经被列为国保，保护状况仍不容乐观，或许在眼前的麦田耸塔沧桑古意的背后，我们也应当看到文保工作的尴尬与不易。

图 3.12.4.3

图 3.12.4.2

3.12.5 普净寺㊺
Pujing Temple

名称与别名	襄汾普净寺
地　　址	临汾市襄汾县史威村
看　　点	早期木结构，塑像
推荐级别	★★★
级　　别	全国重点文物保护单位
类　　型	寺院，木结构
年　　代	元—清
交　　通	乡村，自驾

图 3.12.5.2

普净寺在进村的路边，对面是一小片空场，摆放着夜市的摊位。

寺院为四进院落布局，中轴线有山门、天王殿、菩萨殿、关帝殿、大佛殿，分别供奉玉皇大帝、地藏王菩萨、关公和华严三圣，这样的信仰组合着实令人称奇，其中又以大佛殿为主殿。根据大佛殿梁架题记，大殿于元大德七年（1303年）创建，虽为元构但并无十分特色之处（图3.12.5.1 天王殿）。

各殿本来大门紧锁，窗户都安装了玻璃，因此对普净寺的期待便转向了殿内可能会有精美的雕塑或壁画。我们请来了正在念佛的居士，大叔一定要我们上香，同时也打开了每一座殿门。怎么说呢，眼前的景象还是多少令人有些失望的，期待落空，虽有可能年代比较久的雕塑和壁画，但是其工艺水平，与建筑设计基本处于同一水准，并无太多乐趣。便与大叔攀谈几句，当时正值高考，大叔很关心教育，又一定让我们磕了头再走（图3.12.5.2 大佛殿）。

回来的路上，普净寺各种信仰的融合以及大叔最后的话，一直停留在脑海中：

"你们没有这样的信仰也没关系，跟佛祖磕个头祈求保佑和祝福，也总是好的。"

图 3.12.5.1

3.12.6 文庙 ㊻

Temple of Confucius

名称与别名	襄陵文庙大成殿
地　　址	临汾市襄汾县襄陵镇
看　　点	早期木结构
推荐级别	★★★
级　　别	全国重点文物保护单位
类　　型	礼制建筑，木结构
年　　代	元
交　　通	乡镇，自驾

图 3.12.6.1

襄陵文庙在襄陵镇上，位于一座近乎废弃的粮站内（图 3.12.6.1 管中窥豹）。

襄陵本是平阳府以南较为富庶的县治之一，因境内有晋襄公陵墓而得名。襄陵置县历史悠久，可直追至汉代，中华人民共和国成立后方才与邻近之汾城县合并而为"襄汾县"，原县治所在地随即被撤改为镇。襄陵历史上名人辈出，以东晋高僧法显与元曲大家郑光祖最为闻名，诚可谓是人文繁盛之区，也正因为这样，镇上方能有较高规格文庙建筑的存在。有关襄陵文庙的历史，记载并不十分详尽。据有限的资料可知，襄陵文庙创建于金泰和九年（实为大安元年，1209 年），但旧庙建筑在元大德地震天灾之中随县城一起倾覆无存。现存遗构则系震后与新县城一同被重建的。

然而与其灿烂的历史相比，文庙现今之保存状况却是极度不堪，周围的景象除了"衰败"以外，竟无以形容，虽然最近刚刚经历了抢险修缮，但作为一座文物建筑却完全谈不上尊严：原有的院墙低矮残破、摇摇欲坠；文庙前部的旧格局似仍隐约可见，但显然并无人理会；院内一片杂芜、蛇鼠丛生，几条游荡的狼狗身形枯瘦、眼神如狼；文保部门在墙内用红砖又加砌了一个"院中院"，将修缮完成的大成殿隔离起来，与其说是保护，倒不如说更像是遮羞。与守院人沟通，希望能壮着胆子进到里面一看究竟，但除了一系列抱歉的微笑以外便再无所获了。街边几个青年人对我们的远道来访除了诧异便是鄙夷，对于铁门那一侧的内容则完全无知了。想到一座历经几百年的文庙，曾经作为斯文的代表，现如今却是如此委身在"现代文明"的阴影里面，真让人实实在在地领教了什么叫作晚境凄凉。

大成殿到底是一座不错的建筑，规模不小，形制亦较为规整……但谁又肯在意这些呢？（图 3.12.6.2 大成殿檐下斗栱）

图 3.12.6.2

3.13 翼城县

3.13.1 东岳庙㊼

Dongyue Temple

名称与别名	南撖东岳庙
地　　址	临汾市翼城县南撖村
看　　点	院落布局，木结构
推荐级别	★★★
级　　别	全国重点文物保护单位
类　　型	庙宇，木结构
年　　代	元—清
交　　通	乡村，自驾

南撖村不曾沧海，只有百年的麦田和隐没的往事。东岳庙本有二进院落，现存的大殿、献殿等建筑便是属于后进；前面的山门、戏台和钟鼓楼先后被毁，现仅存遗址（图 3.13.1.1 南撖东岳庙外部环境）。

翼城县有一万年前的枣园文化遗址。后来唐尧曾定都翼城尧都，周成王"桐叶封弟"就是封在翼城，晋国三十六代国君就有二十五代生活在翼城这片沃土上。和东岳庙密切相关的，是宋元时期盛行于此的杂曲。虽然当年的东岳庙戏台已化为乌有，但站在钟鼓楼遗址上仿佛仍能看见当年戏台上的人间万象。

现存建筑物主体是大殿和献殿，大殿两侧有配殿，献殿两侧为厢房。大殿内的东岳大帝黄飞虎塑像已被毁，尚残存几处清代壁画。据考证南撖东岳庙最迟应为元代至元二十七年（1290 年）前后所建。虽经清康熙二十二年（1683 年）修葺，但大殿、献殿仍保留着元代建筑风格（图 3.13.1.2 南撖东岳庙献殿）。此二者屋架举折平缓，出檐深远。在东岳庙的建筑中，斗栱在设计上独具匠心，昂嘴前身支撑撩檐榑，昂尾上彻下平榑，起到了很好的平衡支撑作用（图 3.13.1.3 献殿与正殿斗栱）。大殿的后檐、金柱上不施普拍枋，似有早期的风格。砖雕工艺亦属上乘。

图 3.13.1.1

图 3.13.1.2

图 3.13.1.3

3.13.2 关帝庙·樊店 ㊽

Guandi Temple in Fandian

名称与别名	樊店关帝庙
地　　址	临汾市翼城县南唐乡樊店村
看　　点	院落布局，木结构
推荐级别	★★★
级　　别	全国重点文物保护单位
类　　型	庙宇，木结构
年　　代	明—清
交　　通	乡村，自驾

图 3.13.2.1

樊店关帝庙位于翼城县南唐乡樊店村中，坐北朝南。据戏台脊檩下题记板题记"大明弘治十八年（1505年）创建""大清道光十一年（1831年）重修"，确定为明代建筑。关帝庙现存主要建筑有中轴线上的正殿、戏台及山门（图 3.13.2.1 樊店关帝庙大殿）。

戏台由前面的卷棚歇山顶和后面硬山顶勾连搭组合构成（图 3.13.2.2 戏台），外观玲珑轻盈，梁架结构合理，组合严谨，檐下木雕和顶部砖雕及台口石雕都很精美。台内前后场分明，屏风保存完整，这也是戏剧表演的需求变化而带来的建筑形式上的改变——有别于那些三面开敞的早期戏台了。卷棚歇山顶所覆盖的结构很有特点，用六架梁，四角皆用上下两层抹角梁，角梁尾部用垂莲柱，下层抹角梁两端交于平板枋上，栱尾端挑于垂柱中，以支撑垂柱的主要剪力，上层抹角梁两端交于内拽枋上使荷载直接传递于下抹角梁上。虽然进深只有一间，但其结构设计合理紧凑，独具匠心，是明代戏台的代表作（图 3.13.2.3 戏台前部梁架）。

图 3.13.2.2

图 3.13.2.3

正殿面宽三间，进深四椽，单檐悬山顶，屋顶举架较平缓，柱头卷杀明显，柱下用覆盆莲瓣式柱础，柱头斗栱三踩单昂。前檐用通木圆形大额枋，额枋、檐柱、斗栱等木构件用材较大，有明显早期建筑特点，因此，也可以说，并不是有大檐额、用材较大就是元代建筑唯一判定方法，毕竟，匠作的习惯和传承是需要时间的，突变只是极其个别的现象吧（图 3.13.2.4 大殿梁架）。

目前庙内建筑保存基本完整，只是在80年代村人把正殿当作戏台使用，为了扩大台面，向外移了明间两檐柱和两金柱。真希望在修缮之后，还能看到村里人的表演。

图 3.13.2.4

3.13.3 乔泽庙·戏台㊾
Theatre Stage of Qiaoze Temple

名称与别名	乔泽庙戏台
地　　址	临汾市翼城县南梁镇武池村
看　　点	早期木结构，藻井
推荐级别	★★★★
级　　别	全国重点文物保护单位
类　　型	庙宇，木结构
年　　代	元
交　　通	乡村，自驾

图 3.13.3.1

从翼城往南，行驶在乡道上，不久就能看到翼城乔泽庙戏台仿佛悬浮在院墙之上的大屋檐（图 3.13.3.1 乔泽庙戏台）。管理员就住在村头不远，欣然接待了我们。

乔泽庙也称水神庙，历史上曾规模宏大，然而历经风雨、战乱，庙已毁，独存戏台，在落架大修的时候，发现了元泰定元年（1324 年）十二月十七日创建舞楼的题记。整个乔泽庙，根据碑刻记载，是宋大观五年（1110 年）得到朝廷的赐号，先建庙宇，后增舞楼，应与元杂剧在晋南翼城一代的繁荣发展有直接关系。

戏台坐南朝北，台基很高，沿袭宋金舞亭建筑规制，基本为三面开敞。平面方形，面阔与进深皆在 9.4 米上下，其规模在现存的元代舞楼戏台建筑中堪称翘楚。单檐歇山顶，出檐平缓而深远，四角立角柱四根，两侧后半部与背面墙内立撑柱四根，共为八根柱子支撑顶部荷载。角柱之上施大檐额，大檐额上的五铺作斗栱内承抹角梁形成不等边八角结构，其上梁枋结成井字形框架，再支撑华丽的莲花八角藻井，结构精巧，层层重叠，使承重结构和视觉效果相得益彰（图 3.13.3.2 乔泽庙戏台梁架结构）。

斗栱在这座建筑中充分体现了结构的承上启下作用以及理性的设计美学。排列并不如同类型建筑舒朗，而是三朵一组形成一簇，每开间三簇，繁简相间，内

图 3.13.3.2

部上层出跳上承藻井，下层出跳下接抹角梁与大梁，使得荷载层层传递至柱头。最有趣的是，戏台四根角柱上的转角铺作木结构各不相同，其中西南角铺作和西北角铺作木结构稍显相似，而另两个铺作木结构与二者差异甚大，并且相互之间也少有共同点。不管是源于其最初的设计，还是因为多次修缮而改变了局部的木结构，这座戏台都成为单一古建筑中在对称平面下拥有不对称木结构的典型案例。不仅如此，从斗栱的装饰细节中我们还能看到不同年代的不同审美习惯差异。大斗的装饰大致可以分作三种，最精细的一种将大斗整个雕镂成花瓣的形状，稍不济一点的只在大斗四个角做了装饰，最粗糙的大斗上几乎没有雕镂。下昂上也做了巧妙的设计，在下昂昂嘴底部镂出一个小角，从而使其昂嘴面像一个倒桃心一样装饰在斗栱上（图3.13.3.3 乔泽庙戏台前檐）。

不禁想再提一遍，早期的工匠对于材料的合理运用，对于结构设计理性和美学的追求，以及装饰与结构的结合，足以称之为建筑师的典范。他们遗留下的近千年的建筑，诠释了建筑学的内涵。

图3.13.3.3

3.13.4 石木四牌坊㊿

Stone and Wooden Four-Pillar Decorated Archways

名称与别名	石木四牌楼
地　　址	临汾市翼城县旧城南十字街
看　　点	木牌楼结构繁复华丽，石牌楼雕刻精美多变
推荐级别	★★
级　　别	全国重点文物保护单位
类　　型	城市设施，木结构
年　　代	明—清
交　　通	县城，自驾/公交

石牌楼与木牌楼皆在翼城县旧城十字街上，石、木两牌楼一北一南相呼应，蔚然成趣（图3.13.4.1 木牌坊）。

木牌楼兴修年代不详，楼下西北角有明万历四十年（1612年）重修时所立碑，盖其年代不晚于此。木牌楼四面折柱花板上写有"乡科""明经""甲科"等字样，当知其修建作用与古代科举教育有关。木牌楼风格华丽繁冗，结构复杂，当为木匠炫技之故；今在街心，不可通行，或为保护之意，已为民众歇坐之处（图3.13.4.2 木牌坊内部结构）。

木牌楼形制当为三间四柱式牌坊的变体，为照顾四方，边柱斜出45°。四面合体，成了一座四牌楼。牌楼上层为歇山十字脊顶。下层左右斜出的次间上也为歇山顶。牌楼斗栱繁复多变，一层檐下可分上下两

图3.13.4.1

图3.13.4.2

层，上层为七踩斗栱，下层为三踩斗栱。从地面开起，夹杆石短小，故边柱侧脚明显。往上有骑马雀替、小额枋、多层折柱花板，明间花板皆题字，次间花板在上者皆文臣武将，似有传说；在下者山水图景，似有苏式韵味？

　　石牌楼兴修年代亦不详，但从其檐楼飞椽末端具有收分的情况看，至少当与木四牌楼是同时期遗留（图 3.13.4.3 石牌坊）。石牌楼顶部为木构架歇山十字脊顶，形制依然为四柱三间式，但止一楼。石牌楼的构成方式与木四牌楼大致对应，石基座、石柱、骑马石雀替、小额枋、花板、大额枋等皆以石仿木而成。明间四柱成四方，开间宽度与木牌楼近似，四角斜出边柱，边柱有侧脚以支撑牌楼，中柱、边柱各立左右抱鼓加固，更有铁箍将二者箍紧。

　　石牌楼整体雕刻华丽精致，题材多变，手法细腻丰富，略略看来，有人物、动物、花草、仙人聚会、"双狮戏球"，抱鼓石上雕大小狮子，两侧花团锦簇，中柱两侧花朵并蒂，花心似有卧虫，十分有趣。虽然石牌楼整体结构较木牌楼精简，但仍多有极力模仿木结构之处，如骑马雀替上左右各有圆方孔各一，就是脱落的仿斗栱构件的位置。

图 3.13.4.3

3.13.5 四圣宫 ㉛

Sisheng Taoist Temple

名称与别名	翼城县四圣宫
地　　址	临汾市翼城县西闫镇曹公村
看　　点	戏台
推荐级别	★★★
级　　别	全国重点文物保护单位
类　　型	庙宇，木结构
年　　代	元—清
交　　通	乡村，自驾

图 3.13.5.1

　　中条山中的四圣宫供奉尧、舜、禹、汤，交通不畅，然则早春时节中条山间漫山桃花烂漫，亦一乐也（图 3.13.5.1 桃花烂漫）。

　　庙宇创建于元代，明、清均有修葺。正门面阔三间，进深四架椽。檐下雀替风格极活泼。由正门进入先为一条通衢，西侧僧舍院、东侧有关帝庙一座，与四圣宫连为一体。四圣宫坐北向南，中轴线上舞台、献殿遗址、正殿，正殿两旁三间耳殿，殿前东西配殿各三间、东西廊房各六间。正殿中塑像已全毁；斗栱五铺作；殿内大木构件皆较为粗犷，有早期建筑的特点（图 3.13.5.2 正殿）。

　　戏台为宫中之冠，始建于元至正年间（1341—1368 年），坐南朝北，平面近方形，台宽 7.71 米，台深 7.21 米，通高 13 米（图 3.13.5.3 戏台）。"井"字形梁架结构，单檐歇山式，斗栱五铺作，每面各施六朵。每边中间两朵斗栱相向递出一斜栱，其上搭抹

图 3.13.5.2

图 3.13.5.4

角栿。抹角栿与罗汉枋构成外圈的八角形构架；抹角栿中又起支柱支撑上平槫，形成歇山构架。此八朵斗栱昂后尾伸长在内部挑起垂柱，八根垂柱构成内圈八角构架，每角上承斗栱一朵，斗栱后背各出挑杆，斜戗顶心枨柱（图 3.13.5.4 戏台梁架结构）。整个建筑用材硕大，修缮过程中替换下来的巨大檐额至今尚保存于檐下（图 3.13.5.5 替换下的檐额）。其屋顶较为平缓，从建筑整体形制上来看，当为元代建筑无疑。古之戏台因所受限制较少，成为了木匠炫技之处，观赏性较高。

戏台一侧尚有唐代仪凤年间经幢残段，也可移步一观。

图 3.13.5.3

图 3.13.5.5

3.14 永和县

3.14.1 永和文庙㊾
Temple of Confucius in Yonghe

名称与别名	永和文庙大成殿
地　　址	临汾市永和县城
看　　点	单体建筑，内檐彩画
推 荐 级 别	★
级　　别	全国重点文物保护单位
类　　型	木结构
年　　代	清
交　　通	偏远县城，自驾/公交

怎么说呢？

从临汾驱车要两个半小时。永和县正在忙于奔波生计，无暇顾及生活的质量。已经是中午时分，县城内施工的车辆、私家车、摩托车和行人交织；一排婚礼车队在艳阳下驶过，缓缓地寻觅文庙前县文化广场附近的停车泊位。广场是近年整治而成的，文庙仅存的大成殿便占据了广场的北端，硕大的歇山屋顶孤独地在拥挤的平顶建筑之间宣示古代的尊严；殿前的泮池也是新的（图 3.14.1.1 永和文庙大成殿）。

文庙创建于元至元年间，大成殿坐北朝南，面宽五间，进深六椽，檐下斗栱五踩，平身科仅施于前檐明间和东西次间。大殿装修和墙体显然为今年修缮的结果，格扇门窗做法颇显简易。大殿外檐彩画是复原而成的，殿内梁架局部还保留有古代彩画，褪色残缺，所幸未被铲除重绘；一些部位反映出原来的色调以黑、

图 3.14.1.1

白两色为主,是国内同类做法的重要案例补充。一些专家认为大成殿也便是当地元代建筑的案例。笔者颇不敢苟同。无论建筑年代远近,那些经历了世事变迁的原真的结构、装饰做法已经弥足珍贵(图 3.14.1.2 大成殿檐下斗栱)。

突然地,婚礼的鞭炮响起。正午的天光夺走了冲天花炮的绚丽,唯有声音震撼着大殿周围的空气。广场上几名端午休假的中学女生仍然在埋头看着手机,似乎没有察觉近在咫尺的人们的欢乐,以及奔波而来的访客的忧心。忧心于是蔓延开来——虚拟的世界可以抹去的尘喧终究不会凭空澄净,虚拟世界的沉溺者们未来还愿意改变这个拥挤芜杂的现实世界吗?

图 3.14.1.2

4 运城市
YUNCHENG

运城古建筑分布图
Historical Architectural Map of Yuncheng

1. 池神庙·禁墙
2. 泛舟禅师塔
3. 关帝庙·常平
4. 关帝庙·解州
5. 关帝庙·解州·单体建筑
6. 关帝庙献殿·寨里
7. 关王庙·运城
8. 三官庙戏台
9. 舜帝陵庙
10. 太平兴国寺塔
11. 泰山庙
12. 关帝庙·戏台·樊村
13. 后土庙·古垛村
14. 台头庙
15. 玄帝庙
16. 镇风塔
17. 北阳城砖塔
18. 法王庙
19. 稷王庙
20. 青龙寺
21. 青龙寺·大雄宝殿
22. 砖雕墓葬·马村段氏家族
23. 长春观
24. 功德碑楼
25. 节孝牌坊
26. 景云宫玉皇殿
27. 太阴寺
28. 泰山庙·南柳
29. 泰山庙戏台·董封
30. 文庙
31. 妙道寺双塔
32. 圣庵寺塔
33. 县衙
34. 永兴寺塔
35. 城隍庙·芮城
36. 广仁王庙
37. 后土庙·朱吕
38. 清凉寺
39. 寿圣寺塔
40. 永乐宫
41. 永乐宫·龙虎殿
42. 永乐宫·无极殿
43. 永乐宫·纯阳殿
44. 永乐宫·重阳殿
45. 八龙寺塔
46. 东岳庙
47. 东岳庙·飞云楼
48. 旱泉塔
49. 后土庙
50. 后土庙·秋风楼
51. 稷王庙
52. 稷王山塔
53. 李家大院
54. 寿圣寺塔
55. 文庙
56. 薛瑄家庙
57. 保宁寺塔
58. 后稷庙
59. 仇氏石牌坊及碑亭
60. 司马光墓
61. 圣母庙
62. 泰山庙
63. 文庙
64. 白台寺
65. 福胜寺
66. 关帝庙·龙香
67. 关帝庙·泉掌
68. 稷王庙·北池
69. 稷王庙·苏阳
70. 稷益庙
71. 绛守居园池
72. 绛州三楼
73. 净梵寺大殿
74. 龙兴寺
75. 三官庙
76. 寿圣寺大殿
77. 文庙
78. 玉皇庙
79. 州衙署大堂
80. 普救寺塔
81. 栖岩寺塔群
82. 万固寺
83. 二郎庙
84. 泰山庙
85. 永兴寺
86. 玉皇庙

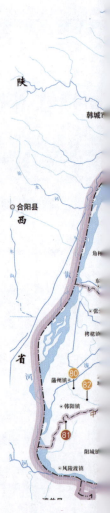

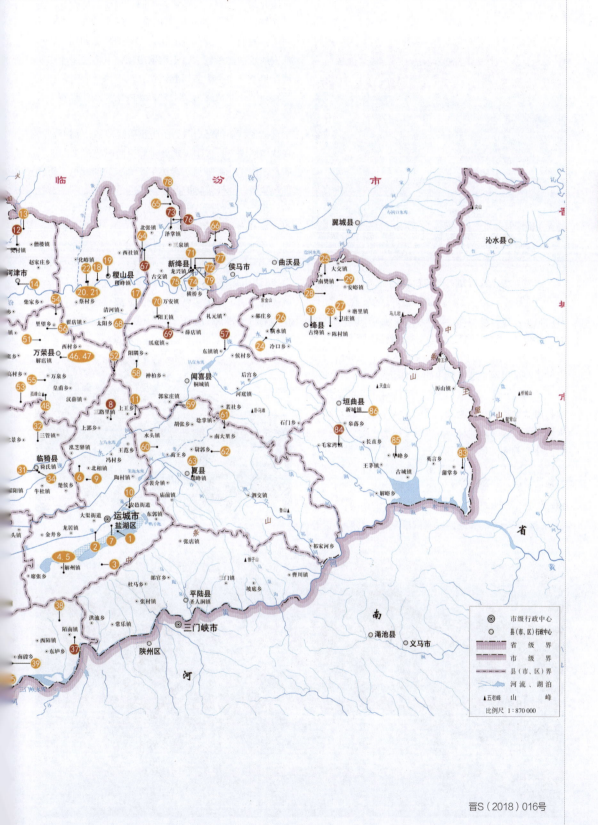

4.1 盐湖区

4.1.1 池神庙·禁墙 ①
Forbidden Wall of Chishen Temple

名称与别名	池神庙
地　　址	运城市南郊卧云岗
看　　点	三联戏台，大殿布局
推 荐 级 别	★★★
级　　别	全国重点文物保护单位
类　　型	庙宇，木结构
年　　代	明—清
交　　通	郊区，自驾

运城盐池是我国最古老的盐湖之一，史载：池水东西 70 里，南北 17 里。盐池神庙位于运城盐池北岸，背山临水，可俯瞰盐池，远眺中条，是国内唯一可见的盐池神庙，因此不能不提。该庙始建于唐大历十二年（777 年），明万历年间，修建达到了顶峰阶段，形成了一个以奉祀池神为主的庞大建筑体系。庙内现存元、明、清碑 17 座，记载了历代对庙宇的修缮。而目前盐池神庙几经沧桑，屡遭天灾兵祸，仅遗存三大殿和连三戏台，以及东西厢房等建筑。

盐池神庙的形制，基本确立于明嘉靖年间，其完整原貌可以从庙中的石刻看出。整个建筑群坐北朝南，顺着地形坡度，高低错落有致，规模宏伟，蔚然壮观。现存主要建筑为明嘉靖十四年遗构。庙前山门、过殿、中部三座戏台并峙，东西左右配殿套院。其后是正殿三座并列，殿前月台相连，形制、规模和结构几乎完全相同，在风俗神庙中当属罕见（图 4.1.1.1 三殿并列）。殿面阔、进深各五间，方形的平面四周围廊。唯中殿较两侧殿较大，重檐歇山顶，下檐柱头斗栱四铺作单下昂，上檐斗栱五铺作，双下昂计心造，柱头与转角铺作制成鸳鸯交手栱，殿内梁架制作规整，并设有藻井。

盐池禁墙则是唐时为了防止盗盐走私、保护税收，在盐池周围一百二十里之处所修筑而成（图 4.1.1.2 禁墙及禁门）。维护河东盐池生产和丰硕的赋税，历代都在盐池一周修筑防护设施。唐有"壕篱"，宋有"拦马短墙"，明先后在明宪宗成化十年（1474 年）、明武宗正德十二年（1517 年），两次大规模征调民夫，环池一周修筑禁墙。墙高 6.6 米，厚 4.8 米，全长 58.07 公里，有东禁门、西禁门、中禁门三门，池内置六十铺，均派兵把守，俨然一座河东盐池的古长城。现禁墙主体大多已毁，只留下部分残墙断壁，留存下来的多为清代所筑。

图 4.1.1.1

图 4.1.1.2

4.1.2 泛舟禅师塔 ②

Pagoda of Zen Master Fanzhou

名称与别名	泛舟禅师塔
地　　址	运城市寺北村
看　　点	圆筒塔身，仿木构雕刻，塔刹，造型比例
推荐级别	★★★
级　　别	全国重点文物保护单位
类　　型	塔，砖石结构
年　　代	唐
交　　通	乡村，自驾

泛舟禅师塔距今一千二百余年历史，传为唐代陈许节度使曲环于贞元九年（793年）为好友泛舟禅师所建。

泛舟禅师塔原址为报国寺，而今寺毁塔存。塔高10米，塔顶、塔身、塔基约略三分（图4.1.2.1 泛舟禅师塔全景）。塔基为圆筒形，砖砌成，台上为须弥座，束腰与上下枭之间刻莲叶尖形，并装饰菱形花样。圆形塔身，周以砖仿木柱作八间，四门四窗；南面开一小门，门槛、立颊、门额全为石雕；六角形的内室，上部为叠涩式藻井，藻井中有一小方孔，孔上有一小室直达塔顶；北面嵌有高1米，宽70余厘米的刻石，记述了泛舟禅师生平和建塔经过。东西两面各安门一合，肩上有砖丁四路四行；四角各安破子直棂窗。塔

图 4.1.2.1

顶逐层叠涩而成，收分剧烈。三层山花蕉叶与覆钵之上为宝珠塔刹。全塔造型古朴，雕刻精细，于庄严中透露出秀丽的风格，为唐代圆塔的典型实例，有极高的历史和艺术价值（图4.1.2.2 泛舟禅师塔身与塔铭）。

只是古塔似乎与我们无缘，接连造访三次，看门人都未能从别的工地赶来。好在院墙之外正有民房施工，一切观察均来自人家的屋顶。不想做普通的游客，便需要有不普通的耐心。

图 4.1.2.2

4.1.3 关帝庙·常平 ③

Guandi Temple in Changping

名称与别名	常平关帝庙
地 址	运城市常平乡常平村
看 点	崇宁殿、牌坊、石碑
推荐级别	★★★★
级 别	全国重点文物保护单位
类 型	庙宇，木结构
年 代	隋？—清
交 通	乡村，自驾

关公的老家常平，有据说是中国最早的关帝庙，距离解州关公祖庙只有8公里。虽然相传当年先有祭祀关羽父母的塔，而后又有仰慕关羽而建的祠，隋代创建，到金代兴旺，但到明清两代才真正有如今规模。

嘉靖三十四年（1555年）后，关帝庙整修次数达16次之多，因而如今庙内建筑多清构。与紫禁城一样的，庙宇布局采用了"前朝后宫"的建制——解州关帝庙也是如此。中轴上最前方为三座牌坊，中央四柱三间石牌楼，上书"关王故里"，乃明嘉靖二年遗物，距今已近五百多年。两旁木牌坊，关平、周仓一样地，各书"秀毓条山""灵钟鹾海"，其指中条山、北盐池也（图4.1.3.1 灵钟鹾海坊）。

关帝庙主体建筑为山门、仪门、献殿、崇宁殿、娘娘殿、圣祖殿，自南向北，依次排列。山门仪门之

图 4.1.3.1

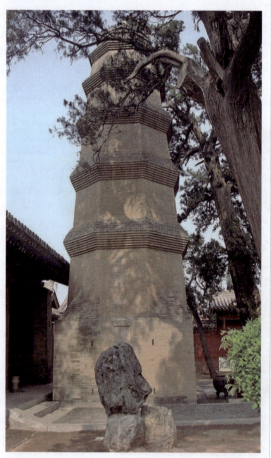

图 4.1.3.2

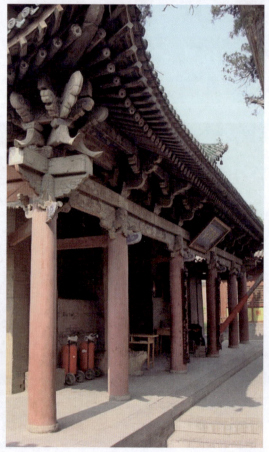

图 4.1.3.3

间有砖塔，八边形七级实心塔，上有金代石碣（图4.1.3.2祖宅塔）。仪门为二门，清代重修，面宽三间，悬山屋顶，有牌匾曰："神盈宇宙"。仪门之后为献殿，面阔三间，前后开敞，为一般祭祀之场所。崇宁殿即关帝殿，面阔五间，进深六架椽，周围回廊，重檐歇山顶，清同治年间遗物（图4.1.3.3崇宁殿）；殿内木雕神龛，装饰富丽，关羽正襟危坐，左右侍者恭立如仪。殿前有古柏苍翠，各号曰1800年之"龙柏""虎柏"。崇宁殿后为寝宫。宫内先有娘娘殿，面阔五间，进深五间，重檐歇山顶，前有垂花门，周围回廊。内有关公夫人塑像，面容慈祥、凤冠霞帔，手法有唐风余韵，实为清代塑像之佳作。娘娘殿两侧为太子殿，各恭奉关平、关兴。中轴线尽端为圣祖殿，清乾隆年间创建，恭奉关公家祖，其历代夫人塑像，为其他关庙所未见。

关帝庙已成为当地人民生活之一部分。庙内龙柏、虎柏多悬红线，乃当地人为子女祈福之举。每逢关帝诞辰，邻近居民云集庙中，上香祭祀，为人情之一大观。关帝家庙中石碑林立，其中著名者如"关公故里"石碑是明朝正德年间建造，已有460年历史。庙内有碑刻22通，其中金代1通，明代7通，清代13通，民国1通。有些碑刻记述了流传的关羽故事，可资研究者参考。

4.1.4 关帝庙·解州 ④

Guandi Temple in Haizhou

名称与别名	解州关帝庙
地　　址	运城市解州镇西关
看　　点	建筑单体
推荐级别	★★★★
级　　别	全国重点文物保护单位
类　　型	庙宇，木结构
年　　代	明—清
交　　通	乡镇，自驾

被冠以诸多之最的这座关公庙，旅游季节我们是不敢再去的。人们揣着观光的心情，或是崇敬之意而来，挤着其他的视角无从容身。

解州关帝庙创建于隋开皇九年（589年），于其后历代均有扩建和重修，营造在明末达到鼎盛时期，清康熙四十一年（1702年）曾毁于大火，经十余年始修复。其后又有诸多变迁，在频繁的战乱中历经拆毁修补，于近年才将庙内的古建筑全部修葺如故。

现关帝庙总面积22万平方米——对比一下，故宫是72万——是现存规模最大的宫殿式道教建筑群和武庙（图4.1.4.1关帝庙午门），被誉为"关庙之祖""武庙之冠"。庙内悬挂有康熙御笔"义炳乾坤"、乾隆钦定"神勇"、咸丰御书"万世人极"、慈禧太后亲书"威灵震叠"等匾额，并以"春秋楼"为代表建筑。

牌楼、高墙、大门加强了关帝的威风。庙宇之中，以东西向街道为界，大庙分南北两部分：街南称结义园，是园子；街北是正庙，宫殿一般地坐北朝南。正庙中前院依次是照壁、端门、雉门、午门、山海钟灵坊、御书楼（图4.1.4.2御书楼）和崇宁殿，两侧是钟鼓楼、"大义参天"坊、"精忠贯日"坊、追风伯祠；后宫以"气肃千秋"坊、春秋楼为中心，左右有刀楼、印楼对称而立。中院两侧，东院有崇圣祠、三清殿、祝公祠、葆元宫、飨圣宫和东花园；西院有长寿宫、永寿宫、余庆宫、歆圣宫、道正司、汇善司和西花园以及前庭的"万代瞻仰"坊、"威震华夏"坊。

图 4.1.4.1

图 4.1.4.2

4.1.5 关帝庙·解州·单体建筑 ⑤
Guandi Temple in Haizhou (Individual Building)

名称与别名	解州关帝庙
地　　址	运城市解州镇西关
看　　点	建筑单体
推荐级别	★★★★
级　　别	全国重点文物保护单位
类　　型	庙宇，木结构
年　　代	清
交　　通	乡镇，自驾

说说崇宁殿和春秋楼。

崇宁殿因北宋崇宁三年（1104年）宋徽宗封关羽为"崇宁真君"而名。人们最为好奇的是殿下所列三把青龙偃月刀，其他陈设无非过场，唯有几百年的老松，静静地看着一切。大殿月台宽敞，雕栏玉砌（图4.1.5.1 崇宁殿），殿下盘龙石柱，卷草阑额。大殿面阔七间，进深六间，重檐歇山式琉璃殿顶，檐下施双昂五踩斗栱。对于大殿屋架的一些不寻常做法——如清代建筑何以继续使用托脚？是重复利用老构件？还是一脉传统的做法？学者们还没有给出清晰的答案。

春秋楼位于正庙后宫后部（图4.1.5.2 春秋楼），因楼内二层神龛暖阁中有关羽读《春秋》像而得名，又名麟经阁。春秋楼创建于明万历年间，现存建筑为清同治九（1870年）年所修葺。楼面阔七间，进深六间，三重檐歇山檐之二层楼阁高33米，上下两层皆施回廊，上层回廊的廊柱矗立在下层垂莲柱上，垂柱悬空，内设斜牵挑承，给人以悬空之感。檐下木雕龙凤、流云、花卉、人物、走兽等图案剔透有致。有趣的设计使得这座同治年间的建筑比其同侪更加耐人寻味。

图 4.1.5.1

图 4.1.5.2

4.1.6 关帝庙献殿·寨里 ⑥
Offering Hall of Guandi Temple in Zhaili

名称与别名	寨里关帝庙
地　　址	运城市盐湖区泓芝驿镇寨里村
看　　点	建筑单体
推荐级别	★
级　　别	全国重点文物保护单位
类　　型	庙宇，木结构
年　　代	元
交　　通	乡村，自驾

寨里关帝庙历经战乱纷争，早期建筑仅存元代献殿一座（图4.1.6.1 寨里关帝庙献殿）。

图 4.1.6.1

献殿位于寨里村中心，坐北朝南，原面阔三间，进深四椽，屋顶单檐悬山。正面檐下通间施圆木檐额，充分体现了元代建筑之特色（图 4.1.6.2 献殿檐额）；其上施四铺作单下昂斗栱共十一朵（图 4.1.6.3 献殿斗栱）。前檐的大梁则放置在通面额之上，不与下面的立柱相对应。如今的献殿乍看面阔五间，甚至出现了次间距离窄于梢间的情况。然细细观之，献殿立柱的位置、柱径粗细及与由额之相接方式，或可透露出其原始面貌：献殿原面阔应为三间，致使明间宽度较大，而在受力累积、木构件老化之后，通面额与明间处或成弯曲势态，出于安全方面的考虑，后人便在明间两朵补间斗栱之下，添加了较细的小柱以辅助支撑，这才形成了现在的格局。北檐下次间中所添小柱当是同理。

入内观之，献殿之梁架结构为彻上露明造，四椽栿通达前后两檐，上施驼峰承接平梁，平梁上又立脊瓜柱与叉手。梁架结构上不乏加固用之铁圈，但大部仍保留了原构，其上雕刻细致，颇为美观。与此同时，献殿的四椽栿与平梁之上皆可看到遍铺的彩绘，保存得相对完整清晰，可能与木构同期，实属不易。

图 4.1.6.2

图 4.1.6.3

4.1.7 关王庙·运城 ⑦
Guanwang Temple in Yuncheng

名称与别名	运城关王庙
地　　址	运城市盐湖区红旗街61号
看　　点	古建筑群
推荐级别	★★★
级　　别	全国重点文物保护单位
类　　型	庙宇，木结构
年　　代	元—清
交　　通	市区，自驾/公交

运城关王庙坐落于城区内，交通方便。自去年落架修缮完毕后，香客如织，也成为市民休闲的去处（图4.1.7.1 关王庙春秋楼）。

这是当地最早的关王庙，创建于元代，明正德五年至七年（1510—1512年）扩建，嘉靖三十四年（1555年）地震损毁，后于万历二十五年（1597年）由运盐御史吴楷偕当地盐商大贾重建。现存建筑有悬山顶的山门、卷棚献殿、歇山顶的正殿等。建筑明代特征明显，雕刻精美的蟠龙柱、石护栏等构件也为古建筑群增光添彩（图4.1.7.2 关王庙正殿）。

庙内还有不少珍贵文物可看，如明代的关王铸像、重达两百多斤的铜香炉、五百斤的大铜镜等，有清代的关公坐像、骑马像等，还有历朝历代的石碑，除此之外，镶嵌于献殿墙面两块四面明代关帝签谱碑刻也是已知最早的关帝签谱，十分精美，足以见关公信仰在当地的流传（图4.1.7.3 关王庙献殿）。

与众多关帝庙不同的是，运城关王庙是由盐商大贾所修建，以祈求运盐平安，兴旺发达，将关帝作为武财神而供奉。到今天这样的信仰者不知几何，猎奇者不知几何，专业保护人员则凤毛麟角。古建筑五百年来历经沧桑而巍然屹立，着实不易。

图4.1.7.2

图4.1.7.3

图4.1.7.1

4.1.8 三官庙戏台 ⑧
Theatre Stage of SanguanTemple

名称与别名	运城三官庙戏台
地　　址	运城市盐湖区三路里镇三路里村
看　　点	戏台
推荐级别	★★
级　　别	省级重点文物保护单位
类　　型	庙宇，木结构
年　　代	明
交　　通	乡村，自驾

　　三路里镇位于峨眉岭南坡，北靠稷王山，南临涑水河，三官庙位于村子偏西，加油站前，只剩下戏台一座建筑物，被半米高的垛口围墙所保护（图4.1.8.1三官庙戏台）。戏台坐西朝东，台基高1.2米。面阔三间，进深四椽，单檐硬山歇山复合顶。后部为硬山，前部出歇山式抱厦，山花向前，犹如十字歇山顶形制。（图4.1.8.2三官庙戏台正面）明间檐柱为圆木柱，两角柱为方形抹楞石方柱。檐下雀替等构件均有精细的雕刻，线条流畅，技艺高超。平板枋上置简单柱头科与平身科斗栱装饰，皆为斗口跳出卷叶形耍头，明间柱头科大斗向里侧位移少许，也许有结构的辅助作用，或许是为了视觉的稳定。梁架结构简洁，五架梁向前伸出，承托歇山抱厦构架负荷。三架梁与五架梁间施云朵状驼峰支垫。脊檩中心置垂莲柱一枚，起装饰效果。脊瓜柱下侧施云朵状角背戗固。梁脊板载有明正德十五年（1520年）、崇祯十年（1637年）和清康熙五年（1666年）、三十八年（1699年）、道光二十二年（1842年）等重修题记，台口南侧石雕龙柱柱头处有明嘉靖三十二年（1553年）立石柱题记。

　　三官庙戏台原属三官庙建筑，据大元残碑记载，该戏台创建于元代以前，是专为三官之神演戏的地方。三官庙于新中国成立前被拆毁，戏台仍然屹立村的中央，从始建起到新中国成立前三官庙由寺庙僧人管理，如今的戏台基本保持了之后的时代特征——"为社会主义歌唱"（图4.1.8.3三官庙戏台内部梁架）。

图4.1.8.2

图4.1.8.3

图4.1.8.1

4.1.9 舜帝陵庙 ⑨

Mausoleum Temple of Emperor Shun

名称与别名	舜帝陵庙
地 址	运城市盐湖区
看 点	陵庙区布局
推 荐 级 别	★★
级 别	全国重点文物保护单位
类 型	陵园
年 代	唐—清
交 通	城郊，自驾

舜帝陵景区分为风景区和陵庙区两部分。博物馆和会展中心位于风景区内，其中据考存有最早可追溯至金代的碑，这部分已然成为市民休闲度假的好去处。风景区以北为陵庙区。陵庙区坐北向南，分为外城、陵区、皇城三部分。山门以南为外城，自南向北依次为古柏广场、汉白玉华表，巨石雕刻的舜歌南风像、生死相依的千年古柏，气势雄伟的山门。沿舜帝陵外城遗址缘坡而上，即为运城舜帝陵神道，两旁夫妻柏夹道耸立（图 4.1.9.1 柏树夹道）。行百余步，进入山门，即为陵区，舜帝陵陵冢雄踞其中。陵冢高 9 尺，呈现四方形，每边长约 4 丈，陵前嵌有邢其任书写的"有虞帝舜陵"石碑，旁立"有虞氏陵"石碣 1 块（图 4.1.9.2 有虞帝舜陵）。陵冢上槐柏交翠，郁郁葱葱。元代献殿、清代享厅排于前（图 4.1.9.3 献殿），关公祠、敤首祠列于左右，整个陵区威严、肃穆，王陵气势尽显。

绕陵北行约 30 米，即是皇城，又名"离乐城"（图 4.1.9.4 正殿后檐）。安邑县志记载"舜始封虞，暮思旧邑，禹乃营鸣条牧宫以安之。当地人俗称"离宫"，取离位享乐之意。皇城城墙高大雄伟，城内以戏楼、卷棚、献殿、正殿、寝宫为中轴，东西廊房、钟鼓二楼左右对称。主建筑正殿，建造于台基之上，重檐歇山顶，斗栱五铺作，面阔五间，进深五椽，殿内舜帝塑像正襟南面，身着衮服，头戴冕旒，神态庄严，皋、夔、稷、契四位大臣在两旁恭敬而立。正殿建筑和戏台木结构简洁，但雕镂装饰却较为繁复，是否有

图 4.1.9.1

图 4.1.9.3

图 4.1.9.2

图 4.1.9.4

彩画也不可考。

4.1.10 太平兴国寺塔 ⑩
Taiping Xingguo Temple Pagoda

名称与别名	太平兴国寺塔
地　　址	运城市安邑镇的东北隅
看　　点	建筑单体
推荐级别	★★★
级　　别	全国重点文物保护单位
类　　型	塔，砖石结构
年　　代	宋
交　　通	城区，自驾/公交

图 4.1.10.2

太平兴国寺塔矗立在一片民居小巷中，不必走近即见高塔裂缝，颇有岌岌可危之感（图 4.1.10.1 太平兴国寺塔）。塔之所在处原建有太平兴国寺，塔属寺内禅师之墓塔，故又称"太平兴国寺舍利塔"。据《山西通志》载：塔建于宋嘉祐八年（1063年）。而今寺院早已不复存在，从现存塔的形制看，为宋代风格。

塔为八角形楼阁式砖塔，原有十三层，高86米，据说是当时北方最高的塔，然而历经变迁，现存仅有十一层，高约71米。塔身开门在一层南侧，二层至顶层四面各施圆拱窗，平坐与塔檐下均有砖雕斗栱承

图 4.1.10.3

托，斗栱五铺作出双杪，每层八角各悬风铃（图4.1.10.2 太平兴国寺塔二层斗栱）。塔内为八边形空筒式，直径11.5米，原有木楼板作为上下之隔层，只可惜今已不存，不然若按照初始之设置，从塔中的楼梯通道，或可逐层攀登至塔顶，一览周遭之美景。

塔体经历过多次地震，故而留下了较大的裂缝（图 4.1.10.3 大裂缝），但塔身却并无倾斜。太平兴国寺塔幸存至今的故事可谓充满离奇。乾隆年间的《安邑县志》有载："明嘉靖乙卯地震从顶裂至七层，宽尺许，至万历间地震复合。"即是说嘉靖三十四年（1555年）的地震，使塔身从顶端开裂至第七层，且裂缝宽一尺有余。而万历年间，这裂缝竟然在另一次大地震中得以复合，不可不谓之奇观。经汶川地震后，该塔处于危情之中，有关部门用钢筋加固，但仍并未开始全面整修。该塔历经近千年的风雨剥蚀、多次地震的影响，又经黄水的侵袭和战火的考验，至今仍然屹立巍峨壮观，充分显示了古人的聪明才智和高超的建筑技术。

图 4.1.10.1

4.1.11 泰山庙 ⑪

Taishan Temple

名称与别名	郭村泰山庙
地　　址	运城县盐湖区上王乡郭村
看　　点	四铺作斗栱、梁架、石刻
推荐级别	★★
级　　别	全国重点文物保护单位
类　　型	庙宇，木结构
年　　代	元—清
交　　通	郊区，自驾

　　泰山庙历史悠久，具体兴建年代已难详知。但从大殿梁架上屡次修葺所留题记来看，泰山庙在元至正七年（1347年）已然存在且需要重修了。泰山庙大殿屡次重修记录还有明成化（1465—1487年）、嘉靖（1522—1566年）、万历年间（1573—1620年），清道光年间（1821—1850年）四次。明代此庙重修次数之多或与当地古代为战略要冲有关，正如古人云："及女真、蒙古之祸，平阳皆先受其毒，而后及于关、洛。"

　　郭村的泰山庙倚北山而建，倚寺南望，是典型的晋西南平原风光（图4.1.11.1 泰山庙全景）。庙内其余建筑皆毁，仅存大殿。大殿面阔五间，进深六椽，单檐硬山顶，砖砌台基。南面五间唯心间与梢间开门，次间夯土墙裙包砖；心间及两次间用圆木大额，少施斧凿，可能为元代遗物；梢间普拍枋置于大额之上，柱头斗栱四铺作单昂，补间铺作每间一朵，朵当彩画笔法精致，风格清丽，以人物山水为主题，受苏式彩画影响。大殿内梁架六架椽屋四椽栿对乳栿用三柱；殿内减柱造，使礼佛空间更加开敞，但佛像应为后塑，尺度与大殿不协调。梁架除重修题记外，还有行龙彩画，色彩黯淡，不知何时遗留。殿门左右石制门柱上雕刻似为升龙镇压鬼怪主题，形象生动，细节饱满，升龙姿态雄视睥睨，很是有趣（图4.1.11.2 泰山庙盘龙石柱）。

　　泰山庙大殿前已聚集颇多石碑，有重修碑记在其中。庙宇周围以夯土作围，夯土墙厚重，不知是墙砖剥落还是原样如此。

图 4.1.11.2

图 4.1.11.1

4.2 河津市

4.2.1 关帝庙·戏台·樊村 ⑫
Theatre Stage of Guandi Temple in Fancun Village

名称与别名	樊村戏台
地　　址	运城市河津市樊村镇
看　　点	建筑单体
推 荐 级 别	★★★
级　　别	省级文物保护单位
类　　型	庙宇，木结构
年　　代	明
交　　通	乡村，自驾

樊村戏台原为关帝庙附属建筑，关帝庙鲜有人提起，戏台倒是名声远播。戏台的创建年代是明洪武二十四年（1391年），明成化、清康熙、乾隆年间均有修葺，基本构架至今仍保持着明代特色。戏台便要坐南朝北朝向神灵和观众，还要有1.5米的高基（图4.2.1.1 戏台正面）。正面三开间，使用大檐额，进深四椽，单檐歇山顶。殿内原本无内柱，采用四椽栿通达前后檐以满足演剧的基本空间要求。奈何经年历久，梁柱颓坏在所难免，后世为避免屋面塌毁，在室内增加支柱，方成今日之面貌（图4.2.1.2 内部梁架）。

樊村古戏台曾在周边地区颇有些名气，从其规模与华丽的装饰应不难想象昔日的盛景，台上台下锣鼓喧天与人头攒动，古台也为之相应生辉。然而现如今戏台不但已失去周围的原有环境，更不知村中的演剧传统是否得以延续。古台就这样成了一个孤独的身影，在成片的平屋顶水泥建筑中间显得既古怪又落寞，很大程度上，文物的景况只是那些落寞乡村的一个侧面吧。

正午阳光下，似乎少有乡民愿意在戏台周围活动，几个小童将戏台当做了游戏场，无忌的欢笑声打破了凝滞的空气，他们可能不知道在人生的戏台上将来会面对什么，至少需要担负家乡的未来（图4.2.1.3 玩耍的孩子们）。

图 4.2.1.1

图 4.2.1.2

图 4.2.1.3

4.2.2 后土庙·古垛村 ⑬
Houtu Temple in Guduo Village

名称与别名	古垛后土庙
地　　址	运城市河津市樊村镇古垛村
看　　点	建筑单体
推 荐 级 别	★★
级　　别	全国重点文物保护单位
类　　型	庙宇，木结构
年　　代	元—清
交　　通	乡村，自驾

由于地处城市近郊，古垛后土庙周围质朴的民居已经渐次为现代建筑所替代，但那些光怪陆离的水泥躯壳显然无法掩饰中国式的乡村衰退，相比于空旷的街道，这番景象竟显得颇为参差和古怪。后土庙院落不小，庙内并无人参观倒也落得清净，只是那仅存的戏台与正殿遥遥相望，显得过于空疏落寞了（图4.2.2.1后土庙全景）。

后土庙正殿是一座真正的元代建筑（图4.2.2.2梁架与题记），梁架上保留着元代贞元元年留下的修缮题记，算是货真价实，一副石制的门砧与门槛尺度硕大，表面镌刻着一些细腻的花卉纹样，从样式上看十有八九也当是建殿时的原物（图4.2.2.3门砧与镌刻）。

要说这座建筑给人留下的最为深刻印象，那恐怕就要数它极其过分的立面比例了吧：只不过四架椽屋的规模，却有着极不相称的空间高度，"中国特色的坡屋顶"压在这样的屋身上面，竟好像正一道士们所戴的头巾（图4.2.2.4大殿立面），斗栱在屋檐下显得比例极小，几乎感受不到任何真实结构意义的存在，唯独版门、槅窗等与人体尺度相关的元素被压在立面的下半截，使整个立面好似得了一幅表情怪异的面孔，冷漠、呆滞、刻板。

唉，说来也真是奇怪，好端端一座建筑为什么就使人丝毫没有一点亲近感呢？

图 4.2.2.1

图 4.2.2.3

图 4.2.2.2

图 4.2.2.4

4.2.3 台头庙 ⑭
Taitou Temple

名称与别名	河津台头庙，东岳庙
地　　址	运城市河津市市区
看　　点	古建筑
推荐级别	★★★
级　　别	全国重点文物保护单位
类　　型	庙宇，木结构
年　　代	宋—清
交　　通	市区，自驾/公交

如果在河津市落脚，台头庙是一个好去处。现有的古建筑群坐落于城区，与市民广场融为一体，成为人们休闲游憩的不二之选（图 4.2.3.1 台头庙全景）。

台头庙供奉东岳之神，创建于何时目前尚无确凿证据可考，据庙内碑文记载，明成化四年（1468 年）、九年（1473 年）均有过不同程度的重修。从碑文及现存状况来看，台头庙原貌规模宏大，建筑雄伟，总面积达 15000 余平方米，自古以来香火极其旺盛。现存建筑主要有前殿、中殿，以及献亭和后殿（图 4.2.3.2 台头庙献亭与后殿）。前殿中殿经过修缮，前后没有维护结构，木构架清晰可见，二者规模相似，均运用粗大的额枋而实现了移柱减柱的平面变换，构件粗犷，斗栱形制简单而古朴，大体应是元代遗物（图 4.2.3.3 前殿梁架）。后殿与前中二殿相比，年代应该晚了许多，而献亭由碑文记载是清代后加，二者均有不少砖木雕饰。

目前后殿结合献亭为祭拜的主殿，而前中二殿与城市广场实现了空间的流动，成为人们休闲活动的主要场所。到访之时正值假日的早晨，广场上有老人在聊天晒太阳，有孩童在奔跑，还有青年学生进行体育运动。遥想当年这里兴盛的场景，再看眼前之景象，那旺盛的香火也许以另一种方式传承下来了吧（图 4.2.3.4 台头庙中殿与广场上的人）。

图 4.2.3.1

图 4.2.3.3

图 4.2.3.2

图 4.2.3.4

4.2.4 玄帝庙 ⑮

Xuandi Temple

名称与别名	河津玄帝庙
地　　址	运城市河津市樊村镇
看　　点	建筑单体
推荐级别	★★★
级　　别	全国重点文物保护单位
类　　型	庙宇，木结构
年　　代	明—清
交　　通	乡村，自驾

　　河津玄帝庙距离樊村的关帝庙戏台不远，在当地是一座颇有代表性的大庙。庙创建于明隆庆四年（1570年），至今基本保存完好。庙内以玄帝为供奉的主神，关于玄帝的身世，一说为上古三皇之一的伏羲氏，一说为五帝之一的颛顼，而到了明永乐朝以后，真武大帝信仰得皇家推崇而广布天下，玄帝身份也在道教系统中得到统一，故而明代之后的玄帝庙，大致以供奉真武为主。

　　进得院内，可见中轴线上依次布列有山门、香亭、正殿以及后殿，主要建筑两侧均未设配殿，反而使庙内空间显得通透疏朗（图 4.2.4.1 庙内空间）。庙内的主要建筑规模不大，但均可算是小巧精致。所有建筑的屋面之上皆大量使用琉璃瓦件，因此当地又将此庙成为琉璃庙。要知道河津是山西境内著名的琉璃之乡，烧造琉璃的历史久远、工艺精湛，在琉璃之乡尚能因琉璃而闻名，也足可见其不凡了。

　　庙内最值得一观的建筑，当属位于庙门内最前端的香亭。所谓香亭，实际是一座重檐三滴水的精致楼阁（图 4.2.4.2 香亭内部结构）。小楼尺度宜人、大木作体式也属精巧得当，其上层构架为四架椽屋，由抹角梁、递角梁、平梁依次交叠而上，在合理之余亦显得颇有形式感。此外，小楼四壁皆绘有壁画，由题记内容来看仍系明末万历年间所绘，画面内人物题材为伏羲与八仙，绘画的笔法稍显稚拙，但人物形象平易生动，充满了欢快自由的民间色彩（图 4.2.4.3 壁画）。

图 4.2.4.2

图 4.2.4.1

图 4.2.4.3

4.2.5 镇风塔 ⑯

Zhenfeng Pagoda

名称与别名	河津镇风塔
地　　址	运城市河津市西北十公里
看　　点	十三层密檐，回音塔
推荐级别	★★
级　　别	省级文物保护单位
类　　型	塔，砖石结构
年　　代	宋
交　　通	城郊，自驾

为什么叫"镇风塔"呢？相传，在宋朝时期，这里的乡民常年遭受大风侵袭。禾苗有时一出土就被风刮坏。特别是庄稼将成熟时，大风连刮，粮食被风"吃光了"。一云游喇嘛过来指点说："在这土崖上建座塔，就能镇住风。"乡民们就利用崖势，用土而建，外面用砖包皮，修了这座塔。塔一建成，好像风就小了许多。此后这一带风调雨顺、五谷丰登，人民得以安居乐业。它由此便获得了"镇风塔"的美称。

传说归传说，石碑的记载更加可信。河津镇风塔创建年代不详，重建于宋代，明万历十一年（1583年），村民吕自公经理重建。

塔体为方形实心砖结构，十三级密檐式，高27米（图4.2.5.1河津镇风塔）。四周檐挂有风铃，塔刹为铜质塔形，上窄下宽收分明显，一层至三层为仿木结构腰檐，施有椽飞、斗栱，四层以上叠涩出檐（图4.2.5.2河津镇风塔细部）。下层北向辟拱形洞门，以上各层南北向辟有小窗。宝瓶铁质塔刹，上铸有头西尾东凤鸟。

在塔前猛击石块，可发出鸟鸣回音，夜半人静的时候，声达数里。此类噱头，想必当年的造塔人不是有心为之的。

图4.2.5.2

图4.2.5.1

4.3 稷山县

4.3.1 北阳城砖塔 ⑰
Brick Pagoda in Beiyangcheng

名称与别名	北阳城砖塔
地　　址	运城市稷山县清河镇北阳城村
看　　点	宋代砖塔
推荐级别	★★
级　　别	全国重点文物保护单位
类　　型	塔，砖石结构
年　　代	北宋
交　　通	乡村，自驾

北阳城砖塔位于山西省运城市稷山县城东南方向清河镇北阳城村中心，被民房所包围。据塔底层所嵌石佛座题记记载，该塔创建于北宋宝元二年（1039年），由北阳城村村民解武为其母奉佛而造。平面正方形，长、宽各1.68米，原为九层密檐式砖塔，现塔座掩埋，外露八层通高10米，檐下无装饰，由下而上逐层叠涩收分，出檐部分有轻微弧度。古塔天然去雕饰，充分展现了结构之美，历经时光的冲刷，依然屹立在村中，带给我们安宁和美的感受（图4.3.1.1 砖塔全景）。

塔底层嵌有一尊释迦牟尼石刻造像，结跏趺坐于莲台上，莲台下部保存有"宝元二年岁次乙卯八月辰甲朔二日立……"题记，为考证该塔的建造年代提供了真实可靠的依据。只可惜佛头已经损毁，不然造像的精美便可与古塔的素朴遥相呼应了（图4.3.1.2 石刻造像）。

图4.3.1.1

图4.3.1.2

4.3.2 法王庙 ⑱
Fawang Temple

名称与别名	南阳法王庙
地　　址	运城市稷山县稷峰镇南阳村
看　　点	乐楼，法王殿，群体布局
推荐级别	★★★★
级　　别	全国重点文物保护单位
类　　型	庙宇，木结构
年　　代	元—清
交　　通	乡村，自驾

法王庙，全称"玄天上帝法王之庙"，坐西朝东，一进院落异常空旷，院中原本应有的古老建筑早已不知去向，令人不禁想起庙门口土堆里掩埋的那根明代的盘龙石柱（图4.3.2.1 法王庙全景）。

该庙创建年代不详，据庙内梁架题记及重修碑文记载，在明清时期均有不同程度的修葺或增建。庙内现存明代重修记事碑三通，村北一公里左右的田野还发现清嘉庆二十一年（1816年）重修碑记一通，其中明成化七年（1471年）《法王庙创建舞庭记》碑阴线刻有法王庙全景图，为研究法王庙的历史变迁提供了重要的依据。

中轴线现存山门、乐楼、正殿，两侧分别为七星殿、

图 4.3.2.1

图 4.3.2.2

图 4.3.2.3

图 4.3.2.4

九曜殿、十帅殿、后土圣母殿、瘟神药王殿、牛王马王殿、南厢房及掖门，周圈院墙围护。

进入创建于明弘治十五年（1502年）的单檐硬山顶的山门，能看到坐东朝西的乐楼（图 4.3.2.2 乐楼），面阔进深均为三间，周匝带廊，前出抱厦三间，重檐十字歇山顶，布瓦屋面黄绿琉璃剪边。据现存《法王庙创建舞庭记》碑文记载，在此之前已有此乐楼，具体年代不详，据形制判断为元代遗构。廊柱头施一斗二升交麻叶斗栱，檐柱头为五铺作双下昂计心造，柱头、补间斗栱均挑斡至梁架，层层相叠，在正中最高处汇集，应有垂柱已不存，此种构造方法属于典型的晋南地区元代舞台构造（图 4.3.2.3 乐楼内部梁架）。乐楼初始为无内柱一间见方，通间用大额枋，柱有明显侧脚。周匝围廊与主体明显差异，工艺粗糙应为后世修葺时所加，并将原本气势恢宏的乐楼主体分割为三间，大有画蛇添足之嫌，是否为后世演出所需，也不得而知。

院中正殿又名法王殿，创建年代不详，据殿身题记及庙内所存碑文记载明清时期均有不同程度的修葺或增建（图 4.3.2.4 正殿）。正殿面阔三间，进深四架椽，前出月台，前带围廊五间，主体单檐悬山顶。围廊单檐悬山顶。前檐柱头施四铺作单下昂计心造斗栱，后檐柱头施四铺作单下昂偷心造斗栱。金柱头施四铺作偷心造斗栱。金柱补间铺作为三朵联体，栌斗中间圆形，两侧方形，栱枋共用，造型别致华丽，极具匠心；廊柱头为斗口跳；殿内金柱间存明弘治十五年（1502年）木雕神龛一座，顶部残损，小木作保存基本完好，工艺精美，色彩明丽。现存梁架结构、举折比例、用材、构造工艺、侧脚、生起尺度以及屋面构造方法与当地有确切记载的元代木构建筑相比极为相近，因此一般认为其主体应为元代遗构，这样对于建筑构造、形式的比较也是对于古建筑断代的基本思路。

院中其余的建筑的营建历史不甚明确（图 4.3.2.5 十帅殿），也许每个参观者都可以运用这样的思路，将这些建筑与乐楼和大殿相对照，来做"找相似"的游戏，从而更深入地了解它们。

图 4.3.2.5

4.3.3 稷王庙 ⑲

Jiwang Temple

名称与别名	稷山稷王庙
地　　址	运城市稷山县后稷街
看　　点	石雕，木雕，琉璃饰件
推荐级别	★★★
级　　别	全国重点文物保护单位
类　　型	庙宇，木结构
年　　代	元—清
交　　通	县城，自驾

后稷传说国人不应该陌生。他生活于唐尧虞舜时代，为有邰氏姜嫄所生，一生树艺五谷，发展农业，为原始社会后期发明农业种植的鼻祖，被人们奉为"谷神"拜谒，并尊为"稷王"。古代山西晋南广大农村城镇立庙奉祀稷王的现象较为普遍。后稷教民稼穑，相传死后就葬于稷山县城南 50 余里之山巅，故将此山命名为"稷王山"。这也便是稷山县名字来由。

稷山稷王庙是我国历史上规模最大、档次最高、保存最完整的一处祭祀后稷的庙宇，现存建筑为元、清遗构（图 4.3.3.1 稷山稷王庙全景）。庙坐北朝南，占地万余平方米。中轴线上，依次有山门、献殿、后稷楼、泮池、八卦亭、姜嫄殿等，两侧配有钟鼓楼。看点在献殿和后稷楼。

献殿为单檐悬山琉璃瓦顶的三开间清代建筑，以雕刻著称（图 4.3.3.2 稷王庙献殿）。殿前的丹墀是稷王庙的一大特色，高约 50 厘米，四边以石块围成，中心雕刻出两条石螯。献殿前檐有木雕四幅，分别为犁田图、播种图、碾场图、扇车图，其中描绘的农具和劳作场景为我国农业史研究提供了极其宝贵的图像

图 4.3.3.1

图 4.3.3.2

资料。殿内东墙嵌有平雕《稷邑八景图》，诗图并茂，雕工秀雅，可以领略到古时稷山的自然风光。

献殿直通的后稷楼始建于元，重建于清，是殿内主要建筑（图 4.3.3.3 后稷楼）。此楼面阔五间，七檩围廊，重檐歇山顶。四周回廊，有 20 根石雕擎檐柱，其中前檐明间两根平柱为蟠龙浮雕石柱，保存完好。细察之，一条是水龙，云腾浪涌，鱼跃龙行；另一条是火龙，烈焰熊熊，朱雀穿跃。回廊外围更有 52 块雕花石板构成屏形栏杆，雕有山水人物、花草走兽等，形态各异，惟妙惟肖。屋脊中部饰有三重檐琉璃塔三座，华丽美观，是清代琉璃饰品的上乘佳作。

图 4.3.3.3

4.3.4 青龙寺 ⑳

Qinglong Temple

名称与别名	稷山青龙寺
地　　址	运城市稷山县马村
看　　点	木结构，壁画
推荐级别	★★★★★
级　　别	全国重点文物保护单位
类　　型	寺院，木结构
年　　代	元
交　　通	乡村，自驾

青龙寺与马村砖雕墓比邻而居，在位于马村之西的高地上。看过幽暗寒冷的墓室，自然也要出来晒晒太阳（图 4.3.4.1 青龙寺远景）。该寺始建于唐龙朔二年 (662 年)，由工部尚书王政奉敕建造，翌年赐名青龙寺。寺中有始建碑文《敕赐青龙之寺》。寺西侧主院分前后两进院落，以中轴线上的腰殿和大雄宝殿最为重要。寺最前为山门，后为腰殿（立佛殿），再后为大雄宝殿。立佛殿和大雄宝殿的东西两侧各有朵殿一座，寺院的东西两边还有一些附属建筑。据记载，元至元二十六年 (1289 年) 重建腰殿，至正十一年 (1351 年) 重修大雄宝殿，之后明、清两代数次修葺，现存腰殿、大雄宝殿及朵殿为元代原构，其余为明、清所建。

山门是简单的单檐悬山顶三开间小殿，以前可能作为天王殿使用，现为售票处，为了保护壁画，在进殿前要把相机放在此处。

中殿，又被唤作立佛殿或腰殿，为元代原构（图 4.3.4.2 中殿全景）。单檐悬山顶，面阔三开间、进深四架椽。南立面斗栱为四铺作单杪计心造，北立面为五铺作双下昂计心造，每开间各有补间铺作一朵。

图 4.3.4.1

殿之左右有单檐悬山式朵殿各一，左为祖师殿，右为青龙门。

中殿内四壁满绘壁画，是青龙寺壁画中的精华，为元代所作（图 4.3.4.3 中殿壁画）。根据现有题记看，一部分为明代补绘，内容为儒、释、道三教合一的水陆道场画，全部构图共有人物 300 余众，分画在 120 多平方米的墙面上。壁画内容庞杂，包含了道教、佛教系统中的人物和社会各色人等，互有联系而彼此照应，所绘众像，各具其态，栩栩如生，非常复杂壮观（图 4.3.4.4 人物栩栩如生）。想当年水陆道场在这里举行时，看着这些壁画，人们当会更加虔诚恭谨吧。

图 4.3.4.3

图 4.3.4.2

图 4.3.4.4

4.3.5 青龙寺·大雄宝殿 ㉑

Mahavira Hall of Qinglong Temple

名称与别名	稷山青龙寺
地　　址	运城市稷山县马村
看　　点	木结构、壁画
推荐级别	★★★★★
级　　别	全国重点文物保护单位
类　　型	寺院，木结构
年　　代	元
交　　通	乡村，自驾

图 4.3.5.1

青龙寺的大雄宝殿为单檐悬山建筑，左右有悬山朵殿各一，左为护法殿，右为伽蓝殿。大殿重修于元至正十一年（1351年），两旁朵殿亦为元代遗物。大殿规模并不大，面阔三开间，四架椽屋，柱头和补间铺作均为四铺作单杪计心造（图 4.3.5.1 大雄宝殿檐下）。

最为珍贵的是殿内的壁画。根据南壁窗槛画工题记，大殿壁画补绘或重装于明洪武十八年（1385年），

而西南隅少部分则保存着元代原作。大雄宝殿的西壁上画着《弥勒变》；东壁是《释迦牟尼说法图》，尚存唐宋以来的丰厚姿态；南壁的栱眼壁画一组《唐僧取经图》。更加幸运的是，朵殿伽蓝殿仅存南壁内檐栱眼壁的两幅壁画，上有"大元至正五年工毕，水陆大殿一座"的题记。欣赏壁画之外，读到元代的字迹，仿佛和古人谈起话来，全然真切的穿越（图 4.3.5.2 大

雄宝殿壁画）。

青龙寺中曾发现了明初刻本的《永乐南藏》；寺院东侧还有一个院子，院中有众多不同年代的石雕碑刻。再有就是美国波士顿艺术馆收藏有金代罗汉造像，不少专家都推断来自青龙寺呢。

图 4.3.5.2

4.3.6 砖雕墓葬·马村段氏家族㉒
Tombs with Brick Carvings of Duan Family in Macun Village

名称与别名	马村砖雕墓
地　　址	运城市稷山县马村
看　　点	仿木砖雕
推荐级别	★★★★★
级　　别	全国重点文物保护单位
类　　型	古墓葬
年　　代	宋金时期
交　　通	乡村，自驾

考古学和建筑史学本是一家，墓葬中建筑形式更是两个学科共同的关注对象。当然拜访马村砖雕墓的不仅仅只有学者。

这里能够望见位于北边高地的青龙寺。管理员说当地经常停电，我们是幸运的，因为刚来电不久。幸运的还有，我们穿足了衣服，能够抵御地下的阴寒。

马村砖雕墓共有14座，发掘9座，目前有四座（M1、M2、M5、M8）开放参观。穿过小庭院来到墓地入口上方的房间，顺阶而下可见一"药膳世家"匾额，向我们宣告着墓主人的身份。根据M7墓发现的《段楫预修墓记》记载，该墓地是段氏家族墓地，建造时间不晚于金大定二十一年（1181年），有可能北宋晚期就开始使用此墓地。

每一个墓室各自独立，墓室全为砖砌。入口的雕刻就很是细致，均为仿木砖雕。有的是两层门楼，一层券拱形门洞，其上刻有牡丹花和鹿、羊、人物，二层刻有格子门、版门和人物，斗栱、瓦、椽、飞等结构均有表现；有的则是门洞只上做简单的仿木屋檐。门洞普遍狭窄低矮，仅容一人低头弯腰才能勉强通过。

墓室内平面大致呈长方形，呈四合院形式，屋面为覆斗形穹隆顶（图 4.3.6.1 墓室内部）。室内四面均为由须弥座承托的仿木砖雕建筑形象，有环廊、门楼、戏台、舞楼、乐亭等。须弥座使用了仰莲、覆莲、芙

图 4.3.6.1

图 4.3.6.2

图 4.3.6.3

蓉瓣、卷草等形象，束腰部分刻有人物、动物和花卉（如牡丹花、鹿、狮子、孔雀、飞马等）（图4.3.6.2须弥座）。其上砖雕建筑形象丰富（图4.3.6.3建筑形象），屋顶的脊兽、瓦当、滴水甚至歇山顶山面的铃铛排山都面面俱到。其下斗栱多为四铺作或五铺作，且多出琴面昂，昂下刻出与华头子的缝隙，昂嘴处呈心形，与当地现存古建筑形式相似（图4.3.6.4斗栱形象）。斗栱下有普拍枋，普拍枋端部挑出柱头呈花瓣状，还有雕刻复杂的雀替。优美的覆莲柱础承托着四棱或八棱石柱。此外，墓室内的小木作极繁复，版门雕刻一丝不

苟，格子门线脚细致，有三角形、六边形等几何形式，下部还刻有花卉（图4.3.6.5小木作形象）。

除了建筑和雕刻外，与小说和传说中的古墓不同，马村砖雕墓还表现出了当时的生活现状和戏曲风貌，为我们漫无边际的联想插上了翅膀。其中刻有开芳宴、妇人掩门、军队凯旋、青梅竹马等生活图像；出土文物有表现孝文化的二十四孝泥塑；另外还有许多表现杂剧表演和伴奏的雕刻场景，对研究金代河东南路的戏曲发展有很大帮助。

在墓室中，隐隐还能听到远处火车驶过的隆隆声。

图 4.3.6.4

图 4.3.6.5

4.4 绛县

4.4.1 长春观 ㉓
Changchun Taoist Temple

名称与别名	绛县长春观
地　　址	运城市绛县陈村镇东荆下村
看　　点	元代木构
推荐级别	★★
级　　别	全国重点文物保护单位
类　　型	庙宇，木结构
年　　代	元
交　　通	乡村，自驾

听说偷盗长春观文物的贼人落网了，便想见识一下贼人的品位。

据清光绪版《绛县志》记载，长春观创建于元延祐七年(1320年)。占地面积大约1739.5平方米，建筑面积347平方米。坐北向南，自南向北原有戏台、献殿、玉皇殿、混元宝殿，有配殿、廊房。历代均有修缮。现仅存元代建筑混元宝殿和清代献殿(图4.4.1.1长春观内部)。

混元宝殿(图4.4.1.2混元宝殿)，面宽三间，进深四椽，单檐悬山顶。前檐施四根粗木柱，木柱上承粗圆木通额，通额上施斗栱五铺作双下昂，补间施一朵。大殿结构简洁，用材硕大，具有典型的元代建筑特色(图4.4.1.3混元宝殿前檐)。

献殿为清代建筑，面阔三间，进深一间，抬梁式构架，单檐硬山卷棚顶，两面山墙为水磨砖墙(图4.4.1.4献殿)。

据说当年被盗的是两块清代献殿木雕花板，刻工不错，但是充其量只能卖给有钱人当作客厅的装饰；要知道花板留在老家才是无价的，是那时的工匠在那时的长春观的作品，细读之，会听到斧凿之声和喃喃自语呢。

图 4.4.1.1

图 4.4.1.3

图 4.4.1.2

图 4.4.1.4

4.4.2 功德碑楼 ㉔

Merits and Virtues Memorial Archway

名称与别名	乔寺碑楼
地　　址	运城市绛县横水镇乔寺村
看　　点	石碑精致的装饰
推荐级别	★★★
级　　别	全国重点文物保护单位
类　　型	牌楼
年　　代	清
交　　通	乡村，自驾

碑楼坐落于乡间一个丁字路口旁，乔寺碑楼骄傲地立在那里宣讲道光年间周禄的事迹。当时的臣民一定将身后得有此楼为毕生的追求。这种简单，能让人获得多踏实。路口正中还立了一只小石狮子，旁观着来往的人们和沧海桑田的时代变迁，也是这座国保文物的唯一守卫，一守就是一百四十多年（图 4.4.2.1 碑楼全景）。

碑楼平面呈长方形，石砌台基长 17 米，宽 2.60 米，高 1.50 米，楼身约高 15 米。楼身六间，单檐歇山顶。正面五碑室七通碑，序由乙未科探花乔晋芳撰，每室之间有通柱石雕对联，上嵌石匾额，楼体上部四面均为仿木斗栱砖雕，三踩单翘，龙形耍头，有椽飞，并雕有人物、花卉。在碑楼里面的七块碑中，有追思碑、感德碑、恩德碑等。奇怪的是还有一块神道碑，在当中的位置，上书：诰授武翼都尉军功议叙游击晋封资政大夫禄在周公神道。这块碑上的文字也许为整个碑楼确定了性质——地方或许应该有主人的坟茔。整个碑楼以石材雕镂出木材的样式，细节清晰，雕刻也很精致，反映了大清后期一些独特的审美倾向（图 4.4.2.2 碑楼雕刻细部）。繁缛归繁缛，眼睛迷乱了，心境还是安详的。

图 4.4.2.2

图 4.4.2.1

4.4.3 节孝牌坊㉕
Chastity and Piety Memorial Archway

名称与别名	南樊石牌坊及碑亭
地　　址	运城市绛县南樊镇西堡村
看　　点	石雕
推荐级别	★★★
级　　别	全国重点文物保护单位
类　　型	牌坊，石结构
年　　代	清
交　　通	乡村，自驾

图 4.4.3.2

因其地名，这座节孝牌坊叫做南樊石牌坊，是时任山东盐运滨乐分司司运的贾宗洛奉圣旨旌表为其祖母诰封中宪大夫贾凝端继妻李恭人所建。建设年代是清嘉庆九年（1804年）。

牌坊为石质仿木构结构，南北向，双面六柱五门三重檐（图4.4.3.1 石牌坊远景），高12米，阔8.50米，占地面积96平方米。正门两端各开二合八字门，两面的石条台基各长4.63米，宽2.23米，高1米。牌坊上雕"圣旨"和"旌表"石匾（图4.4.3.2 石牌坊正面），从基座到顶部均浮雕走兽、花卉、人物。牌坊夹杆石为圆雕石狮。额枋、斗栱、阑额等部位，有内容多样、形式多样的石雕装饰，脊饰、瓦当、椽飞均为仿木构形式雕刻，上置七攒平身科斗栱，基本反映并代表了当时最高水平的石雕工艺。右侧附设石碑楼一座（图4.4.3.3 碑楼），内有石碑15通，碑文均

图 4.4.3.3

刻于各种石雕艺术造型内，书体有真、草、隶、篆，并配有线刻图案、花卉，雕工、书法俱佳，保存完整。

不同于纯然的砖石结构，用来模仿木结构的石构建筑更多的意趣在于石匠对于木构的理解，以及样式的形成和传承。

图 4.4.3.1

4.4.4 景云宫玉皇殿 ㉖
Yuhuang Hall of Jingyun Taoist Temple

名称与别名	景云宫玉皇殿
地　　址	运城市绛县横水镇东灌底堡村景云中学
看　　点	斗栱
推荐级别	★★
级　　别	全国重点文物保护单位
类　　型	庙宇，木结构
年　　代	宋—清
交　　通	乡村，自驾

景云宫和景云中学校园，至今还没有形成良好的默契。

据《闻喜县志》记载，该殿初创于唐贞观八年，之后多有修葺。宫院坐北朝南，多进院落，原有山门、戏台、献殿、三清殿、玉皇殿等，东西两侧配有钟楼、鼓楼、三文殿、三武殿、四圣殿、四帅殿和道院等。1933年宫内建筑毁于大火，现仅存玉皇殿（图4.4.4.1玉皇殿全景）。殿为元代遗构，砖砌台基，面阔五间，进深三间，单檐悬山顶。殿内梁架为四椽栿，前后乳栿通檐用四柱，柱头斗栱五铺作双下昂（图4.4.4.2玉皇殿檐下）。前檐当心间设四扇六抹格扇门，次间每间设四扇隔扇窗，梢间每间攒一盘龙浮雕。浮雕由一块整石雕刻而成，并无拼接痕迹，相比绛县文庙大成殿背面梢间装饰的浮雕，景云宫玉皇殿梢间正面浮雕立体程度较低，只有龙身整体浮显，龙鳞局部雕镂，龙身本身浮显程度并无显著差别。浮雕由六边形边框

图 4.4.4.2

装饰，边框最外一圈装饰瓦楞花纹，向内一圈装饰叶形水波纹，再内一圈装饰三角折纹。玉皇殿山墙用抬梁式结构，山墙用五花山墙，底部和南侧转角贴砖，其余部分用夯土填实。建筑悬鱼样式独特，材质应为金属，与雕镂而成的木质悬鱼有明显不同，垂脊并无脊兽。殿前尚存唐元始天尊像碑，还有唐贞观八年勒石，碑文楷书720字……只是高考不考这些。

图 4.4.4.1

4.4.5 太阴寺 ㉗

Taiyin Temple

名称与别名	绛县太阴寺
地　　址	运城市绛县城张上村
看　　点	建筑单体、佛龛暖帐
推荐级别	★★★
级　　别	全国重点文物保护单位
类　　型	寺院，木结构
年　　代	宋金—清
交　　通	乡村，自驾

图 4.4.5.1

高大的中条山自东、南两面环抱之中，有一高峰东华山，太阴寺便坐落于山脚，而朝向北方，故曰太阴（图 4.4.5.1 太阴寺匾额）。碑文记载太阴寺始建于唐永徽年间，后代历有兴工，尤当以金代为其全盛之期。

有必要再提一提那著名的《赵城金藏》。这部国家图书馆四大镇馆之宝之一的名头，也出现在寺内现存《雕藏经主重修太阴寺碑》上。碑立于元大德元年，讲述了太阴寺僧人尹矧乃与弟子慈云、法珍、法澍等相继作为《赵城金藏》刻板刊印的实际发起人与主导者，以祖孙三代的愿力和坚持，最终使大功得以告成的故事。时至今日，澍公塑像仍安坐南殿之中供人凭吊（图 4.4.5.2 澍公塑像）。

只可惜原有的中殿在民国初年毁于祝融之灾，太阴寺古老格局已不完整，早期建筑仅保留有悬山顶南大殿一座。观其形制更似后殿。近年的复建终究是难通声气，不免令人遗憾。

南大殿金大安二年所造巨匾似乎太大，五开间单檐悬山顶难与之匹配（图 4.4.5.3 大殿侧面）。据说"文革"期间村民曾冒死相护，方使此匾免受"破四旧"的野火之灾。如今游人在阶下流连，可见双钩字迹硕大如斗，笔力雄阔苍老、震撼人心，其古如是、

图 4.4.5.2

图 4.4.5.3

其诚亦如是。近观之，大殿前檐采用五铺作重昂斗栱（图 4.4.5.4 大殿檐下斗栱），昂嘴鳞次栉比，极具装饰性，充分体现出宋金时期木构建筑独特的形式美。殿内，仰头可见规整纵横梁架。梁架虽不乏改易，但总体仍可反映金代建筑之一般风貌，四条六椽栿飞架于殿内上空，通达前后跨度极大，加之殿内陈设简洁，使原本高敞的内部空间更显豁达（图 4.4.5.5 大殿梁架）。殿内正中，安设佛龛暖帐一架，系大明洪武年间捐施修造的遗物，保存至今尚称完整，内外壁上的彩绘墨书仍然鲜明可见，实属难得（图 4.4.5.6 佛龛暖帐）。龛中供奉释迦牟尼涅槃像一躯，据说更是大有来历，系慈云、法澍两位大师于寺院重修的同时，访请名工以独木雕就，宝像比例恰当、神态安详，令人称奇。龛之一侧尚有法澍等身像一躯（图 4.4.5.7 佛像上部小木作挂帐）。大师面相宁静、目光有神，安坐于禅椅之上，似把红尘看破，仅将一世功业与后人评说。

图 4.4.5.4

图 4.4.5.6

图 4.4.5.5

图 4.4.5.7

4.4.6 泰山庙·南柳 ㉘

Taishan Temple in Nanliu

名称与别名	南柳泰山庙
地　　址	运城市绛县南樊镇南柳村
看　　点	建筑单体
推 荐 级 别	★★
级　　别	全国重点文物保护单位
类　　型	庙宇，木结构
年　　代	元—清
交　　通	乡村，自驾

南柳村民风淳朴，对文物保护意识较强，对泰山庙会留有很多记忆。泰山庙便位于绛县南樊镇南柳村西南，坐北朝南，两进院落，由废弃的教室分隔，与很多古建筑一样，这里曾被用作学校（图 4.4.6.1 泰山庙远景）。具体始建年代不详，明清时期多次修缮，现存建筑经专家考证属元、明、清时期建筑。原中轴线分布有戏台、献殿、正殿，现仅存有正殿，除了现存的道士房、后土殿、牛王龙王马王殿、廊房、娘娘殿、虎头门、圣母殿（配殿）、火神殿（配殿），曾经还有钟鼓楼。

正殿面宽三间（图 4.4.6.2 正殿），进深四椽，单檐悬山顶。檐下柱头施三间面宽的大面额。其上施

图 4.4.6.1

图 4.4.6.3

柱头斗栱与补间斗栱,皆五铺作双下昂。每间补间铺作皆一朵,唯当心间出斜昂有所区别。殿内梁架结构简单,大梁承重,殿内无柱。据形制判断为元代遗构(图 4.4.6.3 正殿斗栱)。

后土殿位于正殿东侧,面宽三间,进深四椽,单檐悬山顶,前檐下斗栱四铺作单下昂,补间斗栱皆一朵,皆梅花形栌斗。梁架结构与正殿相似。平梁为月梁形制。同样据形制判断为元代遗构。圣母殿位于正殿西侧,与后土殿对称布局,形制基本相同,区别在于檐下施有圆木通面额,其上斗栱皆四铺作单下昂。亦应为元代所建造(图 4.4.6.4 后土殿)。

其余建筑几乎均有相应碑碣讲述其营建历史,大多为明清时期建造。不同时期的古建筑同处一院,也体现出了古人使用建筑的实用态度——不断翻新、改造或是增建,从现存结果来看,不同时期的营建痕迹层层叠加,而那时应该也没有古代建筑保护这一说吧。

图 4.4.6.2

图 4.4.6.4

4.4.7 泰山庙戏台·董封 ㉙

Theatre Stage of Taishan Temple in Dongfeng

名称与别名	董封戏台
地　　址	运城市绛县安峪镇董封村中部
看　　点	大木结构
推荐级别	★★★
级　　别	全国重点文物保护单位
类　　型	庙宇,木结构
年　　代	元
交　　通	乡村,自驾

感谢山西师大几辈老师的研究,使山西有了"中国戏曲的摇篮"的美誉。早在汉代,戏曲的萌芽就已出现,到了元代,山西已是全国戏曲艺术的中心。目前山西省境内现存元、明、清时期的旧戏台有三千余座,在全国排名第一。全国仅存的八座元代戏台,都在晋南一带,成为戏曲文化珍贵的"活历史"。安峪镇董封戏台就是其中之一(图 4.4.7.1 董封戏台外观)。董封村原名清河村,因被封为董狐食邑之所,才改为董封村。

戏台坐南向北,东西长约 32 米,南北宽约 38 米,属原黄飞虎庙——又叫泰山庙。戏台的元代建筑风格是专家的推荐,而据原梁架题记载,它重建于明万历四十年（1612年），清嘉庆年间（1796—1820年）修葺。

戏台台基高爽，木构面阔三间，进深四椽，单檐歇山顶。前檐柱粗矮，上施圆木大额；内部结构比较精彩，平梁为月梁式（图4.4.7.2董封戏台梁架），前后檐下柱头斗栱五踩双昂，里转斗栱出斜栱，后檐大斗为梅花形，用翼形令栱（图4.4.7.3董封戏台斗栱）。

此外，戏台前两侧保留有清代阎君殿排房建筑，西面保留有原庙门楼，为清代建筑，面宽一间，进深两椽，单檐悬山顶，八字墙，柱头翼形栱。现在董封戏台前面的东、西两排房建筑尚在，为后世修建。

图4.4.7.2

图4.4.7.1

图4.4.7.3

4.4.8 文庙 ㉚

Temple of Confucius

名称与别名	绛县文庙
地　　址	运城市绛县县城
看　　点	建筑布局，大成殿五铺作斗栱
推 荐 级 别	★★
级　　别	全国重点文物保护单位
类　　型	礼制建筑，木结构
年　　代	元
交　　通	县城，自驾

绛县文庙坐西向东，文庙门前不到百米远处矗立棂星门，与文庙正门围和出一个小广场（图4.4.8.1文庙全景），小广场两侧遗留了十余块石碑，大多年代不详，据说最早的一块来自唐代，然而文庙本身也难以回推到唐代，因此石碑的年代尚存疑很深。目前年代确定可考的最早一块石碑大约可追溯至元代，而这块石碑于文庙本身孰先孰后也难求证。石碑形状各异，既有有收分的，也有异形的。

进入文庙正门有一小庭院，庭院景观布置灵活，并未刻意体现轴线、对称等规制化元素。小庭院尽端便是大成殿，大成殿面阔三间，进深四椽，为单檐歇山顶，斗栱是没有明显特殊修饰的普通双下昂五铺作。

图4.4.8.1

大成殿背面的两幅双龙戏珠的浮雕做工精致而设计粗糙，于此猜测应该时代不算久远。虽然据称大成殿为元代大德年间存留实物，但从其背面装饰的浮雕来看，至少后期修缮时对其本身改动已较大（图 4.4.8.2 大成殿全景）。

大成殿后又一庭院，庭院设计规整古板，轴线明显。值得注意的是大成殿北侧的一个连廊，贯穿东西两个庭院，连廊北侧已用夯土墙填实，连廊中排列着大大小小近 30 只石狮子，有些能够明显分辨出是一对，然而大部分大小、形态等都比较相似，已经无法辨别相互间的关系。然而有几只较小的石狮子的神态及雕刻程度与故宫尚存的元代古石桥上雕刻的石狮子有相似，或许二者来自相近的年代也未可说。

图 4.4.8.2

4.5 临猗县

4.5.1 妙道寺双塔 ㉛

Twin Pagodas of Miaodao Temple

名称与别名	妙道寺双塔，雁塔寺双塔
地　　址	运城市临猗县北部的双塔学校内
看　　点	宋代古塔
推荐级别	★★★★
级　　别	全国重点文物保护单位
类　　型	塔，砖石结构
年　　代	宋
交　　通	乡村，自驾

双塔学校的学生注定终生记得古塔俯瞰的眼光。他们也应记得峨嵋岭、涑水河，虽然或许不知学校的地址本是寺院，曾是黄河三角地区的佛教中心。寺院是北宋熙宁二年（1069 年）所建，砖塔内外各一，西塔建于寺内，东塔建于寺外，二者相距 80 余米。元

图 4.5.1.1

图 4.5.1.2

图 4.5.1.3

世祖至元间寺名妙道，明太祖洪武初，置僧会门于内。清初曾经改名为雁塔寺，又称双塔寺。据碑文记载，寺院在明嘉靖十四年（1535年）、明万历二十三年（1595年）四月之时，皆经历过修缮。至于如今，寺院已毁，仅剩塔幢两座（图4.5.1.1 妙道寺东塔，图4.5.1.2 妙道寺西塔）。

双塔东西相对而立，平面为方形的楼阁式砖塔，承袭了隋唐时期塔幢建筑的风格，在宋代可谓十分罕见，故而极具历史价值。西塔原九级，明嘉靖乙卯冬（1555年）地震时塔刹毁坏，历经后世变迁，现仅存六级，余高22米。塔身第一层檐下砌砖雕斗栱，其余各檐皆叠涩伸出或收刹。底面东侧有拱状券门直通塔内，沿楼梯盘旋而上，至二层以上则为中空，可直通塔顶。至于东塔七级，塔刹亦失，高23米，一二层檐下有四铺作斗栱，二层以上每层倚柱四根，上施斗栱（图4.5.1.3 妙道寺塔细部）。塔底西壁有拱状券门，塔中首层为佛龛，以上均实心。

妙道寺双塔具有很高的艺术价值，除了出土了大量的文物，塔中还有许多石刻壁画留存。西塔一层拱状券门的门柱石和门楣石上均刻有佛像。雕像雍容丰满，比例适度，轮廓线条圆润流畅，充分显示了宋代雕刻绘画艺术的风格。而西塔传闻俗称"白蛇塔"，东塔"许仙塔"，便是因为东塔七层画有许仙像。

不知古人是否严格地计算了日月出没的时间和方位，每年各有两次的日升月落之时，日月分别从东西两个方向照射双塔，形成罕见的"日月交影"之奇观；古人肯定无法计算子孙当中是否会出现"杰青"——还是不要削足强求那些伴着古塔长大的孩子吧，做个端正的人，能如古塔般坦然，多好？

4.5.2 圣庵寺塔 ㉜

Sheng'an Temple Pagoda

名称与别名	张村圣庵寺塔
地　　址	运城市临猗县北景乡张村
看　　点	宋代古塔
推荐级别	★★
级　　别	全国重点文物保护单位
类　　型	塔，砖石结构
年　　代	宋
交　　通	乡村，自驾

圣庵寺塔，位于运城市临猗县北景乡张村，坐落在张村支委部里，在它的旁边还有一座建于20世纪60年代的戏楼，据说至今仍在使用（图4.5.2.1 圣庵寺塔）。

该塔创建年代约在宋代，原为圣庵寺内建筑，如今圣庵寺已遥不可寻，仅存此塔。塔为六边形楼阁式砖塔，共有七层，高约13米。塔一层较高，约在2.5米左右，正面辟门。一层塔檐下仿木结构砖雕斗栱，斗栱形制为一斗三升，转角补间各一朵，斗栱下有仿木额枋，转角交接处额枋出头；二层以上均只有叠涩出檐；三层正面辟洞门，侧面辟假直棂窗；四层每面皆设仿木结构直棂窗；每层塔身中央偏上靠近檐部的

图 4.5.2.1

位置均有一方形孔洞,不知该塔在以前是否有防御功能,抑或是为维修所设。塔原有七层,现第七层已不存,第六层也损毁一半,其余部分保存较好,仅稍有毁坏(图 4.5.2.2 圣庵寺塔细部)。塔整体收分不大,一层较高,其余几层在二层高度的基础上逐步减小,显得稳重而古朴。

图 4.5.2.2

4.5.3 县衙 ㉝

County Government

名称与别名	临晋县衙
地　　址	运城市临猗县城临晋镇
看　　点	布局,大堂
推荐级别	★★★
级　　别	全国重点文物保护单位
类　　型	衙署建筑,木结构
年　　代	元—清
交　　通	乡村,自驾

临晋置县的历史可追溯至秦代,自古为河东重镇,中华人民共和国成立之初与猗氏合并而为临猗县。临晋县衙基址自元代始即为县署所在,主要廨署建筑包含大堂、二堂、三堂、府库、监狱等,均肇建于元大德间(1279—1307 年),是国内一处较为完整的地方衙署建筑遗存(图 4.5.3.1 大堂全景)。

大堂系县衙内最重要的建筑,该建筑规模宏伟、体式精严,在当地也有很高的声望,自元代创建以来,历经明、清及民国年间的修葺却保存至今仍深具旧时风貌,号称为山西省内前保留下来的三处元代大堂建筑之一。

大堂为五间六椽悬山顶建筑,相比于通常的寺观庙堂显然更加高大宏敞、器宇不凡(图 4.5.3.2 大堂斗栱)。其前檐柱额用料皆极尽壮硕,给人以强烈的沉重感,有力地增加殿堂外观的威严气魄。尤其是当心间左右两根巨柱,径围极大作八棱状。细查之下,可见两柱竟均非独木所造,而是各以八九段大木紧束包镶而成。足可见建造者对于"大壮"之势的极力追求以及匠人临机应变、因材施工的巧思。大堂前檐完全

图 4.5.3.1

图 4.5.3.3

图 4.5.3.2

敞开、宽阔明亮，正中偏后位置上布列背屏，内部空间与外观一样具有强烈的仪式感。大堂前后檐均采用五铺作斗栱，外观皆双昂，章法井然、装饰适度，符合官府建筑的身份（图 4.5.3.3 大堂前檐）。

衙署几年前修缮 "一新" 了，尽管工人尽力把新抹灰和旧砖调和在一起，可究竟不似不远处夯土城墙那般真切。一切品位，都是在丰衣足食之后。

4.5.4 永兴寺塔 ㉞

Yongxing Temple Pagoda

名称与别名	阎原头永兴寺塔
地　　址	运城市临猗县城关镇三原头村
看　　点	宋代古塔
推荐级别	★★★
级　　别	全国重点文物保护单位
类　　型	塔，砖石结构
年　　代	宋
交　　通	乡村，自驾

图 4.5.4.1

猗氏曾经是西周时期的古郇国遗址，虽然现在一丝古国的痕迹都没有了，但站在田野中依然有一种沧桑之感。另外，关于这片土地还有另外一种传说：一位鲁国贫士猗顿请教陶朱公致富之术后，"乃适河西，大畜牛羊于猗氏之南，十年之间，其息不可计，赀拟王公，驰名天下"。这个故事似乎也暗暗显示了其后西商的纵横天下之势。永兴寺塔就矗立在猗氏镇阎原头村东北约 200 米的空旷田地上。正因为塔四周没有一点遮挡，远远就可以看到，节省了在鳞次栉比的房屋中寻寻觅觅的时间。距塔不远处有几家工厂的烟囱吐着青烟，与塔一起形成了强烈的跨时代对比，更显出该塔历经沧海桑田仍屹立不倒的难能可贵（图 4.5.4.1 永兴寺塔远景）。

永兴寺塔为方形楼阁式砖塔，主体为宋代建筑，原应有九级，现仅余八级，通高 15 米。据清康熙《猗氏县志》载，原为永兴寺附属建筑，现寺毁仅存塔。

塔一层损毁较为严重，仅余叠涩出檐部分形态，其下以水泥包砌，原有结构不可见。二层以上叠涩出檐，二层至四层装饰方形壁柱，将塔的每面分为三个开间；其中二层壁柱之上有砖雕仿木一斗三升的形象，其高度大概为壁柱的一半，三四层仅有壁柱和额枋的形象；四层当心间设门，两次间有直棂窗，皆为砖雕仿木结构；五层至七层素墙无装饰。塔身逐层向上收分，塔顶残损（图 4.5.4.2 永兴寺塔细部）。从形式上看属于塔从唐末五代向宋演变的过渡时期所建，仍有些唐代风格遗存。

图 4.5.4.2

4.6 芮城县

4.6.1 城隍庙·芮城 ㉟
Temple of City God in Reicheng

名称与别名	芮城城隍庙
地　　址	运城市芮城县永乐南街小西巷
看　　点	宋代大殿，元代享亭
推荐级别	★★★★
级　　别	全国重点文物保护单位
类　　型	庙宇，木结构
年　　代	宋—清
交　　通	县城，自驾/公交

据碑文记载，始建于宋大中祥符年间（1008—1016 年），元、明、清屡有修葺。芮城城隍庙中轴线从南到北依次为享亭、献殿、大殿、寝殿。其中以大殿为宋代原构，享亭为元代建筑，其余皆清代所建（图 4.6.1.1 大殿后景）。

现今游览城隍庙，大门与两座角楼大约是清代建筑，当代经历过修缮，彩画全新，色彩浮艳。

享亭号为亭而非亭。享亭面宽五间，进深三间，单檐歇山顶。尤以其上大阑额极为引人注目，整根原木所成，简单砍凿为左右斗栱找平。大阑额过明间、次间，为支撑阑额，次间前檐柱极粗大，柱头卷杀明显。享亭斗栱外檐斗栱五铺作，殿内无金柱，柱梁砍制粗糙，加工简单，早期手法明显。成为文物保护单位后为墙壁、檐柱重新粉刷。亭前曾有一石狮，形象颇可爱，

图 4.6.1.1

今不知所在。

大殿为庙中最有价值者（图 4.6.1.2 大殿檐下）。面阔五间，六架椽屋，五椽栿对劄牵。柱头有卷杀，柱体有侧脚。檐下柱头与补间铺作相同，均为五铺作单杪双下昂琴面假昂，仿真昂刻凿精细，足以乱真；斗欹部幽较深，栱臂弯曲和谐圆润。殿内劄牵上置驼峰并托脚承下平槫；前后檐尽间补间铺作后尾和山面补间铺作后尾相交，置于大角梁的后尾之上，再以坐斗承托相交的襻间枋；明、次间补间铺作的后尾上以坐斗压在下平槫下。五椽栿上以驼峰、襻间再承四椽栿，其上以驼峰、蜀柱承平梁，其蜀柱式样已如明清雷公柱；平梁上以合楷、蜀柱、丁华抹颏栱承脊槫，其蜀柱亦如明清雷公柱。屋顶举折平缓，斗栱硕大，栱瓣清晰，显露出宋代的规制。殿内残存彩画精致细腻，歇山部分的"二龙戏珠"琉璃悬版为明代制作。琉璃鸱吻及琉璃脊饰色彩绚丽、精美绝伦，系古建筑中的罕见之作。大殿形制古朴典雅，雄伟壮观，虽经历代维修更换过少量构件，但大木构件及斗栱仍为宋代遗物（图 4.6.1.3 大殿梁架）。

献殿面阔五间，进深两间，单檐卷棚顶，前檐插廊，中部辟门通大殿。寝殿位于最后，面阔五间，进深二间，单檐悬山顶。

偌大个城隍庙，偌大个门前广场，安静得只有我们。其实不是想劝说大家去拜城隍神，而是提醒大家在求因果、看热闹之外，还是有其他的趣味。

图 4.6.1.2

图 4.6.1.3

4.6.2 广仁王庙 ㊱

Guangrenwang Temple

名称与别名	芮城广仁王庙，五龙庙
地　　址	运城市芮城县中龙泉村
看　　点	建筑单体
推荐级别	★★★★
级　　别	全国重点文物保护单位
类　　型	庙宇，木结构
年　　代	唐—清
交　　通	乡村，自驾

绕过永乐宫，向西即可到中龙泉村，村中的一处高地上，坐落着广仁王庙（图 4.6.2.1 广仁王庙远景）。广仁王庙基前曾有五龙泉眼，庙中供奉龙泉之神广仁王，又称其为五龙庙。现如今泉眼已经干涸，而针对广仁王庙周边的环境整治工程也快要接近尾声（图 4.6.2.2 广仁王庙全景）。

五龙庙由正殿、戏台、厢房组成，正殿坐北向南，为唐大和五年（831 年）建造，五开间四架椽进深三间，平面呈长方形，单檐歇山顶，柱头斗栱为五铺双杪偷心造。与正殿相对的是坐南向北的清代戏楼，与正殿浑然一体，构成了一进完整的建筑院落。

正殿是我国仅存三座唐代木构建筑之一，虽然经

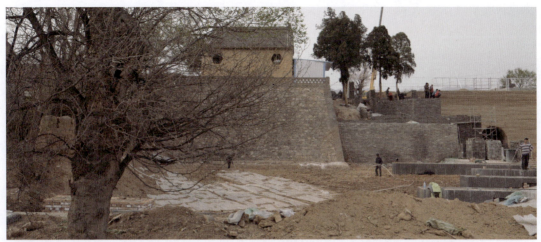

图 4.6.2.1

图 4.6.2.2

过了千余年的风风雨雨和不断修葺,仍不失唐代风貌,譬如各种斗栱部的幽度极深,栱瓣棱角显明,内部搁架铺作斗栱硕大,叉手长壮,侏儒柱细短,构成极平缓的厦坡,以及斗栱出跳用斗承托撩风槫而不用令栱,均是一些比较少见而具有早期特征的形象(图 4.6.2.3 修缮前的大殿)。

早前在五龙庙正殿墙上,嵌有唐碑两通。一为《广仁王龙泉记》,唐宪宗元和三年(808年)所立,河东裴少微书,字体雄浑劲秀,详细地记载了县令于公凿引龙泉之水灌溉农田的事迹。文中引征西门豹引漳水治邺史事,以显于公治芮之功;另一碑为《龙泉记》,唐文宗大和六年(832年)所立,记载了扩建修葺五龙庙始末。这两通碑对研究我国唐中叶水利发展史有一定的价值,同时也为五龙庙史提供了佐证。但不久前这两通碑曾经被盗,追回后却也不敢再嵌入墙中了。

最近正在进行的五龙庙周围环境整治是由万科与都市实践建筑事务所共同进行的,初见雏形。门前干涸的泉眼已经被植被覆盖,庙内的景观小品已经成形,而庙后还新建了面向中条山的观景平台。感谢善举之余不由得在想,城市中的手法"空降"在原本泥泞的乡间,或者是真正的进步,或者有更好的办法。

图 4.6.2.3

4.6.3 后土庙·朱吕 ㊲
Houtu Temple in Zhulv

名称与别名	朱吕后土庙
地　　址	运城市芮城县陌南镇朱吕村
看　　点	建筑单体
推荐级别	★★
级　　别	省级文物保护单位
类　　型	庙宇，木结构
年　　代	元
交　　通	乡村，自驾

图 4.6.3.1

朱吕后土庙位于山西省运城市芮城县陌南镇朱吕村中部，坐北朝南，创建年代不详，近代曾经被用作中共芮城县委县政府旧址，如今仍挂着牌匾以示纪念。后土庙原有影壁、山门、戏台、享殿、献殿、大殿、寝宫等，现仅存享殿，矗立在村中的空地上（图4.6.3.1 享殿）。

享殿面宽五间，进深五椽，单檐悬山顶，前檐施四根木柱，将开间分成三大间，实为五开间，将平柱外移至次间补间斗栱之下，次间柱减去不用。柱头施三根粗圆木拼接通面大额枋，其上置柱头斗栱与补间斗栱，四铺作单卜昂，当心间补间斗栱出斜昂而与其他有别。殿内梁架结构为四架椽屋四椽栿通达前后檐（图4.6.3.2 享殿内部梁架）。前檐所用大额枋为晋西南元代古建筑通常所用的典型构件，其下柱子减少，柱头斗栱位移，这种手法基本不见于明清时期，但总是觉得，仅仅因此将其断代为元代遗构，未免还是有些武断。

据管理员介绍，这里在1996年遭雷电袭击而起火，致使大殿东南侧部分椽木被烧，所幸群众发现得早，火被扑灭，后土庙享殿幸免一难。2007年村委会组织村内热心文物事业的村民四处筹措资金，在县文物局的指导下，村委会对后土庙享殿进行了局部维修，使这一古老文明得以很好的保护和传承，怪不得管理员的语气有些自豪。修缮的结果其实不能算是很好，然而对于村民的愿望和善心，对于文化的传承和延续，这样的作为是值得鼓励和赞扬的。

图 4.6.3.2

4.6.4 清凉寺 ㊳
Qingliang Temple

名称与别名	芮城清凉寺
地　　址	运城市芮城县西陌镇坡头村
看　　点	减柱造大殿、元石碑
推荐级别	★★★★
级　　别	全国重点文物保护单位
类　　型	寺院，木结构
年　　代	元—清
交　　通	乡村，自驾

清凉寺在中条山间，交通不易，然则自修葺之后，山寺得红墙绿树，更兼宝殿左右桃花，树下菜花草叶，一时缤纷，而丹柱黄墙，碧瓦青碑，老尼依坐，仙意盎然（图4.6.4.1 清凉寺一角）。

清凉寺主体唯大雄宝殿一座残留。大雄宝殿座于高台之上，随檐下左右有明清二代石碑对立，明碑为《清凉寺佛菩萨图妆像碑铭》，清碑为光绪年间重修碑铭。大殿面阔五间，进深三间，八架椽屋前后乳栿用四柱，殿内次间内柱减柱造，使空间显得更为开敞（图4.6.4.2 大雄宝殿内景）。屋架用草栿作法，彻上露明造，加工简单，风格粗犷，后期所作修补添造如撑木也不讲究。前檐斗栱五铺作，琴面昂（图4.6.4.3

图 4.6.4.1

图 4.6.4.2

图 4.6.4.3

图 4.6.4.4

大雄宝殿前檐下）。后檐斗栱为简化做法。

　　自殿外看，大殿单檐悬山顶，山墙似为五花山墙。山墙砌砖方法非常有趣，下半部分顺丁交错砌筑，纹理细密，上半部分砖为空斗砌，纹理疏松，一面墙上下对比，非常活泼有趣（图 4.6.4.4 大雄宝殿山墙）。大殿屋脊用绿琉璃瓦，正脊中部双龙抱花，两侧三种花朵雕刻重复排列，又有飞天、仙人立其上，甚是有趣，但其时代当为晚近。

　　殿外有数座残碑，其中一座为元仁宗爱育黎拔力八达在位时所立，且或非官方行为，但亦可证明清凉寺立寺时间之早。

　　寺外东北部是著名的"清凉寺墓地"，1959 年发掘，颇大规模，对研究华夏文明起源于新石器时代文化变革有重要意义，在寺庙之外可稍作瞻仰。

4.6.5 寿圣寺塔 ㊴
Shousheng Temple Pagoda

名称与别名	寿圣寺塔
地　　址	运城市芮城县巷口村
看　　点	砖石仿木结构
推荐级别	★★★
级　　别	全国重点文物保护单位
类　　型	塔，砖石结构
年　　代	宋
交　　通	乡村，自驾

芮城古八景中，有"塔寺钟声"者，就是这里，寺中有塔，故俗称"塔寺"。

民国年间的《芮城县志》有载，寿圣寺创建于宋元丰元年（1078 年），后屡有修葺。历经元、明、清几代重修及后世的数次变迁，如今的遗迹中，寺院已毁，唯塔独存。

塔仍是宋塔。仿木构楼阁式的砖塔以八角为平面，首层外周长 24.8 米，占据塔基之中央；黄土色拔地而起十三层檐，在 46 米的通高中逐层收分，使挺拔的塔身不失俊秀，赏心悦目（图 4.6.5.1 寿圣寺塔全景）。

这数层的屋檐中，以下三层较为隆重。仿木构造的雕砖阑额上，五铺作的偷心造斗栱朵朵排列，承挑出的椽飞瓦面，形式尺度与其上数层之叠涩出檐相融洽。叠涩之中亦有变化，依位置体量，第四层的菱角牙子上出青砖十叠，其余均叠九层（图 4.6.5.2 寿圣寺塔细部）。

塔身以首层最高，辟门于南侧，余下诸层皆在正向四面设装饰性壸门，留出另外四个素面来，有无相间，张弛有度。依其外观与结构形制，实处于密檐与楼阁二式之间，又为空筒式唐塔过渡到藏梯于壁体或塔心的宋塔之间的形式。

至于塔身之内，中空处原设楼梯已毁，唯壁上留有字画痕迹。元、明游人题记保存基本完整，而 20 多平方米的宋代壁画中，佛祖菩萨和供养人的面形秀润，线条挺劲流畅，敷色典雅。虽因烟熏火燎，色泽早已不复光鲜，但其画风尚清晰可辨，为难得的宋代艺术遗存。

图 4.6.5.1

图 4.6.5.2

4.6.6 永乐宫 ㊵

Yongle Taoist Temple

名称与别名	永乐宫，大纯阳万寿宫
地 址	运城市芮城县北
看 点	布局，建筑单体，壁画
推 荐 级 别	★★★★★
级 别	全国重点文物保护单位
类 型	庙宇，木结构
年 代	元—清
交 通	县城，自驾

图 4.6.6.1

图 4.6.6.2

由于三门峡水利工程需要，处在淹没区内的永乐宫不得不迁址，故自1959年起，原建筑历经六年，全部迁移到了芮城县北。迫不得已的搬迁救下了文物，也培养了一代专业领军人物。

永乐宫初为吕洞宾之宅，吕卒后即改为吕公祠，金末又在使用的需求下易祠为观。元太宗三年（1244年）道观为野火烧毁。此时道教文化传播正盛，师祖吕洞宾备受尊崇，故而次年，有尹志平、李志常等道首，推荐潘德冲前来主持修建大纯阳宫。由于工程艰巨，屡经磨难，从大约1247年动工开始，到壁画题记所载的元正十八年（1358年），完成三清殿、纯阳殿的壁画为止，前后耗时一百余年。至于后代修葺，据碑刻和殿壁题记所示，明代洪武、嘉靖、崇祯，清代康熙、乾隆、嘉庆和光绪年间，永乐宫中均有不同程度的建筑活动。

永乐宫的规模较大，数次的变迁之下，部分建筑或改或毁，不过原有的几座主要殿宇基本上都得以保存。从现存的总体布局来看，仅在一条南北向的轴线上排列了主要建筑，不设东西配殿或周围廊屋，打破了传统习惯。由前至后现存建筑有五座：宫门、龙虎殿、无极殿、纯阳殿和重阳殿，末两座殿宇两侧的朵殿已毁，只留基座遗址。除宫门属清代，其余四座殿宇都是元代建筑。其中的三清殿是唯一的主殿，其后建筑物的间距和规模逐渐缩小，在空间感的处理上，宾主气氛十分鲜明（图 4.6.6.1 永乐宫院落）。

从建筑价值方面来说，永乐宫中轴线上现存的四座殿宇都是较为典型的元代木构。它们的结构和形制，不仅继承了宋、金时代的某些传统，而且还大胆地做了革新创造，给明代建筑技术的发展开辟途径，是我国建筑史上不可多得的实物例证。至于永乐宫布满四座大殿、总面积达960平方米的壁画，也是十分珍稀的研究资源（图 4.6.6.2、图 4.6.6.3 永乐宫壁画）。

图 4.6.6.3

4.6.7 永乐宫·龙虎殿 ㊶

Longhu Hall of Yongle Taoist Temple

名称与别名	永乐宫龙虎殿，无极门
地　　址	运城市芮城县北
看　　点	建筑单体
推荐级别	★★★★★
级　　别	全国重点文物保护单位
类　　型	庙宇，木结构
年　　代	元
交　　通	县城，自驾

图 4.6.7.1

龙虎殿，即永乐宫原有的宫门无极门（图 4.6.7.1 龙虎殿外观）。面阔五间，进深两间，单檐庑殿顶，坡度较为平缓。该殿斗栱为五铺作单杪单下昂，补间铺作用真昂，后尾压在下平槫之下，在结构上具有实际承挑的作用（图 4.6.7.2 龙虎殿斗栱）。

砖砌的台基上，十四根露明柱均用素覆盆柱础，无雕刻装饰。而其梁架结构为彻上露明造，中间竖立中柱一排，以内额相连。前后檐各三椽栿，两山以丁栿承载其上梁架，正脊采用倒推山做法，两次间前后上平槫背上所架太平梁之上，又有栌斗和一斗三升、替木等承托脊椽，结构手法简洁利落，同时各缝椽木不在一条水平线上，由中间向两侧逐渐生起，屋顶轮廓线舒展适宜（图 4.6.7.3 龙虎殿梁架）。

中柱上装有三间比例高大的版门，门砧石上雕刻的石狮姿态生动，最为特别的是后檐明间的缩在台基里面的踏道，于遗例中实为罕见。门内当中悬匾额一方，榜书"无极之门"四个大字，为至元三十一年（1294 年）所制（图 4.6.7.4 龙虎殿牌匾）。屋顶施筒板布瓦，不用脊筒而以瓦条垒脊，仍是早期建筑的做法。

图 4.6.7.2

图 4.6.7.3

图 4.6.7.4

4.6.8 永乐宫·无极殿 ㊷

Wuji Hall of Yongle Taoist Temple

名称与别名	永乐宫无极殿，三清殿
地　　址	运城市芮城县北
看　　点	建筑单体，壁画
推荐级别	★★★★★
级　　别	全国重点文物保护单位
类　　型	庙宇，木结构
年　　代	元
交　　通	县城，自驾

无极殿即三清殿，供奉道教"太清、玉属、上清元始天尊"三清祖像，是永乐宫中最主要的一座殿宇。该殿面阔七间，进深四间，矗立在高大的台基之上（图 4.6.8.1 无极殿外观）。殿前月台宽阔，两侧各有朵台，上下各设踏道四条，与一般月台的做法有所不同，或依据道观使用而设计。

建筑采取了减柱的平面布置方式，仅后半部设金柱八根，扩大了空间。垒扇面墙三堵，作为置神像的神龛，其余金柱均减去不用。前檐仅东西两尽间砌以檐墙，其余五间装槅扇，后檐明间装版门两扇，以通后殿，余下东西山面和后檐皆垒砌土坯墙，绘制大幅精美绝伦的人物壁画《朝元图》，描绘了群仙朝谒元始天尊的情景。

三清殿为单檐庑殿屋顶，举折在四座殿宇中最为陡峻。外檐斗栱为六铺作单杪双下昂重栱造，补间铺作两朵（图 4.6.8.2 无极殿斗栱），制作极工，斗栱之形式与尺度比例同宋《营造法式》规定几无分别。梁架横断面进深八架，明间和两次间前后用四柱，以两根四椽栿相对搭在内柱头上，其上置瓜柱、柁墩等分别叠架劄牵、五架梁和平梁，脊瓜柱两侧用叉手支撑。惟四椽栿以上的梁架结构手法，系当地清式做法，无元代建筑特征，根据梁枋题记印证，应是清康熙年间重修时所更换的，已非原构。

室内前槽和神龛部分设藻井六口，其余均遮以天花板。藻井有圆形和八角形两种（图 4.6.8.3 无极殿藻井），周围皆用五层细密的斗栱承托，顶板上雕刻蟠龙，是元代小木作中不可多得的杰作。此外明间阑额彩画是在木材上镂刻而成，玲珑剔透，也是少见的实例。殿内斗栱、梁额和栱眼壁上还保存着丰富的建筑彩画，构图章法灵活自如，色彩富丽，以前槽几根四椽栿上最为精彩。在图案格式方面，与当地所见的明代彩画已有某些接近之处，或为一种过渡形式，对于研究明代彩画的源流有很高的参考价值。

图 4.6.8.2

图 4.6.8.3

图 4.6.8.1

4.6.9 永乐宫·纯阳殿 ㊸

Chunyang Hall of Yongle Taoist Temple

名称与别名	永乐宫纯阳殿，混成殿
地 址	运城市芮城县北
看 点	建筑单体，壁画
推荐级别	★★★★★
级 别	全国重点文物保护单位
类 型	庙宇，木结构
年 代	元—清
交 通	县城，自驾

纯阳殿亦称混成殿，因供奉道教祖师吕洞宾，故又称吕祖殿。他的地位仅次于三清殿，前有月台，中间以甬路与三清殿相连（图4.6.9.1 纯阳殿外观）。该殿面阔五间，进深三间，自南至北深度逐渐减小，为平面布置之罕例。殿内东、西、北三壁画吕纯阳故事组画52幅，是研究宋元社会生活的宝贵资料（图4.6.9.2 纯阳殿壁画）。

这座大殿的平面布置也采取了减柱造，殿内仅用明间四金柱，留出了较大的空间。角柱径大于檐柱，与三清、龙虎两殿规律相同。斗栱为六铺作单杪双下昂重栱造，其中，明间柱头铺作自第一昂以上均加宽，后尾用菊花头和六分头，并绘出了上昂的形状，对于明清斗栱细部的演变有很深远的影响。

殿内天花藻井制作精美，可惜部分业已损坏（图4.6.9.3 纯阳殿藻井与斗栱）。天花以上梁架皆为清代制式，并非原构，但歇山出山较深，且以曲脊封口，玲珑雅致，与明清的歇山做法迥然不同，这一部分还保留着古老的传统做法。至于两山的悬鱼，比例过于宽大，不相协调，疑为后代所制。殿内梁枋和藻井上还保留着部分彩画，题材意义颇深，线条色彩突出精致，实乃匠人用心之作。据天花板上题记所载，应为元至元五年（1339年）所绘。

图4.6.9.1

图4.6.9.2

图4.6.9.3

4.6.10 永乐宫·重阳殿㊹

Chongyang Hall of Yongle Taoist Temple

名称与别名	永乐宫重阳殿，七真殿，袭明殿
地　　址	运城市芮城县北
看　　点	建筑单体，壁画
推荐级别	★★★
级　　别	全国重点文物保护单位
类　　型	庙宇，木结构
年　　代	元—清
交　　通	县城，自驾

图 4.6.10.1

重阳殿亦名七真殿，又称袭明殿，因供奉全真教祖师王重阳和他的七个弟子而得名，在现存的四殿殿宇中规模最小，位于纯阳殿之后（图 4.6.10.1 重阳殿外观）。面阔五间，进深四间，单檐歇山顶。平面布置时减去了前檐明间二金柱，后檐砌扇面墙三间，前面有较大的空间供人活动，东西山和后檐有宽大的墙面，绘有王重阳传记组画 49 幅。

该殿斗栱为五铺作单杪单下昂，后尾起秤杆，已开明代"溜金斗栱"的端绪（图 4.6.10.2 重阳殿斗栱）。梁架结构为进深六椽，举折与龙虎殿身为接近。前四椽栿对后乳栿，但二者标高位置不在一条水平线上，而是将四椽栿抬高一足材，有效地扩大了空间。重阳

图 4.6.10.2

殿的特点是梁架结构简洁，处理手法灵活，用料较为经济。屋顶用瓦条垒脊，正脊两端随脊椽的举势做成和缓的生起，轮廓秀美。该殿个别构件虽经历后代更替，但原有构件还保留了不少，其结构不失宋、元建筑的特征特点。

4.7 万荣县

4.7.1 八龙寺塔㊺

Balong Temple Pagoda

名称与别名	中里庄八龙寺塔
地　　址	运城市万荣县荣河镇中里庄村
看　　点	宋代古塔
推荐级别	★★★
级　　别	全国重点文物保护单位
类　　型	塔，砖石结构
年　　代	宋
交　　通	乡村，自驾

八龙寺塔坐落在万荣县荣河镇中里庄村东峨嵋岭的半腰。据民国年间《荣河县志》记载："宋大中祥符五年（1012 年），真宗祀汾阴过此，见八龙垂像之瑞，因建寺。"由于该塔建在寺内，故称八龙寺塔。八龙寺原本屡遭波坏，大小庙宇佛殿尽毁，仅余此塔和一金代铁钟，2004 年八龙寺塔被列为省级保护文物后，当地对八龙寺进行了复原重建，现已完工（图 4.7.1.1 八龙寺塔远景）。

该塔平面为正方形，外观为抛物线型收分，方锥形，飞檐四角凌空，上筑宝顶，高约 23.9 米，塔身直接筑于地面，不设基座。塔身南面一层至五层有砖券拱门，塔东、西、北各在三四层有砖券拱门，为七层仿木构楼阁式砖塔。一至六层塔檐下施砖雕仿木构斗栱，斗栱为四铺作单杪，除转角各一朵外，每面设补间铺作五朵。其中一层至三层塔檐下施砖雕五铺作双杪斗栱，并出双层飞檐；四层塔檐下为砖雕五铺作双下昂斗栱，并出双层飞檐；五层檐下为砖雕斗口跳仿木构斗栱；六层为耙头绞项作斗栱，有砖雕额枋；七

图 4.7.1.1

层为叠涩出檐,其中一层为仰莲装饰。塔顶为须弥座式方形塔刹(图 4.7.1.2 八龙寺塔近景)。塔北一层中间镶有宋熙宁七年(1074年)修八龙寺碑碣一块。塔体保存完整,仅高处檐部和塔刹略有损毁(图 4.7.1.3 八龙寺塔细部)。

由于结构稳定性的原因,方形塔在宋以后渐渐被六角形、八角形的塔所取代,因此使得该塔更显珍贵。与唐塔相比,该塔塔身较为细长,形似枣核,加之装饰上的精心处理,显得挺拔峻美又不失秀丽,好像俯仰之间就可以上接青天。

图 4.7.1.2

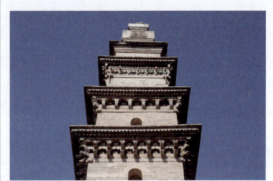

图 4.7.1.3

4.7.2 东岳庙 ㊻

Dongyue Temple

名称与别名	万荣东岳庙
地　　址	运城市万荣县县城
看　　点	建筑单体
推荐级别	★★★★
级　　别	全国重点文物保护单位
类　　型	庙宇,木结构
年　　代	元—清
交　　通	城区,自驾

万泉县未与荣河县合并之前,古县治在解店镇。据载,万荣东岳庙至迟始建于唐贞观年间(627—649年),与万泉置县之年代相当,堪称古庙。宋代真宗皇帝于大中祥符四年(1011年)加泰山神以"天齐仁圣帝"封号,由此,东岳大帝在道教神谱中的地位日益隆盛,成为掌管人间贵贱尊卑之数、生死修短之权的大神,故而民间对其极为崇信,庙宇建设亦是不惜工本、唯求壮丽。然而兵燹火劫之余,古迹难免兴废轮回,屡失屡建之后,唐宋之遗迹早已难觅踪影,今日所见之东岳庙,乃系元至元二十八年至大德元年(1291—1297年)重建,继而明清代有修缮、增补之后的面貌(图 4.7.2.1 飞云楼与轴线上的建筑)。

宋代以后民间祠祀活动发展很快，至明代中期以来，地方庙宇不论整体规模还是单体形制，均敢于打破等第成规，竞显崇奢靡之风。这一方面与民间信仰深入人心有关；而另一方面，庙宇的建设活动很大程度上也成为地方乡党社团之间攀比、斗富的方式，此番情形不禁使人想起西方中世纪城市教堂的建设。有趣的是，由于楼阁建筑具有突出的艺术表现力，故而更加容易成为建筑的重点。

今日庙宇成一狭长多进院落，轴线上依次建有飞云楼、午门、献殿、享亭、天齐大帝殿和寝宫等主要建筑，前后屋顶错落、飞檐如翼、钩心斗角，柱头斗栱旗布、栾栌争辉，显得极为富丽辉煌，并尤以飞云楼的存在而蜚声海内。

图 4.7.2.1

4.7.3 东岳庙·飞云楼 ㊼

Feiyun Building of Dongyue Temple

名称与别名	万荣东岳庙飞云楼
地　　址	运城市万荣县县城东岳庙内
看　　点	建筑单体
推 荐 级 别	★★★★★
级　　别	全国重点文物保护单位
类　　型	庙宇，木结构
年　　代	清
交　　通	城区，自驾

飞云楼为中国古代木楼阁建筑工巧的代表，现存的楼体基本是清代乾隆十一年（1746年）重修后的形制。全楼斗栱密布、翼角叠出、神功天纵、极为玲珑，有人将其与晋北应县大木塔并称为"南楼北塔"，毫无疑问，这座华美的建筑在民间以及建筑史学界均享有极高的口碑（图4.7.3.1飞云楼首层内部）。

飞云楼外观三层，内部加上两个结构暗层，实际共为五层，楼之总高约23米，最上层以十字脊屋顶覆盖（图4.7.3.2飞云楼远景）。逐层楼体的基本平面为正方形，但各层之间通过挑出抱厦、增加副阶等方式，形成四重屋檐、12个三角形屋顶侧面、32个屋角的丰富变化，故而能够获得极具表现力的立面效果。楼下仰望，但见檐牙四起、诡巧纵横，令人眼花缭乱，难度其缔构之法（图4.7.3.3飞云楼的屋檐）。楼上构件表面皆不髹漆，通体显现木材本色。每当天气晴朗的日子，朝阳与落日便会将飞云楼通体照成熠熠的金黄色，其情景亦真亦幻，使人过目难忘。

有趣的是，相比于外观的复杂多变，飞云楼的结构形式其实并不花俏，这种喻巧于拙的处理方式很大程度上才真正是东方匠作智慧的本质体现。简单地说，整座楼体由内外两圈柱列构成，其中内圈布置有四颗直达顶层的通高巨柱，负责构成楼梯的结构核心并承托最上层屋顶的重量；外层由分段的小柱以及斗栱逐级累叠而上，形成丰富的轮廓与立面；而变化最为集中的抱厦部分，则很大程度上要依靠内部梁栿向外出挑来实现（图4.7.3.4飞云楼内部结构）。

对于精巧的追求，往往要以牺牲坚固性作为代价。飞云楼夸张的结构和造型导致其修补维护工作非常频繁。但即便这样仍不可否认，这座美轮美奂的楼阁是中国建筑史上一极为件罕见的旷世杰作。

图 4.7.3.1

图 4.7.3.2

图 4.7.3.3

图 4.7.3.4

4.7.4 旱泉塔 ㊽

Hanquan Pagoda

名称与别名	孤山旱泉塔，槛泉塔
地　　址	运城市万荣县高村乡孤山西麓
看　　点	宋代古塔
推 荐 级 别	★★★
级　　别	全国重点文物保护单位
类　　型	塔，砖石结构
年　　代	宋
交　　通	乡村，自驾

　　山西万荣临猗一代，地势较为平坦，属黄土高原，土垣沟壑多而少青山绿水，而这其中却有一座青山高耸而出，这便是孤山。除孤山外，南至运城盐湖，西向黄河滩涂，北到汾河河谷，再也找不到一处大山的影子，故颇受当地人所爱，加之许多人以为介子推所死难的绵上之山即是该山，使山上有众多风景名胜。旱泉塔即为孤山一大景观（图4.7.4.1 旱泉塔远景），于万荣县城西南孤山西麓之上挺拔耸立。该塔原为槛泉寺内附属建筑，寺已毁，仅塔独存，亦称"槛泉塔"。据民国年间《万泉县志》记载，该寺与塔同为北宋宣和二年（1120年）建造。

　　该塔平面呈方形，十一级密檐式实心砖塔，高约31.2米，通体砖构。塔基方形，束腰须弥座式。塔身一层南向辟砖券拱龛，一层至四层设仿木构砖雕斗栱。一层每面施四铺作单杪斗栱三朵；二层至三层每面施耙头绞项作斗栱三朵；四层施耙头绞项作斗栱，每面一朵；五层以上叠涩出檐。塔顶部已坍毁，塔身保存较好（图4.7.4.2 旱泉塔细部）。该塔塔身上下收分较小，看上去显得高大宏伟，在浑厚之中透露出挺拔之势。每层塔身很短，十一层密檐的出檐长度逐层递减，其递减率越上越多，从而塔檐轮廓具有和缓的卷杀，给人以安定优美的感觉。

　　旱泉塔东侧原有石碑一块。该碑使用了明末农民起义军李自成所建"大顺国"的年号，记为"大顺国永昌元年七月十五日"，有助于研究当地李自成农民起义军的活动情况。

图4.7.4.2

图4.7.4.1

4.7.5 后土庙 ㊾

Houtu Temple

名称与别名	万荣后土祠
地　　址	运城市万荣县庙前村
看　　点	建筑单体，群体布局
推荐级别	★★★★★
级　　别	全国重点文物保护单位
类　　型	庙宇，木结构
年　　代	明—清
交　　通	乡村，自驾

万荣后土祠，历史上又称为汾阴后土祠，位于万荣县西南40公里处黄河岸边庙前村北，是神州大地上祭祀后土圣母的祖祠，同时也是中国历史上祭祀活动延续最为久远的祠庙建筑群之一（图4.7.5.1 后土祠全景）。

河东蒲州位处黄河、汾河之间，地貌奇伟、黄土深厚，更有因两水冲积而成巨大丘埠者，其名曰汾阴脽，自古即称奇观。西汉时期，汉武帝听从祠官宽舒的建议，于汾脽之上设立祠庙祭祀后土圣母，是为后土祠创立之始。自此，河汾祭地与京郊祭天之仪相为配伍，成为官方天地祭祀仪典的重要组成部分。也自那时起，汾阴后土祠成为中原王朝最为重要的国家祠庙之一。有人将汾阴后土祠定位为北京天坛的前身，这一提法显然有其道理。

汉武帝之后，历代又有多位皇帝亲临汾脽，其中声势最为浩大、见诸史籍记载最广的当属唐玄宗李隆基与宋真宗赵恒主持的祭祀活动。隆重的官方祭祀为汾阴后土庙带来了连续不断的建设高潮，至北宋末年到达历史最高峰。据文献以及图像资料所示，宋代后土祠占地极为广阔，南北总长达七百三十三步，东西宽达三百二十步（一步合今日约1.5米），比今日北京故宫紫禁城的总面积还有过之！庙内核心区域共前后分五进院落，建筑庄严弘钜，为海内祠庙之冠。

元代以后，则是汾阴后土祠逐渐走向衰落的时期。一方面，由于中国古代政治中心东移以及官方祭祀制度的变格，再未有皇帝亲临脽上，而改为地方官员主祭；另一方面黄河与汾河的历次决口、改道，给后土庙带来极大破坏。至明万历年间，汾脽在洪水冲刷之下已完全坍塌，原本之建筑尽数被毁，祠庙故址亦已为黄河所淹没；其后清顺治、康熙、同治年间，黄河又多次泛滥，后土祠屡毁屡迁，却终未断绝，最后一次迁址重建为同治九年（1870年），由荣河知县戴如珍主持完成，也即今日所存之后土祠（图4.7.5.2 后土祠山门）。

图4.7.5.2

图4.7.5.1

4.7.6 后土庙·秋风楼 ㊿

Qiufeng Building of Houtu Temple

名称与别名	万荣后土祠秋风楼
地 址	运城市万荣县庙前村
看 点	建筑单体
推荐级别	★★★★
级 别	全国重点文物保护单位
类 型	木结构
年 代	明—清
交 通	乡村，自驾

图 4.7.6.1

现存的后土祠，东西宽 105 米，南北长 240 米。祠内现存建筑有山门、品字戏台、献殿、正殿、东西五虎殿、碑亭以及秋风楼等，布局严谨，结构合理。虽与唐宋时期相比逊色不少，但仍不失为一处壮观的祠庙建筑群。其中，秋风楼为庙内最为重要的建筑物（图 4.7.6.1 秋风楼），得名于汉武帝祭祀后土时所作之《秋风辞》歌，现今楼内仍保留有元至元八年（1271年）所刻之《秋风辞》碑，该建筑外观华丽伟岸，登楼可观长河落日，系河东地区著名的楼阁建筑之一（图 4.7.6.2 秋风楼上俯瞰）。

此外，后土祠还保留有大量碑刻，其中最为重要和知名者，其一是宋真宗御书并立之萧墙碑，亦称为《汾阴二圣配飨铭》，其二为金代镌刻、明代摹刻，反映宋金时期后土祠庙貌之《汾阴后土祠庙貌图》，以上既是其辉煌历史之见证，同时亦可作为学者研究之珍贵文献来源。

图 4.7.6.2

4.7.7 稷王庙 ㊿

Jiwang Temple

名称与别名	万荣稷王庙
地 址	运城市万荣县南张乡太赵村
看 点	建筑单体
推荐级别	★★★
级 别	全国重点文物保护单位
类 型	庙宇，木结构
年 代	宋—清
交 通	乡村，自驾

稷王庙就是后稷庙。万荣的这一座占地广阔，四周围以院墙，空旷之中，仅存中轴线上的大殿及戏台各一座（图 4.7.7.1 大殿全景）。稷王庙大殿位于院落中轴线北端，面阔五间，进深三间，单檐庑殿顶，斗栱布局对称，外檐柱头、补间、转角铺作均为五铺作双下昂，内外跳皆偷心，每间用补间一朵。整体形制基本保存完整，是目前已知该地区元以前单檐建筑中屋顶形式等级最高者，曾被学者推断为金代建筑。

北京大学的专家们认为稷王庙大殿反映的斗栱偷心造、扶壁单栱、靴楔栱、顶平底卷的昂头、令栱短于泥道栱等做法（图 4.7.7.2 大殿檐下），均早于当地已知的金元木构建筑，并认为其为不晚于熙宁年间的北宋建筑。后来在木料样本的碳十四测年结论都符合

图 4.7.7.1

图 4.7.7.2

图 4.7.7.3

图 4.7.7.4

大殿年代为北宋的推断。此外，在对稷王庙大殿进行的第三次测绘过程中，在前檐明间下平榑襻间枋外皮上发现了一处不明显的墨书痕迹，经辨认，认读为"天圣元年"（1023年），即北宋仁宗赵祯年号。此题记与建筑考古形制研究、材料研究及碳十四测年研究相吻合，确定了大殿的准确纪年。

由此可见，对于古建筑年代的推断，需要多方考证，运用各种科学的方法，从而才能将其所包含的历史信息展现给世人。

稷王庙大殿的庑殿顶形式在当地古建筑中并不多见（图 4.7.7.3 内部梁架），其平面分隔也非常有趣，真正的室内空间其实很小，进深仅有一开间，在其周围则有一圈封闭的回廊，类似现代高层建筑的"双套筒"形式（图 4.7.7.4 大殿内檐）。这样的平面是经由后代改造还是为了某种使用方式而特殊设计的呢？独特的庑殿顶，整圈回廊的平面，在遥远的年代，稷王庙是怎样被人们设计和使用的呢？探访古建筑最大的乐趣便在于这些不会有答案的浮想联翩。

4.7.8 稷王山塔 (52)

Jiwang Mountain Pagoda

名称与别名	万荣稷王山塔
地　　址	运城市万荣县三文乡稷王山
看　　点	宋代古塔
推荐级别	★★★
级　　别	全国重点文物保护单位
类　　型	塔，砖石结构
年　　代	宋
交　　通	乡村，自驾

位于万荣县城东南三文乡的稷王山，相传是上古时后稷始教民稼穑之地，因名稷神山，俗称稷王山。为纪念后稷的万世功绩，大约在汉代，就开始在山上建庙致祭。稷王山塔即耸立于此山顶峰，距县城 20 余里。据塔内铭碑记载，原为稷王庙（上庙）的附属建筑，建造于宋元祐二年（1087 年），为稷山县望嘱村（今属万荣）张文夷为其亡母所建，现庙已毁，惟存此塔（图 4.7.8.1 稷王山塔远景）。该塔西北方向一百多米处，便为稷王上庙遗址，时代变迁，原址现已被用作他途。站在塔前，极目远望，五县城池、村落依稀可见。

据说山上原有砖塔两座，俗称“雌雄塔”，远看形似两根棒槌，故当地人们也将稷王山称为“棒槌山”。另一塔不知何年已倒塌无存，只留下此塔。塔为七级

图 4.7.8.1

图 4.7.8.2

密檐式砖塔，高 23 米。塔身通体砖砌，空心，平面呈八角形，边长 2 米。八角形塔比方形塔增强了抗震性，又消减了风力，开阔了视野。塔身一层较高，壁砖脱落严重，檐下有仿木构砖雕斗栱，斗栱形式简单，为四铺作单杪，转角处各一朵，每面补间二朵。二层以上均叠涩出檐。塔体保存较好，塔顶残损。塔身结构简洁，造型美观稳重，各层轮廓配合得十分妥帖，全塔的整体设计比例协调，刚健优美，浑厚凝重（图 4.7.8.2 稷王山塔出檐）。

4.7.9 李家大院 (53)

Li Family's Residential Complex

名称与别名	闫景李家大院
地　　址	运城市万荣县高村乡闫景村
看　　点	群体布局、雕刻
推荐级别	★★★
级　　别	全国重点文物保护单位
类　　型	民居
年　　代	清
交　　通	乡村，自驾

闫景李家大院位于万荣县城西南约 10 公里高村乡境内，南接临猗县，地处汾河与黄河交汇处的黄河东岸，始建于清道光年间，为著名晋商李氏所居宅院（图 4.7.9.1 大院俯瞰）。

李家先祖在明朝永乐年间因灾荒从陕西省韩城县（今韩城市）逃荒至山西省万泉县（今万荣县），辛勤劳作，耕读传家，至第十三代李文炳由农入商，并带弟弟李文阶、李文蔚进入经商行列，随后李家人广设商号，从最初的买卖土布发展成涉及纺织、冶炼、药材、杂货、土产食品、票号等多种行当的晋商大家。十五代李子用更创办企业，成为当地巨富，此时李氏家族商业范围西至宁夏甘肃、北达内蒙右、东至天津、南至上海，富甲一方。与此同时，李氏更以善行为当地所称颂，面对数次旱灾均购义粮救助灾民，同时出资办学建书院，发展教育，世代“富而不骄，富而不奢，富而行仁”。其以传统农业聚集资本，进而转入商业领域。又由商人积极进取，成功进入近代工业领域，

图 4.7.9.1

转化为民族资本家。在很短的时间内实现家族经济发展跨越,同时以慈善而名扬天下实属不易,李家大院正是这一历史阶段的实物见证。随着抗日爆发,家族生意日渐衰落,中华人民共和国成立后改为学校,用以教书育人,得以保存至今,现作河东民俗博物馆用。

整个建筑为四合院式,原有院落 20 组,房屋 280 间,现存院落 11 组,房屋 146 间。由于家境殷实,其建筑装饰与雕刻极其丰富,以砖、木、石"三雕"为主,辅以彩绘和铁艺,内容题材涵括名人逸事、文学作品、戏剧唱本、宗教神话、风俗民情和社会生活等(图 4.7.9.2 宗祠大门)。浓缩着晋南汉族民俗、民风和文化特点。因西院院主李道行(李子用)曾留学英国,并娶英国女子麦克蒂伦为妻,部分院落为欧洲"哥特式"建筑风格,从而又呈现出中西文化交流融合的艺术特点,为山西地方特色民居中的独例(图 4.7.9.3 西式风格门楼)。

图 4.7.9.2

图 4.7.9.3

4.7.10 寿圣寺塔 ㊴

Shousheng Temple Pagoda

名称与别名	南阳寿圣寺塔
地　　址	运城市万荣县里望乡南阳村
看　　点	建筑单体
推 荐 级 别	★★
级　　别	全国重点文物保护单位
类　　型	塔，砖石结构
年　　代	宋
交　　通	乡村，自驾

南阳寿圣寺塔位于南阳村的一处废旧工厂内，旁边则是学校，进村不远就能看见。入口铁门紧闭，从旁边乡村诊所穿过即可进入。

古塔近年来未经修葺（图4.7.10.1 寿圣寺塔全景）。砖石多有残损，塔身倾斜明显，并伴有严重的沉降——首层檐口几近与人同高，而且首层塔身明显被早年间的红砖草草加固，不见塔门。这样颓败的景象比起焕然一新的古建筑——如芮城寿圣寺塔、新绛龙兴寺塔而言，更透出一份历史的沧桑感。南阳寿圣寺塔与上述二者形制又多有相似，如首层檐下砖雕斗栱的样式等，据此初步断代为宋。塔高十一层，八边形平面楼阁式砖塔，二层以上叠涩出檐，首层塔门已被掩埋，二层以上在正南开券门。塔身收分较为明显，顶层损毁更为严重（图4.7.10.2 寿圣寺塔细部）。

塔边遗放一口大铁钟，蒲牢形纽、圆肩、四周铸有铭文，金大定十二年（1172年）铸，为原圣寿寺遗物（图4.7.10.3 大铁钟）。在塔基处，还有1961年所立的文物保护碑，碑文说塔为唐代遗物，须加以保护。首层的加固也许正是那时所为。从中也可以看到，历经几十年，文物建筑的研究、保护观念与技术的进步吧。

图4.7.10.2

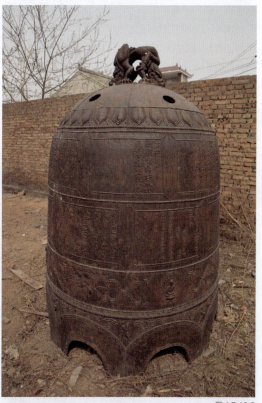

图4.7.10.1

图4.7.10.3

4.7.11 文庙 ⑤

Temple of Confucius

名称与别名	万泉文庙
地 址	运城市万荣县万泉乡万泉村
看 点	建筑单体
推荐级别	★★★
级 别	全国重点文物保护单位
类 型	礼制建筑，木结构
年 代	明—清
交 通	乡村，自驾

图 4.7.11.1

图 4.7.11.2

由于孔子创立的儒家思想对维护社会统治安定所起到的重要作用，历代封建王朝对孔子尊崇备至，从而把修庙祀孔作为国家大事来办。北魏孝文帝太和十三年（489 年），在首都平城（今山西大同）建立了第一座位于京城的孔庙，然后各郡、县大力修庙祀孔。唐朝贞观四年（630 年），太宗下诏："天下学皆各立周、孔庙。"自此孔庙遍及各地。到了明、清时期，每一州、府、县治所所在都有孔庙或文庙。

万泉文庙位于万泉乡万泉村境内，万泉文庙始建年代史无记载，可能是同全国州县一样同建县时建立。据庙碑记载，丁明正德十三年（1518 年）、嘉靖七年（1528 年）重修。其格局与通常孔庙格局相同，坐北朝南，占地面积 1817 平方米。现仅存中轴线的大成殿和琉璃影壁。大成殿面阔五间，进深七檩六椽，单檐歇山顶，两侧山墙向前方延伸。前檐覆盖黄、绿琉璃彩瓦，檐下施五踩双下昂斗栱，蚂蚱形耍头；后檐及东西两侧施五踩单翘单昂斗栱。梁架结构简洁，为六椽栿通达前后檐。殿内梁、柱、椽、栌都施彩绘，额枋饰以红土色云纹或团花彩画，脊檩下皮有明代重修墨书题记（图 4.7.11.1 万泉文庙大成殿）。文庙仪门外有一琉璃影壁，为仿木砖雕，面阔三开间，砖刻檐椽下隐刻斗栱和额枋形象，三间琉璃影壁下各有须弥座。当心间高于两侧，稍宽，有对联一副，横批"太和元气"（图 4.7.11.2 万泉文庙琉璃影壁）。

庙内现存清雍正三年（1725 年）满汉文《平定青海告成太学碑》一通，记载的是清雍正年间，朝廷用武力平定青海罗卜藏丹津叛乱情况。另有明正德年间铸铁狮子一对、宋碑一通。宋碑字迹不可辨认。庙内 7 株古柏合抱有余，荫郁笼罩全庙。

4.7.12 薛瑄家庙 ⑥

Xue Xuan's Family Temple

名称与别名	薛瑄家庙
地 址	运城市万荣县里望乡平原村
看 点	建筑单体
推荐级别	★★
级 别	全国重点文物保护单位
类 型	民居
年 代	明
交 通	乡村，自驾

薛瑄故里位于万荣县里望乡平原村，与南阳村寿圣寺塔相隔不远。

薛瑄字德温，明代著名理学家、教育家和文学家，在世之时弘扬程朱理学，开创河东学派，与王阳明南北并称，堪为一代大儒；死后谥号薛文清公，得皇帝下召从祀孔庙，亦可算是极尽身后之荣。

平原村故人向来对薛瑄推崇备至，至今村东门外尚立有"真儒里"石碑一通，高 6 米余，系嘉靖三十五年（1556 年）山西提督学校按察副使陈棐所提，意在向路人昭示村人崇学好道之风（图 4.7.12.1 "真儒里"石碑）。进得村中，路旁墙壁上处处题写着后人缅怀薛瑄事迹、立志继承先儒遗风的小诗，虽然大多是“打油之作”，但向善之心皆值得褒美。

薛夫子家庙位于村中部，始建于明万历二十八年（1600 年），庙门系红墙黛瓦之间一座古朴的木质牌坊（图 4.7.12.2 庙门）。庙现存建筑有牌楼、正殿及东西廊房等，院落间绿树阴阴、环境清幽，与薛瑄清流领袖之身份颇能相称（图 4.7.12.3 牌坊）。正殿塑有薛瑄像一尊，高 2 米，形象逼真、生动。此外庙内尚有薛夫子线刻画像碑、傅山题写对联等文物。村南不远即薛瑄祖茔，茔区内列植翠柏，气象肃穆，有明代以来石碑多通并墓塚百余座。

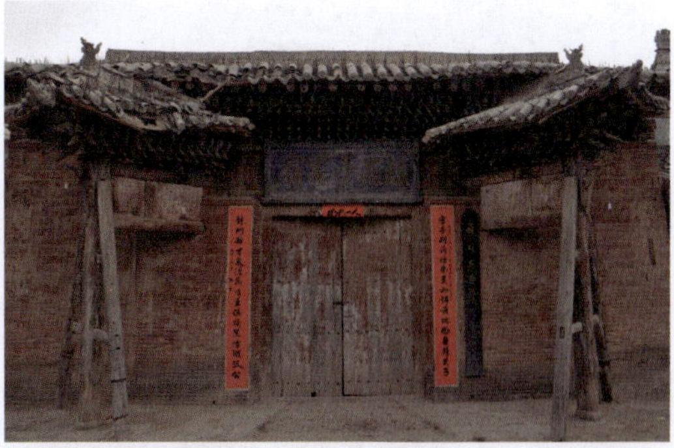

图 4.7.12.2

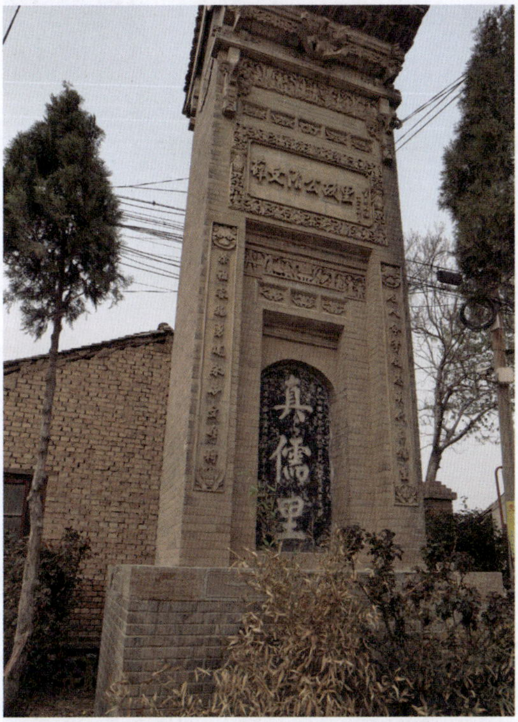

图 4.7.12.1

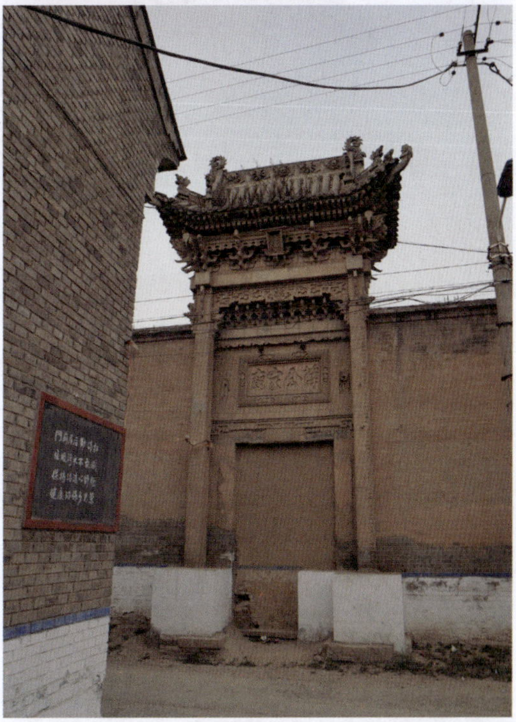

图 4.7.12.3

4.8 闻喜县

4.8.1 保宁寺塔 (57)

Baoning Temple Pagoda

名称与别名	东镇保宁寺塔
地　　址	运城市闻喜县东镇西街村
看　　点	宋代古塔
推荐级别	★★★
级　　别	省级文物保护单位
类　　型	塔，砖石结构
年　　代	宋
交　　通	乡村，自驾

保宁寺塔位于山西省运城市闻喜县东镇西街村北街居民组。坐北朝南。八角七级密檐式砖塔，残高约 29 米。据碑刻和塔门额题记载，保宁寺初名唐兴寺，始建于唐开元六年（718 年），宋治平二年（1065 年）重修后改为保宁寺，元至元年间重修，清雍正三年（1725 年）又重修，现仅存宋代砖塔一座。（图 4.8.1.1 保宁寺塔全景）方形塔基，下部石砌，上部砖筑。一层南向辟长方形门，塔身一层檐口设仿木结构砖雕斗栱，五铺作双杪形制（图 4.8.1.2 保宁寺塔细部）。每面补间斗栱九朵，二层以上叠涩出檐，塔刹已毁，塔内方形中空直达顶层，每层南面辟砖券圆拱门，一层门额上原有“永固大宋治平二年（1065 年）建立，大

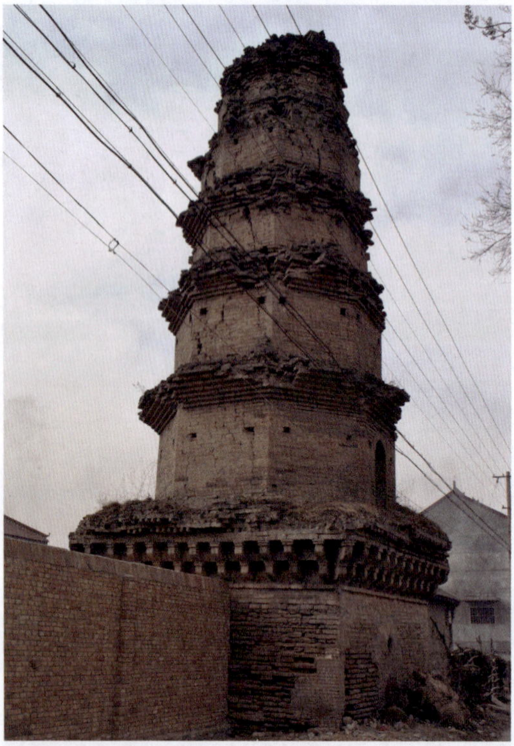

图 4.8.1.1

清雍正三年（1725 年）重修”题记，现已被砸毁。塔基背面嵌有重修保宁寺盘龙碑一通，篆书题额“重修保宁禅寺之碑”。距塔 20 米处，有一通碑，蟠首开龛雕佛，半截入土，有“大唐开元六年（718 年）”题记。

西街村的老人们说：如今在塔南的大片树林和塔北的现代楼群，过去都是香火极盛的大片寺庙。保宁寺塔现今矗立在东镇小学之后，独自诉说着千百年来的风云变幻。

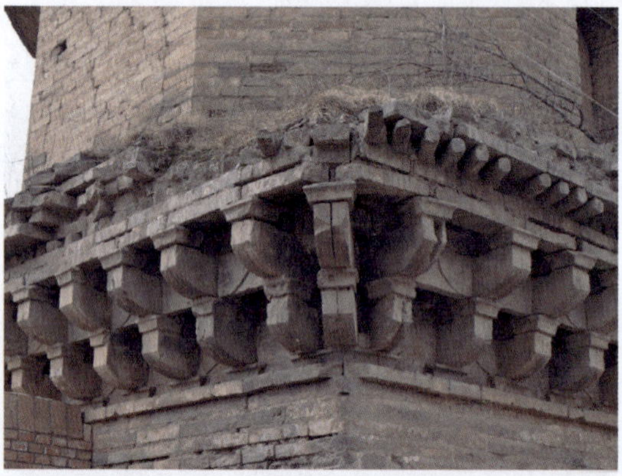

图 4.8.1.2

4.8.2 后稷庙 (58)

Houji Temple

名称与别名	后稷庙
地　　址	运城市闻喜县阳隅乡吴吕村
看　　点	元代建筑单体
推荐级别	★★★
级　　别	全国重点文物保护单位
类　　型	庙宇，木结构
年　　代	元—清
交　　通	乡村，自驾

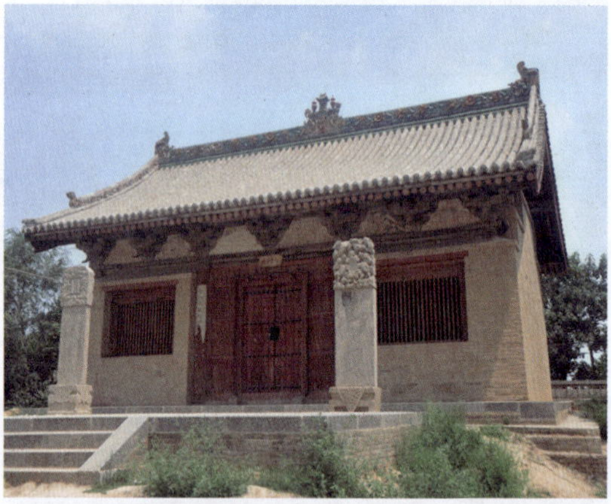

图 4.8.2.1

吴吕村后稷庙占地不大，仅一进院落，坐北朝南。虽然今天仅存中轴线上的正殿水陆殿及戏台，珍贵的是，庙内尚存明嘉靖年间重修庙记碑两通，又有正殿当心间脊部梁下题字记载，可知其创建年代至晚在元初，后于明嘉靖年间（1522—1566 年）、清乾隆二十九年（1764 年）、五十三年（1788 年）中，皆历经修缮，结合其比较古老的做法特征可以判断现存建筑均为元代遗构。

正殿是院落的主角，也是祭祀后稷的重要场所（图 4.8.2.1 后稷庙正殿）。单檐悬山的屋顶之下，大殿面阔三间，进深四椽。从柱子分布及柱径粗细能够看出，正殿在建造之初，未在殿内设置立柱，形成了宽敞而完整的内部空间，以适应庙宇对于祭祀功能之要求。而后由于梁架变形，出于安全考虑，在当心间两架四椽栿下分别加立柱子两根。而新添四柱位于大殿中后方，所形成的空间恰可放置神像，对于祭祀活动也无甚影响。

戏台同是单檐悬山顶，面阔三间，进深四椽，立

图 4.8.2.2

于高基之上（图 4.8.2.2 后稷庙戏台）。台基由砖石砌筑，周有石条压沿，西侧设楼梯通墙上拱门，以供人行。戏台尚存元代遗制，立柱之上，梁架为四椽栿通檐用三柱，前檐施圆形通长额枋，平柱向两侧外移，留出了更为宽阔的戏台空间。而戏台以中心划分，"出将""入相"二门所在隔墙之后，便是北半后台。

作为晋南元代初期建筑的典型代表，后稷庙的营造技术很大程度上传承自宋金时期。它并没有太多同时代建筑的一般特征，其中更多的则是前朝当地建筑的地方做法，体现了晋南建筑技术发展的地方传承。

4.8.3 仇氏石牌坊及碑亭 ⑤⑨
Stone Memorial Archway and Stele Pavilion of Qiu Family

名称与别名	郭家庄节孝坊
地　　址	运城市闻喜县郭家庄镇郭家庄
看　　点	砖石牌坊，碑楼
推荐级别	★★
级　　别	全国重点文物保护单位
类　　型	礼制建筑，砖石结构
年　　代	清
交　　通	乡村，自驾

郭家庄节孝坊位于闻喜县郭家庄镇郭家庄村口，坐北朝南，沿路偏转，石质牌坊，建于块石垒砌的两个石台基上（图 4.8.3.1 节孝坊全景）。两平柱间为大路，侧立柱每边各二，与平柱组合，使正、背面各构成扇面门。属四柱三门式牌坊，三重檐歇山顶，高约 15 米。石枋浮雕人物故事，左右浮雕花草图案。平板枋与左右扇面门的石柱皆刻额题、对联，是为清盐提举仇嘉谟之母孙宜人所建，当建于清光绪年间。

仇氏碑楼位于郭家庄村村口长约 130 米的道路两旁。共 5 座，时代为清同治、光绪年间。路东 2 座，自北至南为仇毓镜神道碑亭和仇氏三兄弟德行碑亭（图 4.8.3.2 仇氏三兄弟碑亭）；路西 3 座，自北至南

图 4.8.3.1

为仇氏五碑碑亭，赵太君德寿碑亭和薛太君节孝碑亭楼。碑刻在路西最北，为仇仲公、郭太君懿行碑。碑楼均为石质，建于块石垒砌台基上。除仇毓镜神道碑亭为十字歇山顶外，余均为单檐歇山顶。碑楼正侧面均浮雕装饰图案和镂刻颂扬主人的对联、石匾额等，保存较好（图 4.8.3.3 仇氏五碑碑亭）。

郭家庄仇氏石牌坊及碑楼虽建于清代同治、光绪年间，但造型优美，雕造精致，艺术造诣很高。碑亭数量多，对于研究清代石牌坊及碑楼造型艺术提供了宝贵的实物资料。同时，对研究当地仇氏家族的发展演变概况亦提供了第一手重要史料。

图 4.8.3.2

图 4.8.3.3

4.9 夏县

4.9.1 司马光墓 ⑥0
Tomb of Sima Guang

名称与别名	夏县司马光墓，余庆禅院
地　　址	运城市夏县
看　　点	古建筑、古墓葬
推荐级别	★★★★★
级　　别	全国重点文物保护单位
类　　型	墓葬，寺院
年　　代	宋—清
交　　通	夏县，自驾

图 4.9.1.1

司马光（1019—1086 年），字君实，山西夏县涑水乡人，世称涑水先生。宝元进士，历仕仁宗、英宗、神宗、哲宗四朝，为宋哲宗时名相，主编《资治通鉴》，谥温国公。家喻户晓的"砸缸救童"足见司马先生自幼胆识过人。《资治通鉴》是我国一部重要的编年体通史，由编辑到成书，历时十九年，司马先生呕心沥血，终成中华文明史上一颗璀璨明珠。元祐三年（1088 年）正月，宋室以国葬大礼安归祖茔。

司马光墓位于山西省夏县城北 15 公里的鸣条冈，从高速公路上沿指示牌就可以到达。墓园分为茔地、碑楼、碑亭、余庆禅寺等几个部分（图 4.9.1.1 司马光墓正门）。

坟茔背依鸣条冈，前临故都安邑，现存司马光及父兄亲属墓冢封土堆十三座，呈有序排列，并保留有不少宋碑，均为名家大家手笔，值得细读。茔地东侧有温公祠堂，创建于宋，历代重修，现存为清乾隆二十七年（1726年）规制，迎面是五间"杏花碑"亭，内藏宋苏轼撰文并书石、金代摹刻的《司马温公神道碑》。元祐三年，宋哲宗为了表彰司马光的大节元勋，敕令翰林学士苏轼撰写神道碑文，并御书"忠清粹德之碑"六字碑额。碑文详述了司马光的家世与生平。绍圣初，御史周秩首论"温公诬谤先帝，尽废其法，当以罪及"，宋哲宗将原碑推倒。金皇统年间，夏县县令王廷直重新镌刻原碑文嵌于壁间，僧人圆珍出钱财建神道碑堂加以保护，遂名杏花碑，惜已剥蚀难辨。明嘉靖三年，御史朱实昌复镌苏文于碑上，立于旧龟趺，冠以旧额。现矗立在司马光墓前的《忠清粹德之碑》高大绝伦，堪称三晋第一碑（图4.9.1.2 杏花碑）。后为祠堂五楹正殿。

余庆禅院（图4.9.1.3 余庆禅院内部）为北宋英宗治平二年（1065年）创建的司马温公祖茔香火院。神宗元丰八年（1085年）敕赐"余庆禅院"额，五间大殿系宋代原物，内奉彩塑金妆大佛三尊，高达3米左右，并配有彩塑韦陀、胁侍菩萨等，东西两侧为十六罗汉，均为宋塑，造型传神，施彩绚丽，精彩绝伦。

图4.9.1.2

图4.9.1.3

4.9.2 圣母庙 ⑥

Shengmu Temple

名称与别名	上冯圣母庙
地　址	运城市夏县埝掌镇上冯村
看　点	建筑单体、元代构件
推荐级别	★★
级　别	全国重点文物保护单位
类　型	庙宇，木结构
年　代	元—清
交　通	乡村，自驾

上冯圣母庙位于运城市夏县县城北向三十华里的埝掌镇上冯村委会院内，始创于宋、元时期。现存有圣母殿、配殿、香亭各一座，碑刻5通。据庙内碑刻记载"圣母庙创建于宋延佑年间，迄明万历建香亭、乐楼成"。

上冯圣母庙现存有圣母殿、配殿、香亭各一座。圣母殿建于高台之上（图4.9.2.1圣母殿），面阔三间，进深四椽，单檐悬山顶，当心间立柱采用八棱柱，柱头有卷杀，有柱头斗栱与补间斗栱，形制为四铺作单下昂，当心间有补间斗栱一朵，并出45°斜昂，前檐柱头斗栱后尾设斜栱挑承垂莲柱，殿内无柱。屋顶用椽为六棱椽，后墙保留有神龛泥塑痕迹，殿内两山面保留有悬塑空中楼阁（图4.9.2.2圣母殿内部梁架）。

香亭即献殿，由前檐歇山顶抱厦一间与后部的面阔三间、进深五椽的单檐歇山顶主亭两部分构成（图4.9.2.3香亭）。主亭自身为一个独立的构架体系，前檐向前凸出抱厦一间，角柱为该亭重要的承重立柱。斗栱有各样雕刻装饰，藻井斗栱由五架梁上的平面呈八边形布列斗栱与中央垂莲柱柱头的斗栱合成。主亭构架为五架四椽，抱厦是山花向前的歇山构架，很多木构件、瓦件、脊饰等都被雕刻成了各种生机勃勃的植物、人物形象，甚是精彩。据建筑形制判断为明代遗构（图4.9.2.4香亭梁架）。

圣母庙规模虽然不大，历代重修，但八棱柱之制，普拍枋接头的勾头搭掌之制，以及设驼峰、异形栱、和斜栱都体现了元代风格，高台基的构造、减柱造和柱头卷杀、侧角明显系宋、元建筑之旧制，特别是六棱形椽的使用，在其他同时代的建筑中为少见，迄今仍完整地保留了元代建筑风格和构件。即便是明代的香亭，在形式上也有不少特别之处，值得一看。

图4.9.2.2

图4.9.2.3

图4.9.2.1

图4.9.2.4

4.9.3 泰山庙 ㊾

Taishan Temple

名称与别名	大洋泰山庙
地　　址	运城市夏县瑶峰镇大洋村
看　　点	元代建筑单体
推荐级别	★★
级　　别	全国重点文物保护单位
类　　型	庙宇，木结构
年　　代	元
交　　通	乡村，自驾

泰山庙系元朝时期之古寺庙。由于该庙的史料记载极其稀少，难以考证其始建年代。而由梁架题记看来，在元大德八年（1304年）、明隆庆五年（1571年）间，对其均有修缮，现存建筑亦在近年有所翻修。这里在旧时是村民祭祀神灵的地方，曾有三大寺庙群建筑，包括后土庙、泰山庙、关帝庙，每个庙宇前都有献殿和戏台，规模十分壮观。只可惜几组建筑相继毁于20世纪的战火和动乱，唯泰山庙独自存留。庙宇对面，则是后人修缮的一座戏台。

该庙坐北朝南，其中建筑毁坏严重，现仅存元代大殿一座（图 4.9.3.1 大洋泰山庙正殿）。大殿屋顶单檐悬山，其下面阔五间，进深四椽，前檐辟廊。檐下斗栱形制分布十分特别，柱头斗栱五铺作单杪单下昂（图 4.9.3.2 正殿斗栱），其上又有耍头成龙形，雕刻精美，彩画依稀可辨。五间柱间皆有补间铺作，其中当心间多了斜栱，各向仅有双杪而无下昂。斗栱上下之阑额、桁檩之上，皆见彩画，其中不乏颇为清晰之处，或可作为彩画研究之参照。

入内后，屋架构件之新旧则更为明显，不过主要梁架仍保留了先代遗构，部分椽子、个别斗栱构件乃是今年翻修。从殿内的四椽栿底部，能够看到"元大德八年重修"等题记。

图 4.9.3.1

图 4.9.3.2

4.9.4 文庙 ㊿

Temple of Confucius

名称与别名	夏县文庙
地　　址	运城市夏县城内解放南路
看　　点	建筑单体、琉璃雕刻
推荐级别	★★★
级　　别	全国重点文物保护单位
类　　型	礼制建筑，木结构
年　　代	元
交　　通	县城，自驾

夏县文庙位于山西省运城市夏县城内解放南路，是迄今山西境内现存县级文庙建筑中规模最大的一座，也是运城市所独有。据清乾隆二十七年（1762年）《夏县志》载"庙学创于宋……，元至元十四年（1354年）重修……"，"明嘉靖三十四年（1555年）十二月十二日夜，有声如雷，蒲、解、夏尤为甚，城催隍湮，土涌井涌，官廨、儒学及温公书院、乡贤祀皆圮毁，唯文庙大成殿独存……"经受住大地震而能独立于县城内，可谓木结构建筑抗震的奇迹（图 4.9.4.1 大成殿）。明、清两代以至民国初年，相继增制修葺，旧时规模宏大，远近闻名。现仅存文庙大成殿一座，面阔七间，进深五间，单檐歇山顶。中部采用减柱造，立柱上下有收分，皆有侧角，殿内梁架结构为八架椽屋六椽栿对前后乳栿用四柱，为"金箱斗底槽"式的官式建筑作法。该殿出檐深远，在两侧和后檐的柱头斗栱六铺

作昂下置有立柱支撑，是后人为避免檐部折断或变形所采用的保护性措施（图 4.9.4.2 大成殿梁架）。柱头铺作为六铺作三下昂（图 4.9.4.3 大成殿前檐斗栱）。每间皆设补间铺作，当心间的补间设斜栱，前檐各次间和稍间做成双重栱，补间后尾用垂莲柱挑承下平槫，起到了杠杆的作用。栱眼壁系木板装饰，四十八个栱眼壁间彩绘有神采各异的云龙或凤舞图案。屋顶各脊件皆用素面琉璃，鸱吻、垂兽、戗兽、套兽也皆为琉璃。特别的是，两山面的博风板和山花表面皆以琉璃构件拼砌而成，博风板整体素雅，边饰以宝箱纹，上下吻兽相对立。山墙的琉璃工艺上有凤鸟展翅欲飞，中有二龙戏珠，云腾雾绕，水流滔天，下侧二龙戏水，整个浮雕画面勾画出神话般的天界（图 4.9.4.4 山面琉璃装饰）。

这样原本红火的文庙如今只空余大成殿一座，风雨飘摇，难免令人扼腕叹息。可以在地震中挺立，也希望它能继续矗立于历史的长河中。

图 4.9.4.1

图 4.9.4.3

图 4.9.4.2

图 4.9.4.4

4.10 新绛县

4.10.1 白台寺 ⑥⑷

Baitai Temple

名称与别名	新绛白台寺，善化寺
地　　址	运城市新绛县泉掌镇光马村西
看　　点	木结构
推荐级别	★★★★
级　　别	全国重点文物保护单位
类　　型	寺院，木结构
年　　代	金—清
交　　通	乡村，自驾

白台寺孤独地兀立台地之上。北面一条乡间小路，南面是无边的田野（图 4.10.1.1 白台寺全景）。上午九点多来到此处，赶上守庙人回村吃早饭，正好在寺外徜徉并观赏矗立在面前的法藏阁。

寺南原有山门、钟鼓楼等建筑，现已不存，由法藏阁东侧朵楼下部的通道进入，通道是大斜坡，由石板铺成。入口处还镶嵌着一块碑文，记载着当年因入口残破危险人们不敢通过而筹资修葺一新的过程。寺院共三座大殿，排列于中轴线上，自南向北依次为法藏阁、释迦殿、大雄宝殿，后院地面较前院高，东西两侧配殿多已无存。

各座建筑中，法藏阁创建于金代，元代曾予以修葺（图 4.10.1.2 法藏阁）。阁依土崖而建，下层搭建

图 4.10.1.1

图 4.10.1.2

三开间硬山顶观音殿，上层面阔三开间，进深四架椽，悬山顶，南面屋檐下又接出一檐，为"重檐三滴水"。由于院内外的地势差，在院内看，法藏阁则为普通的三开间的单檐悬山建筑。南面平坐层柱头铺作为五铺作双杪计心，为稳固支撑上层外廊，又从下方观音殿伸出立柱支在第二跳华栱下。上层上下檐用四铺作，形式变换灵活。

释迦殿，属金代重建之原物（图 4.10.1.3 释迦殿全景）。释迦殿位于寺院中部台明之上，单檐歇山顶，面阔三间，进深四架椽，平面近方形。前后檐柱头铺作均为四铺作单下昂计心造，隐刻华头子。前后檐仅当心间各有一朵补间铺作，与柱头铺作基本相同，室内挑斡至梁架，其令栱两端刻作下昂状，且刻有华头子，这种做法多见于金代墓葬，后檐补间铺作的令栱两侧被人锯断，耍头被改为龙头形。殿内正中须弥座佛台上塑释迦牟尼佛一尊，两侧菩萨侍立，两山墙偏南亦设须弥座佛台，上各立三尊罗汉，围合出一个礼佛空间（图 4.10.1.4 释迦殿梁架）。穿过释迦殿后可以看到两株唐槐，沧桑虬劲。

北端月台后的就是大雄宝殿（后大殿），属元代遗构，悬山顶，面阔五开间，进深四架椽（图 4.10.1.5 大雄宝殿全景）。柱头铺作为五铺作双杪计心造。室内梁架采用金元时期常见的减柱造，粗大的曲梁直接搭在前后檐柱上，殿内只有当心间设有两根柱子，梁上依稀可见彩画的痕迹。柱后沿墙设佛台，台上塑一佛二菩萨像。

除了三座大殿和其中的元、明彩塑外，院内还存各朝碑刻可供研究。

曾几何时这里曾是绛州地区重要佛事之地，现在却仅剩三座大殿留存，很是可惜。目前，当地的佛事活动已经转移至寺东新建的白台寺玉佛殿，使得田野间的白台寺更显孤单。

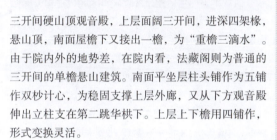

图 4.10.1.3

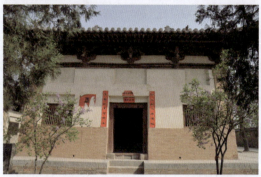

图 4.10.1.4

图 4.10.1.5

4.10.2 福胜寺 ㊹

Fusheng Temple

名称与别名	新绛福胜寺
地 址	运城市新绛县光村
看 点	木结构，彩塑壁画
推荐级别	★★★★
级 别	全国重点文物保护单位
类 型	寺院，木结构
年 代	元—清
交 通	乡村，自驾

福胜寺可能始建于北齐天统年间，金大定三年（1163年）赐名"福胜院"，其后历代均有修葺。由于藏有众多宋金彩塑精品，寺院破败之时屡被盗窃。如今寺院已经修缮一新，围墙环绕，远远望去院内建筑高低参差，错落有致（图4.10.2.1 福胜寺全景）。院落竖向延伸，中轴线上依次有山门、天王殿、中殿、后大殿，两侧为钟楼、鼓楼和数间配殿厢房。

山门很像一开间的小型木牌坊，悬山顶下为五朵七踩斗栱，其下是宽大的门楣匾，两侧为砖砌八字墙。山门两侧连着围墙，围墙上书"文物是不可再生的财富"。

进门即见天王殿，三开间悬山小殿，无斗栱，殿内彩塑已不存。天王殿两侧建有钟鼓楼。

天王殿之后是一个狭长的院子，东西两侧厢房分别是三霄娘娘殿和十殿阎罗殿。院中又立一座小牌坊，形制较山门简单，高度稍低，两柱周围以砖墙做墩柱，整体显得安稳敦实。院子尽头是十三级台阶之上的又一道窄门，虽然狭小，但有了牌坊、台阶和门之后变得丰富有趣，很有空间层次感。

门后是寺内主体建筑释迦殿，为元代遗构，明弘治年间重修（图4.10.2.2 释迦殿）。大殿重檐歇山殿，面阔三开间，六架椽屋，副阶周匝。外檐檐柱柱头斗栱不出跳，用于搭接丁栿和檐槫。上层檐柱头铺作为五铺作双下昂重栱计心造，四面均只有当心间各设一朵补间铺作，形式与柱头铺作相同。前廊当心间与次间之间各砌一堵墙内嵌石碑。殿内藏有20多尊元明彩塑，非常珍贵，不能进入参观，只好从窗户张望一番。

释迦殿之北就是后大殿，殿前有月台栏杆，大殿面阔五开间。下层用砖砌发券，成为三佛洞，外接一排廊子；上层有一三开间木结构建筑，为藏经阁；藏经阁两侧各一间小厢房。目前后大殿也不对外开放。

福胜寺现存的彩塑大多集中在释迦殿中，殿中央一米多高的佛坛上塑有弥陀佛说法坐像，左右胁侍观音和大势至二菩萨立像。整组塑像形态丰满，威严端庄，当属元代彩塑。在弥陀佛宝座的背后悬塑有"渡海观音"，风格一致，观音位于画面中心，善财童子、明王、龙王在其左右各具神态，背景为波涛汹涌的大海。殿内两侧，有明代加塑的十八罗汉及四大天王。罗汉神态各异，举止无定，坐卧自如。

后大殿下层三佛洞内塑有释迦及胁侍观音、地藏，弥陀及胁侍文殊、普贤，药师及胁侍日光、月光菩萨，与窑洞同为元代遗作。

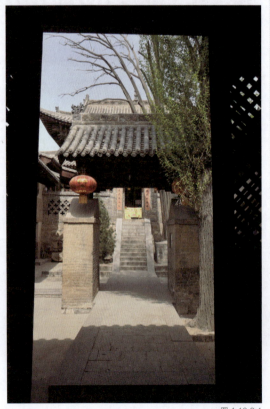

图 4.10.2.1

图 4.10.2.2

4.10.3 关帝庙·龙香 ⑥
Guandi Temple in Longxiang

名称与别名	龙香关帝庙
地 址	运城市新绛县龙兴镇龙香村
看 点	元代塑像
推荐级别	★★★
级 别	全国重点文物保护单位
类 型	庙宇，木结构
年 代	元
交 通	乡村，自驾

却不曾想刚动了正殿房顶的一块瓦片，村里就开始有人生病发高烧。人们开始惧怕，这样的举动是不是触犯了神灵，便不再敢进犯。迷信让庙里珍贵的雕刻精华都保存了下来，那是旧时的敬畏。今天该有今天的敬畏了。

图 4.10.3.1

龙香村的关帝庙因龙香村而不同凡响。《左传》载"龙见于绛郊"，说的就是此村。庙宇创建于宋代之后，经过明、清两代重修。

庙坐北朝南，自南向北轴线上依次有戏台、献殿、正殿（图 4.10.3.1 龙香关帝庙外观）。正殿据形制判断为元代遗构。殿宇面阔三间，进深三间，悬山式屋顶，四铺作单下昂斗栱，补间施一朵斗栱；殿内用减柱造，梁架结构为四椽栿通檐用三柱，用材粗大。殿内关羽、周仓、关平等7尊塑像据专家考证为元代作品（图 4.10.3.2 龙香关帝庙彩塑）。至于殿前的献殿则为清时增建。舞台为清道光十一年（1831年）所建。

听庙宇的看护员讲了一个流传的小故事。在"文革"期间，人们本打算用拆除的方法"重整"关帝庙，

图 4.10.3.2

4.10.4 关帝庙·泉掌 ⑥⑦
Guandi Temple in Quanzhang

名称与别名	泉掌关帝庙
地 址	运城市新绛县古交镇泉掌村
看 点	石雕柱
推荐级别	★
级 别	省级文物保护单位
类 型	庙宇，木结构
年 代	元—清
交 通	乡村，自驾

泉掌关帝庙创建年代不详，现仅存元代大殿，明弘治八年（1495年）、清顺治、乾隆年间均有修葺。大殿坐北朝南，面阔进深皆五间，重檐歇山顶

（图 4.10.4.1 关帝庙全景）。

建筑本身有些平淡，最有趣的是檐下二十根石雕柱（图 4.10.4.2 石柱）。其中十一根为浮雕盘龙柱，另九根为浅平雕龙柱。前檐下柱的石雕尤其生动，龙盘踞在石柱之上，爪中大多抓着头、腿等人体器官，男女老少不一而足，有的龙爪甚至直接戳到两只人眼之中，看起来甚为瘆人。很有可能这些人犯下奸淫掳掠之恶，因此铭刻于庙宇之前以儆效尤，教化百姓，此等凌厉直白方式着实特别。而一个个被龙爪抓住的面孔却没有惊惧之态，倒是很有冷漠超然的美感（图 4.10.4.3 面孔）。

脱离开这些浮雕所指涉的意义，雕塑工艺本身也十分精美。龙爪的纹路、人头的毛发和眉眼，甚至脚上鞋子的纹样都清晰可辨，栩栩如生。西南角石柱留有大明成化年字样，不知是否是这些石柱最早的年代。部分石柱上的雕刻则明显比较粗糙，为后来所做。

图 4.10.4.1

图 4.10.4.2

图 4.10.4.3

4.10.5 稷王庙·北池 ⑥⑧

Jiwang Temple in Beichi

名称与别名	北池稷王庙
地　　址	运城市新绛县阳王镇北池村
看　　点	建筑单体
推荐级别	★★★
级　　别	全国重点文物保护单位
类　　型	庙宇，木结构
年　　代	宋—清
交　　通	乡村，自驾

　　北池村里的稷王庙距离阳王镇、稷益庙仅几公里路程。村内早年开凿有古池一泓，池面宽阔，风景甚佳，北池村或因此得名。稷王庙紧邻在古池北侧土台之上，旁依玉皇阁，一池、一阁、一庙，几乎是乡民从起居到信仰全部的日常生活，俨然中国北方乡土的缩影（图4.10.5.1 稷王庙外景）。

　　稷王庙的创建年代不详，但据庙内梁脊板及现存碑刻载：明弘治十六年（1503年）、万历十八年（1590年），清康熙四十二年（1703年）、道光十年（1830年）、光绪二十四年（1898年）、1953年均予重修、扩建，现存的院落及建筑基本完整保留了明清时期的风貌。

　　庙内仅一进院落，空间有限，主殿、戏台、配殿四面围合，内向的建筑立面皆富于装饰，显得热闹洋洋。如同中国很多地方的庙宇一样，庙内正殿绘上了毛主席画像，染上了那个时代的炙热红色，使人不禁遥想起在那场精神运动，不知当时的小村内是否如外界一般风雷激荡。面对着今天的平静，一切似乎都锁进了庙门背后的记忆当中（图4.10.5.2 稷王庙全景）。

　　在当地官府、乡民的共同努力之下，北池稷王庙的历史价值得到了认可，2013年晋升为第七批国保。2015年，北池稷王庙获得了国家文物部门的拨款修缮。

图 4.10.5.1

图 4.10.5.2

4.10.6 稷王庙·苏阳 ⑥⑨

Jiwang Temple in Suyang

名称与别名	苏阳稷王庙
地　　址	运城市新绛县阳王镇苏阳村
看　　点	建筑单体
推荐级别	★
级　　别	省级重点文物保护单位
类　　型	庙宇，木结构
年　　代	元—清
交　　通	乡村，自驾

　　苏阳稷王庙，位于山西省运城市新绛县阳王镇苏阳村东南隅。坐北向南，一进院落布局，据庙内石碑记载始建于唐贞观，宋元明清均有修葺。庙南部建有戏台、东西有廊房，均已毁。仅存北部正殿及两侧配殿（图4.10.6.1 稷王庙全景）。

图 4.10.6.1

正殿又名后稷殿，面宽三间，进深四椽，单檐悬山顶，柱头有覆盆式卷杀。前檐普拍枋上置有斗栱，当心间辟门，檐下斗栱七朵，形制均为五铺作下双下昂，斗栱挑斡至梁架。两侧角柱向里侧收分明显，据形制判断为元代遗构（图4.10.6.2 正殿梁架）。东配殿为关圣殿"武圣祠"，面宽三间，进深三椽，单檐悬山顶。西配殿为娘娘殿"慈恩宫"，面宽三间，进深二椽，单檐悬山顶，檐下无斗栱，据形制判断二殿皆为明清遗物，整体保存完好。

庙内东南隅保存有直径约90厘米活体"五色槐"一株，每天花开时从花蕊到花瓣层层变化，呈五种颜色，人称"五色槐"，该槐树在民间流传有与春秋时期名将赵盾有关的美丽传说。古建筑与植物以及景观环境，总是配合得天衣无缝，相得益彰（图4.10.6.3 "五色槐"）。

图 4.10.6.2

图 4.10.6.3

4.10.7 稷益庙 ⑦
Jiyi Temple

名称与别名	稷益庙
地 址	运城市新绛县阳王镇
看 点	明代壁画
推荐级别	★★★★
级 别	全国重点文物保护单位
类 型	庙宇，木结构
年 代	元—清
交 通	乡村，自驾

稷益庙位于新绛县阳王镇，庙东面临着阳王电影院，南面是一个学校。电影院已经废弃，阳光照着却仍觉阴森；学校里传来读书声，带来相反的感受（图4.10.7.1 正殿全景）。

稷益庙始建年代不详，元明两代均有重修。庙宇坐北朝南，原山门、献亭、两厢房已毁，其正殿系明弘治年间重修，面阔五间，进深六架椽，单檐悬山式屋顶，檐下五铺作单下昂斗栱（图4.10.7.2 正殿檐下斗栱）。

正殿东南西三面有极其珍贵的明代壁画，甚至可与永乐宫壁画相媲美（图4.10.7.3 正殿内部壁画）。

图 4.10.7.1

图 4.10.7.2

壁画在内容上反映了古人社会生活和精神图像。东壁的朝圣图以三圣殿为中心，描绘了古时繁荣热烈的朝拜画面，西壁以大禹、后稷和伯益为中心描绘了百官朝拜的盛大画面，画工还将"后稷降生图"和"教民稼穑图"等巧妙地以连环画的形式，分别排列在东西两壁上。在东壁包括祭祀天地、后稷降生、牲口圈中、禽鸟饲养、樵夫发现、母亲抱回和邻里看望；西壁包括烧荒图、耕获图、狩猎图和伐木图等。与东壁壁画相连的是南壁东侧"张大帝率十殿阎君赴会朝拜三圣图"，而南壁西侧则是用于教化的"阴曹地府""酆都玉门"这样血淋淋的画面。在艺术效果上，线条继承了元代壁画笔力雄健、线条流畅的特点，色彩多使用红色，间配绿、青、白、黄，搭配和谐且有丰富的变化，虽然被历史的尘埃降低了饱和度，却仍能使人屏息凝神，颇受震撼（图4.10.7.4 正殿内部梁架）。

"稷王老爷，我守护你二十年了啊。"我们临走的时候，看管稷益庙的老大爷还跪在正殿稷王塑像前喃喃自语。可以想见，二十年来风风雨雨，寥寥游客来来去去，正殿大门吱吱呀呀开开合合，三面壁画热闹无比，却又一直静默如斯。

图4.10.7.3

图4.10.7.4

4.10.8 绛守居园池 ⑦

Jiangshouju Garden Pond

名称与别名	绛守居园池
地　　址	运城市新绛县西部高垣
看　　点	园林格局，宋代石碑
推荐级别	★★★
级　　别	全国重点文物保护单位
类　　型	园林
年　　代	隋
交　　通	县城，自驾

绛守居园池隐逸在闹市中。踩着粗石地面上到楼群间的高地上，古朴的山门和围墙掩抑不住的翠色散发着迷人的气质。

绛守居园池是我国北方最古老的园林之一，始建于隋开皇十六年（596年）。由内军将军临汾令梁轨开创。当时他为官一任，体察民情，看到风不调雨不顺，常常有旱灾威胁百姓，城池附近，井水又多卤咸，既不能饮，又不可浇灌园田，于是他从距县城北30华里的"鼓堆泉"引来清凉的泉水，开了12道灌渠，大部浇灌沿途田地，小部分流入当时刺史的"牙城"，从州衙的后面经过，流入街市和城郊，解决了人民饮水和灌溉田园的问题。大业元年（605年），炀帝的

图4.10.8.1

弟弟汉王谅造反，绛州薛雅和闻喜裴文安居高垣"代土建台"以拒隋军讨之，因此形成了大水池，于是，中建洄莲亭，旁植竹木花柳，故"豪王才侯"在此处建起"台亭沼池"，"袭以奇意相胜"，几经添建修饰，"居园池"的雏型便形成。绛守居园池历经隋、唐、宋、元、明、清各代官衙州牧的添建维修，一千三百多年的风云变幻，形成几个大的格局和面貌，成为我国园林史研究的重要资料。从隋唐时期的"自然山水园林"到宋元时期的"建筑山水园林"，直至明清时期的"写意山水园林"，一脉相承形成我国北方园林的独特面貌。现存园池大体基本面貌是清代李寿芝重建，后经民国初年修建的风貌。

此园在历代都引起很多文豪的关注，并竞相慕名前往。而文笔最怪者为韩愈的老朋友樊宗师所撰写的《绛守居园池记》，文中曾详述园景：水从西北入园，水池占全园四分之一。池被子午桥分为东西两半，桥中亭名洄莲亭，池南是轩亭回廊，居中有题香亭，与寝室通（图4.10.8.1莲花池与洄莲亭）。池西南设虎豹门与州衙接（图4.10.8.2虎豹门）。池东南有新亭和槐亭（图4.10.8.3孤岛亭）。经望月渠到苍塘，池边立柏亭。园北是横贯东西的风堤，堤上可俯瞰全园（图4.10.8.4风堤俯瞰图）。相形之下，虽然北宋孙冲的重修园池记考证很详，范仲淹、欧阳修、梅尧臣等名气亦人，然有关此园之文远逊樊宗师之后。

图4.10.8.2

图4.10.8.3

图4.10.8.4

4.10.9 绛州三楼 ⑫

Three Towers in Jiangzhou (Bell Tower, Drum Tower, Music Tower)

名称与别名	绛州三楼
地　　址	运城新绛县城西高垣之上
看　　点	建筑组合，新绛全景
推 荐 级 别	★★★
级　　别	全国重点文物保护单位
类　　型	庙宇，木结构
年　　代	元—清
交　　通	县城，自驾

绛州三楼即钟楼、乐楼、鼓楼。明清时州府县城多有市楼、谯楼或钟鼓楼，唯绛州三楼并峙，南北鼎形排列，钟楼在南，乐楼在东，鼓楼偏北（图4.10.9.1三楼全景）。

据《新绛县志》记载，钟楼最早为北宋乾德元年（963年）所建，后因失火全部毁尽，又在废墟上重建，元、明均有重修。现存建筑为明万历年间遗构，清代有修葺。该楼地势高峻，台基耸立，为正方形，楼身四面设有券洞门，嵌有四副石刻楹联，屋顶为十字歇山顶，剪边琉璃瓦饰（图4.10.9.2钟楼）。

乐楼，创建年代不详，现为明代遗构，坐南面北，面阔三间，进深二间，前檐插廊，台基高为2.5米（图4.10.9.3乐楼）。楼体明间宽大，并出抱厦一间，

图 4.10.9.1

图 4.10.9.2

图 4.10.9.3

图 4.10.9.4

屋顶当心间凸起，犹如阁楼形制，据传上下可以同台唱戏。屋顶为硬山筒瓦顶。

鼓楼，据碑记创建于元至正年间，明清均有重修。现存木结构为明代遗构（图 4.10.9.4 鼓楼）。因年久失修，1994 年进行抢救性翻修并彩绘，现面貌已焕然一新。鼓楼筑在七星坡顶端西侧，坐西面东，在州府大堂的东南，基址宏大，砖石混砌而成，东西辟券洞门串通，楼身为三重檐，歇山顶，逐级相应收缩。底层面阔五间，进深二间，周围辟回廊，可以供游人四面瞭望，南观汾水如带，北望吕梁岚气氤氲，四周风光尽收眼底。

4.10.10 净梵寺大殿 (73)

Main Hall of Jingfan Temple

名称与别名	净梵寺大殿
地　　址	运城市新绛县泽掌镇泽掌村
看　　点	建筑单体
推荐级别	★★★
级　　别	省级重点文物保护单位
类　　型	寺院，木结构
年　　代	元
交　　通	乡村，自驾

净梵寺大殿，位于山西省运城市新绛县泽掌镇泽掌村东，泽掌中学校园内，据民国十七年版《新绛县志》记载，创建于宋嘉祐八年（1063 年），明清时期均有重修。现仅存大殿，坐北向南，建于高约 1 米的砖砌台基上（图 4.10.10.1 净梵寺大殿）。面宽五间，进深六椽，单檐悬山顶，前檐墙经后人改造原有形制不明，殿内梁架为五椽栿对后劄牵用三柱，金柱大量减去，纵向施两根拼接通面大内额，内柱柱础为莲瓣式样。西侧金柱上有“成化七年（1471 年）二月吉”重修墨书题记。斗栱形制为五铺作双下昂，补间斗栱皆一朵，形制与柱头斗栱略同，而二跳下昂为真昂后尾直接承挑于下平榑之下。长年风雨侵蚀，导致屋顶后坡部分坍塌，前檐门窗已改，状况堪忧。该殿建造时间早，建筑面积大，形制粗犷古朴，元代风格突出。

真想不到在这样一座不起眼的建筑上，斗栱竟然还用了真昂（图 4.10.10.2 大殿斗栱）。真昂的使用在元代建筑上已经大大减少，因而在探访中如果发现这样一个案例，足以令人兴奋半天。

图 4.10.10.2

图 4.10.10.1

4.10.11 龙兴寺 ⑭

Longxing Temple

名称与别名	新绛龙兴寺，碧落观
地 址	运城市新绛县城龙兴路北端
看 点	木结构、彩塑、碧落碑
推荐级别	★★★★
级 别	全国重点文物保护单位
类 型	寺院，木结构
年 代	元—清
交 通	县城，自驾

在道路尽头的大广场停车，登上前方的大台阶，眼前就是高踞于新绛县的龙兴寺（图 4.10.11.1 龙兴寺全景）。该寺始建于唐，原名碧落观，唐高宗咸亨元年（公元670年）改称龙兴寺，会昌灭法期间毁坏殆尽。宋时太祖曾寓居于此，改寺为宫，后恢复龙兴寺之名。

进寺之后，眼前又是一段台阶，台阶两侧的廊子内放置着寺中所藏众多石碑。拾级而上即见正殿和左右厢房，一座高大石碑——碧落碑立于院子中间。碧落碑是唐高宗咸亨元年（670年）韩王李元嘉之子李训、李谊、李撰、李谌为纪念其亡母房氏（房玄龄之女）而立，碑文小篆古文杂出、诡异多变。该碑唐初即立于碧落观，明清藏于衙门，中华人民共和国成立后移

图 4.10.11.1

图 4.10.11.2

回此处。石碑的背面是唐懿宗咸通十一年（870年），郑承规奉命以楷书所作释文。石碑字迹清晰，保存较为完好；前院碑廊中有仿品反倒已经字迹模糊。

碑亭之后就是寺中主殿大雄宝殿，由于其外观的彩画被修复成了与晚期样式，初不以为意，但仔细一看，竟有真昂，不由地认真起来（图 4.10.11.2 大雄宝殿斗栱）。大雄宝殿面阔五间，进深六架椽，单檐悬山顶，梁架用料粗大。南立面为五铺作斗栱，单杪单下昂，当心间补间铺作两朵，其余各间补间铺作各一朵。一应做法颇具元代风格。殿内精美彩塑属宋金时

期，三主尊坐在由须弥座撑起的莲台之上（图 4.10.11.3 大雄宝殿内部梁架），为毗卢佛、释迦牟尼佛、卢舍那佛，侍立为观音、地藏、文殊、普贤。彩塑衣物线条流畅、褶皱自然。

殿后的龙兴寺塔始建于唐代，清乾隆年间坍塌重修，现为十三层八角塔。一层檐有仿木椽子，以上各层简单叠涩出檐（图 4.10.11.4 龙兴寺塔），仔细分辨可以看到叠涩出檐的部分有木条混迹于砖中。

根据记载，塔顶会出现不明原因的"冒烟"现象，几百年间已有多次，每次几分钟到十几分钟不等，且都发生在太平盛世。塔刹每次冒烟都引得万人空巷，前来围观，最近一次观测到冒烟是在二十多年前的 1993 年。

现代的科学技术手段难道不能解释奇怪的冒烟现象吗？为什么最近这些年再没有见过了呢？难道当今不是太平盛世吗？我们把一连串疑问抛给了这里工作的大叔，大叔哈哈一笑说：现代人的生活方式都变了，谁又有闲心经常来看看塔呢，就算冒烟了也没人发现，没人发现也没关系，这里遍布了摄像头，放一个专门观测塔顶冒烟不就完了？可这些却只是来监管我们的，怕我们私自带人上塔参观，不买门票。

寺后有两座迁建的宋代砖雕墓，但因经营权的问题难见天日，很是可惜（图 4.10.11.5 宋代砖雕墓）。当年龙兴寺曾是"龙兴宫"，想必也是颇具规模的大寺院，如今游人寥寥，也不再有人有闲心注意塔刹是否再冒烟。

那一缕缕青烟，会不会也感觉到了寂寞。

图 4.10.11.3

图 4.10.11.4

图 4.10.11.5

4.10.12 三官庙 ⑦⑤

Sanguan Temple

名称与别名	三官庙，葫芦庙
地　　址	运城市新绛县仁义路 24 号
看　　点	元代正殿，元代彩塑
推荐级别	★★
级　　别	全国重点文物保护单位
类　　型	庙宇，木结构
年　　代	元
交　　通	县城，自驾

图 4.10.12.1

三官庙大隐于闹市（图 4.10.12.1 三官庙外景），大门紧闭。与绛州三楼遥相呼应。商贩和行人注意到了我们这些外人，却也不关心这里的古建筑。

据庙内彩塑主像胸中木柱上纪年，三官庙不晚于为元至正元年（1341年）创建，明清均有修葺，现仅存献殿和正殿。

庙坐东朝西，两建筑紧密相连。献殿面阔一间，进深二间，平面呈方型，屋顶为十字歇山顶，斗栱四铺作单下昂，蚂蚱形耍头。井口枋上置四铺作单杪出四十五度斜栱，其上承平梁，正中部设垂莲柱，很是精巧（图4.10.12.2 献殿梁架）。正殿面阔二间，进深三间，斗栱四铺作用插昂，单檐悬山顶（图4.10.12.3 正殿立面）。两山为五花山墙。

献亭原先被用作水暖商店，还有机会进去看看。自修缮以后，商店清退，古建筑连同内部的元代彩塑，便永远锁在了大门内，与灰尘和老鼠为伴。

图4.10.12.2

图4.10.12.3

4.10.13 寿圣寺大殿 ⑯

Main Hall of Shousheng Temple

名称与别名	北苏寿圣寺大殿
地　　址	运城市新绛县泽掌镇北苏村
看　　点	建筑单体
推荐级别	★★
级　　别	省级文物保护单位
类　　型	寺院，木结构
年　　代	元
交　　通	乡村，自驾

寿圣寺大殿，位于山西省运城市新绛县泽掌镇北苏村村委会院内，据民国十七年版《新绛县志》记载，创建于北宋建隆二年（961年），明万历四十一年（1613年）、清康熙四十二年（1703年）均有维修。现仅存大殿，坐北向南，面宽五间，进深六椽，单檐悬山顶，前檐平柱下无石柱础，柱头有砍斜。前檐墙经后人改造，原有形制不明（图4.10.13.1 大殿正面）。柱头普

拍枋之上置斗栱，柱头斗栱四铺作单杪，蚂蚱形耍头；梁架结构为四椽栿对后乳栿，殿内纵向施内柱两根，内柱柱头施大内额两根，平梁、三椽栿、四椽栿层层叠架于大内额之上，椽栿上皆彩绘图案。殿顶素板筒瓦覆盖，正脊东侧保留有部分牡丹花叶琉璃脊筒，造型生动华丽。据形制判断该殿为元代遗构。明清维修有部分构件更换，因年代久远，长年风雨侵蚀，并未得到良好维护，导致大殿屋顶后坡部分坍塌，整体保存较差。

图4.10.13.1

该殿体量大，规模宏伟，大胆使用辽金时期兴起的减柱造和移柱造，元代建筑特点突出（图 4.10.13.2 内部构架）。

图 4.10.13.2

4.10.14 文庙 ⑦

Temple of Confucius

名称与别名	绛州文庙
地　　址	运城市新绛县城四府街
看　　点	泮池，大成殿献台
推荐级别	★★★
级　　别	全国重点文物保护单位
类　　型	礼制建筑，木结构
年　　代	宋
交　　通	县城，自驾

绛州文庙占地面积不小，创建年代待考。据庙内存宋人集刻晋右军将军王羲之书碑《重修夫子庙碑记》记载，推断文庙至迟为宋代所建，以后元、明、清屡经增修，是一处很有特色的古建筑群。绛州文庙的布局基本沿用古代文庙的一般格局，沿建筑中轴线依次为照壁、泮池、棂星门、戟门、大成殿、静亭、东西碑亭、尊经阁、东西配殿。其明伦堂、尊经阁、树龄数百年的柏树等在新中国成立前和"文革"中遭到毁灭性破坏。由于被粮食局当成仓库，大成殿等建筑才得以保留下来。现存建筑除了大成殿，还有棂星门、泮池、照壁等（图 4.10.14.1 棂星门与中轴线）。

据民国《新绛县志》记载："以大成殿为核心，

图 4.10.14.1

东西有庑五十五楹，嵌有戟门与殿相称，后有尊经阁，下五楹，上三楹。阁前设敬一亭，东西各有碑亭。再前有棂星门，左右有坊，前有泮池，开渠引绛守居园池水入内，水深丈余，池中有五色金鱼。池上筑有栏杆，雕工精湛，池心砌有石坊，上刻'鱼跃龙门'。庙内松柏参天，古碑林立，广植花草，景色宜人。"

现存大成殿为重檐歇山顶（图 4.10.14.2 大成殿），面阔七间，进深七间，四周回廊，前有月台，琉璃脊饰，檐下施七踩单翘双下昂斗栱（图 4.10.14.3 大成殿前檐斗栱）。古制一般县城文庙为五开间，而绛州文庙为七开间，其等级之高与绛州大堂的七开间类似，更体现了古绛州的重要地位。

图 4.10.14.2

图 4.10.14.3

4.10.15 玉皇庙 ⑱

Yuhuang Temple

名称与别名	乔沟头玉皇庙
地　　址	运城市新绛县泽掌镇乔沟头村
看　　点	木结构，建筑布局
推荐级别	★★★
级　　别	全国重点文物保护单位
类　　型	庙宇，木结构
年　　代	元—清
交　　通	乡村，自驾

乔沟头村边玉皇庙孤独地顶着烈日，东边是一排排的村庄农舍，西边是一大片绿意盎然的田地（图 4.10.15.1 乔沟头村）。

图 4.10.15.1

图 4.10.15.2

　　门虽设而常关，四望竟无一人可以打听钥匙所在。木栅门外窥视可见院子不小，可以看到院内的建筑按三条横向并列的轴线排布，主殿在中央轴线，两边的轴线各有一个配殿；配殿之前各有一个小倒座。院中几乎没有一片绿叶，五座建筑各自独立，显得有些荒凉（图 4.10.15.2 玉皇庙全景）。偶见一位路过的阿姨，竟是管钥匙的人，才得进院，满心感激。

　　据碑文记载，该庙始建于唐代，明嘉靖三十四年（1555 年）因大地震毁坏，四十一年（1562 年）集资重建。众多建筑中只有大殿前有月台，台明也高于其他建筑。大殿为元代遗构（图 4.10.15.3 大殿），单檐悬山顶，面阔三间，进深四架椽，当心间略小于次间。斗栱为四铺作单下昂，每间各一朵补间铺作，栌斗下有普拍枋（图 4.10.15.4 大殿檐下斗栱）。东配殿保存较好，三开间硬山屋顶，有前廊，前面有一个小抱厦似的献殿，殿内东西壁上有清代壁画。西配殿现仅存前半部分的柱梁屋架和两面山墙，后半部分今有砖墙残迹。两配殿前正对的倒座为两个戏台，建于乾隆年间。两戏台之间的主殿南部现仅存建筑基址位置，很可能也是一座戏台，形成并列的三连台（图 4.10.15.5 戏台）。现存的两座戏台均为三开间单檐歇山建筑，次间约为当心间的一半，柱头及当心间补间位置使用交麻叶耍头，西戏台两次间外侧砌八字墙，东戏台则无。主殿之北似乎还有一排建筑，现仅有偏西侧一个三开间存留。

　　作为仅有的参观者，还能借着西配殿檐下的荫凉吃了八宝粥，真切地感到所学专业的辛劳。

图 4.10.15.4

图 4.10.15.3

图 4.10.15.5

4.10.16 州衙署大堂 ㊆⑨

Main Hall of City Government

名称与别名	绛州大堂
地　　址	运城市新绛县城西高垣之上
看　　点	七开间大堂，元代木构，北宋石碑
推荐级别	★★★★★
级　　别	全国重点文物保护单位
类　　型	衙署建筑，木结构
年　　代	元—清
交　　通	城区，自驾/公交/步行

绛州大堂（图 4.10.16.1 大堂侧影）与二堂、绛州三楼、绛守居园池组成了古绛州的州衙，除二堂外，都是我们此行所涉足的点。有趣的是，我们离开绛州三楼行至大堂，发现三楼中的鼓楼就在绛州大堂东南几步路外，竟还开着导航绕了一大圈。

绛州大堂始创于唐，现大堂内仍有四块大型石质覆盆式莲花柱础，隐隐显示唐代的辉煌（图 4.10.16.2 覆盆莲花柱础）。现存建筑重建于元，面宽七间，进深八椽，单檐歇山筒瓦顶，檐下为五铺作单下昂斗栱（图 4.10.16.3 大堂檐下斗栱）。古制州衙正堂通例为五开间，七开间在全国都极其少见，可见古绛州的地位。建筑内减柱、移柱颇多，檐柱移动导致次间尺寸明显比稍间小，而金柱移动则扩大了室内明间的尺寸，推测这样的设计可能与大堂的功能有关（图 4.10.16.4 大堂内部构架）。此外，檐柱上暴露的用于插接的榫孔、被雕成栌斗形状的梁头、梁下明显后来添加的立柱、山面暴露的不加修饰的梁头，都隐约显示着这座建筑结构的内在关系，以及在漫长的历史中所经历过的敲打（图 4.10.16.5 大堂内部梁架）。

在大堂北墙东侧，还有一块修缮一新的北宋建中靖国元年（1101 年）的石碑，上书七条文臣之训：清心、奉公、修德、责实、明察、劝课、革弊。据说此碑原为州衙所藏，几经流失，于 1984 年重嵌于大堂内壁。

图 4.10.16.1

图 4.10.16.2

图 4.10.16.4

图 4.10.16.3

图 4.10.16.5

细细查看，左下角纹饰之间有石匠王立的签名，颇为可爱（图4.10.16.6 石匠签名）。

堂前正在进行遗址发掘和保护，残存的台基上放着几个损坏的柱础。其上真实的形制可能再也无法完全复原，但绛州大堂的丰厚身世给后人的思索却不会停止（图4.10.16.7 考古现场）。

图4.10.16.6

图4.10.16.7

4.11 永济市

4.11.1 普救寺塔 ⑧

Pujiu Temple Pagoda

名称与别名	普救寺莺莺塔
地　　址	运城市永济市蒲州东峨眉塬头
看　　点	莺莺塔、蛙鸣亭
推荐级别	★★★
级　　别	全国重点文物保护单位
类　　型	塔，砖石结构
年　　代	明
交　　通	乡村，自驾

图4.11.1.1

塔的名气更多不来源其本身，而是来源于《西厢记》。当年张生赶考途中避雨普救寺，得与崔莺莺相见，有了千古文章，于是塔也沾光，得名"莺莺塔"。

事实上，普救寺原为隋唐时十方院，初名"西永清院"，于后周、宋元时期均有重修，传说极盛时有殿宇300余间。至于莺莺塔，原为七层之舍利塔，于明嘉靖三十四年的强震中全毁；如今所见之十三层塔，系嘉靖四十三年（1564年）蒲州知州张佳胤主持重建。

现状塔方形，高三十六米有余，中空，可登临远眺（图4.11.1.1 普救寺莺莺塔）。外观上塔体收分下缓上急，层层叠涩出檐，檐下有仿木构件。此外，当时人们喜好的噱头是此处的回声效应，称为"普救蟾声"。殊不知这类故事在山西便已不少，实在不值得多说。

今天的普救塔下，亦有当代人考证当年张生、崔莺莺之故事，恢复《西厢记》中所载之梨花深院、后花园、张生踰墙处等景致，自诩文艺者可以一一探访。

4.11.2 栖岩寺塔群 ⑧¹
Qiyan Temple Pagodas

名称与别名	栖岩寺塔群，灵居寺塔群
地　　址	运城市永济市韩阳镇
看　　点	石塔群
推荐级别	★★★
级　　别	省级文物保护单位
类　　型	塔，砖石结构
年　　代	隋—清
交　　通	乡村，自驾

图 4.11.2.1

图 4.11.2.2

栖岩寺塔群在山巅。沿着新修的小道，行走并不十分费力。山势不高，但依然可以远眺三晋大地，亦谓壮哉。

史载，寺院兴建于北周建德年间，初名"灵居寺"，隋仁寿元年（601年）改称"栖岩寺"。同年，隋文帝奉送舍利于三十州，诏令十月十五日同时起塔，此即为塔群之始。隋唐时栖岩寺规模极大，立寺于山巅、山腰、山麓为上、中、下三寺，系河中诸寺之中最负盛名者，然而中、下二寺早废，上寺毁于抗日战争。如今仅余上寺塔群而已（图 4.11.2.1 栖岩寺残存砖塔）。

如今塔群尚存二十余座，正在进行保护修缮。代表性的有唐天宝十三年（754年）大禅师塔、后唐同光年间石塔一座、一座宋代六边形密檐舍利塔、元代砖塔，另有明清和尚墓塔二十来座。塔铭、塔体、装饰、建材是研究者的好素材（图 4.11.2.2 栖岩寺残存砖塔细部）。

感慨历史无常之余，担心起当前过度的补缺，还有未来郊野文物的安全。

4.11.3 万固寺 ⑧²
Wangu Temple

名称与别名	万固寺，鹂哉寺
地　　址	运城市永济市西南中条山麓
看　　点	多佛宝塔
推荐级别	★★★
级　　别	全国重点文物保护单位
类　　型	寺院，木结构
年　　代	北魏—隋—今
交　　通	乡村，自驾

号称"中条山第一禅寺"的万固寺建寺于唐末，《大清一统志》言其建寺于大中年间，有经幢、宋石刻为证。传说明洪武年间合并白石、赞叹、竹溪、云盖、净土五寺，不知信否，然亦可见其信仰之胜。

然而古时山门今已不存，唯余二十八级台阶之上之钟楼（图 4.11.3.1 万固寺全景）。侧听钟声过耳，俯察山风入怀。而后是规模宏大的观音殿。观音殿原址是大雄宝殿，然而据说在同治年间毁于大火。火后在原址上建了观音殿。后为药师殿，也即水陆大殿，曾经的法事多有在此举行。

六十四级台阶往上，才是我们想看的多宝佛塔——普救寺塔的"姊妹塔"。塔体十三层高，平面八角形，原有九层砖塔为北魏正光年间所建，嘉靖年间"天塌蒲州"依然不倒，今塔建乃于万历年间因塔倾斜方才主动拆除重建而成，传说与普救寺的设计者为师徒关系，或因两寺的回声现象而附会而已。

再后为如来殿，又称无梁殿，正面三间，上下两层，下层上方嵌有石额，曰"极乐世界"。嘉靖年间大震几乎没有伤及结构，殿内却荡然无存，仅剩斗栱圆天井可观。近代佛像多为当年日军所掠，使人扼腕。楼上名为比丘殿，视野开阔，可见黄河远山，景色宏大。

图 4.11.3.1

4.12 垣曲县

4.12.1 二郎庙 ⑱

Erlang Temple

名称与别名	垣曲二郎庙，北殿
地　　址	运城市垣曲县蒲掌乡北阳村东
看　　点	元代建筑单体
推荐级别	★★
级　　别	全国重点文物保护单位
类　　型	庙宇，木结构
年　　代	元
交　　通	乡村，自驾

知道垣曲这个地方，还是因为听到"曙猿"化石的发现，听到人们怀疑"人类非洲说"。探访垣曲二郎庙，则是查到这里的北殿是座元代建筑。

无论这座二郎庙有过多么辉煌的历史，现仅存的就只有北殿一座了。殿宇坐北朝南，面阔三间，进深四椽，规模不大，采用单檐悬山顶。

值得注意的有，大殿柱头有卷杀，用阑额与普拍枋；柱头为四铺作，单下昂，补间斗栱四铺作单杪，每间一朵，当心补间栱出45°斜栱。一般认为，柱头、斗栱等木结构构件均为元代遗物，且雕刻有精美花纹，相当珍贵。前檐版门，直棂窗均为现代改造。此外，垫栱板上残存了彩画的痕迹，大体是一个七瓣花的圆形，是罕见的花形，但内部花纹已经难以辨认。

4.12.2 泰山庙 ⑧④
Taishan Temple

名称与别名	长涧泰山庙
地　　址	运城市垣曲县毛家镇长涧村
看　　点	建筑单体
推荐级别	★
级　　别	省级重点文物保护单位
类　　型	庙宇，木结构
年　　代	元
交　　通	乡村，自驾

长涧泰山庙是第三次全国文物普查中新发现的一处古建筑，结构简洁，施工手法大胆，斗栱下立柱外移距离之远是同类建筑中不多见的，据形制判断为元代建筑。元代建筑在垣曲县也较为罕见。

20世纪50年代村立小学于此处，另砌前墙，在殿内横隔楼板，二层供学生住宿，至80年代末学校迁出，至今无人使用，基本处于废弃的状态，只有花鸟，夕阳，能够使泰山庙北殿显得不那么寂寞（图4.12.2.2远景）。倘若学校没有迁出的话，不仅会给学生们留下一段不同寻常的记忆，也会给我们留下一座完整的、不断更新的古建筑吧。

长涧泰山庙位于山西省运城市垣曲县毛家镇长涧村村西北的台地上，几乎已成危房。

该庙坐北朝南，创建年代不详，现仅存北殿（图4.12.2.1北殿）。北殿面阔三间，进深四椽，悬山顶，圆柱圆梁，梁架结构为四架椽屋，规模很小。通檐用两柱，前檐施用通间大额枋，额枋上用栌斗，栌斗上施四铺作单下昂，蚂蚱形耍头斗栱。所有立柱粗壮低矮，前檐明柱外移，后檐斗栱施于柱头普拍枋之上，仅于栌斗口出华栱承托大梁头。

图 4.12.2.1

图 4.12.2.2

4.12.3 永兴寺 ㊏

Yongxing Temple

名称与别名	宋村永兴寺，重兴寺
地　　址	运城市垣曲县华峰村
看　　点	北殿、清塔
推荐级别	★★
级　　别	全国重点文物保护单位
类　　型	寺院，木结构
年　　代	金—清
交　　通	乡村，自驾

永兴寺源远流长，何时建寺已不可考，现存建筑为金代到清代建成，明代万历年间有重修记录。永兴寺坐北朝南，中轴对称，现存建筑中最值得一看的是北殿和永兴砖塔（图 4.12.3.1 永兴寺全景）。

北殿为最主要之建筑，面阔五间，进深四椽栿。柱头斗栱四铺作单下昂（图 4.12.3.2 北殿）。当心间补间铺作探出斜栱，斗瓣较大，确实有辽金风格。圆筒灰瓦悬山屋顶，五花山墙。从斗栱与梁架看，虽然北殿经历过多次大修，但总体上还是保持了金代风格。殿内有空荡荡的佛坛基座，佛像已经与山门、献殿一起在"文化大革命"中消失了。

永兴砖塔距离其他建筑约 70 米，为一座密檐式清代的砖塔（图 4.12.3.3 砖塔）。塔体底面六边形，七层实心，出檐极小，笔直挺立，掩映在松柏间，保存状况尚好。

近年国家支持，文物修缮力度加大，寺院已开工修缮。或者不能说文物保护的力度，房修之事，是无法关注诸多历史细节的，不过这是没有办法的办法。

图 4.12.3.1

图 4.12.3.2

图 4.12.3.3

4.12.4 玉皇庙 ㊆

Yuhuang Temple

名称与别名	埝堆玉皇庙
地　　址	运城市垣曲县皋落乡埝堆村
看　　点	建筑单体
推荐级别	★
级　　别	全国重点文物保护单位
类　　型	庙宇，木结构
年　　代	元—清
交　　通	乡村，自驾

　　埝堆玉皇庙是一座坐北朝南并不宽广的二进院落。资料中所说的元代建筑是中轴线的戏台和正殿。

　　玉皇庙正殿面宽三间，进深二椽，单檐悬山顶（图4.12.4.1 埝堆玉皇庙正殿）；前檐施通长圆木大额，梁架结构为四椽栿通达前后檐用三柱；柱头施五铺作双下昂斗栱，前檐补间斗栱皆一朵，仅当心间为梅花形大斗，后檐没有补间斗栱，令栱皆为异形栱。有趣的是，后檐既没有施通长大额，也不是由三段短木构成，而是由两段圆木汇于明间，又在大额下搭一横木，横木两段插入柱子里，下面开了后檐的门洞，可见木匠的因料施技。

　　相对来说，戏台保护较为完好。戏台条石台基高爽，其上面阔三间，进深四椽，单檐悬山顶（图4.12.4.2 埝堆玉皇庙戏台）。前檐角柱粗壮，上置大额，柱头斗栱四铺作单下昂，当心间出45°斜栱。戏台柱子、斗栱、墙面等都没有留下色彩装饰的痕迹，虽屋顶上有木雕悬鱼，出檐也有精工，但让戏台颇不如其身份般绚烂。或者，绚烂的只应是演出。让我一下子想起了博物馆或是图书馆，不该是建筑师的纪念碑。

图 4.12.4.1

图 4.12.4.2

参考文献

方志类
[1] 明 李维桢修.（万历）山西通志.
[2] 清 曾国荃 张煦修.王轩 杨笃等纂.（光绪）山西通志.
[3] 清 张淑渠 姚学瑛纂.（乾隆）潞安府志.
[4] 清 姜愃修.于公胤纂.（康熙）长治县志.
[5] 明 冯惟贤修.王溥增修.（天启）潞城县志.
[6] 民国 杜之昂纂.平顺县志.
[7] 清 姚学瑛纂.（乾隆）沁州志.
[8] 清 屠直修纂.（康熙）屯留县志.
[9] 清 高鈜纂.（康熙）武乡县志.
[10] 清 李廷芳纂.（光绪）重修襄垣县志.
[11] 清 纪在谱修.黄立世纂.（乾隆）长子县志.
[12] 清 朱樟纂.（雍正）泽州府志.
[13] 清 龙汝霖纂修.（同治）高平县志.
[14] 清 徐炘纂.（光绪）陵川县志.
[15] 清 秦炳煃纂.（光绪）沁水县志.
[16] 清 杨善庆纂.（乾隆）阳城县志.
[17] 明 闵槐纂修.（正德）平阳志.
[18] 清 刘棨修.孔尚任等纂.（康熙）平阳府志.
[19] 清 徐三俊修纂.（雍正）临汾县志.
[20] 清 鹿学典 裴允庄纂.（光绪）浮山县志.
[21] 清 王轩修纂.（光绪）洪洞县志.
[22] 清 李升阶修纂.（乾隆）赵城县志.
[23] 明 褚相修.刘煦 杨枢纂.（嘉靖）霍州志.
[24] 清 黄复生修纂.（康熙）鼎修霍州志.
[25] 清 潘锦修.仇翊道纂.（康熙）曲沃县志.
[26] 清 钱墉纂.（光绪）襄陵县志.
[27] 清 李居颐修纂.（乾隆）翼城县志.
[28] 清 王士仪纂.（康熙）永和县志.
[29] 清 陈时修.介孝璔纂.（康熙）解州志.
[30] 清 言如泗纂.（乾隆）解州安邑县志.
[31] 清 沈千鑑修.王政 牛述贤纂.（嘉庆）河津县志.
[32] 清 赵士弘修.陈所性等纂.（顺治）绛县志.
[33] 清 齐以治修.王恭先纂.（康熙）临晋县志.
[34] 清 毛圻纂辑.（乾隆）续猗氏县志.
[35] 民国 牛熙藻 景耀月修.萧光汉马鸣凤等纂.芮城县志.
[36] 清 毕宿煮等纂.（乾隆）万泉县志.
[37] 明 宋纲纂.（嘉靖）荣河县志.
[38] 清 李遵唐纂.（光绪）闻喜县志.
[39] 清 蒋起龙修纂.（康熙）夏县志.
[40] 清 李焕扬纂.（光绪）直隶绛州志.
[41] 清 周景柱纂.（乾隆）蒲州府志.

著作类
[1] 宋李诫.营造法式
[2] 梁思成.梁思成全集（第七卷）.北京：中国建筑工业出版社，2001.
[3] 刘绪杰 傅熹年 郭黛姮 潘谷西 孙大章.中国古代建筑史（五卷集）.北京：中国建筑工业出版社，2009.
[4] 潘谷西 何建中.营造法式解读.南京：东南大学出版社，2005.
[5] 陈明达.营造法式辞解.天津：天津大学出版社，2010.
[6] 中国科学院自然科学史研究所.中国古代建筑技术史.北京：科学出版社，1985.
[7] 萧默主编.中国建筑艺术史（上下册）.北京：文物出版社，1999.
[8] 傅熹年.中国科学技术史·建筑卷.北京：科学出版社，2008.
[9] 陈正祥.中国文化地理.北京：生活·读书·新知三联书店，1983.
[10] 谭其骧.中国历史地图集.北京：中国地图出版社，1996.
[11] 山西省史志研究所编.山西通史（多卷本）.太原：山西人民出版社，2001.
[12] 杨茂林等著.山西文明史（上、中、下全三册）.北京：商务印书馆，2015.
[13] 行龙主编.环境视野下的近代山西社会.太原：山西出版集团·山西人民出版社，2007.
[14] 李元平主编.山西地域文化.太原：山西出版传媒集团·三晋出版社，2014.
[15] 杨秋梅.山西历史与文化.太原：山西出版传媒集团·三晋出版社，2014.
[16] 姚文永编著.明代河东编年史.郑州：河南大学出版社，2014.
[17] 柴泽俊.柴泽俊古建筑文集.北京：文物出版社，1999.

[18] 柴泽俊.山西琉璃.北京：文物出版社，2012.
[19] 柴泽俊.山西寺观壁画.北京：文物出版社，1997.
[20] 柴泽俊.山西古建筑文化综论.北京：文物出版社，2013.
[21] 李玉明编.山西古建筑通览.太原：山西人民出版社，2001.
[22] 张驭寰.上党古建筑.天津：天津大学出版社，2009.
[23] 曾晨宇.凝固的艺术魂魄：晋东南地区早期古建筑考察.北京：学苑出版社，2005.
[24] 贺大龙.长治五代建筑.北京：文物出版社，2008.
[25] 赵学梅.唐风宋雨：山西晋城国宝青莲寺、玉皇庙彩塑赏析.北京：商务印书馆，2011.
[26] 清华大学建筑学院国家遗产中心，山西省长子县文物旅游局合编.国之瑰宝——长子法兴寺.北京：中国建筑工业出版社，2011.
[27] 常四龙 赵魁元.高平开化寺.北京：中国文联出版社，2010.

论文类

[1] 高星.元代衙署建筑形制研究[D].西安建筑科技大学，2014.
[2] 郑杰.山西境内的祭祀类建筑型制及其空间分析[D].太原理工大学，2015.
[3] 颜伟.山西高平市神庙剧场调查与研究[D].山西师范大学，2015.
[4] 申轶群.山西壶关二仙崇拜与赛社演剧研究[D].山西师范大学，2015.
[5] 张薇薇.晋东南地区二仙文化的历史渊源及庙宇分布[J].文物世界，2008, (3): 45–52.
[6] 张薇薇.晋东南地区二仙庙宇建筑平面分析[J].文物世界，2009(2): 24–31.
[7] 王潞伟.上党神庙剧场研究[D].山西师范大学，2015.
[8] 贺婧.宋金时期晋东南建筑地域文化特色探析[D].太原理工大学，2010.
[9] 段发文，刘金普.晋东南二仙传说信仰内涵的三次转变及其社会文化图景[J].中国文化研究，2014(2): 196–212.
[10] 易素梅.道教与民间宗教的角力与融合：宋元时期晋东南地区二仙信仰之研究[J].学术研究，2011(7): 130–136.
[11] 秦蓓.长治府君庙和崔珏[J].文物世界，2016(2): 45–47.
[12] 李青.金代山西宗教建筑研究[D].山西大学，2015.
[13] 常潞鑫.上党地区庙会文化研究[D].河北师范大学，2014.
[14] 赵立芝.山西壶关二仙信仰祭祀仪式研究[D].山西师范大学，2012.
[15] 薛磊.山西祠庙建筑构造形态分析[D].太原理工大学，2008.
[16] 何孟哲.山西南部古建筑琉璃脊饰调查研究[D].清华大学，2013.
[17] 李会智.山西现存早期木结构建筑区域特征浅探（上）[J].文物世界，2004(2): 22–29.
[18] 李会智.山西现存早期木结构建筑区域特征浅探（中）[J].文物世界，2004(3): 9–18.
[19] 李会智.山西现存早期木结构建筑区域特征浅探（下）[J].文物世界，2004(4): 22–29.
[20] 柴琳.晋东南宋金建筑大木作与宋《营造法式》对比探析[D].太原理工大学，2013.
[21] 屈宇轩.宋金建筑营造技术对后世的影响[D].太原理工大学，2014.
[22] 张伯仁.山西沁河流域宋金木构建筑营造技术特征分析[D].太原理工大学，2013.
[23] 刘晓丽.山西陵川县域宋金建筑营造技术探析[D].太原理工大学，2012.
[24] 康方耀.晋东南地区宋金仿木构墓葬装饰中的建筑特征分析[D].太原理工大学，2012.
[25] 刘婧.山西汾河流域宋金建筑地域营造技术框架研究[D].太原理工大学，2013.
[26] 郭庆.试析唐、五代至宋山西地区木构建筑的传承与演变[D].太原理工大学，2013.
[27] 郝彦鑫.山西平顺浊漳河流域宋金建筑营造技术探析[D].太原理工大学，2012.
[28] 胡冰.山西稷山金代段氏砖雕墓建筑艺术[D].山西大学，2015.
[29] 李毅.晋城地区玉皇庙建筑特征研究[D].西安建筑科技大学，2015.
[30] 徐新云.临汾、运城地区的宋金元寺庙建筑[D].北京大学，2009.
[31] 吴垠.晋南金墓中的仿木建筑[D].中央美术学院，2014.
[32] 段飞翔.阳城县古戏台调查与研究[D].山西师范大学，2014.
[33] 畅洁.襄汾县古戏台调查与研究[D].山西师范大学，2014.
[34] 翟振宇.平阳古戏台[D].山西师范大学，2010.
[35] 原博.翼城古戏台调查报告[D].山西师范大学，2013.
[36] 段懿庭.霍州市现存古戏台调查与研究[D].山西师范大学，2014.
[37] 刘祖彤.泽州县古戏台调查报告[D].山西师范大学，2014.
[38] 晋东南潞安、平顺、高平和晋四县的古建筑[J].文物参考资料，1958(3): 26–42.
[39] 赵春保.宋代歇山建筑研究[D].西安建筑科技大学，2010.
[40] 俞莉娜，徐怡涛.晋东南地区五代宋元时期补间铺作挑斡形制分期及流变初探[J].中国国家博物馆馆刊，2016(5): 21–40.
[41] 王帅.晋东南地区宋金建筑榫卯构造研究初探[D].清华大学，2014.
[42] 王书林，徐怡涛.晋东南五代、宋、金时期柱头铺作里跳形制分期及区域流变研究[J].山西大同大学学报（自然科学版），2009(4): 79–85.
[43] 刘妍，孟超.晋东南歇山建筑与《营造法式》殿堂造做法比较——晋东南地区唐至金歇山建筑研究之二[J].古建园林技术，2008(4): 8–13+24.
[44] 孟超，刘妍.晋东南歇山建筑的梁架做法综述与统计分析——晋东南地区唐至金歇山建筑研究之一[J].古建园林技术，2008(2): 3–9+40.
[45] 孟超，刘妍.晋东南歇山建筑"典型"做法的构造规律——晋东南地区唐至金歇山建筑研究之三[J].古建园林技术，2011(1): 20–25.
[46] 刘妍，孟超.晋东南歇山建筑"典型"做法的构造规律——晋东南地区唐至金歇山建筑研究之四[J].古建园林技术，2011(2): 7–11.
[47] 喻梦哲.论晋东南早期遗构扶壁栱中的特异现象[A].中国建筑学会建筑史学分会、清华大学建筑学院、东南大学建筑学院、浙江省文物局、宁波市文化广电新闻出版局.宁波保国寺大殿建成1000周年学术研讨会暨中国建筑史学分会2013年会论文集[C].中国建筑学会建筑史学分会、清华大学建筑学院、东南大学建筑学院、浙江省文物局、宁波市文化广电新闻出版局，2013: 5.
[48] 姜铮.唐宋木构中襻间的形制与构成思维研究[J].建筑史，2012(1): 83–92.

[49] 彭明浩. 试析"替木式短栱" [J]. 中国建筑史论汇刊, 2014(1): 79-93.
[50] 张十庆.《营造法式》厦两头与宋代歇山做法 [J]. 中国建筑史论汇刊, 2014(2): 188-201.
[51] 岳青, 赵晓梅, 徐怡涛. 中国建筑翼角起翘形制源流考 [J]. 中国历史文物, 2009(1): 71-79+88.
[52] 陈薇. 斜栱发微 [J]. 古建园林技术, 1987(4): 40-45.
[53] 酒冠五. 大云院 [J]. 文物参考资料, 1958(3): 43-44.
[54] 徐怡涛. 山西平顺回龙寺测绘调研报告 [J]. 文物, 2003(4): 52-60+1.
[55] 徐怡涛, 苏林. 山西长子慈林镇布村玉皇庙 [J]. 文物, 2009(6): 87-96+98.
[56] 贺大龙. 潞城原起寺大雄宝殿年代新考 [J]. 文物, 2011(1): 59-74.
[57] 叶建华. 山西武乡会仙观建筑研究 [D]. 西安建筑科技大学, 2008.
[58] 马晓, 张晓明. 平顺龙门寺深山里的古建博物馆 [J]. 中国文化遗产, 2010(2): 38-43.
[59] 冯俊杰. 平顺圣母庙宋元明清戏曲碑刻考 [J]. 中华戏曲, 1999(2): 1-48.
[60] 杨烈. 山西平顺县古建勘察记 [J]. 文物, 1962(2): 40-51+5-6.
[61] 武洁. 山西平顺大云院弥陀殿五代壁画艺术研究 [D]. 山西大学, 2015.
[62] 贾珺, 廖慧农. 山西平顺大云院营建历史纪略 [J]. 建筑史, 2013(2): 59-69.
[63] 宋文强. 平顺龙门寺历史沿革考 [J]. 文物世界, 2010(3): 52-57.
[64] 高天, 段智钧. 平顺龙门寺大殿大木结构用尺与用材探讨 [J]. 中国建筑史论汇刊, 2011: 224-237.
[65] 刘畅, 刘梦雨, 徐扬. 也谈平顺龙门寺大殿大木结构用尺与用材问题 [J]. 中国建筑史论汇刊, 2014(1): 3-22.
[66] 徐振江. 平顺天台庵正殿 [J]. 古建园林技术, 1989(3): 51-52.
[67] 贺从容. 山西陵川崇安寺的建筑遗存与寺院格局 [J]. 中国建筑史论汇刊, 2012, (2): 86-134.
[68] 贺从容. 陵川崇安寺西插花楼探析 [J]. 中国建筑史论汇刊, 2013(2): 91-130.
[69] 师振亚. 陵川西溪二仙庙 [J]. 文物世界, 2003(5): 47-48.
[70] 刘畅, 张荣, 刘煜. 西溪二仙庙后殿建筑历史痕迹解析 [J]. 建筑史, 2008: 119-134.
[71] 姜铮, 李沁园, 刘畅. 西溪二仙宫后殿大木设计规律再讨论——基于2010年补测数据 [J]. 建筑史, 2015(2): 26-45.
[72] 刘畅, 徐扬, 姜铮. 算法基因——两例弯折的下昂 [J]. 中国建筑史论汇刊, 2015(2): 267-311.
[73] 刘梦雨. 基于显微分析技术的山西陵川南吉祥寺中央殿彩画历史信息解读 [A]. 中国建筑学会建筑史学分会、清华大学建筑学院、东南大学建筑学院、浙江省文物局、宁波市文化广电新闻出版局. 宁波保国寺大殿建成1000周年学术研讨会暨中国建筑史学分会2013年会论文集 [C]. 中国建筑学会建筑史学分会、清华大学建筑学院、东南大学建筑学院、浙江省文物局、宁波市文化广电新闻出版局, 2013: 16.
[74] 刘畅, 刘芸, 李倩怡. 山西陵川北马村玉皇庙大殿之七铺作斗栱 [J]. 中国建筑史论汇刊, 2011, 00: 169-197.
[75] 朱向东, 王寅君. 山西陵川龙岩寺中央殿建筑特征源流探析 [J]. 安徽建筑, 2011(2): 32-34.
[76] 李玉明. 大拙若巧——漫谈泽州大阳汤帝庙成汤殿建筑风格 [J]. 文物世界, 2007(4): 35-41.
[77] 李会智, 李德文. 高平游仙寺建筑现状及毗卢殿结构特征 [J]. 文物世界, 2006(5): 31-38.
[78] 崔玉. 高平开化寺宋代壁画研究 [D]. 山西师范大学, 2013.
[79] 郑宇, 王帅, 姜铮, 张光玮, 何孟哲. 高平北诗镇中坪二仙宫正殿修缮中的记录与研究 [A]. 中国建筑学会建筑史学分会、清华大学建筑学院、东南大学建筑学院、浙江省文物局、宁波市文化广电新闻出版局. 宁波保国寺大殿建成1000周年学术研讨会暨中国建筑史学分会2013年会论文集 [C]. 中国建筑学会建筑史学分会、清华大学建筑学院、东南大学建筑学院、浙江省文物局、宁波市文化广电新闻出版局, 2013: 13.
[80] 张广善. 高平县元代民居——姬宅 [J]. 文物季刊, 1993(3).
[81] 徐扬, 刘畅. 高平崇明寺中佛殿大木尺度设计初探 [J]. 中国建筑史论汇刊, 2013(2): 257-279.
[82] 王星荣. 山西高平市良户村玉虚观及歌舞楼考述 [J]. 戏曲研究, 2002(3): 96-106.
[83] 高寿田. 山西晋城青莲寺塑像 [J]. 文物, 1963(10): 7-12+67-70.
[84] 李会智, 高天. 山西晋城青莲寺史考 [J]. 文物世界, 2003(1): 24-32.
[85] 李会智, 高天. 山西晋城青莲寺佛教发展之脉络 [J]. 文物世界, 2003(3): 18-23.
[86] 李会智, 师焕英. 净影慧远生平小考 [J]. 五台山研究, 2002(1): 27-31.
[87] 罗德胤. 临汾三座元代戏台的学术意义 [J]. 中华戏曲, 2014(1): 108-120.
[88] 贾芬艳. 曲沃大悲院科技初探 [D]. 山西大学, 2013.
[89] 柴泽俊. 普救寺原状考 [J]. 文物季刊, 1989(1): 44-63+99-102.
[90] 柴泽俊, 朱希元. 广胜寺水神庙壁画初探 [J]. 文物, 1981(5): 86-91+97+99-103.
[91] 吴舒静. 洪洞县广胜寺历史考 [J]. 戏剧之家, 2016(11): 237-238.
[92] 冯静. 广胜寺飞虹琉璃塔研究 [J]. 美术与市场, 2014(4): 45-46.
[93] 李朝霞. 稷山县青龙寺腰殿壁画的构图特色分析 [J]. 西安工程大学学报, 2014(4): 451-454.
[94] 贺大龙. 山西芮城广仁王庙唐代木构大殿 [J]. 文物, 2014(8): 69-80.
[95] 朱向东, 张伯仁, 王崇恩. 山西闻喜后稷庙正殿营造技术分析 [J]. 南方建筑, 2013(2): 32-34.
[96] 王泽庆.《解州版金藏》募刻的重要文献——《雕藏经主重修大阴寺碑》[J]. 佛学研究, 2002: 320-327.
[97] 宿白. 永乐宫调查日记——附永乐宫大事年表 [J]. 文物, 1963(8): 53-78+86+2.
[98] 杜仙洲. 永乐宫的建筑 [J]. 文物, 1963(8): 3-18+79-81+87.
[99] 马晓. 附角斗与缠柱造 [J]. 华中建筑, 2004(3): 117-122.
[100] 苏国俊, 张鸿鹏, 安明凯, 王迎泽. 山西翼城县武池村乔泽庙的元代舞楼 [J]. 中华戏曲, 2001: 191-197+4-5.

图片来源

图片序号	图片来源
1.1.1.1	百度贴吧 https://tieba.baidu.com/p/2064011593?fid=1289283&pid=27555795373&red_tag=0848391344#27555795373
1.1.1.2~1.1.1.4	中国美术学院（王博）
1.1.3.1~1.1.4.4	山西省文物局申报全国重点文物保护单位材料
1.1.5.1~1.1.5.2	新浪博客（法于阴阳） http://blog.sina.com.cn/s/blog_5f557f640102w20z.html
1.1.5.3	山西省人民政府网站 http://www.shanxi.gov.cn/n16/n8319541/n8319732/n17531488/n17531560/17630631.html
1.2.1.1~1.2.1.4	山西省文物局申报全国重点文物保护单位材料
1.2.2.4	蚂蜂窝（nasidake） http://www.mafengwo.cn/i/3488846.html
1.2.3.1~1.2.3.2	新浪博客（热热） http://blog.sina.com.cn/s/blog_50227d3f0102v6m1.html
1.2.5.1~1.2.5.4	山西省文物局申报全国重点文物保护单位材料
1.3.1.1	新浪博客（微上党） http://blog.sina.com.cn/s/blog_4dbdb19b0102viu5.html
1.3.1.2	壶关县人民政府门户网站 http://www.huguan.gov.cn/goodcms/teselvyou/mingshengguji/2012-11-05/31.html
1.3.2.2~1.3.2.4	山西省文物局申报全国重点文物保护单位材料
1.3.3.1~1.3.3.3	壶关县人民政府门户网站 http://www.huguan.gov.cn/goodcms/teselvyou/mingshengguji/2012-11-05/19.html
1.4.1.1~1.6.3.3	山西省文物局申报全国重点文物保护单位材料
1.6.4.4	蚂蜂窝 http://file105.mafengwo.net/s7/M00/A4/18/wKgB6lTPBOKAfpV_AANC_m4o4xQ66.jpeg
1.6.5.1~1.6.5.2	新浪博客（诚意侯） http://blog.sina.com.cn/s/blog_53928e100101pepp.html
1.6.11.1~1.6.14.4	山西省文物局申报全国重点文物保护单位材料
1.6.16.1~1.6.16.2	新浪博客（热热） http://blog.sina.com.cn/s/blog_50227d3f0102v6fu.html
1.7.1.2	新浪博客（热热） http://blog.sina.com.cn/s/blog_50227d3f0102v6md.html
1.7.2.1~1.7.2.4	上党营造社 http://www.sp0.net/pd.jsp?id=717&_pp=0_314_11%7E-1%7E-1
1.7.3.1~1.7.3.3	山西沁县人民政府门户网站 http://www.chinaqx.gov.cn/content.aspx?departmentid=21&articleid=815&id=815
1.8.1.1~1.8.1.4	山西省文物局申报全国重点文物保护单位材料
1.9.2.1~1.9.2.2	长治新闻网 http://www.changzhinews.com/html/News/104002/46169.html
1.9.3.1~1.9.4.2	山西省文物局申报全国重点文物保护单位材料
1.10.4.1	武乡旅游资讯网 http://www.wxlyw.com.cn/index.php?m=content&c=index&a=show&catid=26&id=15
1.10.6.1~1.11.7.3	山西省文物局申报全国重点文物保护单位材料
1.12.3.1	宝莲禅寺官网（？？） http://hk.plm.org.cn/gnews/200777/20077768182.html
1.12.3.4	国图空间 http://www.nlc.gov.cn/newgtkj/wbty/gjz/201109/t20110921_51592.htm
1.12.5.1~1.12.21.4	山西省文物局申报全国重点文物保护单位材料
2.1.1.1	晋城博物馆官网 http://www.sxjcbwg.com/yuandiinfo.asp?class=lsyj&id=142
2.1.1.2	百度百科（"景忠桥"词条）
2.1.2.1~2.1.2.4	山西省文物局申报全国重点文物保护单位材料
2.2.7.1~2.2.7.2	佛教导航 http://www.fjdh.cn/ffzt/fjhy/ahsy2013/04/210256229459.html
2.2.7.3~2.2.7.4	新浪博客（热热） http://blog.sina.com.cn/s/blog_50227d3f0102v6lc.html
2.2.8.1	国图空间 http://www.nlc.gov.cn/newgtkj/wbty/gjz/201204/t20120409_61217.htm
2.2.9.1~2.2.10.4	山西省文物局申报全国重点文物保护单位材料
2.2.14.1	佛教导航 http://www.fjdh.cn/ffzt/fjhy/ahsy2013/04/191902229832.html
2.2.16.1~2.2.16.4	山西省文物局申报全国重点文物保护单位材料
2.2.19.1	图秀天涯 http://www.mapshow.cn/show-46-12830-1.html
2.2.23.1~2.2.23.4	山西省文物局申报全国重点文物保护单位材料
2.2.24.1、2.2.24.4	山西省文物局申报全国重点文物保护单位材料
2.3.4.2	"山汉进城"作品 http://www.photofans.cn/album/showpic.php?year=2010&picid=220502&page=1
2.3.4.3	《山西日报》多媒体数字版 http://epaper.sxrb.com/shtml/sxwb/20141026/images/03_2.jpg
2.3.4.4	腾能隙 http://www.agri.com.cn/photo/14/9091.htm

续表

图片序号	图片来源	图片序号	图片来源
2.4.1.1	沁水县住房信息网 http://www.qsxzf.com/show/46/430/1.html	4.1.5.1	携程网 http://youimg1.c-ctrip.com/target/fd/tg/g4/M07/6B/81/CggYHVaxNRqAa5XmAAJY3rdgtTw034.jpg
2.4.4.1	新浪博客（疯旅人）http://blog.sina.com.cn/s/blog_492163730102uya1.html	4.1.5.2	携程网 http://youimg1.c-ctrip.com/target/fd/tg/g6/M05/8C/B3/CggYs1a_VZeAPHMHAANlXfZ2b6o501.jpg
2.5.8.1~2.5.8.3	佛教导航 http://www.fjdh.cn/ffzt/fjhy/ahsy2013/04/191713229828.html	4.1.6.1~4.1.6.3	新浪博客（感悟山西）http://blog.sina.com.cn/s/blog_95f1cdc30102vkeg.html
2.6.1.1~2.6.1.3	晋城新闻网	4.1.7.1~4.1.8.3	山西省文物局申报全国重点文物保护单位材料
2.6.2.1~2.6.2.3	山西省文物局申报全国重点文物保护单位材料	4.1.10.1~4.1.10.3	山西省文物局申报全国重点文物保护单位材料
2.6.5.1~2.6.6.2	山西省文物局申报全国重点文物保护单位材料	4.2.5.1~4.2.5.2	163博客（龙卷风）http://bo012.good.blog.163.com/blog/static/5339432020144573855173/
2.6.9.1~2.6.9.3	山西省文物局申报全国重点文物保护单位材料	4.3.1.1~4.3.2.5	山西省文物局申报全国重点文物保护单位材料
2.6.20.1~2.6.20.2	晋城新闻网 http://old.jcnews.com.cn/szbk/thrbwbb/html/2015-07/10/content_7725495.htm	4.3.3.1~4.3.3.3	新浪博客（热热）http://blog.sina.com.cn/s/blog_50227d3f0102vn8c.html
2.6.21.1~2.6.21.3	新浪博客（热热）http://blog.sina.com.cn/s/blog_50227d3f0101bo22.html	4.4.1.1~4.4.1.4	山西省文物局申报全国重点文物保护单位材料
2.6.22.1~2.6.23.3	山西省文物局申报全国重点文物保护单位材料	4.4.3.1~4.4.3.3	山西省文物局申报全国重点文物保护单位材料
3.1.1.1~3.1.1.2	百度百科（"姑射山"词条）	4.4.6.1~4.4.6.4	山西省文物局申报全国重点文物保护单位材料
3.1.6.1	蚂蜂窝（蛛蛛）http://www.mafengwo.cn/i/3388919.html	4.4.7.1~4.4.7.3	豆瓣 https://www.douban.com/note/272294428/?type=like
3.1.8.1	蚂蜂窝（蛛蛛）http://www.mafengwo.cn/i/3388919.html	4.5.1.1~4.5.1.3	设计帅联盟空间 http://designer.ccd.com.cn/hongchidesign/diary/item/6348842238610700006911.shtml
3.2.1.1~3.2.2.3	山西省文物局申报全国重点文物保护单位材料	4.5.2.1~4.5.2.2	山西省文物局申报全国重点文物保护单位材料
3.3.1.1~3.3.1.3	才府网 http://sns.91ddcc.com/t/45123	4.5.4.1~4.5.4.2	山西省文物局申报全国重点文物保护单位材料
3.3.2.1	新浪博客（太阳哥哥）http://blog.sina.com.cn/s/blog_4e0ee5360102vkmd.html	4.6.3.1~4.6.3.2	山西省文物局申报全国重点文物保护单位材料
3.4.1.1	中国网 http://big5.china.com.cn/gate/big5/jjsx.china.com.cn/lm1149/2010/39249.htm	4.6.6.2~4.6.6.3	国图空间 http://www.nlc.gov.cn/newgtkj/shjs/201106/t20110622_44746.htm
3.4.1.2	中国全球图片汇总 http://info.xinhua.org/newphmall/security/detail.do?docId=17459489&libId=8&docType=2	4.6.8.3	苏南是也的微博 http://weibo.com/p/2304185139b8ee0102v4yu?from=page_100505_profile&wvr=6&mod=wenzhangmod
3.6.2.1~3.6.2.3	山西省文物局申报全国重点文物保护单位材料	4.6.10.1	163博客（安东老王）http://andonglaowang.blog.163.com/blog/static/844875322015198847103/
3.6.7.1~3.6.7.3	百度百科（"苏三监狱"词条）	4.6.10.2	新浪博客（小山楼）http://blog.sina.com.cn/s/blog_a36758c80102v2tr.html
3.9.3.1~3.9.3.3	山西省文物局申报全国重点文物保护单位材料	4.7.1.1~4.7.1.3	山西省文物局申报全国重点文物保护单位材料
3.9.5.1~3.9.5.3	新华网 http://news.xinhuanet.com/local/2014-03/24/c_119918095_4.htm	4.7.4.1~4.7.4.2	山西省文物局申报全国重点文物保护单位材料
3.10.1.1~3.10.1.2	山西省文物局申报全国重点文物保护单位材料	4.7.8.1~4.7.9.3	山西省文物局申报全国重点文物保护单位材料
3.12.3.1	百度贴吧，家在陶寺发帖 http://tieba.baidu.com/p/310637864	4.7.11.1~4.7.11.2	新浪博客（越楚吴）http://blog.sina.com.cn/s/blog_417cbb7e0100zlt6.html
3.13.1.1~3.13.1.3	新浪博客（热热）http://blog.sina.com.cn/s/blog_50227d3f0102vnyz.html	4.8.1.1~4.8.1.2	山西省文物局申报全国重点文物保护单位材料
3.13.2.1~3.13.2.4	山西省文物局申报全国重点文物保护单位材料	4.8.2.1~4.8.2.2	灵通资讯网 http://www.ltzxw.com/news.php?id=3283
4.1.3.1~4.1.3.3	新浪博客（博陵）http://blog.sina.com.cn/s/blog_4df6c8360102eh4d.html	4.8.3.1~4.8.3.3	山西省文物局申报全国重点文物保护单位材料

续表

图片序号	图片来源
4.9.2.1~4.9.2.4	山西省文物局申报全国重点文物保护单位材料
4.9.3.1~4.9.3.2	163博客（龙卷风）http://bo012.good.blog.163.com/blog/static/53394320201441998 34203/
4.9.4.1~4.9.4.4	山西省文物局申报全国重点文物保护单位材料
4.10.3.1~4.10.3.2	新浪博客（中国国保）http://blog.sina.com.cn/s/blog_4de138e50102vkdm.html
4.10.6.1~4.10.6.3	山西省文物局申报全国重点文物保护单位材料
4.10.10.1~4.10.10.2	山西省文物局申报全国重点文物保护单位材料
4.10.11.1	新华网山西频道 http://www.sx.xinhuanet.com/tpbd/2010-01/15/content_18773260.htm

图片序号	图片来源
4.10.13.1~4.10.14.3	山西省文物局申报全国重点文物保护单位材料
4.11.1.1	新浪博客（grant04）http://blog.sina.com.cn/s/blog_6b2c062a0100w8st.html
4.11.2.1~4.11.2.2	新浪博客（耶律一溜烟）http://blog.sina.com.cn/s/blog_56e474e60100t7v4.html
4.11.3.1~4.11.3.2	百度百科（"永济万固寺"词条）
4.12.2.1~4.12.3.3	山西省文物局申报全国重点文物保护单位材料
4.12.4.1~4.12.4.2	新浪博客（疯旅人）http://blog.sina.com.cn/s/blog_492163730102ve6k.html

结语

　　须臾之间这部山西古建筑地图集上册的编写工作已仓促进入了尾声。不足一年的时间，数百个地点的奔波，着实有些仓促。然而更令我们惶恐的是，这样一本面向读者的兴趣科普类著作，应当建立在对于其内容充分消化和研究的基础上，我们虽乐此不疲，但难免力不能逮。山西省蕴含的文化底蕴和千年来遗留下的文化遗产已在开篇提到，绝不是这样一本地图集所能涵盖，也绝不是几个人不到一年的奔波就能说清道明的。

　　在这样一个网络和资讯都高度发达的时代，古建筑地图集也不能完全满足地图的需求，各种导航设备已然跃跃欲试。比起文人，我们这些学人仍然无法说这段旅程让我们大有谈资。相较之下，风情、特产、美食一类的评论，好像每个人都可以欢天喜地地参与，而古建筑却稍显沉重了一些，古建筑地图集显然也不是一段值得分享和传播的游记。我们辗转奔波，不过是为大家探探路，希望读者能够按图索骥发现自己对于古建筑的兴趣点。我们翻阅已有资料，现场调查，研读碑文，希望尽可能讲述清楚古建筑近千年来的故事。但我们并不满足于记录下这些已有的历史，而是同时也记录下了在旅程中的所见、所思和所悟，并与大家分享，抛砖引玉，希望引发读者的关注和讨论。这些可能主观抑或偏颇的想法，可谓思想的小火花，都是真挚的情感和热烈的兴趣，而这也正是支撑我们这些专业学人的动力之所在。

　　无论建筑史学的研究内容，还是古建筑本身，都有许多值得关注的地方，譬如营建历史的故事，建筑艺术的发展规律，古代工匠是如何设计和建造房子，等等。同样受兴趣所指引，加之建筑学专业背景，我们更偏向于从技术史的角度，去看待现存的古建筑实物。历史并没有给我们留下太多的著述来讲述匠人盖房子的设计思路和具体过程，想要洞悉匠作的智慧，就需要从史料、遗存中去做找迷、猜谜和解谜的游戏。历史终究不会有一个完整的答案，但是我们相信能通过这样的游戏找到一条又一条的线索，从而串联出历史的一个个侧面。

　　遥想当年，梁思成、林徽因夫妇与营造学社成员在发现五台山佛光寺东大殿——货真价实的唐代遗构——时的欣喜若狂，晚餐开了牛肉罐头庆祝。我们在旅行的间隙，选择开一瓶雪花啤酒，来总结一天中的欣喜和失望的片段。感谢雪花啤酒对于古建筑的关注，使我们有机会沿着前辈学者的足迹进行古建筑相关的调查，有机会向大家分享这样一段不寻常的旅程。

　　诚然，在过程中也遇到了不少问题，譬如四下寻找钥匙进门访古而未得，看到古建筑不体面的现状而揪心，体验到乡村文化土壤的颓败而无力。但我们并没有写出一部古建筑钥匙地图集、古建筑问题地图集和古建筑不推荐地图集，因为有理由相信，随着时间的推移，这些状况总会——得到答案。

　　最后，向脚踏实地的基层文物保护工作者致敬！